中國博士後基金第63批面上項目"《朱子家禮》與清初禮學"(2018M632514)
2018年度國家社科基金一般項目"清代的禮書編撰與禮學研究"(18BZS074)
四川省社會科學"十三五"規劃項目"江永《禮書綱目》與清初學術"(SC17C049)
四川省教育廳重點項目"江永禮學研究"(18SA0211)結項成果

江永禮學研究
——以《禮書綱目》爲中心

蘇正道 著

復旦大學出版社

序

今日學界，能述"三禮"者，不啻鳳毛麟角。

先師黃壽祺教授於上世紀四十年代撰《群經要略》一書，嘗慨嘆："近世禮學廢絶，專業者至稀。"(《群經要略自序》)又頗讚賞近儒姚仲實《史學研究法》所倡"禮爲史原"之説，並引其説云："蓋歷代國家政治之治亂，社會風俗之厚薄，非考其所立之大經大法，無由而知。《禮》之所記，大抵皆大經大法也。"(《群經要略》卷五)可見治禮與治史密相關聯。

此書名曰《江永禮學研究》，副題"以《禮書綱目》爲中心"，其宗旨是通過探討清初著名學者江永復興禮學的學術貢獻，以考論乾嘉學術的起源及其發展演進的歷史。作者蘇生正道，2008年自蜀來閩，從我攻讀古代文學專業碩士學位，畢業後考取復旦大學歷史系博士生，在朱維錚教授門下專攻清代學術史，嗣獲博士學位。是篇即其博士學位論文修訂稿也。

初，蘇生之來閩，尚是二十餘歲的青年學子，淳樸而略涵執拗之氣，修業能自刻苦，踐履亦頗篤實。所爲碩士論文，即圍繞戴震學術思想展開，已打下較堅實的研究乾嘉學術的根基。今觀此書，先敘清初禮學復盛的背景，次考江永生平著述及與弟子戴震的關係，次以主要筆墨論析江永《禮書綱目》的編撰始末、考證特色、與朱子舊編之異同以及在學術史上的意義等，從而歸結出江永的學術創獲及對此後清代學術的重大影響。這種從一部專書入手，旁通細考品論對象的整體學術思想，並深入探究其對於一個時代學術的作用，無疑是成功的研究方法。書中的獨到見解，亦復不少。如認爲清初禮學考證之盛，實出時代需求，非僅學人爲避文字獄而始爲之。又如對江永學行履迹的考述，揭出其走上學術路途頗因生計所迫，不入俗套。尤其對《禮書綱目》所作論述，有考據，有比較，從宏觀結構和微觀考證上分析了江永對朱子禮學的繼承與創新，以凸顯其不可忽視的學術影響，宜稱深入透徹，不乏原創精神。

　　前哲有云"六經皆史"，則治經治史，誼可通貫。蘇生適值三十有六韶齡，大好年華，正當奮力進取。是書固屬成功之作，但亦需看到某些不足，若相關文獻資料的精心提煉，重點學術理論的多向升華，皆值得日後進一步思考優化。所謂"辨章學術，考鏡源流"，原非一句口號，吾輩應在開拓視野、獨創新知的理念指導下，實事求是地努力爲之，其將庶幾乎？我願與蘇生共勉之。

公元二零一九年四月
夏正戊戌歲穀雨後二日
張善文寫於福建師範大學文學院

序

苏正道博士新著《江永礼学研究——以〈礼书纲目〉为中心》，历经多年的修改润色，即将付梓面世，师友相与欢忭。我作为其博士后研究工作的合作者，不敢以谫陋不文而推辞，故谨遵其嘱，聊赘数语，忝附书首。

一

王国维论有清三百年学术发展史，曾指出："国初之学，大；乾嘉之学，精；道咸以降之学，新。"此精辟独到之言，为近代以来学界共识。其中，"国初之学"与"道咸以降之学"，皆以能够"学贵时效""经世致用"而为世人所赞誉。唯独"乾嘉之学"，则因"穷研训诂，遂成无用"，尤为当代以来学界所轻视。

"乾嘉之学"又称"乾嘉汉学"或"乾嘉朴学"，对于仍以经学为全部学问的清代社会而言，乾嘉学术诚为继汉魏经学和宋明理学之后，主张"回归原典""以复古求解放"，对儒家传统学术和思想文化加以整理和总结的集大成之学。它虽有时而不彰，却历久而不废，这对今日中国人文学科的传承发展，如何远离"欺诈""侥幸"和"偷惰"的学风建设，仍具有极为重要的启示和借鉴意义。清末章炳麟评判乾嘉汉学之"善"曰："近世为朴学者，其善三：明征定保，远于欺诈；先难后得，远于侥幸；习劳思善，远于偷惰，故其学不应世尚。"民国梁启超也称赞朴学为能"使后此治国学者，省无量精力，其勤固不可诬也。二百年来诸大师，往往注毕生之力于一经，其疏注之宏博精确，诚有足與國學俱不朽者"。在此"宏博精確"之中，清儒江永必居其一也。

江永(1681—1762，字慎修，徽州婺源人)一生鍵戶授徒，"閉門潛修，未及聞達"，因"經術湛深，士林望重"，故"自漢經師康成後，罕其儔匹"。時人王昶稱其"雖終老蜷伏，不見知於世，而其言深博無涯涘，昭晰群疑，發揮鉅典，探聖賢之秘，以參天地人之奧。厥後戴君諸人繼之，其道益大以光"。其高弟子，名著一時者有戴震、程瑤田、金榜、鄭牧、汪肇龍、方希原、汪梧鳳等。這些學者又依傍四處經營的徽商之便，在江浙一帶傳播漢學，乾嘉時代尤以揚州爲最。故儀徵劉師培自劃"揚州學派""五代之傳"盡歸於"江氏之學"，自有其道理在，同時也證明了江慎修確乎爲"皖派"乃至"揚州學派"的開創者，是清初理學轉向乾嘉漢學的關鍵人物。徐世昌《清儒學案》指出："婺源江氏與元和惠氏同時並起，其後治漢學者皆奉爲先河。婺源之學，一傳而爲休寧(戴氏)，再傳而爲金壇(段氏)、高郵(王氏)。其學派傳衍，比于惠氏爲尤光大矣。"此論在章太炎、梁啟超等民國大儒的著述裏皆有同調可尋，堪稱定讞。

若翻檢民國之前的清代學術人物史料，江永無疑屬於重要的代表性人物。然而，在當代有關清學史的研究成果中，涉及江永者寥寥，與其成就和地位極不相稱。究其原因，乃畏難其學之艱深也。江氏著述，要在三域：小學、禮學、算學。如《四聲切韻表》《古韻標準》《禮書綱目》《律呂新義》《翼梅》《推步法解》等二十種，被《四庫全書》收錄竟達十六種之多，這種"上充秘閣之選"的榮耀在清儒中也屬少見。但在今日，如此三域內容，幾可歸於"絕學"，當下學者能夠染指者極稀，也是自然之事。蘇正道的博士論文《江永禮學研究——以〈禮書綱目〉爲中心》，可謂是知難而上且卓有成績的一部研究江永禮學成就的佳作。如果說，江永的學術是"爲往聖繼絕學"，那麼，蘇君此書則爲新時代繼承和發展江氏學術的攻堅性成果。

二

清代學者對於禮學的研究熱情是前所未有的，可以說禮學的復興是清代學術的顯著特色。僅就《四庫全書》系列和正續《皇清經解》而言,有關禮學的內容就占有很大的比重,其中尤以徽州學人及其著述最爲顯著。如黃生《三禮會儒》、姚際恒《三禮通論》、江永《禮書綱目》和《周禮疑義舉要》、汪紱《參讀禮志疑》和《禮記章句》、程廷祚《禮說》、戴震《考工記圖》、金榜《禮箋》、程瑤田《儀禮喪服足徵記》、凌廷堪《禮經釋例》、"績溪胡氏"之胡匡衷《周禮井田圖考》《儀禮釋官》、胡培翬《儀禮正義》等,他們不僅是清代的一流學者,而此一系列的著述也皆爲不朽杰作。近世大儒對此特殊現象一致認爲"吳派"精於《易》,而"皖派"深於《禮》。徽州之學成于江永、戴震,"江戴之學自《禮》入。自東原出而徽學遂大,一時學者多以治《禮》見稱"。這是值得學界認真對待和深刻反思的問題。

江永的禮樂類著作主要有《禮書綱目》《禮記訓義擇言》《儀禮釋宮增注》《儀禮釋例》《深衣考誤》《鄉黨圖考》《周禮疑義舉要》《律呂新義》《律呂闡微》等,尤以《禮書綱目》爲最。該書之撰,是爲賡續朱子《儀禮經傳通解》而作,江氏時年四十一歲。其自述緣起曰:"自少即求《儀禮經傳通解》,反復切究之。讀之既久,覺其中猶有搜羅不備,疏密不倫之遺憾。又觀朱子晚歲及門人書,多拳拳於禮。慶元庚申三月九日,爲易簣前一日,猶作書與黃勉齋先生,以修禮書爲屬,其注念於《禮經》如此。竊不自揆,更欲爲之增損隱括,以卒朱子之志。是以別定規模,區爲八門:一曰嘉禮,二曰賓禮,三曰凶禮,四曰吉禮,五曰軍禮,六曰通禮,七曰曲禮,八曰樂,凡百六篇,八十有五卷。又采漢唐宋諸家論禮,及朱子欲修禮書,論禮綱領者,別爲首三卷。近又附入《深衣考誤》一卷、《律呂管見》二卷,總九十一卷。凡三代以前禮樂制度散見經傳雜書者,悉有條理可考。書凡三稿,初曰《存羊編》,次曰《增訂儀禮經傳》,三稿始易今名爲《禮書綱目》。蓋八門爲總綱,而各篇則綱中之綱也。篇分章、段爲目,而事之繁碎者又有細目,則目中之目也。卷帙既多,但能錄古注與釋文,更欲增入唐宋義疏與古今諸儒議論,苦無力,乏人抄寫,有志未逮。"此乃江氏撰著《禮書綱目》境況之大略也。該書宗法朱熹而又有所創新發展,即以《儀禮》爲經,《周禮》《禮記》爲傳,旁及經史百家,通過對《儀禮經傳通解》的增刪隱括,改變了朱子禮書"内聖外王"體系,而回歸《周官》"五禮"系統,自謂"是書規模極大,條理極密,當別立門目以統之,更爲凡例以定之。蓋衷集經傳,欲其該備而無遺;厘析篇章,欲其有條而不紊。尊經之意,當以朱子爲宗;排纂之法,當以黄氏《喪禮》爲式"。江永鑒於朱子及門人禮學著述的"搜羅不備,疏密不倫之遺憾",而以新時代漢學家的學術責任與求是精神,"參考群經,洞悉條理,實多能補所未及",終以"厘正發明,實足終朱子未竟之緒"。乾隆元年,高宗詔修《三禮義疏》,朝廷數次下文,檄取江氏《禮書綱目》,以備"三禮館"參考之用。書生爲學,一生能有此"館選"之遇,亦可謂榮幸之至矣。今正道君選擇江氏《禮書綱目》研究爲切入點,並由此而推展至清代禮學思想的研究,確乎展開了一次艱難而有意義的學術旅程。

三

江永是清代學術史上介於"清初三大家"與"乾嘉學派"的惠棟、戴震和錢大昕之間的重要人物。其學在考索音訓,追溯典章,宗朱子,通經學,貫西學,舉凡古今制度、天文輿地、曆算呂律,經史義理等,無不淹博、識斷、精審。正道君選擇江永及其《禮書綱目》爲研究對象,置之於清代禮學復興和乾嘉漢學形成的過程中加以考量,爲探討清代前中期的學風變化和學術轉型,提供了一個頗具説服力的個案典型。新著的創新點,在於作者認爲江氏禮書編撰和禮學考證,不僅寓有"以古禮正今俗"的目的,而且意欲"爲聖朝備一禮樂之書",在一定程度上頗有引領官方進行禮書纂修的意圖,而並非純粹地"爲考證而考證"。其次,《禮書綱目》由"窄而深"的文字校勘、文獻考證,漸次轉向律呂、曆算、音韻等精深的專題性研究,進而深入博大的禮制禮儀的探討世界。如此的治學路徑,極大地影響了後世的禮學研究,也充分體現出乾嘉考證學的歷史發展進程,突出了"皖派"學術側重文字訓詁而兼顧經史義理的"以詞通道"之法,以及"綜形名,任裁斷"的治學特色。作者努力揭示與弘揚"皖派""上溯古義而斷以己之律令"的學術風格,以及"溝通漢、宋之郵"的治學目的,把江永研究向前推進一步,對乾嘉考據學的形成和發展也富有一定的啓示,頗富經學史和學術思想史研究的價值和意義。

正道博士是一位很有潛力的青年學者,性格内斂而處世低調,一心向學,刻苦自勵,很適合做這種枯燥而純粹的經學研究工作。他畢業於復旦大學歷史學系,師從朱維錚、王維江先生,受到過嚴謹樸實的學術訓練,有著扎實的前期積累和敏銳的學術感知力,並對所從事的研究事業充滿感情和熱忱。兩年前,他又來到安徽大學,繼續博士後研究工作,與我合作進行明清學術及徽學研究,取得了一系列的優异成績:獲得了國家社科基金項目和中國博士後基金資助,出版著作一部,發表了數篇很有分量的論文。如此可喜可賀的成績,也算是對他多年以來辛勤汗水的一點回報吧。

弁冕紳經之事,號爲難治,其學非短時所能盡通。作爲投身書卷的學者,已知爲學之甘苦,也應有人生之追求,所謂書田菽粟饒真味,萬古不磨自在心。今正道君的新書出版在即,謹寄數語,權當同調相惜。希望蘇君能以此新著爲學術征程之起點,"日新又新,止於至善",是所望也。

時歲次己亥暮春之初,徐道彬謹識於安徽大學

目　　録

緒　論	1
第一章　清代禮學研究的復盛和禮書編撰的興起	23
第二章　江永生平學行考述	47
第三章　江永與戴震	66
第四章　江永著述考略	88
第五章　《禮書綱目》的編撰與刊行	108
第六章　《禮書綱目》對朱子禮書的賡續與重訂	119
第七章　《禮書綱目》與《儀禮經傳通解》的"异"與"同"	146
第八章　《禮書綱目》校勘管窺	166
第九章　《禮書綱目》的考證特色	179
第十章　《禮書綱目》的引書及其學術史意義	194
第十一章　《禮書綱目》與江永學術	208
第十二章　江永禮學研究的學術影響	229
結　論	248
江永年譜簡補	252
參考文獻	267
致　謝	287
付梓後記	290

緒　　論

一、選題背景

乾嘉學術以考據爲特色，又名乾嘉考據學，是清代學術的中堅；同時因主張糾偏宋明理學的空疏而回歸漢代的名物訓詁，被冠以"漢學"的稱謂；由於其注重研究的樸實無華，又被稱爲"樸學"①。儘管乾嘉學術無法包含整個清代學術，此外還有清初程朱理學、清季經今文學，研究一度興盛，但流行於18世紀中葉至19世紀上半葉的乾嘉學術，以考證爲最大特色，是清代學術的中堅。這一地位從未動搖②。但令人唏噓的是，相比乾嘉學術的重要地位，學界的研究只能用任重道遠來形容。從思想史的角度來看，17世紀明清鼎革，學者反思陽明心學的空疏和危害，掀起思想領域的歆動，這是一個"天崩地裂"的時代，有着"別開生面"的思想③。19世紀西方的入侵，民族危機深重，精英士大夫受此震蕩，各種思想此起彼伏。

---

① "樸學"一詞首見於《漢書》卷88《儒林傳》，"（倪）寬有俊材，初見武帝，語經學。上曰：'吾始以《尚書》爲樸學，弗好，及聞寬説，可觀。'"（漢）班固：《漢書》，中華書局，1962年，第3603頁。

② 周予同先生説："'乾嘉學派'，顧名思義，是清代乾隆、嘉慶時期的學派，但是也不盡然。這些學者，有生於康熙朝的，如王鳴盛；有卒於道光朝的，如王念孫、王引之。就他們一生的主要經歷和所代表一時學風而言，稱爲'乾嘉'，固無不妥。"周予同：《有關經學史的幾個問題》，朱維錚先生編：《周予同經學史論著選集（增訂版）》，上海人民出版社，1996年，第700頁。

③ "天崩地裂""別開生面"的提法，見侯外廬：《中國思想通史》第五卷《中國早期啓蒙思想史》，人民出版社，1956年，第3頁。

相形之下，18世紀的中國學者埋首故紙堆，似乎毫無生氣①，反映在學術研究中，便是從事乾嘉學術的人員和著述相對較少，甚爲不足。

儘管"乾嘉以來，家家許、鄭，人人賈、馬，東漢學爛然如日中天矣"②的考據熱情，在20世紀二三十年代崇尚科學背景下獲得認可③，也在80年代的思想解放潮流中再獲提倡，但僅限於考據方法，而且事後看來，更是曇花一現，回光返照。在清代部分學者的眼中，18世紀的考據學毫無思想性，是智力浪費④。現代學人亦認同其説。朱維錚先生指出，清代學者存在學術與思想的分裂，"清代在中國學術史上的呈現的輝煌，與它在中國思想史上顯示的沉悶，恰成反比。"⑤新儒家學者更是在研究中繞開乾嘉學術，或者僅關注考據學者的義理之學，將其視爲宋明理學的繼續⑥。長期以來，受到民族主義和"極左"思潮的影響，學者大多認爲考據學者埋首故紙

---

① "中國近現代多數學者在探索和重建從傳統向現代社會轉變的險象環生的歷程時，只重視17世紀和19世紀的歷史，對於18世紀則有所忽略。"[美]艾爾曼：《從理學到樸學》，江蘇人民出版社，1995年，初版序言第3頁。

② 梁啓超：《清代學術概論》，朱維錚校注：《梁啓超論清學史二種》，復旦大學出版社，1985年，第60頁。

③ 盛贊乾嘉學術"科學"精神的梁啓超以爲"清代學派之運動，乃'研究法的運動'，非'主義的運動'也"。梁啓超：《清代學術概論》，《梁啓超論清學史二種》，第35頁。

④ 魏源以爲乾嘉學者"擯爲史學非經學，或謂宋學非漢學，錮天下聰明智慧盡出於無用之一途"。《古微堂外集》卷4《武進李申耆先生傳》，《魏源全集》第13册，岳麓書社，2011年，第246頁。包世臣言"戴震亦能從政"，章太炎比較其説，認同魏源觀點。《學隱》，《章太炎全集》第3册，上海人民出版社，1984年，第161頁。

⑤ 朱維錚：《清學史：學者與思想家》，《走出中世紀二集》，復旦大學出版社，2008年，第74頁。朱先生繼續指出，造成這一局面是清朝分裂的文化心態導引出的分裂的文化政策所致，這是解釋清代經學史的一個關鍵。《中國經學的近代行程》，載《中國經學史十講》，復旦大學出版社，2002年，第55頁。

⑥ 馮友蘭以爲"漢學家之義理之學，表面上雖爲反道學，而實則係一部分道學之繼續發展也。"《中國哲學史》，中華書局，1961年，第975頁。陸寶千《清代思想史》繞開乾嘉考據學，從清初學者的經世致用，直接講到清季《公羊》研究，即使第四章《論清代經學：以考據治經之起源及其成就之限度》，亦認爲"清初經學之盛，由於晚明以來之經世要求所致"。《清代思想史》，華東師範大學出版社，2009年，第164頁。

堆，逃避現實①。18世紀的乾嘉考據學承繼着清初學術的余暉，吐育着清季學術的養分，但研究得不到應有的重視②。其中原因衆多，包括思想史和學術史的分野，不同時代學術標準的取徑，研究者的興趣和研究取向，等等③。

清代阮元和王先謙先後編刻的《學海堂經解》《南菁書院經解》，共收錄清人經解著作近400種3 000卷，其中大部分爲乾嘉考據著述。18世紀考據學者對經典文獻的整理和研究，給現代文史研究留下了豐富的學術遺産。儘管遭遇到各種困難，自20世紀90年代以來，乾嘉學術的研究不斷升温，論著數量多④，議題深入，其中尤以"乾嘉經世之學""乾嘉新義理學""漢宋之争""清代禮學""清代學術的派別與源流""清代學術史研究的再研究"等方面的研究成績最爲豐碩⑤。具體來講，18世紀考證學的思想性得到重新審視，漢宋之争的研究得到深化，乾嘉宋學的研究得到關照，乾嘉經史考證受到重

---

① 王俊義認爲乾嘉漢學得不到正確評價的原因有三：一、主觀偏見和門户之見，如江藩《漢學師承記》不列顧炎武、黄宗羲於漢學門堂，書末勉强增補。二、民族思想的影響，如魯迅《算帳》質疑乾嘉漢學的成績是否值得？三、"文革"極"左"思潮影響，認爲乾嘉學者埋首故紙堆，學不足用。王俊義：《評價乾嘉學派應消除歷史成見》，《社會科學戰綫》1992年第3期，第164—168頁。

② 艾爾曼認爲"18世紀晚期的中國歷史，實際上是17世紀以來政治、學術變革的延續及其發展的極致，其影響甚至播及19世紀乃至20世紀。18世紀的歷史是17世紀滿族入關到19世紀西方入侵的漫長歷史進程的有機組成部分"。［美］艾爾曼：《從理學到樸學》，江蘇人民出版社，1995年，初版序言第3頁。

③ 思想史和學術史的分野表現在，乾嘉學術因缺乏思想性，被思想史研究摒弃，僅爲學術史研究的對象。時代和學術標準，如民國時期提倡民主、科學，考據學成爲關注的對象；新中國成立後受馬克思主義唯物論影響，乾嘉學術被批評逃避現實。研究者興趣和取向的差异，如梁啓超和錢穆的同名著作《中國近三百年學術史》，立意不同，角度相异，結論大相徑庭。

④ 林慶彰主編的《乾嘉學術研究論著目錄》，收錄包括"清代學術通論""乾嘉學術通論""四庫學""乾嘉學者分論"等有關論著3 480條，幾乎囊括20世紀乾嘉學術研究的所有成績。林慶彰主編：《乾嘉學術研究論著目錄》（1900—1993），"中央"研究院中國文哲研究所，1995年。

⑤ 雷平：《近十年來大陸乾嘉考據學研究綜述》，《學術月刊》2004年第1期，第123—128頁。周積明、雷平：《清代學術研究若干領域的新進展及其述評》，《清史研究》2005年第3期，第109—124頁。

視,文學和史學的交叉研究得到注意①。儘管如此,在乾嘉學術的若干領域和若干議題上,仍有深掘的潛力。比如,關於乾嘉學術的起源和過程的研究,就是其中之一。

按照梁啓超的説法,晚明的二十多年,已開清學的先河。其下限略有爭論,一般以乾隆中葉四庫開館,成爲"漢學家的大本營"爲界②,由明末清初至此的這一個半世紀的行程,便是清代學術由王學(陽明學)返歸朱學(程朱理學),最後漸至考據學的歷程。對於這一歷程的研究,即清初理學轉向乾嘉考據的過程的研究,或即乾嘉學術的淵源問題,已有相當多的著作予以專門的討論。

從乾嘉學者開始,他們心目中的漢學開山便見仁見智③。清初學術爲何卒至古典考據學獨盛,民國以來的討論主要有"外在變遷"和"内在理路"之説。"外在變遷"説以章太炎、梁啓超、侯外廬爲代表,他們主張從政治、經濟制度入手,尤其注重資本主義萌芽説和文

---

① 其中代表性論著如下:一、乾嘉考證學思想性的研究,黄愛平:《百年來清代漢學思想性問題研究述評》,《清史研究》2007年第4期。二、乾嘉新義理的研究,張麗珠:《清代義理學新貌》(里仁書局,1999年)、《清代新義理學:傳統與現代的交會》(里仁書局,2003年)、《清代的義理學轉型》(里仁書局,2006年)。周積明:《關於乾嘉"新義理學"的通信:兼評張壽安研究員"乾嘉學術"的系列研究》,《學術月刊》2001年第4期;《〈四庫全書總目〉與乾嘉"新義理學"》,《中國史研究》2002年第1期;《乾嘉時期的學統重建》,《江漢論壇》2002年第6期;陳居淵:《論乾嘉漢學的更新運動》,《中國史研究》2002年第4期;《十八世紀漢學的建構與轉型》,《學術月刊》2009年第2期。三、對經世致用的研究顯示,這一思潮在乾嘉得到延續,黄愛平:《論清代乾嘉時期的經世思潮》,《中國哲學史》1997年第4期;周積明:《文化視野下的四庫全書總目》,中國青年出版社,2002年。四、漢宋之爭研究的新進展,張循:《清代漢、宋學關係研究中若干問題的反思》,《四川大學學報》(哲學社會科學版)2007年第4期;《漢學的内在緊張:清代思想史上"漢宋之爭"的一個新解釋》,《"中央"研究院近代史研究所集刊》第63期;《不讀漢宋書,也爭漢宋爭:清代漢宋之爭風氣的形成》,《中華文史論叢》2010年第4期。五、乾嘉宋學的研究,李帆:《清代理學史(中卷)》,北京師範大學出版社,2007年。六、乾嘉經學與文學的互動研究,馬積高:《清代學術思想的變遷與文學》,湖南人民出版社,2002年。

② 梁啓超:《中國近三百年學術史》,《梁啓超論清學史二種》,第115頁。

③ 洪亮吉認爲清初樸學之風由顧炎武、閻若璩首倡。《卷施閣文甲集》卷9《邵學士家傳》,《洪亮吉集》第1册,中華書局,2001年,第192頁。江藩《漢學師承記》以閻若璩和胡渭爲漢學開山,而將顧炎武和黄宗羲排除在外,僅附篇末。更多"乾嘉學者對考據學源頭的追尋",見漆永祥:《乾嘉考據學研究》,中國社會科學出版社,1998年版,第10—15頁。該書論述了洪亮吉、王鳴盛、臧庸、江永、段玉裁、俞樾、皮錫瑞各自心目中的漢學開山。

字獄對乾嘉漢學的影響①。侯外廬説:"對外的閉關封鎖與對内的'欽定'封鎖,相爲配合,促成了所謂乾嘉時代爲研古而研古的漢學,支配着當時學界的潮流。"②"内在理路"説以錢穆、余英時爲代表。錢穆力陳清代漢學承自宋明理學,"不知宋學,則亦不能知漢學,更無以評漢宋之是非。"③余英時自述《論戴震與章學誠》一書的寫作目的是"爲了解答爲什麽宋、明理學一變而爲清代經典考證的問題"④,其基本立場是從學術思想史的"内在理路"闡明清初理學轉入考證學的過程,證明 18 世紀清代考證學也包含着義理的旨歸。不過總的來説,這兩種説法均欠實證,有着明顯的鏵漏。比如,晚明以來,是否存在資本主義萌芽,存在爭論;清代文字獄主要伴隨着政治性目的,純學術研究所受影響有限,文字獄的影響被誇大;余英時也強調"内在理路"説不能完全代替"外在變遷"説的影響,只是一個有效的補充。

另外還有"明代考據先驅""西學影響""經濟文化繁榮"等説法,但均未有絶對的説服力⑤。以"明代考據先驅"説而論,明代中後期朱子學占據意識形態高位,學術界流行的是王學,考據學的影響十分有限。作爲明代考據學的代表性著作,梅鷟《尚書考异》直到嘉慶十九年由孫星衍進行校刊,才廣爲流傳。明代中後期考據學者在思想上、方法上、學術規範上的不成熟,導致清代正統考據學家對他們的學術并不認同⑥。

---

① 章太炎:《清儒》,朱維錚點校:《章太炎全集》第 3 册,上海人民出版社,1984 年,第 155 頁。梁啓超:《中國近三百年學術史》,《梁啓超論清學史二種》,第 109—110 頁。侯外廬:《中國思想通史》第 5 卷,人民出版社,1956 年,第 393—429 頁。
② 侯外廬:《中國思想通史》第 5 卷,第 411 頁。
③ 錢穆:《中國近三百年學術史·自序》,商務印書館,1997 年,第 1 頁。
④ 余英時:《論戴震與章學誠:清代中期學術思想史研究》,三聯書店,2004 年,總序第 1 頁。
⑤ 黄克武:《清代考證學的淵源——民初以來研究成果之評價》,《近代中國史研究通訊》1991 年第 11 期,第 140—154 頁。敖光旭:《20 世紀的乾嘉考據學成因研究及存在的問題》,《中山大學學報》(社會科學版)2001 年第 1 期,第 76—85 頁。
⑥ 郭康松:《清代考據學的啓蒙》,《湖北大學學報》(哲學社會科學版)2001 年第 2 期,第 91—97 頁。

1980年代，美國學者艾爾曼《從理學到樸學》一書問世。該書從社會史和學術史相結合的角度，探討理學到樸學的轉折過程，特別強調當時社會經濟背景對於學術的影響①。該書注重社會史和學術史相結合的研究方法，自90年代傳譯至中國後備受學界推崇。該書的理論建構多富啓發，但個案研究差强人意。它是否如葛兆光先生所說，本書儘管粗綫條地勾勒，但還是"清楚而準確地顯示了十八世紀學術史上那一段過程的緣起、變异、衰落"②，還有待商榷。

1990年代，陳祖武先生《清初學術思辨録》一書對"清代學術怎樣由清初博大的體系轉入乾嘉考證一途"進行專題性研究。全書共十五章，前三章分別從社會背景、學術變遷和文化政策方面梳理清初學術背景。第四章至十章分別對顧炎武、王夫之、黄宗羲、吕留良、李顒、孫奇逢、顔元、李光地等的學術思想進行考辨。第十一章至十三章對清初史學和文學發展進行論述。第十四章論述費密《弘道書》，閻若璩、胡渭對《尚書》《周易》的考證，毛奇齡的經學研究，特別提及毛氏從王學支裔轉向考證研究，具有典範意義。第十五章總結清初學術的地位。附録《從清初的批判理學思潮看乾嘉學派的形成》，大意謂明末學風空疏，卒至亡國，嚴峻的社會現實促使學者進行經世致用研究。同時，程朱理學官學化，學理日漸僵化。隨着國家的統一，曾經嚴峻的社會問題得到紓解，經世致用的徑向最終荒蕪，但學者注重考據的原則、方法最終留存，加上朝廷獎崇右文，導致經學考據的盛行③。同於梁啓超的闡釋，只是論述更加細縝。

邏輯看似完美，但我們知道，清代學術最具代表性的是考據學，但它盛行的時間晚自乾隆後期，到嘉慶、道光時期。最具代表性的人物是惠棟、戴震，惠棟的"凡漢皆真"，戴震的"以詞通道"是其旗幟。從戴震避仇入都後延譽京城學林的乾隆十九年(1754)算起，已距清

---

① Benjamin A. Elman, *From Philosophy to Philology*, Harvard University Press, 1984.［美］艾爾曼著，趙剛譯：《從理學到樸學》，江蘇人民出版社，1995年。
② 葛兆光：《十八世紀的學術與思想》，《讀書》1996年第6期。
③ 陳祖武：《清初學術思辨録》，中國社會科學出版社，1992年，第303—319頁。

初三大家中最後離世的黄宗羲有近六十年之久①,更何況惠棟的家學背景跟清初諸大儒并無太多的學術關係。就學理來説,清初的考證學風是否是乾嘉學術的淵藪,還需要作進一步的研究。

進入2000年代,劉墨博士著有《乾嘉學術十論》一書,借用福柯的譜系學理論對乾嘉學術的緣起和發展作了論述。該書側重於學術史的研究,主要是對於乾嘉學術成績的清理,結論并不新穎,論證多可商榷,無法梳理出清初學術轉向乾嘉考據學的具體細節②。這也凸顯出重大學術議題研究上的突破,依賴於分議題和個案的深入研究。

這些年來,個案研究的嘗試一直在繼續,論著數量不斷增長。這其中包括賴玉芹《博學鴻儒與清初學術轉變》③,作者"以博學鴻儒的徵召作爲切入點,通過探討明清鼎革後士人在心態、生存、思想等方面的變化過程,以及清朝的文化政策的逐步演變,來分析這些因素對當時學術轉變的影響,并以鴻儒學人爲重點,采用個案的形式,展現清初學術轉變的具體過程"④。博學鴻儒的政治意義向來爲研究者措意,但其學術影響少有關注,該選題確有意義。需要指出的是,儘管康熙朝徵召的儒者有朱彝尊、毛奇齡等優秀人物,但不過是鳳毛麟角,"被收買的都是二三等人物,稍好一點的也不過新近後輩。那些負重望的大師,一位也網羅不着,倒惹起許多惡感。"⑤該書論述的時限,無法覆蓋清初諸大師凋零後至惠、戴次第崛起前的學術歷程。其

---

① 現論"清初三大家"一般指具有啓蒙思想的顧炎武、黄宗羲、王夫之。事實上這一提法屬於事後追認。據全祖望《鮚埼亭集》卷12《二曲先生窆石文》,"當是時,北方則孫先生夏峰,南方則黄先生梨洲,西方則先生,時論以爲三大儒。"則清初三大家爲孫奇逢、黄宗羲和李顒。《全祖望集匯校集注》上册,朱鑄禹匯校集注,上海古籍出版社,2000年,第237頁。

② 劉墨:《乾嘉學術十論》,三聯書店,2006年。

③ 賴玉芹:《博學鴻儒與清初學術轉變》,中國社會科學出版社,2011年。

④ 單曉娜、涂耀威:《賴玉芹〈博學鴻儒與清初學術轉變〉評介》,《湖北師範學院學報》(哲學社會科學版)2011年第6期,第155—156頁,引文見155頁。

⑤ 梁啓超:《中國近三百年學術史》,《梁啓超論清學史二種》,第108頁。

他的個案研究,包括張天杰《張履祥與清初學術》①、王恩俊《復社與明末清初政治學術流變》②、黃聖修《一切總歸儒林:〈明史·儒林傳〉與清初學術研究》③、楊祖漢主編《黃宗羲與明末清初學術》④,都希望從不同人物、不同群體、不同著述細化清初學術的研究,這值得鼓勵。

因此,對於清初諸老辭世之後至惠、戴爲幟的漢學考證出現以前的這一段學術進程的研究,我們還可以從清初理學轉向乾嘉考據的重要學者中間,選擇更具代表性的學者,更經典的著述,以更廣闊的學術視野,進行更深入的研究,以期呈現出清初學術的演進軌跡。無疑,江永及其禮學研究符合選題要求。

二、選題對象

在清代學術研究中,皖派學術是一個重鎮。這個學派不僅在徽州本地具有影響,而且隨核心人物戴震等的推宣,在全國範圍內具有學術影響:既有着"由詞通道"的路徑指引,又確定以文字、音韵的研究爲中心,以"任裁斷"和"求是"爲特色。這一學派的學者包括戴震、金榜、程瑶田等,其遠源常被推爲明末清初的黄生、方以智,甚至是宋代的鄉賢朱熹。但客觀來說,從師承上講,江永是清代皖派學術的開山,符合歷史實相。

江永,字慎修,徽州婺源人。生於康熙二十年(1681),卒於乾隆二十七年(1762),年八十二。平生就館授徒、講學著述,精研音韵及三禮之學,兼通曆算、地理。江永的研究領域廣,著述數量多,學術水平高。他年壽長又筆耕不輟,著述豐贍,其中收入《四庫全書》13種151卷(含存目共16種),《清經解》5種27卷,《經解續編》3種10卷,《續修四庫全書》7種55卷,涉及三禮、四書、理學、制科、律吕、曆算、

---

① 張天杰:《張履祥與清初學術》,浙江古籍出版社,2011年。
② 王恩俊:《復社與明末清初政治學術流變》,遼寧人民出版社,2013年。
③ 黄聖修:《一切總歸儒林:〈明史·儒林傳〉與清初學術研究》,新文豐出版公司,2016年。
④ 楊祖漢等編:《黄宗羲與明末清初學術》,臺灣"中央"大學出版中心,2011年。

音韵、典章等，是清初理學轉向乾嘉漢學的關鍵性人物①。展開對於江永及其學術的研究，具有極高的學術價值，舉要而論，有三個方面的意義。

首先，江永既尊程朱義理，又重漢學考據。他賡續朱子《儀禮經傳通解》，編成《禮書綱目》一書，又以朱子之語注釋撰成《近思錄集注》，爲理學的發展作出了貢獻。江藩將其名厠《漢學師承記》中，附以金榜、戴震。其學兼漢、宋的特徵，爲我們討論清前中期由理學轉向樸學的歷程，提供了個案。其次，江永集中於禮學、音韵、曆算考證，體現出專題專精的研究特色，對乾嘉考據學的發展起着引領和示範作用。江永的個案研究可以深化乾嘉學術形成和發展歷程的討論，促進這一課題的研究。第三，江永在曆算研究中多提及西人之法，其研究受到西學的影響，但後來的學者却主張"西學中源"説。一般認爲，西洋曆法在18世紀除宣城梅氏以外，知音有限。江永曆法的來源及與西學的關係究竟如何，這是一個有待深入的研究課題。

宗漢宋、精音韵、懂西學的江永是18世紀清代學術的典型學者，對江永學術的研究可以深化乾嘉學術研究。但江永學術體系龐大，内容精深，以筆者有限的時間和學力，殊難克竣。江永學術興趣廣泛，成績最著者爲《三禮》之學，其中禮書編撰有《禮書綱目》《昏禮從宜》，禮學考證有《深衣考誤》《周禮疑義舉要》《儀禮釋宫增注》《禮記訓義擇言》《鄉黨圖考》等。在這些著述中，最重要者是《禮書綱目》。本書的體系和編例爲後來《三禮義疏》《五禮通考》所借鑒，其尊朱特色和專精考據爲乾嘉學者推尊和引據。阮元盛贊此書，以爲相形之下，考核精詳的《群經補義》《鄉黨圖考》"皆吉光片羽，非其絕詣"②。

---

① 徐道彬先生提及，"若就有清一代學術地位和影響而論，江永應該是康乾時期宋明理學轉向清代考據學的關鍵性人物。"《四書古人典林》，安徽大學出版社，2011年，整理説明第2頁。

② （清）阮元：《禮書綱目序》，《叢書集成續編·經部》第11册影印廣雅書局本，上海書店，1994年，第151頁。

儘管阮元的評價有溢美之嫌，亦足見他對於江永禮書的推重。有鑒於此，筆者決定以江永禮學爲中心，以《禮書綱目》爲主要對象和研究個案，梳理江永的人生與學術，探究其禮學成就和影響，窺觀乾嘉漢學的形成過程。

三、研究綜述

對學人學著的研究，其前提條件是著述的刊刻和學術的播揚。從時間上看，江永生前刊刻較多的是《四書典林》《四書古人典林》等制舉著作，學術著作的刊刻較少，其學術的播揚依賴於戴震的推介。江永去世後，考證學術愈受重視，《四庫全書》《清經解》及續編幾乎收錄了江永所有的考證著作，其學術得到廣泛的傳播。其中《鄉黨圖考》完成後，便有相當多的仿效之作，其中包括王漸鴻《鄉黨圖考補正》；《四聲切韵表》完成後，孫文昱以上古音爲研討對象，重編江表爲《四聲切韵類表》；汪曰楨對江著的未善之處作了補訂，撰成《四聲切韵表補正》一書。但這些著述的刊刻和補正并非現代意義上的學術研究。

對江永的研究最早由清末民國以來的學術思想史著作開啓的。一般經學史著述都會涉及江永學術，尤其是禮學和音韵，但大多是簡略性的概述。如皮錫瑞《經學歷史》《經學通論》、章太炎《清儒》、劉師培《經學教科書》，梁啓超、錢穆的同名著作《中國近三百年學術史》等。皮錫瑞《經學歷史》兩處提及江永，強調朱熹《儀禮經傳通解》對江永《禮書綱目》的影響，以及戴震學源江永①。《經學通論》論及朱子《通解》，給予《禮書綱目》很高的評價，認爲："惟江永《禮書綱目》，本于朱子，足以補正朱子之書，治《三禮》者，可由此入門，而《五禮通考》姑置之可也。"②章炳麟以吴、皖分派論學，定戴震爲皖派開創者，

---

① （清）皮錫瑞著，周予同注釋：《經學歷史》，中華書局，2004年，第184、227—228頁。
② （清）皮錫瑞：《經學通論》，中華書局，1954年，《禮經通論》第36頁。

而"震生休寧,受學婺源江永",足見江永在清學史上的地位與影響①。劉師培《經學歷史》屢次提及江永的禮學研究,但語言簡要,并不深入②。梁啓超評述清代禮學,以爲:"江慎修永的《禮書綱目》,算是這門學問中篳路藍縷的書。《禮書綱目》的體例,爲後來的秦、黃兩家所本,雖後起者勝,而前人之功萬不容没。"③錢穆則强調江永學術的宋學特徵,認爲"《禮書綱目》爲江氏著述之最大者",并分析了其尊朱的文化地理因素,以及學源和傳承問題④。楊向奎《清儒學案新編》評價江永學術,主要及于《周禮疑義舉要》《群經補義》二書⑤。此類經學史及學術思想史著作對江永學術成績的介紹極其簡略,僅資起着參考和導引作用。

由於各種原因,學界關於江永的研究,主要集中於音韵學、樂律等方面⑥。相比之下,對其禮學的研究,成果較少。彭林先生説:"例如江永,學養深厚,著述宏富,著有《禮書綱目》八十八卷,可是對江永

---

① 章太炎:《清儒》,《章太炎全集》第三册,上海人民出版社,1984年,第156頁。
② 劉師培:《經學教科書》,上海古籍出版社,2006年,第134—135頁。
③ 梁啓超:《梁啓超論清學史二種》,復旦大學出版社,1985年,第311頁。
④ 錢穆:《中國近三百年學術史》(上册),商務印書館,1997年,第339—350頁。
⑤ 楊向奎編:《清儒學案新編》第五卷,齊魯書社,1995年,第1—15頁。
⑥ 關於江永學術研究的綜述,拙文《清代學者江永及其學術的研究歷史、現狀、未來》有詳細的介紹,載《徽學》2019年第2期。江永律吕著作有《律吕管見》《律吕新論》《律吕新義》《律吕闡微》四書,學界研究集中於《律吕闡微》,文本整理有李一俊:《江永〈律吕闡微〉整理與研究》,中國藝術研究院碩士論文,2009年;研究著作有李紅:《江永樂律學思想初探》,東華大學碩士論文,2012年。江永曆學著作有《曆學全書》《推步法解》,研究著作有張祺:《清代學者對西方天文曆法的闡釋與發揮——江永〈翼梅〉研究》,内蒙古師範大學碩士論文,2006年;徐道彬先生指出,江永《翼梅》多批評梅文鼎,尤其是批評梅氏"西學中源",這受到清代學者的批評,因爲"西學中源"是一個學術問題,也是一個政治問題,見《論江永與西學》,《史學集刊》2012年第1期。江永音韵學著作有《四聲切韵表》《古韵標準》《音學辨微》。對江氏音學的現代研究,多從音韵學史的角度,以概論的形式出現,如《王力文集》"清代古音學"部分、何九盈《中國古代語言學史》、唐作藩《音韵學教程》等。其他研究較多的江永著作是《近思録集注》《河洛精藴》《春秋地理考實》,如程水龍:《江永〈近思録集注〉版本源流考》,《文獻》2007年第1期;孫國中整理:《河洛精藴》,學苑出版社,1989年;郭彧:《河洛精藴注引》,華夏出版社,2006年;喬宗方:《江永易學思想闡微》,齊魯書社,2015年;金永健:《清代〈左傳〉考證研究》,社會科學文獻出版社,2013年。

禮學，以及他的《禮書綱目》的研究，幾乎是空白。"①對於江永禮學的專著考察，主要有高雄師範大學章慶福的碩士論文《江永及其三禮學研究》，清華大學徐到穩的博士論文《江永禮學研究》，華中師範大學武勇的博士論文《江永的三禮學研究》②。

　　據章文提要，論文共七章，第一章緒論，第二章概述江永生平、著作、交游情況，第三章論述江永的學術與評價，第四至六章分別就江永《禮記訓義擇言》《周禮疑義舉要》《儀禮釋例》《儀禮釋宮增注》《深衣考誤》等進行專章研究，并旁及相關學術背景，末章總結全文。筆者經多方努力尋讀此書，但始終未能寓目。據提要，論文對江永最重要的《禮書綱目》一書，及江氏中歲前的禮學探究均無涉及，以此評價其禮學成績，并不全面。

　　徐文分三部分對江永"體系禮學""實踐禮學""考證禮學"著述，即《禮書綱目》《昏禮從宜》《周禮疑義舉要》《禮記訓義擇言》《儀禮釋宮增注》《鄉黨圖考》等書展開研究③。論文對江氏文本的研讀非常細緻，但囿於材料的缺乏，沒有對相關學術背景展開討論。另外，徐文對江氏禮學著述間的相互關係及影響揭示不夠。江永的禮書編撰與禮學考證及實踐禮學著述間存在內在關聯，如《禮書綱目》在專題形式和資料排陳中萌發着禮學考證的雛形，在賡續朱子禮書的具體細節上多批評意見。《禮書綱目》與《昏禮從宜》的編撰旨趣和適用對象不同，結果出現江永既"尊朱"又"反朱"的矛盾形象，如不梳理江永禮書編撰在前後資料和論旨對象的變化，則他和朱熹的關係亦難

---

① 彭林：《三禮研究入門》，復旦大學出版社，2012年，第123頁。
② 章慶福：《江永及其三禮學研究》，高雄師範大學碩士論文，2008年。徐到穩：《江永禮學研究》，清華大學博士論文，2013年。武勇：《江永的三禮學研究》，華中師範大學博士論文，2016年。
③ 徐到穩：《江永反朱思想及其對戴震的影響——基於新見文獻〈昏禮從宜〉的研究》，《雲南大學學報》（社會科學版）2013年第3期，第41—47頁。作者對比江永和朱熹在具體禮學見解上的針鋒相對，指出江永對朱熹批判的繼承態度影響了戴震對於朱子的研究。另外，拙文《略論江永之理校》（《徽學》第八卷）一文，通過四則江永校例，對江氏的禮學校勘成績和影響作了討論。

澄清。

　　武文和徐文都對江永後期的考證著作給予了很大篇幅的論述。武文的優點是材料豐富，缺點是論述缺乏深入，平鋪直敘，沒有能够清晰地揭示出江永禮學研究的特色、意義和地位，對《禮書綱目》專書的研究顯得不够重視。

　　近來對江永禮著的專門研究集中於《鄉黨圖考》《禮記訓義擇言》。《鄉黨圖考》名爲《論語·鄉黨》尋源，實際上是一本禮學考證著作。對於該書的研究，錢穆《讀江永鄉黨圖考》着眼于江氏對孔子事迹的考訂，以爲《圖考》卷首對孔子生平事迹的考訂"文辭簡質、立言謹慎"，頗受後人信從①。吳小晶《〈鄉黨圖考〉研究》一文，通過對是書作者、成書、版本、考證特點的分析，并對比王漸鴻《鄉黨圖考補正》，進行了細緻的考訂，但材料鋪陳較多，論述未能深入②。邱亮對《禮記訓義擇言》一書進行了專門研究，清理了江永的《禮記》學成績，明確了其學術地位③。徐到穩博士近來對江永《鄉黨圖考》作了比較深入的研究，考察了本書各卷内容的來源，及與江永其他著作的關係；同時對編寫時間作了推測，對《鄉黨圖考》的仿作作了考索，説明其學術影響，論述深入，多有創見④。

　　其他關於江永禮學的研究主要是單篇文章。如對於江氏《周禮疑義舉要》一書，劉文强《讀江永〈周禮疑義舉要〉雜記——有關田制和軍制》就江永禮學考證中的田制和軍制問題加以討論，認爲"江永提出的問題，都足以發人深省"⑤。丁進《江永〈周禮疑義舉要〉初探》

---

① 錢穆：《孔子傳》附録三，三聯書店，2002年，第125—129頁。
② 吳小晶：《〈鄉黨圖考〉研究》，魯東大學碩士論文，2013年。
③ 邱亮：《江永〈禮記訓義擇言〉研究》，南京師範大學碩士論文，2014年。作者抽取其中部分章節，題作《江永〈禮記訓義擇言〉校讀札記》，《文教資料》2013年第31期，第85—87頁。共計校正十二條札記。
④ 徐到穩：《以三禮解〈論語〉的典範——江永的〈鄉黨圖考〉》，《經學文獻研究集刊》第14輯，上海書店出版社，2015年，第254—271頁。
⑤ 劉文强：《讀江永〈周禮疑義舉要〉雜記——有關田制和軍制》，《第二届國際暨第四届清代學術討論會》，臺灣中山大學，1995年，第128頁，引自徐到穩《江永禮學研究》，第10頁。

分析了江永在《周禮》軍事、賦稅、禮典等方面的研究成果，以及江氏《周禮》學對皖派經學的影響，但文章論證疏闊，如關於江門七子對江永《周禮》學研究的繼承，幾乎一筆帶過①。江永是書《考工》部分多有創獲，有關《考工》的研究論一般均會論及江著，如彭林先生對《考工記·輪人》的研究②，張言夢《漢至清代〈考工記〉研究和注釋史述論稿》等③。另外，江永《深衣考誤》《儀禮釋宮增注》《儀禮釋例》分別爲服制、宮室和《儀禮》的專門研究，在論及相關典制和進行文字考訂時，江氏禮著多被提及，但專著研究較少，這也側面說明了需要加強對於江永禮學的研究。

關於江永禮學研究的學術影響，徐道彬先生作了探究，指出了江永對朱彬、劉寶楠等乾嘉學者的啓發，值得注意④。徐到穩指出，江永在清代禮學史上的地位是給予清代中後期禮學家"在解經方法、觀念上的啓發"，其說甚確⑤。

數量未必決定質量。無論是對江氏禮著的專門研究，還是單篇文章或者章節的討論，寥寥數篇，反映着對江永禮學研究的不足，也預示着研究的潛力。在江永所有禮學著述中，《禮書綱目》最爲重要。展開對於江氏《禮書綱目》的研究，可以使江永生平、學術及清代學術中的一些關鍵問題得到解決。

第一，對該書編撰背景的考察，可以廓清清初學術轉入考據的具體過程。關於清初禮學復興的原因和過程的討論，主要有"社會外緣"和"內在理路"説。這方面的著作，包括對於清代禮學的專門研究，

---

① 丁進：《江永〈周禮疑義舉要〉初探》，《安徽農業大學學報》（社會科學版）2013年第1期，第77—81頁。
② 彭林：《論清人的〈考工記〉研究——以〈輪人〉爲例》，《台大中文學報》第20期，2004年，第248—249頁，引自徐到穩《江永禮學研究》，第11頁。
③ 張言夢：《漢至清代〈考工記〉研究和注釋史述論稿》，南京師範大學博士論文，2005年。
④ 徐道彬：《皖派學術與傳承》，黃山書社，2012年，第476—511頁。
⑤ 徐到穩：《略論江永在清代禮學史上的地位》，《安徽文學》2014年第2期，第152—153頁。

舉其大者，有以下數種。

1. 張壽安《以禮代理：凌廷堪與清中葉儒學思想之轉變》《十八世紀禮學考證的思想活力》①。二書的優點，尤其是後書的優點，王爾敏和黃振萍的書評已經有很詳細的介紹；吳飛教授說這本書他和他的團隊進行更深入的社會史研究；但趙克生教授近期關於清代家禮的研究論文，證實作者誤判清初禮學的轉向問題②。總之，儘管本書在具體的議題、材料上多有爭議，但它的研究思路被認為有重大突破，具有學術價值。

2. 林存陽《清初三禮學》③。本書係作者據博士論文增訂而成，優點是研究方法上注重社會史和文化史結合的突破，論文框架展示的學術脈絡清晰，缺點如作者後記所述，論證不夠。具體來說，在學術背景和禮學文本深度契合方面，在禮學文本的深入析讀上面，本書還有提升的空間。

3. 鄧聲國《清代〈儀禮〉文獻研究》④。本書選擇的論題精當，資料的收集和閱讀非常細緻，但在學術源流的考鏡方面仍有進步的空間。作者還有《清代"五服"文獻概論》一書，主要整理和研究清代的喪服著作，很有學術意義。

清代禮學的專著還有 Kai-wing Chow, *The Rise of Confucian Ritualism in Late Imperial China: Ethics, Classics, and Lineage*

---

① 張壽安：《以禮代理：凌廷堪與清中葉儒學思想之轉變》，河北教育出版社，2001年。《十八世紀禮學考證的思想活力》，北京大學出版社，2005年。

② 王爾敏：《張壽安著〈十八世紀禮學考證的思想活力〉》，《新史學與圈外史學》，廣西師範大學出版社，2010年，第396—407頁。黃振萍：《書評：張壽安：〈十八世紀禮學考證的思想活力：禮教論爭與禮貌秩重省〉》，劉東主編：《中國學術》第25輯，商務印書館，2009年，第259—266頁。吳飛：《我們的禮學研究與未來設想》，《中國哲學年鑒》，2016年。趙克生、安娜：《清代家禮書與家禮新變化》，《清史研究》2016年第3期，第25—36頁。此外還有彭林的書評，《"中央"研究院文哲研究所集刊》第22期，第330—334頁；姜廣輝的書評，《漢學研究》2005年第1期，第501—507頁；潘玉愛的書評，《哲學與文化》2008年第1期，第171—175頁。

③ 林存陽：《清初三禮學》，社會科學文獻出版社，2002年。

④ 鄧聲國：《清代〈儀禮〉文獻研究》，上海古籍出版社，2006年。《清代"五服"文獻概論》，北京大學出版社，2005年。

discourse，其核心觀點的簡要中文論述見《儒家禮教思潮的興起與清代考證學》①。作者指出，禮學考證的背後是明清間強大的儒家禮教思潮在推動。張壽安關於明清禮學的背景分析，劉永春《情禮之間：論明清之際的禮學轉向》②，均受其影響。

清代禮學研究的重心是《儀禮》，展開對於清代各禮大家的深入研究，如張爾岐、方苞、江永、胡培翬、凌廷堪等，非常必要。但僅做到這一點還不夠。我們必須討論，傳統禮學研究爲什麽會在清代復興，復興的背景怎樣，過程如何？清代經禮書的編撰主要是賡續朱子《儀禮經傳通解》，對朱子禮書的改編與《朱子家禮》在實行中遭遇困境相關，其目的在回歸經典，以資考核。對江永禮書寫作背景的研究，可以深入地呈現出清初學術走出朱熹學術影響的歷程。

第二，對《禮書綱目》編撰過程的討論，有助於梳理江永中歲以前的人生經歷，還原他從塾師走向學者的歷程。江氏一直以舉業爲主，爲了擺脱困境而選擇塾師授徒，參編汪基《三禮約編》使他獲得了更好的塾師機會和研究資源，經濟條件的改善和學術贊助的支持，使他有機會完成《禮書綱目》的編撰。

第三，在江氏心中，《禮書綱目》未爲完書，限於精力、財力，他放弃了繼續編撰，轉而采取考證形式繼續禮學研究。《綱目》撰成後，江永繼以相同體例續編《近思錄集注》《四書典林》等理學、科舉用書，同時對曆算、音律等資料進行整理，爲研究領域的擴展奠下基礎。江永禮書的體系和編例爲後世仿效，其尊朱特色和考據手法，爲清中期後漢宋兼采派力推，其後期禮學考證的書札形式、專題專精研究、結論等，爲乾嘉學者競相引據。江永從禮書編撰轉向禮學考證，這種轉變

---

① Kai-wing Chow, *The Rise of Confucian Ritualism in Late Imperial China: Ethics, Classics, and Lineage discourse*, Stanford University Press, 1994.近有中文譯本，[美]周啓榮著：《清代儒家禮教主義的興起：以倫理道德、儒學經典和宗族爲切入點的考察》，毛立坤譯，天津人民出版社，2017年。中文論述見周啓榮：《儒家禮教思潮的興起與清代考證學》，《南京師大學報》(社會科學版)2011年第3期，第5—20頁。

② 劉永春：《情禮之間：論明清之際的禮學轉向》，人民出版社，2014年。

在《綱目》編撰中已經初現，和清初理學轉向漢學的學風一致。展開對江永禮書的研究，於江永自身和清代學術，均具學術價值。

綜上所述，儘管禮學研究向爲清代學者措意，也是江永學術研究的中心，但無論是研究清代禮家、禮作，還是江永禮學，依然有提升的空間。對於江永禮學的研究，缺乏對《禮書綱目》的專精研究，也缺乏對清代禮學背景的深入考察。《禮書綱目》宗法朱子，富含考據成分，對其後期禮學考證和其他研究產生積極影響，對乾嘉學人的禮書編撰和禮學研究帶來啓迪。展開對江氏禮學禮著的研究，尤其是《禮書綱目》的考察，具有學術意義和廣闊前景。

此外，學術研究的首要工作，是學者生平和學術年譜的編撰，和著述的整理、注釋，以及在此基礎上深入進行的個案研究。江永今存近40種著述，多數是抄本和刻本，經過整理的標點本僅有《河洛精蘊》《四書古人典林》《善餘堂文集》《近思錄集注》數種。這些整理的學術價值自無待言，但存在兩個方面的問題。一、江永學術以禮學、曆算、律吕、音韻爲中心，整理本多集中于時興的《周易》、四書等，無法窺見和把握江永學術的特色和本質特徵。二、整理本缺乏統一的點校和整理體例，如《河洛精蘊》各整理本的卦名、卦象標準各異，《善餘堂文集》不僅包括江永的文集，還收錄了江著的序跋，殊違體例。相比於近年來皖派後學著述的整理問世，如《戴震全集》《戴震全書》《程瑤田全集》《凌廷堪全集》等的先後出版，江永著述的整理工作亟需展開。《江永文集》的整理與研究，可以爲學界對於江永學術、皖派學術、清代學術的研究提供重要的學術資料，形成專門的研究論著，推進清代學術的個案研究。

江永及其學術研究的另一大困難，是其學術著作的背景資料甚少，尤其是江氏早期生活和學術經歷模糊不清，這影響到對於江永學源、學行、著述、思想的深入研究，因此亟需需要整理一部關於江永生平學術的高質量學術年譜。完成這一目標非常困難，最大的困難是缺乏材料。江永傳記最早見於戴震所作《江慎修先生事略狀》，後有汪世重、江錦波合撰之《江慎修先生年譜》，其餘諸家傳記均以《事略狀》《年譜》爲主進行增益①。但《事略狀》全文不足兩千三百字，主以江氏著述提要爲主，缺乏行迹梳理。《年譜》記述亦簡略，正譜兩千五百字左右，僅存行迹，記載上前略後詳，以至江氏中歲前學行不爲人知，又存本脫去乾隆二十五、二十六、二十七年的記載。因此，補訂工作亟待進行。

2005 年，華東師範大學黄曦撰成《〈江慎修先生年譜〉證補》。論文收集江永著述、家譜、交游等資料，以康熙、雍正、乾隆三朝各自爲編，前有世譜考證，後附江永著書收錄情況、交游人物傳記，及碑傳資料等，對原本《年譜》進行增補。但《證補》重點在"證"而非"補"，江氏中歲前行迹仍存空白。同時，《證補》考證亦可商榷，如江、戴面晤，《證補》據《年譜》系於乾隆十八年（1753），而證據顯示，段玉裁記載江、戴乾隆七年（1742）首晤，其説可信②。

2013 年，臺灣"中央"研究院文哲研究所林勝彩、鍾彩鈞在整理上海圖書館藏《善餘堂文集》時，發現民國油印本《江慎修先生年譜》。他們據新資料，對黄曦《證補》進行增補，行文簡略，并參酌錢穆《中國近三百年學術史·附表》及陳祖武主編《乾嘉學術編年》等資料，對江著的學術背景作了補充③。但《增補》依然未能清理江氏中歲前行迹。同時，《增補》記載的江氏《兩儀玄覽》《論語鎖言》《卜易圓機》《奕光録批注》等不見記於原本《年譜》，亦不見録於江氏傳記，而《增補》未有考釋，致使產生新的疑竇。

無論戴震《事略狀》，還是原本《年譜》，及後來各種增補資料，均未能探原江永中歲前經歷。同時，學界關於江永交游狀況和學術淵

---

① 江永傳記計有王昶《江慎修先生墓志銘》(《春融堂集》卷 55)、錢大昕《江先生傳》(《潛研堂集》卷 39)、余廷璨《江慎修永傳》(《存吾文稿》)、劉大櫆《江先生傳》(《海峰文集》卷 6)、江藩《漢學師承記》(卷 5)、阮元《疇人傳》(卷 42)、《儒林傳稿》(卷 3)、李元度《國朝先正事略》(卷 34)、唐鑒《學案小識》(卷 5)、錢林《文獻徵存録》(卷 5)、李桓《國朝耆獻類徵初編》(卷 410)，及《清史稿》(卷 481)和《清儒列傳》(卷 68)，均本之《事略狀》和《年譜》，但均遞相祖述，略有增損。

② 蔡錦芳：《戴震生平與作品考論》，廣西師範大學出版社，2006 年，第 10—14 頁。

③ 林勝彩、鍾彩鈞：《〈江慎修先生年譜〉增補》，《善餘堂文集》，"中央"研究院中國文哲研究所，2013 年，第 297—360 頁。

源梳理不夠。江永終生蟄伏鄉邦，僅有一次訪學京師的遠行，和應邀前往江西閱卷的經歷。與他交游的人物資料亦缺乏，如爲他提供學術資助的汪基、汪勳、程恂等人不見於國史傳記，僅存大致行迹於鄉邦文獻。他的學生金榜、程瑤田傳承其學，但現存金、程二人傳記并未記載與江氏的交往，所以江永的學行和交游不甚清楚。

學界對江永交游的討論，主要集中於江、戴關係，即所謂"婺源老儒"公案，焦點是二人首晤時間，及雙方是否存在師生關係，爭論經年不息①。在文獻材料不能判明兩人關係的情況下，可以通過學術内理來證明，即研究二人在學術上，尤其是禮學研究中的承繼問題，來達到解決的目的。戴震蜚聲學林的《考工記圖》和江永《周禮疑義舉要》之《考工》部分存在密切聯繫，研究二者學術上的具體關聯，或許對江、戴關係問題的解決有所裨益。

一般認爲，江永學術源自程朱。錢穆以爲"蓋徽歙乃朱子故里，流風未歇，學者多固守朱子圭臬。"②儘管江永對程朱理學有深厚研究，但他并不墨守，且對程朱的一些具體見解持激烈的批評態度，如《禮書綱目》《近思錄集注》在與朱說有歧的地方，均以案語指正；而《深衣考誤》《昏禮從宜》更是通篇駁斥朱說。江永宗法程朱，轉益多師，在曆法、樂律、音韵方面卓有建樹，如他的韵學著述得益於吳棫、陳第、顧炎武、毛奇齡、柴紹炳等研究，以及與戴震等學人的交流。所以，關於江永的學源，需要進一步探究。

四、論文結構

本論文題名《江永禮學研究——以〈禮書綱目〉爲中心》，旨在通

---

① 江戴首晤有"乾隆七年說"（段玉裁《戴東原先生年譜》）、"乾隆十五年說"（洪榜《戴先生行狀》）、"乾隆十八年說"（楊應芹：《戴震與江永》，《安徽大學學報》1995年第4期。江、戴關係源自《水經注》校勘爭論，張穆認爲戴震抄襲全祖望、趙一清，魏源、王國維據此指責戴震背師。胡適則努力爲戴震辯護，許承堯、余英時則認爲江、戴并非嚴格意義上的師生關係，而是在師友之間。許承堯：《戴東原先生全集》卷首第2—3頁，《安徽叢書》第六集。余英時：《論戴震與章學誠》，三聯書店，2000年，第183—219頁。
② 錢穆：《中國近三百年學術史》，商務印書館，1997年，第340頁。

過對江永禮學研究的個案考察,在梳理清代禮學研究的同時,展現清初學術向乾嘉考證轉變的歷程,尤其是清初諸大師紛然凋零後到惠、戴崛起前的學術進程。本文希望通過對《禮書綱目》及江永禮學的梳理,力圖解決以下問題。

1. 清代禮學復興的原因、過程和禮書編撰的興起。
2. 江永的生平、交游和學術淵源。
3. 《禮書綱目》一書的編撰和流傳情況。
4. 江氏禮書在朱子《儀禮經傳通解》基礎上的創新及學術史意義。
5. 《禮書綱目》的考據特色及其影響。
6. 江氏禮學體系的構建和《禮書綱目》之關係。
7. 江氏禮學研究在清代學術史上的地位與影響。

本書分五個部分共十二章對上述問題展開研究。第一章爲第一部分,考察江永禮學研究的時代背景,説明其禮書編撰的緣起。明代中期以來商品經濟繁盛,逾禮行爲漸增,民用禮儀參入佛僧禮俗,民間禮書編撰缺乏經典依據。晚明王學的禪學化及明清鼎革的巨變導致士人逃禪,部分學者堅持回歸儒家經典研究,由此帶動清代禮學的復興。學者們針對明代以來流行的《朱子家禮》及其改編本存在的問題,主張習禮、考禮,最後回歸《儀禮》研究。民間禮用的需要内生出以《儀禮》爲本的禮書編撰。朱子《儀禮經傳通解》成於晚歲,可以訂正《家禮》的諸多矛盾。但《通解》一書體系上前後矛盾,且是未成之作。朱子《通解》的缺陷導致重編此書的盛行,江永《禮書綱目》是這一背景的産物。

第二章至五章爲第二部分,考察江永的學行、交游、著述情況,旨在説明江永賡續朱子禮書以及進行禮學研究的有利條件,完成衆多學者未能完成的夙願,得益於他的塾師經歷。江氏以塾師爲職,不僅提供了其生計來源,而且加強了他對程朱理學的了解,加上坐館擁有的大量餘暇,爲其學術研究提供了條件。江氏尊崇程朱而不盲從,最終完成《禮書綱目》一書。本章同時對江永的交游,尤其是他與戴震關係作了考辨,認爲兩人存在明確的師生關係。戴震播揚江學,同時隱匿江門弟子的身份，主要源於其性格特徵。重考江、戴關係有助於我們反思學術評價的標準問題。本章最後對江永的著述和《禮書綱目》的成書與流傳情況作了考察，旨在澄清江氏名成之前的諸多細節，亦可窺觀當時學風。

第六章、七章爲第三部分，研究《禮書綱目》的體系和內容，探究其對朱熹禮書的承繼與超越。禮本繁而多缺，朱子《儀禮經傳通解》又成於衆手，體例不一。針對這一問題，江氏采用"統繁"和"補缺"的原則，在編撰旨趣上宗法朱子，以《儀禮》爲主進行編撰。同時，江氏又在編撰體例上式法黃氏的簡省風格，在朱子《通解》的基礎上增删櫽括，改變了朱子由"內聖"而"外王"的固有體系，回歸《周官》"吉、凶、軍、賓、嘉"的五禮體系。這種回歸標志着對儒家原典的重視，萌發着漢學考據的種子。《綱目》同時對朱子禮書進行增訂和補充，足終朱子未竟之緒。江氏禮書綱舉目張的簡省風格和獨具特色的編撰方式，以及承朱子之學而不盲從的學術特色，奠定了其在禮學研究史上的卓越地位。

第八章至十章爲第四部分，考察《禮書綱目》的考證特色。《禮書綱目》是江永畢生篇幅最大的著述，也是其最重要的著述。江氏後來的其他作品，無論是禮學、曆算，還是音律、音韻等著述，都明顯地以此書作爲再出發和再創作的起點。《綱目》所體現的考據方法和特色，在繼承朱子《通解》對古代文獻進行音韻訓詁、文字校勘及典制考證的基礎上，浸潤着江氏自身的不凡創見。這也使得江氏此書不僅傳承着前賢的智慧，也照亮了後學的道路。本章主要通過考察《禮書綱目》在文獻校勘、典制考證、引書方面的特色，比勘朱子《儀禮經傳通解》所進行的考據研究，一窺江永考據的學源及其特色。

第十一章、十二章爲第五部分，討論《禮書綱目》與江永學術的關係，以及江永禮學研究對於清代學術的影響。江永著述繁多，包括禮書的編撰，理學的研究，律呂、曆算，制舉用書，以及禮學考證等，這其中有無體系可尋？江永《禮書綱目》對其整體學術有無影響，影響何在，是否有據可依，這是本章力圖解決的問題。江氏的禮書編撰對其自身學術產生了積極影響。《綱目》完成後，江氏又以相同體例續編《近思錄集注》《四書典林》《四書古人典林》等理學、科舉用書。江氏在禮書編撰中對曆算、樂律等的整理，爲後來的相關研究奠下基礎。江氏後期集矢於禮學考證，如研究《周禮》、考證《儀禮》、注釋《禮記》，清理典章制度等，由禮書編撰逐步向禮學考證轉變。江氏的這種轉變，在《綱目》編撰中已經萌芽，且和清初學術由理學轉向漢學的時代學風一致。江氏禮學的影響也在兩個方向上展開：一是禮書編撰，一是禮學考證。江氏禮書編撰在體例上的創新給清代禮書編撰以巨大啓示，其漢宋兼采原則在清代中後期的學術爭論中受到廣泛推崇。而江永禮學考證的精研化形式，考證的原則、方法、結論均爲後學爭相引據，引領着清代學術的發展。最後是總結，説明江永禮學研究的成績，以及在從清初理學到乾嘉漢學之間的地位和意義。

　　總之，本文希望通過江永及其禮學著述的研究，探尋18世紀考證學的源流和進程，力爭做到以歷史事實説明歷史。必須指出，本文僅爲個案研究，旨在從清代學術最重要的禮學研究上進行的一個側面展示，着重於梳理江氏的禮學研究成績，同時探究康熙二十年後清初諸大師凋零略盡後至乾隆間惠、戴考證崛起以前的學術、思想狀況，冀希有補於乾嘉學術的相關研究。

第一章　清代禮學研究的復盛和禮書編撰的興起

　　清代學術以考證學著名，其中又以禮學考證最爲知名。除此之外，清代的禮學研究還包括禮書編撰著作，如時見於學術年譜及方志藝文、經籍志的學者及民間家禮著作，以及著名學者和學術贊助者，如徐乾學、江永、秦蕙田等卷帙浩繁的禮書編著。清代的禮學研究和禮書編撰，其興起的原因是什麽，過程如何？這是值得研究者措意的問題。梁啓超説："自黄梨洲、顧亭林懲晚明空疏之弊，提倡讀古書。讀古書自然觸處都感覺禮制之難懂了……禮學蓋萌芽於此時了。"①這自然是一種邏輯上的假説。周啓榮指出，清代的禮學考證是明清間儒家禮教思潮推動的産物，内生出音韵、訓詁的需求②。張壽安認爲，明清之際在家禮實踐中的諸多問題，導致學者回歸古禮研究，漸啓文本考證的途轍③。長期以來，關於清代禮學研究的復興，主要有"社會外緣"和"内在理路"説。外緣包括政治壓迫、文字獄等，鄧聲國説："清初統治者的文化遞變和兩手政策，使當時知識分子大

---

①　梁啓超：《清代學者整理舊學之總成績》，朱維錚先生校注：《梁啓超論清學史二種》，復旦大學出版社，1985年，第306頁。

②　Kai-wing Chow, *The Rise of Confucian Ritualism in Late Imperial China: Ethics, Classics, and Lineage discourse*, Stanford University Press, 1994. 中文論述見周啓榮：《儒家禮教思潮的興起與清代考證學》，《南京師大學報》（社會科學版）2011年第3期，第5—20頁。李孝悌：《18世紀中國社會中的情欲與聖體：禮教世界外的嘉年華會》，收入氏著《戀戀紅塵：中國的城市、欲望和生活》，上海人民出版社，2007年。劉永春：《情禮之間：論明清之際的禮學轉向》，人民出版社，2014年，均承此説。

③　張壽安：《十八世紀禮學考證的思想活力》，北京大學出版社，2005年，第19—85頁。

都回避政治……《儀禮》之學主要屬於儀節禮制之詮釋，較之其他儒經的詮釋，它與當時政治思想之鬥爭距離要遠得多，自然容易成爲當時學者進行學術研究的避風港。"①理路説認爲清代禮學的復興是對明末王學空疏學風的反思，是復古風氣下的必然選擇②。本文擬在上述諸多説法的基礎上，通過對晚明以來社會思想、民衆習俗、學者研究的考察，窺觀清代禮學研究復盛和禮書編撰興起的歷史原因和學術進程。

一、明清之際的社會背景和回歸儒家經典研究

明朝建立後，在意識形態上一尊程朱，結果導致思想上的滯固。薛瑄曰："自考亭已還，斯道已大明，無煩著作，直須躬行耳。"③曹端、胡居仁等，篤踐履謹，繩墨守之。但隨着明中葉陳獻章、王守仁學術的興起，尤其是王陽明"致良知"學説的流衍，"別立宗旨，顯與朱子背馳，門徒徧天下，流傳逾百年，其教大行……嘉、隆而後，篤信程朱，不遷异説者，無復幾人。"④雖然陽明心學在破除程朱學術的禁錮和改良方面具有積極意義，但其學術體系對於主觀性的心性追求，使得它較程朱理學更加空疏。

王陽明不承認其學説來自佛學啓發，并且積極闢佛，但這并不能掩飾其學術中的佛學因子，尤其是禪宗的影響。這種影響使得陽明後學大多走上兼通儒釋的道路，如王畿講學"雜以禪機，亦不自諱也"，王艮讀書"止《孝經》《論語》《大學》，信口談説，中理解……駕師説上之，持論益高遠，出入於二氏。"周汝登"其學不諱禪……更欲合儒釋而會通之，輯《聖學宗傳》，盡采先儒語類禪者以入。蓋萬曆世士大夫講學者，多類此。"⑤

---

① 鄧聲國：《清代〈儀禮〉文獻研究》，上海古籍出版社，2006年，第3—4頁。
② 林存陽：《清初三禮學》，社會科學文獻出版社，2002年，第21—44頁。
③ （清）張廷玉等撰：《明史》卷282《儒林一》，中華書局，1974年，第7229頁。
④ （清）張廷玉等撰：《明史》卷282《儒林一》，第7222頁。
⑤ （清）張廷玉等撰：《明史》卷283《儒林傳二》，第7274、7276頁。

王學的風靡，甚至文風亦變得空疏。明初四書、經義取士，不尚華采，其後"標新領异，益漓厥初"，作文引文不止六經、《左傳》、《國語》、《史記》、《漢書》，"《史記》窮而用六子，六子窮而用百家，甚至佛經、道藏摘而用之。"萬曆十五年，禮部奏請刊布弘治、正德、嘉靖初年中式文字典雅者百十餘篇，但士子却不以爲矩矱。天啓、崇禎間，文體益變，以出入經史、百氏爲高，勢重難返①。會試主考者厭《五經》而喜《老》《莊》，程文破題以《莊子》之言入②。明人不讀傳注，士子作文張冠李戴，考官亦復不知③。學風空疏，士風亦趨，竟至提倡"酒色財氣，一切不礙菩提路"④，"無事袖手談心性，臨危一死報君王，即爲上品。"⑤這一切帶來了亡國的悲劇⑥。

明清鼎革之際，清廷一系列的高壓措施，包括圈地、投充、逃人法等，導致滿漢矛盾突出，其中尤以薙髮、易服引起漢人的極度不滿。清廷執行薙髮令相當嚴厲，甚至衍聖公亦不可避免⑦。在漢人的文化傳統中，"身體髮膚，受之父母，不敢毀傷"，薙髮令與固有文化相衝突，也使得滿漢矛盾激化。雙方隔閡益深，互不信任，有骨氣的遺民均不願意出仕新朝。由於復國的願望一時無法實現，加之中晚明以來王學禪學化的影響，士人們率相逃禪以避世。

逃禪的士大夫人數衆多，孫奇逢説："當世士大夫，儒而歸禪者，

---

① （清）張廷玉等撰：《明史》卷69《選舉一》，第1689頁。
② （清）顧炎武：《日知録》卷18"破題用莊子"，《日知録集釋》中册，上海古籍出版社，2006年，第1057頁。
③ （清）顧炎武：《日知録》卷18"科場禁約"，《日知録集釋》中册，第1061頁。
④ 此似爲李贄語，引自《東廓語録》，《明儒學案》卷16，中華書局，2008年2版，第345頁。
⑤ （清）顏元：《存學編》卷1《學辨》，《顏元集》上册，中華書局，1987年，第51頁。
⑥ 明亡的原因主有流賊説、宦官説、朋黨説、皇帝説、民困説、學術説，徐凱《明朝大廈傾覆與社會矛盾的合力作用——清前期對明亡之因探討的再解析》，《社會科學戰綫》2011年第11期，第93—102頁。主張明亡於學術的代表人物是陸隴其，他以爲"明之天下，不亡於寇盜，不亡於朋黨，而亡於學術。學術之壞，所以釀成寇盜、朋黨之禍也"。《三魚堂文集》卷2《學術辨上》。
⑦ 《清世祖實録》卷21順治二年十月條，《清實録》第3册，中華書局影印本，2008年，第1678頁。

十常四五。"①顏元南游,所見"人人禪子,家家虛文"②。即使地處邊陲的滇、黔等省,逃禪人數亦不少③。士大夫們逃禪各有原因。有的逃禪是向新朝表明出處之義的姿態,如屈大均借古諷今,批評出仕元朝的許衡,以爲"惟倫有五,而衡不辨君臣;惟經有五,而衡不知《春秋》"④。有的逃禪是一種僞裝,很多抗清志士在復國無望之後迅速還俗。有的逃禪是借此慰藉苦痛的心靈,如錢謙益晚年研究内典,以擺脱家國覆亡、臣事二主的心理痛苦。但這些大量逃禪的情況引起了學者們的反思,最終將矛頭指向王學的空疏,批評王學闌佛入儒。陸隴其説:"自陽明王氏倡爲良知之説,以禪之實而托儒之名……學術壞而風俗隨之,其弊也至於蕩軼禮法,蔑視倫常,天下之人,恣睢横肆,不復自安於規矩繩墨之内,而百病交作。"⑤學者們争辨儒、釋。在顏元看來,"佛氏立教,與吾儒之理,遠若天淵,判若黑白,反若冰炭,其不相望也,如適燕、適越之异其轍。"⑥但在儒、釋之辨上,不是每個人都有顏氏的自信,湯斌就是其中的不自信者。儘管湯斌是强調修身的理學家,也知道"儒而不禪,不可不辨"⑦,但究竟怎麽辨?他心中没有眉目,於是請益於老師孫奇逢。孫氏《語録》記下了兩人的談話。湯斌問:"儒學本天,釋學本心。心無二理,何以與吾儒异?"孫氏回答説:"心無善、無不善,此禪宗也,釋氏本心之説也。性命於天,自是至善無惡,孟子所以道性善。此聖學本天之説也。本天以天地萬物爲一體,故能兼善天下。本心祗了當一己,故謂之

---

① (清)孫奇逢:《夏峰先生集》卷 7《答趙寬夫》,《孫奇逢集》中册,中州古籍出版社,2003 年,第 793 頁。
② (清)李塨:《顏習齋先生年譜》卷下,《顏元集》,中華書局,1987 年,第 774 頁。
③ 陳垣:《明季滇黔佛教考》卷 5,河北教育出版社,2000 年,第 388—435 頁。
④ (清)屈大均:《復王山史書》,《翁山文抄》卷九,《清代詩文集彙編》影印清康熙刻本,上海古籍出版社,2010 年,第 119 册第 110 頁。
⑤ (清)陸隴其:《學術辨上》,中華書局影印《叢書集成初編》本,1985 年,第 1—2 頁。
⑥ (清)顏元:《存學編》卷 2,《顏元集》,中華書局,1987 年,第 774 頁。
⑦ (清)湯斌:《湯子遺書》卷 3《孫徵君先生文集序》,《湯斌集》上册,中州古籍出版社,2003 年,第 92 頁。

自私自利。"①孫氏以善、惡標準,指出儒學和佛學的區別在對"公"和"私"的態度。這是儒、釋的區別,還是孫氏的發揮,我們姑且不論,但談話揭露出理學家亦很難判斷出儒、釋的區別,可見這一問題的困難。相較之下,黃宗羲對佛、釋的批評更加鞭辟入裏,他檢討自己,"昔賢辟佛,不檢佛書,但肆謾罵;譬如用兵,不深入其險,不能剿絕鯨鯢也……乃閱《佛藏》,深明其説,所以力排佛氏,皆能中其窾要。"②他批評陳乾初雖然表面闢佛,但没有深入佛理,"於宋儒所言近於未發者,一切抹去,以爲禪障……反是佛家作用見性至旨也。"③對於逃禪者,黃宗羲感歎説他們"不甘爲异姓之臣,反爲异氏之子",極其痛心。其弟黃宗會晚年好佛,宗羲爲之反復辯論,極言其不可④。

在理論上進行闢佛的同時,學者們針對晚明以來的空疏學風,開始進行儒家典籍的恢復和禮樂之學的研究,以期重塑儒家經典地位。這些學者包括顧炎武、黃宗羲、閻若璩、胡渭等。顧炎武將王陽明"致良知"比之王衍"清談"、王安石"新説"⑤。針對儒家經典混入釋、道成分,他們積極進行重新考證,重建原始儒學。如宋儒傳下來的《易》圖有明顯的道家痕迹,所以清初《易》學研究集中於對《易》圖的考辨,力圖找到其來源。黃宗羲《易學象數論》、黃宗炎《圖書辨惑》、毛奇齡《河圖洛書原舛編》完成了這項工作,胡渭《易圖明辨》引證詳博,坐實此事。清初以後的《易》學研究以此爲起點,力圖復原漢代《易》學原貌,從而發展出自己的研究特色。不僅釋、道混入儒家經典,流傳的儒家經典自身也存在問題,比如僞《古文尚書》,經過閻若璩等人的整

---

① (清)孫奇逢:《夏峰先生集》卷2,《孫奇逢集》中册,中州古籍出版社,2003年,第562—563頁。
② (清)江藩:《國朝漢學師承記》卷8,中華書局,1983年,第127頁。
③ (清)黃宗羲:《與陳乾初論學書》,《黃宗羲全集》第10册,浙江古籍出版社,2005年,第159—160頁。
④ (清)江藩:《國朝漢學師承記》,第127頁。
⑤ (清)顧炎武:《日知録》卷18"朱子晚年定論",《日知録集釋》中册,第1068頁。

理,其文本的真假問題得到初步解決,儒家經典的權威由此得到了維護①。

清初禮學研究的復興從屬於這一學術背景之下。明初禮儀特別强調等級差別,如在婚禮方面,明廷竭力提倡門當户對,對娶樂人爲妻妾、良賤結爲婚姻、僧道娶妻等有嚴格規定②,同時對士庶所用喪葬禮儀也作了詳細規定,强調"喪葬之禮通乎上下,各有等差,無敢僭逾"③。然而到了明代中晚期,隨着商品經濟的發達,朝廷訓令已成一紙具文,人們任情而逾禮,"婚娶之家惟論財勢耳"④。由於明中後期王學的思想解放,以及儒、釋、道三教合一思潮的助力,佛僧禮俗闌入儒家禮儀,尤其是在王學風靡的江南地區。王陽心學注重内心獨省,與禪宗類似,民間禮儀摻入佛道禮俗并無忌諱,尤其是喪、葬禮儀摻入佛道儀式蔚爲風氣。《嘉興縣志》記載:"居喪葬祭……里俗一以道釋、陰陽人主之。初死,燃燈誦經,名曰'伴靈';每七日必命釋子修瑜珈法薦靈,至三周年而後已,以爲亡者或困鬼獄,仗佛力赦出之。"⑤秀水地區"每七日,俗家作佛事,士大夫亦間有之"⑥。錢塘士人田藝蘅對喪葬用僧樂的現象大發感歎:"今俗,疾病則用僧道作齋醮,喪死則用僧道作道場,送葬則用僧道爲引導。不惟愚民之家,雖士宦亦有爲之者。"⑦陳確妻子的臨終遺言竟是"以佛禮葬吾"。陳氏指出當時流行的許多禮儀程式不符合禮制規定,如"鼓鈸佛事之飾耳

---

① 清初群經辨僞的研究,見林慶彰《清初的群經辨僞學》,華東師範大學出版社,2011年。針對王學的空疏,明中期以來,楊慎、梅鷟、陳第、方以智等學者進行博雅的考證研究,但他們思想、方法和學術規範上的不成熟,導致清代學者對他們并不認同。
② (明)劉惟謙等撰:《大明律》卷6《户律三·婚姻》"良賤爲婚姻"條、"娶樂人爲妻妾"條等,日本影明洪武刊本。
③ (明)申時行等撰:《大明會典》卷96《禮部五十四·喪禮一》,明萬曆内府刻本。
④ (明)謝肇淛:《五雜俎》卷14《事部二》,上海書店出版社,2001年。
⑤ 崇禎《嘉興縣志》卷15《政事志·里俗》,書目文獻出版社,1991年。
⑥ 萬曆《秀水縣志》卷1《輿地志·風俗》,成文出版社影印民國十四年鉛字重刊本,1970年,第95頁。
⑦ (明)田藝蘅:《留青日札》卷27"喪葬用僧樂"條,上海古籍出版社,1992年,第507頁。

目,非禮也","接煞,遣煞,及七七之説,皆非禮也"①。世風如此,不可挽回。

同時,《朱子家禮》在明代的禮學研究和社會實踐中占據着重要地位。洪武元年朝廷下詔"令凡民間嫁娶,并依《朱文公家禮》行"②,明代官方編撰的禮書亦以《朱子家禮》爲藍本。如洪武二年(1369)八月開始纂修的《明集禮》,其家禮精神與主要儀節都是深植於《朱子家禮》。永樂十三年(1415),官修《性理大全》完成,其中收録《朱子家禮》并加注解,兩年後刊布天下,《朱子家禮》遂由私修禮書轉變爲官修禮典。

但明代《朱子家禮》和國家禮書的官方傳播在深度和廣度上都是有限的。史書所謂"頒之天下",不過是到達府縣一級政府機構和書院,況且《朱子家禮》禮文深奥,禮典的作用往往要依賴私修禮書進一步地簡易化、通俗化③。唐、宋以來的禮下庶民運動在明代繼續,民間的禮用要求促生了大量家禮著作的編撰,這種情況一直延續到清代。據統計,明清時代的家禮有六十至八十餘種④。這些家禮大多據《朱子家禮》修訂,以便更簡易地實行,其中最著名者是丘濬《家禮儀節》。該書爲《朱子家禮》的注釋性著作,以《家禮》文本損益當時之制,每章後附"餘注"及"考證",以禮用爲目標,極大地推動了《朱子家禮》的庶民化。還有馮善《家禮集説》,多以朱子晚年禮説正《家禮》之誤。《朱子家禮》的節編本、改編本、補編本衆多,其中著名者如吕坤《四禮翼》,增訂冠、昏、喪、祭四禮。吕坤又有《四禮疑》一書,孫奇逢謂其"簡易有先進之遺"⑤。

---

① (清)陳確:《陳確集·别集》卷8《俗誤辨·喪葬第二》。關於明中後期的逾禮行爲和民間喪葬遭遇佛教禮俗的問題,見陳江《明代中晚期的禮儀之變及其社會内涵——以江南地區爲考察中心》,《史林》2006年第1期,第92—102頁。

② (明)申時行等撰:《大明會典》卷71《禮部二十九·婚禮五》,明萬曆内府刻本。

③ 趙克生:《修書、刻圖與觀禮:明代地方社會的家禮傳播》,《中國史研究》2010年第1期。

④ 張壽安:《十八世紀禮學考證的思想活力》,北京大學出版社,2005年,第20頁注釋1。

⑤ (清)孫奇逢:《家禮酌序》,《夏峰先生集》卷4,中華書局,2004年,第145—146頁。

明代民間禮書主要以《朱子家禮》爲主進行改編，其中使用的一些禮儀與《儀禮》記載不相合。如明代冠禮不爲人重視，冠禮"三加"據《儀禮》應爲緇布冠、皮弁、爵弁，而顧起元記述南京一帶詩禮之家的冠禮，稱："冠禮之不行久矣。耿恭簡公在南臺爲其猶子行冠禮，議三加之服，一加用幅巾、深衣、履鞋，二加用頭巾、藍衫、縧靴，三加用進士冠服、角帶、靴笏。……故留都士大夫家，亦多沿俗行禮，草草而已。"①《杭州府志》記載當地的喪禮習俗，"古者，婦人迎送不逾域，吊死送喪，男子事也。杭俗婦人有所謂'陪吊''陪殯'者。"②

這種情況的出現主要是明代禮書注重實行，其用意在執禮。這決定了明代禮書編撰的緣俗特徵，甚至援俗入禮。明代家禮著作中這樣的例子比比皆是，如葛引生《家禮摘要》："請期第四：《家禮》只用納采、納幣……然請期之禮，世俗必先令日者合其當婚之吉，以告女家。是請期之禮未廢而納吉之禮亦略改耳。仍宜從俗行之，庶不失存羊之意。……親迎第六：朱子曰：初昏，婿盛服。今土俗多用未明時，從俗可也。"③這種緣俗性造成民間所編禮書不合《儀禮》記載，編者臆説橫行，而用禮者概莫能知。

明代以《朱子家禮》爲主導，兼采程頤、司馬光等家禮，同時融入地方禮俗的家禮編撰與經典懸隔太甚，這遭到清初學者的批評。毛奇齡批評《朱子家禮》"其書鮮據，不惟古禮不甚合，實時俗有未行者"④，李塨批評《家禮》"多杜撰無憑，行之偵躓"⑤。到中葉清人修《四庫全書》時，把明人禮書多歸入"雜禮"類，四庫館臣理想的禮書撰著應是尊經注、考儀節、辨制度、明古今，以經典爲法式。在精於考據

---

① （明）顧起元：《客座贅語》卷 9 "禮制"條，中華書局，1987 年，第 287 頁。
② 萬曆《杭州府志》卷 19《風俗》，明萬曆七年刊本。
③ （明）葛引生：《家禮摘要》卷三《婚禮》，引自趙克生：《修書、刻圖與觀禮：明代地方社會的家禮傳播》，《中國史研究》2010 年第 1 期，第 142 頁注釋 3。
④ （清）毛奇齡：《辨定祭禮通俗譜》卷 1，臺灣商務印書館影印文淵閣《四庫全書》本，第 142 册第 745 頁。
⑤ （清）馮辰、劉調贊撰：《李塨年譜》卷 3，中華書局，1988 年，第 97 頁。

的清代學者看來,"禮有定制,不容輕議"①。他們認爲丘濬《家禮儀節》、呂坤《四禮翼》等明代家禮書考證不精、經義不明、以今斷古、好爲臆説。這成爲清代禮學研究興起的濫觴。

正是晚明以來釋道儀式雜入士庶民衆日常使用的喪祭禮中,加上民間流通的通俗禮書偏離經典的解說太多,對先儒的曲解和錯訛數不勝數,所以考據學家需要通過考訂經典文本中的禮儀規範來復原其真相②。這促使有志之士"以古禮正今俗",更注重禮制的考證,以矯正明代家禮的臆説。他們最終選擇回歸《儀禮》研究,并以《儀禮》爲本進行禮書編撰。正是這些不苦其繁的工作,禮學才不遂歇絶而漸次復興,最終形成清代禮學研究的繁盛局面③。

二、《朱子家禮》在清初的困境和習禮、考禮的興起

明清社會是宋代以來"禮下庶人"時代的繼續,而清代學術亦以禮學最著,但清初學者對於禮學、禮制的研究,却最早與反對陽明後學的空疏緊密聯繫。晚明王學的空疏濫觴于王陽明對禮的認識。儘管王陽明和朱熹在概念上都承認"禮即理",但朱子將禮落實到了具體禮儀中,并進行關於古禮的研究。而王陽明則將禮學心學化,以爲"禮字即理字。……約禮只是要存此一心"④。明清鼎革後,學者反思王學的空疏,主張踐履而非空談。孫奇逢就是其中之一。

孫奇逢學兼朱、王,自述"謹守程朱之訓,然于陸王亦喜之"⑤。

---

① 張壽安:《十八世紀禮學考證的思想活力》,北京大學出版社,2005年,第22頁。
② 楊念群:《影響18世紀禮儀轉折的若干因素》,《華東師範大學學報》(哲學社會科學版)2014年第3期,第11頁。
③ 清代禮學研究的復興主要是《儀禮》學的復興,它相對於明代《儀禮》研究的落寞而言。《四庫全書總目》於明代《儀禮》類著作未著錄一部,亦僅郝敬《儀禮節解》、張鳳翔《禮經集注》和朱朝瑛《讀儀禮略記》三種存目,且多批評,如以爲郝著"謂《儀禮》不可爲經,尤其乖謬,所解亦粗率自用,好爲臆斷",張著"自出新義者,多所未允",朱書"其自爲説者,以精意幾無"。
④ (清)黄宗羲:《明儒學案》卷10,中華書局,2008年2版,第200—201頁。
⑤ (清)孫奇逢:《夏峰先生集》卷7《寄張蓬軒》,《孫奇逢集》中册,第721頁。

針對王學的空疏，他宣導躬行踐履之説，并力圖復興古禮。爲此他年輕時就進行了實踐，魏裔介記載孫氏"二十二歲時丁父艱，哀毀成例，病、喪、葬，一準古禮，偕兄若弟結廬墓側，不飲酒、不食肉、不御内者三年。服甫闋，旋丁母艱，既葬倚廬六載如一日。"①不僅如此，他還立《家規》、起草《蘇門會約》，進行了大量的禮學實踐，以更爲實在的禮來取代空疏的理。他的《家祭儀注》規定了日常行爲的諸多規範，其《家禮酌》一準明代吕坤《四禮疑》的簡易風格，回歸孔子"禮奢寧儉"的主張，以適合日用②。但孫氏禮書仍是明代家禮的繼續，不過根據現實情況作了補充，缺乏經典依據。值得注意的是，孫氏門徒眾多，門生多居要職，其禮學主張在清初有很大影響。他對於禮的踐履也被學生們提倡，如魏裔介批評説："自明季以來，風俗頹靡，僭越無度，浮屠盛行，禮樂崩壞。"③魏象樞以爲"夫禮者，所以辨上下、定民志也"④，請求朝廷編修庶民通用禮書。

　　同孫氏一樣進行踐履之學的還有顔元。顔元也提倡古禮，但他在實踐《朱子家禮》的過程中遭遇到困境。顔元在服喪期間，對於《朱子家禮》有關喪事的種種規定，比如不飽腹便要行禮儀，或者見人弔唁也不能過分悲傷，覺得十分不合情理，於是校對古禮，發現全因《家禮》誤改所致⑤。他於是轉向古禮的研習，又立族約、置常儀、書院規

---

①　（清）魏裔介：《兼濟堂文集》卷十一《孫徵君先生傳》，《四庫全書》本。又見《夏峰先生本傳》，朱茂漢點校：《夏峰先生集》，中華書局，2004年，第1頁。

②　（清）孫奇逢：《家禮酌序》，朱茂漢點校：《夏峰先生集》卷4，第145—146頁。

③　（清）魏裔介：《兼濟堂文集》卷1《興教化正風俗疏》，中華書局，2007年。

④　（清）魏象樞：《寒松堂全集》卷3《請頒禮制之書等事疏》，中華書局，1996年，第80頁。

⑤　"先生居喪，守《朱氏家禮》惟謹，古禮：'初喪，朝一溢米，夕一溢米，食之無算。'《家禮》删去'無算'句，先生遵之過，朝夕不敢食，當朝夕遇哀至，又不能食，病幾殆。又《喪服傳》曰：'既練，舍外寢，始食菜果，飯素食，哭無時。'《家禮》改爲：'練後，止朝夕哭，惟朔望未除服者會哭。凡哀至，皆制不哭。'先生亦遵之，校以古喪禮，非是。因歎先王制禮，盡人之性，後儒無德無位，不可作也。"（清）戴望：《顔氏學記》卷1，中華書局，1958年，第1—2頁。錢穆説："根據此段傳文，知習齋守喪，正與陽明格庭前竹子，同一得悟。余故謂習齋徹始徹終，惟重習行，重一'禮'。"《國學概論》，《錢賓四先生全集》第1册，聯經出版事業股份有限公司，1993年，第295頁。

制,主躬踐履行。不過顏元交游不廣,對其學術進行推闡播揚的是李塨。

李塨繼承顏元對禮的踐履,以三物、六行、六藝爲學之本,期於致用。他認爲"理即禮也。禮以敬爲主,而其事則先習於學習中","孝弟之溫清定省,徐行隅坐,皆禮也。且禮不在故迹即在當前……隨時隨地,能合情理,是爲禮矣。"①李塨將禮的範圍擴大,不限於具體節文,而且堅持踐履,這對矯正王學的空疏性有積極意義。但習禮亦需要經典文本的支撑,才能保證禮義的正確實行,所以李塨逐漸轉向考禮研究。李塨的轉向與其交游有關,他的交游對顏元學説的傳播有極大的好處,但也改變了顏學的取向。他受到南方考證禮學的影響,遂拜毛奇齡爲師學樂,開始禮樂考據。李塨以爲"禮之冠、昏、喪、祭,非學習不能熟其儀,非考訂不能得其儀之當,二者兼用也"②,他批評《朱子家禮》"多杜撰無憑,行之僨躓,其考議之當急"③,因此著有多種考禮著作,如《宗廟考辨》《士相見禮》《禘祫考辨》《郊社考辨》等。李塨由習禮轉向考禮,説明考禮事關禮義的正確實行,習禮需要經典文本的支撑。

在南方,主張踐履的人物是陸世儀。陸世儀重視六藝,尤其是禮,但主張切於世用。他曾言"六藝之中,禮樂爲急",認爲實踐禮的方法是保持"敬"字,"立于禮,成于樂,不過始終教人成一個敬字"④。面對朱子《家禮》的教條和紛爭,陸世儀以爲:"今所傳文公《家禮》……大概準今酌古,俱可遵行,只要行之者貫以誠心,不必拘拘儀式。……是雖不盡泥禮文,而實得禮之精意。"⑤陸氏主張用踐行之禮來平息《朱子家禮》的争論,代表着鼎革之際禮學研究中反對王學

---

① (清)李塨:《論學》卷2,清《畿輔叢書》本。
② (清)馮辰、李調元撰:《李塨年譜》,中華書局,1988年,第96頁。
③ (清)馮辰、李調元撰:《李塨年譜》,第97頁。
④ (清)陸世儀:《思辨錄輯要》卷2《居敬類》(叢書集成初編本),商務印書館,1936年,第24頁。
⑤ (清)陸世儀:《思辨錄輯要》卷10《修齊類》,第103頁。

空疏學風的趨勢。不過陸世儀準備重編朱子《儀禮經傳通解》，他以爲朱子本書"成于門人，未及折衷，亦且多泥古禮，而不能揆之於今，使後世無所遵守。愚意欲一依朱子《通解》所分之目，如家禮、國禮、王朝禮之類，自三代以至近代，一一類載其禮，而後以己意爲文以折衷之，名曰《典禮折衷》。庶幾議禮之家有所考據"①。陸氏的做法表明主張踐履的理學家亦需要禮學文本的支持。用禮首先需要考禮，庶幾其禮可用，而且禮書的編撰可以爲考禮提供參考。從陸氏的設想和實踐中，可見習禮、考禮和禮書編撰的關係，學術研究和具體禮用對回歸《儀禮》及相關考證和禮書編撰有着内在的需求。

由於禮用在傳統社會生活中的重大作用，它的正確與否直接相關《儀禮》禮儀的實行。因此，對於具體禮制的考證成爲必然。但清初的禮制考證主要發生在江南學者中間。這與王學在江南的風靡，以及它所造成的釋、道禮俗摻進儒家禮儀的背景有關。由於民間禮書以《朱子家禮》爲主進行編撰，所以他們將考證的矛頭多指向《朱子家禮》。這其中以黄宗羲、毛奇齡和鄞縣萬斯大、萬斯同的禮學考證最爲著名。

黄宗羲很重視禮，他説"六經皆載道之書，而禮其節目也"②。他的《深衣考》主要針對《朱子家禮》所載衣制，詳列了朱熹等五家圖説，各指其誤，立陳新説。由於《朱子家禮》在民間禮用中的重要性，黄氏對朱子的批評更顯實用色彩。黄氏批評朱熹"有因孔氏而失之者，有不因孔氏而失之者"，并列舉了朱熹的具體錯誤③。但黄氏説法由於缺乏經典依據，被四庫館臣認爲"排斥前人，務生新義"，"變亂舊詁，多所乖謬"④。黄氏的做法凸顯出禮學考證缺乏經典證據造就的困境，這樣不僅不能糾偏《家禮》的錯誤，反而陷入臆説。

---

① （清）陸世儀：《思辨録輯要》卷4《格致類》，第49—50頁。
② （清）黄宗羲：《學禮質疑序》，《黄宗羲全集》第10册，浙江古籍出版社，2005年，第24頁。
③ （清）黄宗羲：《深衣考》，《黄宗羲全集》第1册，第177—180頁。
④ （清）永瑢等撰：《四庫全書總目》卷21，中華書局，1965年，第172—173頁。

同樣陷入臆說的還有毛奇齡。毛奇齡的禮學著作多達十數種，如《昏禮辨正》《喪禮吾說篇》《儀禮疑義》《辨定祭禮通俗譜》等。他的禮學考證主要針對民間禮書的臆說，自叙："少時與先仲兄相訂，纂喪、祭二禮以正末俗。"①他將批評的重點指向《朱子家禮》，自叙："幼時與仲氏學禮，傷時俗蠱壞，思一時補救，而無可考證，不得已取朱氏《家禮》一書爲胚模。而其書鮮據，不惟古禮不甚合，即時俗有未便行者。"②他指責《朱子家禮》錯誤太多，"誤以肅拜爲手拜，致凶喪之禮行之平時"③，"祠堂之制若從朱氏《家禮》，則誤認長房爲宗子"④，"《家禮》謂成婦三日始可廟，見自宋至今通行之，則不特不讀《春秋》，將并《禮記》三日廟見之説而盡誤之。"⑤毛奇齡的考證并不重視經典文獻，如他解釋"三年之喪不折月説"引民俗説禮，以爲"古禮雖亡，然尚有草蛇灰綫可隱相蹤迹"⑥。毛氏追求新解異説，認爲三年之喪爲三十六個月，這與傳統的二十七月説相抵牾⑦。他爲糾偏民間禮書的臆説，但因缺乏經典證據，反而陷入臆説。

毛奇齡勇立新説，萬斯大也是如此。萬斯大於《三禮》均有考證，有《周官辨非》《禮記偶箋》《學禮質疑》《儀禮商》等，其中最負盛名的是《儀禮商》。《儀禮商》含附録共三卷六十六條，首二卷按《儀禮》十七篇次第逐篇辨説，遇有疑誤則先列原文，繼加考辨。本書承襲宋儒疑經傳統，如其解《聘禮》之"裼""襲"，頗多新意。應撝謙稱"喜其單

---

① （清）毛奇齡：《辨定祭禮通俗譜》卷 1，臺灣商務印書館影印文淵閣《四庫全書》本，第 142 册，第 745 頁。
② （清）毛奇齡：《辨定祭禮通俗譜》卷 1，臺灣商務印書館影印文淵閣《四庫全書》本，第 745 頁。
③ （清）毛奇齡：《經問》卷 1，臺灣商務印書館影印文淵閣《四庫全書》本，第 191 册，第 16 頁。
④ （清）毛奇齡：《經問》卷 16，臺灣商務印書館影印文淵閣《四庫全書》本，第 191 頁。
⑤ （清）毛奇齡：《春秋毛氏傳》卷 11，臺灣商務印書館影印文淵閣《四庫全書》本，第 176 册，第 117 頁。
⑥ （清）毛奇齡：《喪禮吾説篇》卷 7，《四庫全書存目叢書》影印康熙間刻《西河合集》本，第 87 册，第 707 頁。
⑦ （清）毛奇齡：《三年服制考》，《叢書集成續編》本，第 9 册，第 61 頁。

思,而嫌其自用",四庫館臣謂萬斯大"頗有新義,而亦勇於信心"①。這種得失參半的評價主要是萬氏受到宋儒疑經思想的影響,未能回歸《儀禮》漢唐注疏。這也從側面反映出禮學考證和《儀禮》研究需要回歸原始經典的内在需要。

萬斯同亦受學于黄宗羲,他博通經史,長於古禮。初至京師,人皆以爲其特長在史,及徐乾學居憂讀禮,與之討論,發現其禮學才華,因請纂修《讀禮通考》。萬斯同不負期望,"上自國恤,以訖家禮,《十四經》之箋疏,《廿一史》之志傳,漢、唐、宋諸儒之文集、説部,無或遺者,又以其餘爲《喪禮辨疑》四卷,《廟制折衷》二卷。"②萬斯同編撰禮書,對於禮學材料的全面瞭解和把握,使得他對《朱子家禮》的評價比較客觀。其《群書疑辨》中有很多對於《家禮》的批評,如"古之五服未有不用衰者",萬氏以爲"《朱子家禮》則惟期服以上用之,雖失古人之制,猶曰己所著書,原非盡依古禮也。勉齋、信齋素稱達於禮者,其於《儀禮》一書,析之極其精矣,乃謂禮惟父母用衰,旁親皆不用,是何敢於背禮,爲此無稽之論也?"關於"神帛",萬氏以爲"古禮無神帛之說……自程子定爲木主式,而朱子家禮因之,則士大夫俱得用木主矣。既用木主,可以不用神帛"。但他并非一味務反朱子。如"書儀葬不用椁",他以爲:"《朱子家禮》雖不爲木椁,而易以灰隔之制,則堅與鐵石無異,實勝於木椁,此後人所當法也。"③

另外,江藩《國朝漢學師承記》提到閻若璩與汪琬關於喪服的争論,"琬著《五服考異》成,若璩糾其繆。琬雖改正,然護前轍,謂人曰:'百詩有親在,而喋喋言喪禮乎!'百詩聞之曰:'王伯厚嘗云:夏侯勝善說禮服,言禮之喪服也。蕭望之以禮服授皇太子,則漢世不以喪服

---

① (清)永瑢等撰:《四庫全書提要》卷20,中華書局,1965年,第162頁。
② (清)全祖望:《鮚埼亭集》卷28《萬貞文先生傳》,全祖望撰,朱鑄禹彙校彙注:《全祖望集彙校彙注》上册,上海古籍出版社,2000年,第519頁。
③ 分引自陳祖武點校:《清儒學案》卷35,河北人民出版社,2008年,第1164、1168、1173頁。

爲諱也．'"① 前述萬斯同亦在京城助編徐乾學《喪禮通考》，可見在當時京師的學術圈，由於學術交流的頻繁，江南學者的禮學考證影響廣泛。

從江南和京師學術圈的禮制考證來看，清初有關禮制的具體考訂主要針對家庭和社會用禮而進行，考證内容主要是民用的喪、祭禮，以此補正《朱子家禮》及其改編本的不足。但由於這些學者的考證并没有回復到《儀禮》文獻上來，更多是在《家禮》範圍内根據時俗進行有限的修正，造成這些學者的考證臆説過多，得失參半。可見，無論是對於禮的踐履，還是對於具體禮制的考證，都必須要有經典依據，於是習禮、考禮内生出回歸《儀禮》研究和禮書編撰的需要。

三、《儀禮》研究的復興及其内在理路

清初對於《儀禮》全經的研習是由張爾岐開始的。清初《儀禮》研習一尊敖繼公《儀禮集説》，張氏《儀禮鄭注句讀》一書改以鄭注爲主可以説是一個例外。這個例外同時也是意外，其宗鄭竟是"聞有朱子《經傳通解》，無從得其傳本"的替代選擇②。張爾岐從三十歲開始研究《儀禮》，歷經三十年，至康熙十年（1671）始成其書。該書對《儀禮》進行分章别句，以鄭注爲主，融合疏注體和章句體兩者優點，以考據爲基礎，重視名物的考訂和儀節的詮釋，以及禮制的説解，講究證據，十分簡明而條暢地體現了漢學質樸的治學風格③。不過，由於成書較早，加上張氏交游不廣，其書影響有限。

張爾岐的貢獻不止《句讀》，其《儀禮監本正誤》和《儀禮石本誤字》在清代校勘學上影響巨大。由於當時流行的十三經監本"校勘非

---

① （清）江藩：《國朝漢學師承記》卷1，中華書局，1983年，第9頁。
② （清）張爾岐：《儀禮鄭注句讀序》，臺灣商務印書館影印文淵閣《四庫全書》本，第108册，第3頁。
③ 鄧聲國：《試論張爾岐的〈儀禮〉詮釋特色及其成就》，《江西科技師範學院學報》2012年第4期，第61—65頁。《清代儀禮文獻研究》，上海古籍出版社，2006年，第250—254頁。

一手，疏密各殊。至《儀禮》一經，脱誤特甚"，張氏乃取石本、吳澄本、監本進行校勘。張氏的校勘工作很仔細，他校正出通用本《儀禮》中誤字、脱字、倒置、經注混淆等情況，共計脱八十字，誤八十八字，羡十七字，倒置六處計十三字，經文誤細書一字，注文誤大書混經文二字①。《石本誤字》是張氏校勘監本的副產品，"參訂監本脱誤凡二百餘字，并考《石經》脱誤凡五十餘字"，成績顯著②。

值得注意的是，顧炎武亦校勘過《儀禮》文本，他没有專門的《儀禮》著述，但《九經誤字》中有《儀禮》部分内容的校勘，《日知錄》中保留了少許禮學札記，大部分與喪禮有關。其後，金曰追在四庫館據内府所藏唐、宋、元、明版本逐章進行校正，另外，浦鏜、盧文弨亦有《儀禮》文字、注疏的校訂。乾隆五十六年(1791)詔刻石經，《儀禮》校勘之風更盛，馮登府、洪亮吉、阮元等皆參預其事③。顧、張二人可謂開風氣之先。

《儀禮》研究必須先行校勘是由歷史原因造成的。顧炎武在爲張爾岐《儀禮鄭注句讀》所作《序》中説：

> 自熙寧中王安石變亂舊制，始罷《儀禮》，不立學官，而此經遂廢，此新法之爲經害者一也。南渡已後，二陸起於金溪，其説以德性爲宗，學者便其簡易，群然趨之，而於制度文爲一切鄙爲末事，賴有朱子正言力辨，欲修《三禮》之書，而卒不能勝夫空虛妙悟之學，此新説之爲經害者二也。……沿至於今，有坐皋比，稱講師，門徒數百，自擬濂、洛，而終身未讀此經一徧者。④

---

① （清）張爾岐：《儀禮鄭注句讀》附《儀禮監本正誤》，臺灣商務印書館影印文淵閣《四庫全書》本，第108册，第249頁。
② （清）江藩：《國朝漢學師承記》，中華書局，1983年，第17頁。
③ 彭林：《論清人〈儀禮〉校勘之特色》，《清代學術講論》，廣西師範大學出版社，2005年，第37頁。關於清代的《儀禮》校勘和禮學回歸鄭注的論述，詳見其説。
④ （清）顧炎武：《儀禮鄭注句讀序》，《亭林文集》卷2，《四部叢刊》影清康熙本。顧炎武捍衛《儀禮》的經典地位，考釋方面歸宗鄭學，禮學應用方面弘揚朱學，開闢出融會古今的禮制建設通途。陳曉東、田漢雲：《顧炎武〈儀禮〉學探析》，《南京社會科學》2010年第4期，第142—148頁。

《儀禮》研究從校勘文字、厘定章句開始,然後進行通貫的整理,最終形成專門的研究,這成爲清代《儀禮》學最爲顯著的特點。

前面提到,清初的《儀禮》研究一尊敖繼公《儀禮集説》。《集説》的突出特點是對鄭玄注的背離,具有濃郁的疑經風氣。《集説》影響廣泛,清初《儀禮》研究,無論是萬斯大《儀禮商》、姚際恒《儀禮通論》,還是方苞《儀禮析疑》,均受此影響。一直到乾隆初修撰《三禮義疏》,其中的《儀禮義疏》儘管在章節方面一尊朱熹《儀禮經傳通解》,但在解釋話語方面仍然以敖繼公注疏爲主。但正是學者們參與對《儀禮義疏》的修訂,在修訂的過程中,必然要清理《儀禮》的流傳歷史以及參閱鄭玄的注釋,於是在反復的對比勘驗中,他們發現敖繼公和鄭玄的不同,在更多的時候是敖繼公錯誤,而鄭玄是正確的。於是漸有對敖説的批評,并力圖回歸鄭注,這其中尤以吳廷華、褚寅亮,以及稍後的凌廷勘最著。他們的《儀禮》研究,貢獻最爲突出①。

吳廷華著有《儀禮章句》一書,其訓釋多本鄭、賈箋疏,間采他説,附案以發明之,於《喪禮》尤爲詳審②。在敖繼公和鄭注、賈疏對壘的過程中,吳氏對於鄭注的重視具有風向標意義。褚寅亮則認爲敖繼公《集説》不在解經,而有意與康成立異,甚且改竄經文曲就其義,於是著《儀禮管見》四卷,大多申鄭駁敖。如《鄉飲酒》記"北面者東上",敖改"東"爲"西",褚氏駁之曰:"注明言統於門,門在東,則不得以西爲上也。"《鄉射禮》"勝者之弟子洗觶升酌,南面坐,奠于豐上,降、袒執弓,反位",敖以"袒執弓"句爲衍,褚氏駁之曰:"勝者之弟子,即射賓中年少者,以是勝黨,故袒執弓,非衍文也。"③褚氏對於敖繼公的批評更加直接,使得人們開始重新審視鄭、敖二人的是非得失。

凌廷勘的《儀禮釋例》跳出了以傳統經注方式研究《儀禮》的窠

---

① 關於清代《儀禮》研究回歸鄭注及敖繼公《集説》的地位問題,見彭林:《清人的〈儀禮〉研究》,《清代學術講論》,廣西師範大學出版社,2005年,第38—41頁。
② (清)永瑢等撰:《四庫全書提要》卷20,第164頁。
③ (清)褚寅亮:《儀禮管見》卷上之四、五,《續修四庫全書》影印浙江圖書館藏清乾隆刻本,上海古籍出版社,2002年,第88册,第396,401頁。

曰,對《儀禮》全書作了通貫研究。他再次證明在敖繼公和鄭玄的爭論中,多數情況鄭玄是正確的,而敖繼公是錯誤的。其後胡培翬《儀禮正義》和黃以周《禮書通故》對敖氏逐條進行批評。在這一時候,鄭玄注的地位完全確立。

但值得注意的是,清人對於敖注的好處并未隨意抹殺,對於鄭注也非盲從。比如皖派學者程瑤田的諸多考禮之作,其中對於鄭玄之說,不苟異亦不苟同,凡鄭氏之失,皆援據經史以規正之。而金榜著《禮箋》,仿鄭玄箋《詩》之意,對鄭玄禮注的不合理處進行規正①。

在《儀禮》研究回歸鄭注的同時,清代禮學研究還出現專精研究的趨勢,對於衣制、宮室及典章制度等進行專門考證。如對深衣的考證,先後有黃宗羲、萬斯大、江永等人的著述,其中尤以江永《深衣考誤》最著,它從訓詁學角度重新探究深衣制度,糾偏朱熹和黃宗羲之說。又如對宮室的考證,先後有江永《儀禮釋宮增注》、任啓運《宮室考》等。江永誤將李如圭《儀禮釋宮》視爲朱子所作,對其詳加推敲,辨析入微,多所補正。關於祭禮的考證主要有任啓運《肆獻祼饋食禮》,任氏認爲《儀禮》中《特牲饋食禮》《少牢饋食禮》均屬士禮,王禮則未及,因此分祭統、吉蠲、朝踐、正祭、繹祭五篇,博采衆論而成。

在乾隆初年三禮館開館之前,尤其是康熙時期的禮學研究,當時學者欲改革和施行禮制,爲了尋找經典的證據來支持自己的意見,禮學研究主要環繞家庭及宗族內適用的禮儀而進行。康熙時期的禮學著作幾乎都是環繞朱熹《朱子家禮》《儀禮經傳通解》而提出進一步的增修研究、批評或者辯護,或者用朱熹的禮學著作爲基礎,繼續編纂有關禮書②。朱子《儀禮經傳通解》前後體系上的矛盾和未成之作的現實,使得清代的衆多學者掀起了賡續朱子禮書的高潮。

---

① (清)金榜:《禮箋序》,上海書店影印《清經解》本,1988年,第3册,第820頁。
② 周啓榮:《儒家禮教思潮的興起與清代考證學》,《南京師大學報》(社會科學版)2011年第3期。

四、重編禮書的熱潮和朱子《儀禮經傳通解》的賡續

錢穆說,朱熹"不僅集北宋一代理學之大成,同時亦集漢晉以下經學之大成",而"於經學中,於禮特所重視"①。朱熹少時就傅,由楊由義親授司馬光《雜儀》,這爲他以後的禮學研究奠下基礎②。他年輕時考訂諸家祭禮,成爲其禮學研究的起點③;他在司馬氏《書儀》基礎上增訂而成《家禮》,是書在明清時風靡宇内,成爲民間普及型禮書讀本;他晚年主持編撰的《儀禮經傳通解》,不僅是禮制方面的鴻篇巨製,也是其絶筆之作,事實上也是未成之作。此書同樣在明清風靡,既影響着禮書編撰的式樣,又成爲《儀禮》研究的典範。

朱子鍾情禮書編撰,有着鮮明的時代背景。唐宋間社會經濟的變化和門第的消失,禮下庶民運動開始進行。這推動了禮書編撰,以滿足日用。同時,北宋時期,神宗接受王安石的建議,罷廢《儀禮》,士人弃讀《儀禮》而研習《禮記》,弃經任傳,遺本宗末,造成《儀禮》研究中杜撰之風盛行。而在現實中,在涉及國家禮制的廟議、承統、祭祀等問題上的爭訟不斷,由於經典研究的缺乏,使得這類爭訟不能得到有效解决④。這一切促使朱熹在奏請國家設局編撰禮書的同時,開始私人主持編撰禮書,最終編撰完成《儀禮經傳通解》這部皇皇巨制。

《儀禮經傳通解》是朱熹最大的禮學著述,相較於陳祥道《禮書》的滿紙名物、制度彙編,本書最大的特點是綱舉目張,内容上包括家禮、鄉禮、學禮、邦國禮、王朝禮,以及設計中的喪禮、祭禮,體現着其"家齊國治"的理學思想。如此龐大的體系絶非一人之力所能成就,本書事實上由朱子發凡起例,衆弟子各司其職,最後由朱子筆削定

---

① 錢穆:《朱子新學案》第 4 册《朱子之禮學》,《錢賓四先生全集》第 14 册,第 127 頁。
② 《朱子語類》卷 90,《朱子全書》第 21 册,上海古籍出版社,2002 年,第 1121 頁。
③ 《晦庵朱先生文集》卷 25《與建寧傅守札子》,《朱子全書》第 17 册,第 3052 頁。
④ 殷慧:《朱子禮學思想研究》,湖南大學博士論文,2009 年,第 92—107 頁。

奪，撰成《通解》一書①。

慶元六年（1200），朱熹去世，《通解》并未完成。在嘉定十年（1217）南康道院的《通解》刊刻本中，只有《家禮》《鄉禮》《學禮》《邦國禮》《王朝禮》共三十七卷，《喪禮》和《祭禮》并未成型。三十七卷中只有前二十三卷經過朱子審訂，定名《儀禮經傳通解》，《王朝禮》十四卷未通過審訂，是爲《儀禮集傳集注》。黄榦秉承朱熹遺願，繼續編《喪禮》《祭禮》，但他在嘉定十三年（1220）《喪禮》編撰完成後不久就去世了，剩下的《祭禮》由楊復編撰完成②。

楊復上承朱熹禮學，其研究爲元代馬端臨所承繼。馬氏《文獻通考》承繼朱子典制類禮書，對明清以來的禮學研究者影響巨大。元代吳澄和汪克寬亦據《儀禮經傳通解》編撰禮書。吳澄撰有《儀禮逸經傳》二卷，是書搜集經傳材料，共成《投壺禮》《奔喪禮》等八篇，以補《儀禮》之遺，"其編次先後，皆依行禮之節次，不盡從其原文，蓋仿朱子《儀禮經傳通解》之例。"③汪克寬亦尊朱子編例，采集經傳、《家語》及漢儒記錄，以吉、凶、軍、賓、嘉爲目，成《經禮補逸》九卷，《禮經附說》終焉④。明代的禮學研究中，丘濬最爲著名。他早年據《朱子家

---

① 據白壽彝考證，朱熹先後進行了五次較大的體系調整，才形成了今本《儀禮經傳通解》的體系和内容，白氏稱爲"五次設計"。白壽彝：《儀禮經傳通解考證》，《國立北平研究院院務彙報》1936年第7卷第4期。收入《白壽彝史學論集》下册，北京師範大學出版社，1994年，第1037—1068頁。亦收入《白壽彝文集》第7卷《朱熹撰述叢考》，河南大學出版社，2008年，第40—69頁。此外，錢穆《朱子新學案》之《朱子之禮學》（《錢賓四先生全集》第14册，第127—200頁），殷慧《朱子禮學思想研究》，均有關於《儀禮經傳通解》撰寫過程的討論，可以參閱。

② "楊復在編次黄榦《祭禮》時，看到很多内容抵牾的地方，便萌生了重編《祭禮》的想法，他又按照朱熹生前的構想在紹定四年（1231）重新編寫成一部《祭禮》。所以《儀禮經傳》的《祭禮》部分其實有截然不同的兩種書，但清代以來一直被學者混淆，《四庫提要》和《朱子全書》皆是如此。"葉純芳：《楊復再修儀禮經傳通解續卷祭禮·導言》，"中央"研究院文哲研究所，2011年，第1—50頁。對楊復《儀禮》研究成績的清理，見刁小龍：《楊復〈儀禮〉學初探——以〈特牲饋食禮〉〈少牢饋食禮〉章句論爲中心》，《中國典籍與文化》2014年第1期，第34—42頁。

③ （清）永瑢等撰：《四庫全書總目》卷20，第160頁。

④ （元）汪克寬：《經禮補逸》，臺灣商務印書館影印文淵閣《四庫全書》本，第105册，第635—729頁。

禮》作《家禮儀節》,損益當時之制,其書蔚爲流行①。其晚年上獻弘治且被立即刊行的《大學衍義補》,才是他系統探討禮制的篇章。真德秀《大學衍義》止於"修身",丘濬試圖補撰"齊家"和"治國"部分。真氏所引材料大都依據理學家著述,丘濬則大幅度地擴充了《大學衍義》的內容和架構,試圖建立一套嚴謹的官方執政綱要,和具體入微的帝王治國之學②。這種仿效朱熹構建理學體系的編撰方法,彰顯出丘濬對朱熹禮書編撰的認可。

而到清初,朱子《通解》遭遇到強烈的反對聲音。黃宗羲爲萬斯大《學禮質疑》作序,指出"朱子亦嘗修《儀禮經傳》,不過章句是正;於其异同淆亂,固未彈駁而使之歸於一也。"③姚際恒則認爲《通解》毫無學術價值,"經傳顛倒,……全錄注疏,毫無發明,一抄書吏可爲也……一粗識文字童子亦可爲也……其于無可合者,則分家、鄉、學、邦國、王朝等名,憑臆變亂,牽强填塞,此全屬纂輯類書伎倆。使經義破碎支離,何益于學?何益于治?"④

黃、姚的指斥凸顯出《儀禮經傳通解》一書的內在矛盾。《通解》編撰實際上由朱子發凡起例,朱門弟子及友朋參與編撰,最後由朱熹筆削整理。從成書來看,朱子親定部分只有《通解》,《集傳集注》未及整理,黃榦、楊復《通解續》又未能完全融入朱熹構建的"家齊國治"體系。江永指出《通解》"前後體例亦頗不一,《王朝禮》編自衆手,節目闊疏且未入疏義,黃氏之書,《喪禮》固詳密,亦間於漏落,《祭禮》未及精專修改,較《喪禮》疏密不倫。信齋楊氏有《祭禮通解》,議論詳贍,而編類亦有未精者"⑤。同時,朱子將學禮位設於家、鄉與邦國、王朝禮之間,位置與類型上均不恰當,他對《儀禮》分經附記,造成經文、傳

---

① (清)永瑢等撰:《四庫全書總目》卷25,第206頁。
② (清)張廷玉等撰:《明史》卷181《丘濬傳》,中華書局,1974年,第4808—4810頁。
③ (清)黃宗羲:《學禮質疑序》,《黃宗羲全集》第10册,第24頁。
④ (清)姚際恒:《禮學通論·儀禮論旨》,上海古籍出版社影印北京圖書館藏抄本,1995年,第2頁。
⑤ (清)江永:《禮書綱目序》,《叢書集成續編·經部》第11册影印廣雅書局刊本,第153頁。

文、記文混雜，事實割裂了《儀禮》經文，這遭到清代學者的詬病。體系矛盾的内在缺陷和未成之作的現實，導致《通解》的重撰在清代掀起了高潮。

對於朱子《儀禮經傳通解》的重新整理，清初胡具慶曾有計劃，他是孫奇逢的弟子，所著書中有《儀禮經傳通解》《禮記類詮》①。立志重編朱子此書的人很多，但大多未有機會完成，顧炎武是其中之一。他早年參加抗清鬥爭，中年以後又浪迹天涯，晚年擬編修禮書又無精力，心中充滿悔恨，而將希望寄托於來學②。庶幾完成禮書編撰的學者，如徐乾學《喪禮通考》，後來的秦蕙田《五禮通考》，均成於衆家之手，有待删削。事實上，清代禮書編撰無不以朱子《通解》爲底本，但成書者極少，或者反不及《通解》，如應撝謙《禮學彙編》"往往參以臆見"，胡掄《禮樂通考》"叢脞少緒"，姜兆錫《儀禮經傳内編》"多因襲前人，發明最少……蓋欲補正《儀禮經傳通解》，然不及原書遠矣"；梁萬方《重刊朱子儀禮經傳通解》名曰"重刊"，實則改修，"掩其書名而觀之，殆莫能知爲《儀禮經傳通解》之文也"③；盛世佐《儀禮集編》落入朱子禮書繁複的窠臼，由此可見賡續朱子此書的困難④。相比之下，以一己之力成書的僅有江永《禮書綱目》，而且體系上有超越之處。其書篇幅簡略，但補苴朱熹禮書頗爲有功。

需要指出的是，清代學者爭相重訂《儀禮經傳通解》，有着時代背景。一是《朱子家禮》的固有缺陷内，生出根據朱子《通解》進行禮書編撰的需要。明清民間禮書對《朱子家禮》的改編展現出以時爲大的原則，也透露出《家禮》的内在缺陷：它和實行禮用之間有着矛盾衝突。《家禮》首揭祠堂宗廟制度，突出宗法，但所主張的宗子主冠、昏、

---

① 引自徐世昌：《清儒學案》卷1《夏峰學案》，河北人民出版社，2008年，第52頁。
② （清）顧炎武：《亭林文集》卷3《答汪苕文書》，《顧亭林詩文集》，中華書局，1983年，第60頁。
③ （清）永瑢等撰：《四庫全書總目》卷25，第205—206頁。
④ 禮書編撰主要解決"繁難"和"缺損"兩大問題，清代學者大多囿於朱熹《儀禮經傳通解》的體系設計，未能有所突破，因而造成禮書編撰的失敗。見本書第三部分第六、第七章的論述。

祠之祭，明顯違背《儀禮》父母爲冠、昏主人的記載。《家禮》的喪服制度和製作方式與傳統經注不和，也與朱子《通解》有異①。在實行中，《朱子家禮》的規定多有違礙人情的地方，如顔元服喪期間遵循《家禮》所産生的困境，全因《家禮》誤改古禮所致②。

《家禮》的種種矛盾衝突，使得人們開始重提《家禮》公案。《朱子家禮》在朱子生前被竊取，死後流出，其來源可疑，加上它記載的一些禮儀明顯地與朱子後來所作《儀禮經傳通解》有很大的差異，這就不能不引起一些學者的懷疑。元至正間，武林應氏作《家禮辨》，懷疑此書非朱子作。清代王懋竑作《家禮考》《家禮後考》《家禮考誤》，坐實《家禮》爲僞書之説，四庫館臣認同王氏考證，認爲此書非朱子作③。

《朱子家禮》的衆多不合古制及違礙人情之處，引起明清以來改良《家禮》的出現。其基本的做法緣俗以編禮書，或者回歸朱子《儀禮經傳通解》進行禮書編撰。萬曆間嘉善錢士升居憂讀禮，發現《家禮》和朱子晚歲論禮不合，於是參考歷代禮制及諸儒異同，以《儀禮》爲本而成《考證》一書④。馮善《家禮集説》亦多以朱子晚年禮説正《家禮》之失，江南士庶之家多用之。但清代學者的編撰與明代學者的不同之處在於，清代學者對於《通解》的改編并非爲了實用，而是作爲"資考核"之用，如陸世儀所謂"欲一依朱子《通解》所分之目……庶幾議禮之家有所考據"⑤。

清代學者争相重訂朱子禮書，與國家禮書編撰遲未進行有關。清朝建立之後忙於干戈，無暇文治，國家禮書編撰和禮制建設未提上

---

① 彭林先生從内容上論述了《家禮》在虚抬宗法、喪服制度、婦人不杖、握手、祔祭、儀節錯亂、昧於經義、前後不照、取舍失當、悖逆朱子説等十個方面的問題，證明朱子《家禮》非朱子所作。彭林：《朱子作〈家禮〉説考辨》，《文史》2012年第3輯，第363—383頁。
② （清）戴望：《顔氏學記》卷1，中華書局，1958年，第1—2頁。
③ 近來的研究雖然表明朱子前後禮作矛盾，但不能排除本書爲朱子原作的可能。關於《家禮》是否爲僞作的正反意見，見彭林：《朱子作〈家禮〉説考辨》，《文史》2012年第3輯。吾妻重二《朱熹〈家禮〉實證研究》，華東師範大學出版社，2012年。
④ （明）許重熙輯：《賜餘堂年譜》，載（明）錢士升《賜餘堂》，《四庫禁毁書叢刊》影印清乾隆四年錢佳刻本集部第10册，第409頁。
⑤ （清）陸世儀：《思辨録輯要》卷4《格致類》，商務印書館，1936年，第49—50頁。

議事日程。順治元年(1644)，朱鼎蒲即提出："禮儀爲朝廷之綱，而冠履、侍從、揖讓、進退其紀也。若上習便安，下樂盤辟，則錯亂無紀而禮儀之綱壞。"①康熙六年(1667)，熊賜履再倡禮治之説，魏象樞亦竭力主張編撰禮書②。但直到高宗親政後，才下詔開三禮館，纂修《三禮義疏》，同時編撰《大清通禮》。清廷"尊崇"程朱，禮學研究漸趨繁榮，國家禮書的欽定版本遲遲未現，給學者們賡續朱子禮書帶來動力，激發出民間禮書編撰的熱潮。據江藩記載，從順治十三年(1656)開始的欽定諸經書，僅三禮未有完成③。而清廷官修《三禮義疏》在體裁選擇和編撰時長上的遭遇，側面説明了禮書編撰的困難。民間禮書編撰有導引政府禮書纂修和留名的企圖，如江永自認其禮書編撰是在"爲聖朝備一禮樂之書"④。

綜上所述，清初禮學研究的主要形式是習禮、考禮，主要針對民間禮用，有着現實意義，并非脱離現實的純粹考證，也非受到文字獄的影響。由於《朱子家禮》及其改編本禮書脱離經典，導致考證禮學和重編禮書的興起。《儀禮經傳通解》是朱子晚年之作，可以更正《朱子家禮》本身的缺陷。但《通解》在體系和結構上存在弊病，加上明清鼎革的刺激，學者們進行深刻的學術反思，清初興起重編此書的熱潮。江永《禮書綱目》的編撰是這一背景的產物。

---

① 《清世祖實録》卷 10，順治元年甲申十月丙寅，《清實録三》，中華書局，1985 年，第 99 頁。關於這一論題的討論參閲林存陽：《禮樂百年而後興——禮與清代前期政治文化秩序建構》，《齊魯文化研究》第八輯，第 14—32 頁。
② (清)魏象樞：《寒松堂全集》卷 3，中華書局，1996 年，第 80 頁。
③ (清)江藩：《國朝漢學師承記》卷 1，中華書局，1983 年，第 4—5 頁。
④ (清)江永：《答程櫟也太史書》，《善餘堂文集》，"中央"研究院文哲研究所，2013 年，第 39 頁。

第二章　江永生平學行考述

江永,字慎修,號慎齋,生於康熙二十年(1681),卒於乾隆二十七年(1762),年八十二,清代徽州婺源人,事迹俱見戴震《江慎修先生事略狀》及汪世重、江錦波編撰之《江慎修先生年譜》。江氏平生以就館授徒、講學著述爲事,作品豐贍,共約近40部之多,其中收入《四庫全書》13部151卷。江氏生平學行在大量學者兼職塾師的清代社會具有典型意義,他堅持義理,不廢考據,給我們考察清代學者如何突破程朱理學束縛,堅持學術創新,提供了契機。

一、江永家世

據江永《世譜》,其本"望出蘭陵蕭相國何之後",江氏自謂"梁昭明太子四十二世裔孫"①。唐代宰相蕭遘之子蕭禎遷居歙縣黃墩,易姓爲江,爲江姓始祖。二世祖江董遷居婺源皋徑,八世祖江敵於宋神宗元豐二年(1079)始遷江灣,從此江氏世居江灣,自始祖禎至永三十世。明清之際,江氏家族實已衰落。江永先祖江起潛,生於明嘉靖四十二年(1563),僅爲邑庠廩生;父親江期靠着祖上餘蔭得以寄籍江寧②,但他舉業上并不成功,最終僅擁有秀才的功名。

江期自身舉業的不成功,加上江永的早慧,於是他將滿腔的期待寄托在兒子身上。《年譜》記載,康熙二十五年(1686),時年六歲的江

---

① 《蘭陵蕭氏二書序》,江永自署"梁昭明太子四十二世裔孫永所編"。
② 清廷規定的寄籍條件爲有固定財產(房屋、田產、廬墓等),旅居二十年以上,一般爲解決商人流動性而造成的子女教育問題。江永曾祖江國鼎在明清鼎革之際,節縮積累至千金,江氏家族蓋以經商爲生。

永便"庭受父訓,日記數千言。父奇其敏,以遠大之器期之,因以十三經注疏口授先生"①。與同齡人一樣,江永"少就外傅時,與里中童子治世俗學",即學習舉業。

學習舉業的江永自然接觸到宋明理學,江永回憶説:"先君子肄業時,年甫弱冠,即能鋭志理學,盡力于四子書,閉關静坐,終日研窮,著爲《四書條理集》,藏之於笥。慎修謹受讀且從而增釋之。"②

但年輕的江永對時文以外的學問很有興趣。戴震《事略狀》記載他:"見明丘氏《大學衍義補》之書,内徵引《周禮》,奇之,求諸積書家,得寫《周禮》正文,朝夕諷誦,自是遂精心於前人所合集《十三經注疏》者,而於三禮尤功深。"③同時江永也對音律、曆算產生興趣,自叙"少好天官家言,始讀《尚書》'閏月''璿璣'兩注,即學布算"④,又少而服膺蔡元定律吕之説。這種廣泛的閲讀和多樣興趣成爲江永學術研究的起點,戴震説他"讀書好深思,長於比勘,步算、鐘律、聲韵尤明"⑤。這無疑得益於少時所累積下的基礎。

但此時的江永學未有方,直到"十八九歲讀《大學》,熟玩儒先之言,知入手功夫在格物。程子所謂'今日格一物,明日格一物,久則自然貫通'者,深信其必然"⑥。從此,他成爲程朱的信徒,并力圖羽翼程朱,自叙:"自弱冠後讀朱子《儀禮經傳通解》,疑其未備,即有重編之志。"⑦

不過,此時的江永重心在舉業上。康熙四十年(1701),江氏二十一歲,通過歲試被補爲婺源學弟子員,即俗稱所謂秀才,擁有了功名

---

① (清)江錦波、汪世重:《江慎修先生年譜》"康熙二十五年丙寅"條,《北京圖書館藏珍本年譜叢刊》第 92 册,北京圖書館出版社,1999 年,第 1 頁。
② (清)江永:《學庸圖説序》,《善餘堂文集》,"中央"研究院文哲研究所,2013 年,第 98 頁。
③ (清)戴震:《江慎修先生事略狀》,《戴震文集》卷 12,中華書局,1980 年,第 178 頁。
④ (清)江永:《翼梅序》,《善餘堂文集》,第 120 頁。
⑤ (清)戴震:《江慎修先生事略狀》,《戴震文集》,第 178 頁。
⑥ (清)余龍光:《雙池先生年譜》"乾隆三年四十七歲"條,薛貞方主編:《清代徽人年譜合刊》,黄山書社,2006 年,第 177 頁。
⑦ (清)江永:《別紙開述》,《善餘堂文集》,第 39 頁。

的起點。他又於這一年娶妻汪氏，并於翌年生下長子江逢聖。成家意味着壓力，尤其是經濟壓力。但父親的期許，以及整個家庭光耀門楣的憧憬，令全家鼎力支持江永準備科考。這樣，他有五年的時間用心舉業，但結果并不理想，《年譜》對此無甚記載。直到康熙四十六年(1707)，因爲困厄的家庭狀況，加上母親身體欠佳，或在重病中①，二十七歲的江永開始出外謀得第一份教職，可以一邊應舉，同時改善經濟狀況。從此，江氏開始了他長達五十五年的塾師生涯。

江永第一份教職是在休寧的碧雲庵教授同族的一些學童，一年之後回到江灣點石庵，繼續授徒。同年(1708)十一月母親去世，二十八歲的江永未能依古禮守孝三年，翌年便隨侍父親前往江寧歲試。江期準備再作一搏，江永也在江寧同族的江義文家繼續教職。但江期這次科考仍然未能成功，在江寧待了兩年後，康熙五十年(1711)江氏父子回到江灣，不久江期去世。

父親舉業未竟而卒，這給江永的心理蒙上了陰影。隨着父親的去世，江永需要獨自負擔家庭經濟，困境促使他在丁憂期滿後繼續教職。康熙五十二年(1713)，他前往大畈外舅王昭侯家授徒。康熙五十三年(1714)，三十四歲的江永獲得廩膳生資格，根據規定可以固定獲得一些米和魚肉，加上坐館得來的收入，可以稍微減輕下家庭負擔。但江氏困厄的局面未有完全改觀，尤其是康熙五十四年(1715)，第二個兒子江逢辰的出生。這時候，江永一家六口人，大兒子十二歲，正是開始學習舉業之時，小兒子又嗷嗷待哺，此外還有兩個女兒。一家人的生計問題，使得江氏的壓力非常沉重。

二、參與汪基禮書編撰

壓力意味着動力。改善經濟狀況在於開源節流，基本的生活用度無法節省，於是增加收入來源成爲唯一途徑。對於塾師而言，除了授徒獲得固定束脩以外，編撰士子爭相購買的舉業用書成爲他們覬

---

① 康熙四十七年(1708)江氏母親去世，故筆者作此推測。

覘的目標。同時，科舉競爭激烈，及第只是極少數人的幸運和榮耀，這促使部分士子轉行編撰舉業用書，有的甚至以此爲職業，即所謂"選家"。暢銷的舉業用書需要編撰者有足夠名氣，此時的江永不具備如此條件，但他遇到了名氣足夠響亮的舉業用書編撰人——汪基。

汪基，字方劉，號敬堂，婺源莘原人。生卒年月不詳，幾乎和江永同壽，年八十一卒。他的生平事迹幾乎不爲人所知，其傳記僅被民國時重修的《婺源縣志》收錄，篇幅短小，既無生卒年月，行迹亦不甚清晰①。即使離他時代較近的四庫館臣也不可思議地將其字號、籍貫張冠李戴，説他"字警齋，休寧人"②。且不説本書康乾間的刊本上明白刻有"婺源莘原"字樣，單是汪基古文選本在清代的流行也應該使得館臣對編撰者加以關注，而且負責《總目·經部》編撰的戴震曾經是江永的學生。學生對老師的"朋友"不夠了解，似乎讓人難以置信。大概由於看重學術成績的四庫館臣看不起舉業選家，所以才會有"周公制作，固不容以意爲點竄也"的評價③。這一籍貫上的錯誤，直到民國十四年(1925)《重修婺源縣志》的編撰，在強調本邑名人的背景下被編撰者改回原籍，聲明"《目錄》誤作休寧人"④。

江、汪兩人首晤蓋在康熙四十八年(1709)，時年江永二十九歲，母親剛剛去世，他則因"父往江寧歲試，隨侍江寧"。汪基也是"隨父僑居江寧，與弟度入籍游庠"⑤，俱在江寧府學讀書。這樣，從康熙四十八年到康熙五十年(1711)二月江永"自江寧侍父歸里，旋丁父憂"⑥的兩三年時間里，江、汪二人始有交集。前述江永自叙"自弱冠後讀朱

---

① (民國)葛韵芬：《重修婺源縣志》卷23《人物四》，23頁B面，民國十四年(1925)刻本。

② (清)永瑢等撰：《三禮約編提要》，《四庫全書總目》卷25，中華書局，1965年，第205頁。

③ (清)永瑢等撰：《三禮約編提要》，《四庫全書總目》，第205頁。

④ (民國)葛韵芬：《重修婺源縣志》卷64《藝文三》，6頁A面。

⑤ (民國)葛韵芬：《重修婺源縣志》卷64《藝文三》，6頁A面。

⑥ (清)江錦波、汪世重：《江慎修先生年譜》"康熙五十年"條，《北京圖書館藏珍本年譜叢刊》第92册，第2頁。

子《儀禮經傳通解》,疑其未備,即有重編之志",并且開始着手編撰準備。但此時江永忙於舉業,并受到父親監督,無暇深入實際編撰,但其編撰設想及準備工作應爲汪基所知悉。

汪基是一個選家,而且是一個有名的選家。他的《古文嗜鳳》成書於雍正十一年(1733),其書雖然八股色彩濃重,但評點亦間有出色之處,如對於《左傳》及柳宗元文章的點評,表現出很高的文學鑒賞能力①。此外,汪基的交往圈子廣泛,對舉書市場的需求洞若觀火。清代科舉重視《禮記》,注本常用宋、元注解,但對於《禮記》的學習必須輔以《周禮》《儀禮》,以加深了解。對於入門舉子而言,禮書繁難,難以遽曉,於是有大量三禮約編類書的出現,汪基主持編撰的《三禮約編》就是其中之一。

江永爲了生計需要編書,汪基則提供了機會。康熙五十八年(1719),兩人合編的"導夫先路"之作的《儀禮約編》告竣,次年《周禮約編》踵肩完成。兩書均以江永禮書草本爲底本,《約編》中"《儀禮》則(汪基)與江子夤齋商確每篇書序,略以提其要"②,《周禮》則"因夤齋江氏所纂,往反損益,訂爲是書"③。作爲舉業核心教材的《禮記》,其《約編》編撰則在汪基講義的基礎上與江永商定編寫,汪氏自叙:"《禮記》尤切舉業采用,因就昔年校授蕉水鮑生讀本,與同人再三商榷,寧詳毋略,抄撰成編,合於二禮,粗便經生家雒誦。"④

---

① 如《晋公子重耳之亡》,《古文嗜鳳》"從叙事技巧方面論述重耳流亡的文本特徵,道出了其中人物之間的主次關係,以及所運用的叙事手法,頗爲中肯"。李炳海、宋小克注評:《左傳》,鳳凰出版社,2009年,第 53 頁。而汪基對柳宗元《桐葉封弟辨》《與韓愈論史官書》《捕蛇者説》《始得西山宴游記》《鈷鉧潭西小丘記》的評點更是柳氏文學研究中不可或缺之作,對比他家評鑒,更顯其特色,具體可參閲吴文治編:《柳宗元資料彙編》,中華書局,1964 年,第 396—397 頁。
② (清)程恂:《三禮約編序》,《四庫存目叢書》影印濟南市圖書館藏康乾間敬堂刻本,齊魯書社,1997年,經部第 108 册,第 601 頁。
③ (清)汪基:《周禮約編例言》,《四庫存目叢書》影印濟南市圖書館藏康乾間敬堂刻本,第 602 頁。
④ (清)汪基:《禮記約編引言》,《四庫存目叢書》影印濟南市圖書館藏康乾間敬堂刻本,第 669 頁。

《三禮約編》的編撰顯示出汪、江二人興趣的差異。相較來説,汪基注意資舉業,而江永則偏重學術性。如江永負責主撰《周禮》和《儀禮》,其《儀禮約編》在保留訓詁的同時,也保留了一般時文教材所弃收的《喪服》;而《周禮約編》的删取,儘管被四庫館臣認爲是畫蛇添足①,但其"所删如《内小臣》《寺人》《内豎》《世婦》《女御》《女祝》之類,頗有汰宦寺、省嬪御之意,亦自可尚"②。而汪基主撰的《禮記約編》,内文的訓詁釋義和眉批的評點,更多帶有帖括氣。

江奚源爲《約編》作序,説汪基"每欲紹子朱子、黄勉齋修《儀禮經傳通解》之意,衷作《三禮全書》",而訂成《約編》,不過"以與學者導夫先路"③。筆者以爲汪基此舉有攘據江永禮書,署名己作的嫌疑。首先,汪基學長在古文評點,對他而言,《儀禮經傳通解》的改編難度太大。其次,江永此時并不顯名,其《禮書綱目》又接近殺青。《周禮約編》和《儀禮約編》爲江永主撰而署名汪基,則《禮記約編》亦有可能如是。晚清、民國以來,由於江永的名氣遠勝汪基,《禮記約編》亦改署江永,如光緒二十九年張百熙《奏定初等小學堂章程》稱"江永《禮記約編》"④。《三禮約編》的編撰作者實有疑問,其爲汪基主編,江永主撰,較爲符合實際情况。二人此後還合作編撰有《四書典林》,此書成於雍正十二年(1734),署名汪基校訂。此後不見二人交往的記載,蓋因興趣不同,職業各异,而往來益少。

對江永而言,舉業書籍的編撰僅爲權宜之計,"果腹而潤身者,畢竟不在此"⑤。而對汪基而言,舉業書籍的編撰却是職業。汪基一生

---

① (清)永瑢等撰:《四庫全書總目》卷25《三禮約編提要》,第205頁。
② (民國)吴廷燮:《周禮約編提要 光緒重刊本》,中國科學院圖書館整理:《續修四庫全書總目提要·經部》,中華書局,1993年,第467頁。
③ (清)江奚源:《三禮約編序》,《四庫存目叢書》影印濟南市圖書館藏汪氏敬堂刻本,第599—600頁。
④ (清)張百熙:《奏定初等小學堂章程》,《張百熙集》,岳麓書社,2008年,第114頁。
⑤ (清)余龍光:《雙池先生年譜》"乾隆三年四十七歲"條,《清代徽人年譜合刊》,第177頁。

主要參編科舉用書,點評時文。他所編撰的《古文啐鳳》在科舉廢除前是蒙學的教材,民國以後依然擁有大量讀者。姚雪垠曾描繪說:"在外縣或鄉間居住的時候,常見子曰店里的冬烘先生,手執《古文啐鳳》一卷,搖頭擺尾,高聲朗誦,惹得一堂學生鴉雀無聲,傾耳而聽。"①江、汪二人興趣的不同和學術取徑的差异最終導致他們分道揚鑣,但通過參編汪基《三禮約編》,江氏的學術才華被更多人知曉,如後來提携江永的程恂便通過此書的編撰知曉江氏②。此書的編撰也爲江永提供了更大的舞台,對他境遇的改善有着極大作用。此後江永能得到較爲穩定的教職,這爲其學術研究提供了條件。

三、汪勳及其學術贊助

江永通過《三禮約編》的編撰提升了名氣,也爲他能够得到更好的塾師機會和研究資源創造了條件。康熙六十年(1721),四十一歲的江永被聘到婺城汪勳處當塾師。此後的近二十年中,江永因爲在汪勳處較爲穩定的教職生涯,他開始全力從事學術研究。據《婺源縣志》記載:

> 汪勳,字雨蒼,號椒園,城西士漢之曾孫。幼穎异,嗜學工書。弱冠後補郡庠生,旋食餼,益網羅群籍,延宿學江永於家塾,相與質疑,考訂開雕先世遺書數十種,且爲永鎸《四書典林》以行世。尤惓惓於敬宗收族,捐貲倡新祠宇,別建享堂以祀無後之主。遇親舊有恩,慕義好施,不嗇其力,業以明經需次,念母老不就銓選。七十後始司訓清河,課導有方,却貧生之贄,起文昌之閣,士風日振,而勳不待秩滿竟辭歸,蕭然物外,以書史自娛。鄭邑尹特舉賓筵,稱爲品醇學粹。嘗手輯《先儒格言》《周禮精要》藏於家。③

---

① 姚雪垠:《詞以後清歌文學底解放》,《姚雪垠文集》第17卷,人民文學出版社,2010年,第300頁。
② (清)程恂:《三禮約編序》,《四庫全目叢書》影印濟南市圖書館藏康乾間敬堂刻本,第600—601頁。
③ (民國)葛韵芬:《重修婺源縣志》卷34《人物八》,第18頁。

關於江永結識汪勛的過程，諸家記載語焉不詳。雙方蓋各有所需，婺源汪氏是徽州大姓，汪勛傳記雖未能提供其生卒年月，但基本勾勒出汪氏一生的大體輪廓。從中我們知曉汪勛家境殷實，富有藏書，不僅能開雕先人著作，也請得起私塾老師，屬於中國傳統社會典型的士紳階層。儘管他仕途不順，明經後還要需次，最後還是能補選到清河縣教諭一職。

汪勛聘請江永的動機，筆者以爲除却江氏的學術才華外，汪勛也有着現實需要。徽州地區宗族觀念嚴重，嚴格的宗法制度導致對禮的極度重視。徽州人重視修族譜，素有"三世不讀書，三世無仕宦，三世不修譜，則爲下流人"的説法。同時，徽州民間盛行《朱子家禮》，很多大族根據禮俗的變化對本來就矛盾叢脞的《家禮》進行改編，以期適用。所編禮書如《茗洲吳氏家典》，婺源武口王氏宗族《王氏家範十條》，環山余氏宗族《余氏家規》等①，都據《朱子家禮》進行損益。這種禮書編撰工作有賴於專業禮學研究者的參與，汪勛聘請江永，蓋緣於此。江氏爲汪勛編撰了何種禮書，沒有詳細的資料記載。今存有江氏晚年所作禮書一部，名曰《昏禮從宜》。是書主要針對《朱子家禮》而作，主張以時俗入禮，體現"禮以時爲大"的原則，則江永在汪勛處可能留有家禮類禮書編撰的底稿，也未可知。

江永最重要的禮學著述《禮書綱目》，儘管草稿於結識汪勛前，但却成書在汪家，而且是任教汪家第一年的康熙六十年（1721），時年江永四十一歲。江氏能够完成此書的最後編撰，得益於汪勛處的豐富藏書。《禮書綱目》共引書四十八種，其中經部十三種，加上所引注疏，一共九十三種②。而且江氏對朱子引文做過仔細校勘，如果没有汪氏提供的學術條件，江永的這一工作殊難完成。

從康熙六十年（1721）"汪勛敦請館於西郊宜園"，到乾隆四年

---

① 參閱趙華富：《徽州宗族族規家法》，趙華富編：《首屆國際徽學學術討論會文集》，黃山書社，1996年，第1—33頁。

② 《禮書綱目采輯群書目》，臺灣商務印書館影印文淵閣《四庫全書》本，1983年，第133册，第1—3頁。

(1739)江永因校刻《朱子經濟文衡》認識程恂而轉任程氏塾師的十八年時間里,江永因爲在汪勳處的穩定工作而能夠安心學術,加上汪家豐富的藏書,使得他有良好的條件進行學術研究。儘管江永一生著述大多成於晚年,但其志向的萌發和初期的準備工作都在這一時期完成,如他的《深衣考誤》、音韵、律吕諸書①。此外,汪勳還資助刊刻了江氏"爲初學備作文之資糧"的《四書典林》。

江永《禮書綱目》的編撰給他帶來學術聲譽。他對朱子《儀禮經傳通解》的增訂爲他贏得了博學的美譽,這也使得部分程朱理學的衛道者對他提出了嚴厲的批評。如汪紱因江永《禮書綱目》《四書典林》等書的傳抄和盛行,於乾隆元年(1736年)以來多次致信江永,認爲江永將朱子的義理學外化爲考據學,"號爲尊守紫陽者",實際上是"以小言細物與朱子争博洽"②。以賡續朱子《儀禮經傳通解》爲例,按照汪紱的意思,最重要的是"措之動履",而不是江永的"增損檃括"③。兩人終因學術取徑的差異,終生未能晤面。但江永的學術影響,無論是當時還是之後,都明顯地高過汪紱④。

汪勳處優秀的學術條件,江永自身禮書編撰的成功,加上一直以來對於學術的興趣,使他逐漸放弃了在科舉路上前行的打算。雍正八年(1730),時任安徽學政的王蘭生視學徽州,五十歲的江永應邀至署,縱言樂律,王氏欣賞其才華而推薦他升太學就讀,江氏因"家計維艱未赴"。對於學子而言,能夠得到學政的推薦,離開州縣府學去國子監學習,由户部歲發帑銀給膏火,是求之不得的好機會。要知道,

---

① 見江永與汪紱的學術通信,(清)余龍光:《雙池先生年譜》"乾隆三年四十七歲"條及"乾隆四年四十八歲"條之江永覆信,《清代徽人年譜合刊》,第176—200頁。

② (清)余龍光:《雙池先生年譜》"乾隆二年四十六歲"條,《清代徽人年譜合刊》,第175頁。

③ (清)余龍光:《雙池先生年譜》"乾隆三年四十七歲"條,《清代徽人年譜合刊》,第184頁。關於兩人爭論的學術叙述,見林存陽:《汪紱與江永之書信往還》,《徽學》第6卷,安徽大學出版社,2010年,第266—280頁。

④ 錢穆指出,"汪尚義解,其後少傳人,江尚考核,而其學遂大,則有清一代尚實之風,群流所趨,莫能獨外耳。"錢穆:《中國近三百年學術史》,商務印書館,1997年,第341—342頁。

清廷對於直省歲貢士京師的名額有嚴格限制："府學歲一人,州學三歲二人,縣學二歲一人",而且規定："學政嚴加遴選,濫充發回原學。五名以上,學政罰俸。"①但江永放弃了,他以經濟困難作爲藉口,這固然是事實,但此時他已學有成就,同樣能够光耀門楣。加上之前父親舉業受挫的影響,他此時又到了知天命之年,儘管科舉成功能够帶來境遇的改善,但那只是極少數人的幸運。在清代,不僅會試名額極少,鄉試競爭亦十分激烈②。最後,江永選擇了學術的道路,并且堅定地走了下去。

四、相交程恂,訪學三禮館

學術研究需要文獻條件,同時需要有人提攜,以獲得學術交流的機會。江永憑藉自己的能力,成功地得到了機會。這就是在汪勳之後繼續爲其提供學術贊助的程恂。據《休寧縣志》的傳略:

> 程恂,字慄也,號燕侯,休寧人也。雍正二年甲辰進士,後授官至直隸定州知府,任北運河同知。兵部尚書直隸總督李衛薦舉博學宏詞,殿試二等,授檢討,升中允。恂有人倫鑒,虛衷樂善,識戴震於風塵中,教之功令文,在都任編修,館江永邸舍。其學本長《三禮》,至是益深博,充大清會典、三禮館纂修官,與李清植同斠《儀禮》,正前刊之誤,號研審焉。③

程、江二人的結識在乾隆四年(1739),時任徽州郡守楊雲服敦請江永校刻《朱子經濟文衡》,程恂亦在其中。《朱子經濟文衡》序言由

---

① (民國)趙爾巽等撰:《清史稿》卷106《選舉一》,中華書局,1977年,第3115頁。
② 會試名額較少,"歷科大率三百數十名,少或百數十名,而以雍正庚戌四百六名爲最多,乾隆己酉九十六名爲最少。"《清史稿》卷108《選舉三》,第3158—3159頁。而鄉試中式舉人與應試生員的比例在1∶30—1∶100之間,競爭亦十分激烈,見《皇朝政典類纂》卷192《選舉三》,席裕福、沈師徐輯:《近代中國史料叢刊續輯》第92輯,文海出版社,1982年,第891册,第3232—3242頁。
③ (清)何應松:《休寧縣志》,成文出版社有限公司影印本,1985年,第360頁。

程氏完成，他指出編撰人員爲"恂與婺源江永襄校厥事"①。江氏的學問被程恂賞識，兩人相談甚歡。從乾隆五年（1740）江永離開汪勳到程恂處繼任塾師，到乾隆十三年（1748）改館婺城汪陞處的八年中，除却中間間有去江西閱卷，及短暫講學於紫陽書院外，江氏一直館於程恂處。但程恂知曉江永至遲應在乾隆三年（1738），該年程恂爲汪基編選的《三禮約編》作序，其中提到"《儀禮》則（汪基）與江子育齋商確每篇書序，略以提其要"②。

程恂是雍正二年（1724）進士，而且任乾隆時三禮館編修，他對於禮學素有研究，而江氏亦精於禮學，二人因此極爲相投。程恂處的優越條件使得江永在此後的八年中先後完成了《曆學全書》和《近思錄集注》的寫作。江氏晚年的一些著作，也在此期間草定，如《禮記訓義擇言》成於乾隆二十五年（1760），江永八十歲，但他自叙："高安朱文端公因其書《禮記》多裒聚諸家之說也，遂撰《禮記纂言》而附己說於後，以示折中焉。永昔在休寧程太史恂處，常以此書置案頭，隨筆簽識，僅得一十五篇，程爲論次録一本。"③又據余龍光《雙池先生年譜》乾隆四年（1739）江永覆書汪紱，云此時已有《禮記擇言》一書，成有《檀弓》《大傳》《少儀》《内則》《喪服雜記》諸篇④，則本書乾隆四年前書稿已具，江氏在程恂處又續加修訂。

最重要的是，程恂不僅以聘任塾師的形式資助江氏及其學術研究，而且給江永提供了擴大學術交往的絕佳機會。這就是乾隆五年（1740）八月，江永隨程恂入都，與方苞、吳紱、梅瑴成、熊暉吉、杭世駿、胡蛟齡等論學問難。但是江永的這次機會亦是他自己爭取來的。

---

① （清）程恂：《朱子經濟文衡序》，《朱子全書》第27冊，上海古籍出版社，2010年，第764頁。
② （清）程恂：《三禮約編序》，《四庫全目叢書》影印濟南市圖書館藏康乾間敬堂刻本，第601頁。
③ （清）江永：《禮記訓義擇言引》，臺灣商務印書館影印文淵閣《四庫全書》本，1983年，第128冊第289—290頁。
④ （清）余龍光：《雙池先生年譜》"乾隆四年四十八歲"條，《清代徽人年譜合刊》，第179頁。

江氏《年譜》記載,乾隆元年朝廷開三禮館之後,《禮書綱目》稿本於次年被禮館徵集,由此我們可知江永禮書至少已被館臣知曉,甚至可能被閱讀,這給江氏前往禮館進行學術交游提供了基礎。

乾隆五年江氏隨程恂入都,乾隆六年方苞、江永二人面晤,此時方苞七十四歲,江永六十一歲①。方苞以所疑《士冠禮》《士昏禮》中數事爲問,江永從容置答,方苞乃大折服②。關於此事,江永諸傳記記載并同,唯有江藩《師承記》有异,謂"方苞哂之",蓋其所代表之漢學派交惡桐城派所致③。近來有論者將桐城派和漢學家的對立,由姚鼐拜戴震爲師遭到遜詞婉拒,前推到方苞與江永的學術對立。但揆諸事實,并不恰當。當時方苞和江永的學術地位不對等,反映在蘇惇元修訂的《方望溪先生年譜》中,便是完全没有方、江面晤的記載。就當時的情況而言,雙方只是一次很普通的面見,所討論的學術問題也較爲簡單,甚至出於客套。倒是江永有這次會晤的詳細記載,"乾隆辛酉二月十六日,三禮館總裁方望溪先生苞謂永云:'昏禮婦至不交拜何也?'永退思之,爲説以覆曰:'交拜者,世俗之禮,不可以論古人(鄉俗亦有不交拜者),古人拜必有先也,而後答之。'"④可見問學方苞對江永的自信心和自豪感有着極大提升。

在與三禮館諸編修的交往中,江永與吴紱最爲友好。吴紱是江南荆溪(宜興)人,曾是方苞的學術助理,負責編校《周禮》相關資料,後來被方氏介紹到三禮館,從乾隆七年(1742)開始編撰《儀禮》的相關工作⑤,官

---

① 論難發生在乾隆六年二月十六日,(清)江永:《答程慄也太史書》,《善餘堂文集》,第120頁。
② (清)戴震:《江慎修先生事略狀》,《戴震文集》,第181頁。
③ 漆永祥:《漢學師承記箋釋》,上海古籍出版社,2006年,第493—494頁注釋8。
④ (清)江永:《答程慄也太史書》,《善餘堂文集》,第38—39頁。
⑤ 武英殿本《周禮義疏》跋語之後所附的纂修名單上有吴紱,他與方苞之間的關係見林存陽:《三禮館:清代學術與政治互動的鏈環》,社會科學文獻出版社,2008年,第86、122頁。方苞曰:"余平生不肯以文假人,而承修《周官》,甚賴吴編修紱能輸其力。"(《方苞集外集》卷8《柏村吴氏重建宗祠記》)不過方苞乾隆四年被革職,但仍留書局編書。據全祖望記載,由於方苞被革職,"荆谿人吴紱者,公所卵翼以入書局,至是(方苞被革職——筆者注)遂與公爲抗,盡竄改公之所述,力加排詆。"(全祖望《鮚埼亭集》卷17《前侍郎桐城方公神道碑》)

獻瑤稱其"夙以《儀禮》名家者"①。江永與吳紱有着學術上的深入交流，江氏《周禮疑義舉要》便是因與吳紱質疑問難而形諸著述。戴震《江慎修先生事略狀》記載："荆溪吳編修紱自其少於《禮儀》功深，及交於先生，質以《周禮》中疑義，先生是以有《周禮疑義舉要》一書。"②此外，江永在禮學、韵學、《春秋》等著作中多次引用吳紱的研究，可見吳紱確有過人之處。但不幸的是，吳紱在三禮館的結局很慘淡，先因考試不過關被罰俸禄，後因病缺考，最後在乾隆十三年被逐出館③。

另外，時任編修的杭世駿亦與江氏有學術上的交流，雖具體細節不甚清楚，但江永在完成《禮書綱目》之後，認識到"例"對於禮學研究的重要性，進而寫作《禮書釋例》一書。儘管此書僅爲草創，只有釋服一例，這對於杭世駿在《儀禮》"例"的探尋上具有影響。杭世駿特別指出江永給他的啓發，"《春秋》可以無例，而禮則非例不能貫也"④。

此外，江永在京城還就曆法方面的問題請教過梅瑴成。梅瑴成是梅文鼎孫，因梅氏餘蔭於康熙五十一年（1712）召入内廷，供奉蒙養齋，乾隆元年（1736）充時憲算書館總裁官。關於江永和梅瑴成之間的交往，江氏《年譜》記載，乾隆五年八月，江永同程恂入都曾問學梅瑴成。據余龍光《雙池先生年譜》"乾隆四年條"，江永覆書汪紱，云"近著《翼梅》八卷，寫本歸之梅氏令孫"，則至遲乾隆四年《翼梅》稿本已成，且歸梅氏令孫，雙方已發生聯繫。江、梅二人交往的具體細節

---

① （清）官獻瑤：《刻儀禮紃解序》，（清）王士讓：《儀禮紃解》序言3頁B面，清乾隆三十五年張源義刻本。吳紱亦爲本書作序。

② （清）戴震：《江慎修先生事略狀》，《戴震文集》，第181頁。引文中"《禮儀》"應作"《儀禮》"，王昶《湖海文傳》及錢大昕《江先生傳》均作"《儀禮》"，此爲校點本據段玉裁經韵樓本《戴東原集》誤倒所致。

③ 林存陽：《三禮館：清代學術與政治互動的鏈環》，社會科學文獻出版社，2008年，第86頁。

④ （清）杭世駿：《道古堂文集》卷4《禮例序》，《續修四庫全書》影印光緒四年汪曾唯增修本，上海古籍出版社，2002年，第1426册，第16頁。

見江永《翼梅序》①，蓋江氏名爲羽翼梅文鼎曆書，但實多批評，梅瑴成因此婉拒爲此書作序，并在《梅氏叢書輯要》跋文中斥責江永"泥於西術，固執而且不能變"，詆毀古人，諂附西人②。

在當時著作刊行不易的情況下，學者間的交流主要通過書信來往，當面質疑問難的機會非常難得。對於一個終生行走鄉曲的普通秀才而言，能得到全國最高水平的學術對話，影響自不待言。江永的自豪感、知名度都得到了提升，其學術研究，尤其是禮學和曆法被京師學者所知悉③。

由於在北京訪學的光環，江永歸里之後便被徽州郡守邀請去紫陽書院講學。紫陽書院位於歙縣，是徽州地區的最高學府，能在此講學也是每個鄉邦士子的榮耀。江永的講學較爲注重考證，這引起其他尊朱學者的不滿，所以先後兩次的講學時間都不長。此外，他還被江西學政邀請"閱卷"④，皆因江氏京城訪學的榮耀所致。乾隆九年（1744），他又被程恂復請休寧坐館。

但江永此次坐館時間比較短暫，程恂蓋於乾隆十三年（1748）後去世，江氏《行狀》記載乾隆十五年（1750），"值上方崇獎實學，命大臣舉經術之儒。時婺源縣知縣陳公有子在朝爲貴官，欲爲先生進其書，來起先生。先生自顧頹然就老，謂無復可用，又昔至京師，所與游皆

---

① （清）江永：《翼梅序》，《善餘堂文集》，第120頁。

② 引文見梅瑴成：《五星管見》識語，《梅氏叢書輯要》本。兩人交往的學術叙述見郭世榮：《梅瑴成對江永〈翼梅〉引起的中西天文學之爭》，《自然辯證法通訊》2005年第5期，第79—84頁。

③ 江氏學術在北京學術圈的影響亦有賴於戴震入京後的大力播揚。錢大昕記載："前遇足下（戴震）于曉嵐所，足下盛稱婺源江氏推步之學不在宣城下，僕惟足下之言是信，恨不即得其書讀之。頃下榻味經先生邸，始得盡觀所謂《翼梅》者，其論歲實、論定氣，大率祖歐羅巴之説而引而伸之，其意頗不滿于宣城，而吾益以知宣城之識之高。何也？宣城能用西學，江氏則爲西人所用而已。"（清）錢大昕：《潛研堂集》文集卷33《與戴東原書》，清嘉慶十一年刻本。

④ 這里的閱卷指改閱學生平時作文，包括講學活動等，并非改閱鄉試試卷，一則本年并非鄉試的子、卯、午、酉年份，也無恩科；一則江永無鄉試閱卷資格。

無在者，愈益感愴，乃辭謝。"①則至遲此年，江氏在京師所交，包括程恂在內，大多不在人世②。

五、講學不疏園

離開程恂處之後，從乾隆十三年（1748）開始，六十八歲的江永先在婺城汪陞處授徒了兩年。汪陞爲汪勳弟，這份教職蓋爲汪勳介紹，江永未能回去汪勳處，原因不得而知。之後，江永改館詞源、啓經堂各任教一年。這時候，他已經七十二歲，到了古稀之年，學問的傳承問題凸顯。乾隆十八年（1753），時年七十三歲的江永館於歙邑西溪，即汪梧鳳不疏園，開始了他晚年的著述和人才培養工作。

不疏園爲汪梧鳳父親汪泰安所建，大約建於乾隆初，園名"蓋取陶詩'暫與田園疏'意而反之"。不疏園藏書豐富，汪梧鳳又提供良好的研究條件，這爲江永的著述和人才培養工作創作了條件。汪中記載：

> 迨乾隆初紀，老師略盡，而處士江慎修崛起於婺源，休寧戴東原繼之，經籍之道復明。始，此兩人自奮於末流，常爲鄉俗所怪，又孤介少所合，而地僻陋，無從得書。是時歙西溪汪君，獨禮而致諸其家，飲食供具惟所欲，又斥千金置書，益招好學之士日夜誦習講貫其中，久者十數年，近者七八年、四五年，業成散去。③

這就是江門七子齊聚汪梧鳳不疏園質難問學之時，江氏《年譜》記載"歙門人方矩、金榜、汪梧鳳、吳紹澤從學。休寧鄭牧、戴震，歙汪肇

---

① （清）戴震：《江慎修先生事略狀》，《戴震文集》，第 181 頁。
② 關於程恂去世的時間，蔡錦芳亦有考證，認爲程氏大概去世於乾隆十三年至十五年間，見氏著《戴震生平與作品考論》，廣西師範大學出版社，2006 年，第 6—7 頁。
③ （清）汪中：《大清故貢生汪君墓志銘》，《述學·別錄》，《四部叢刊》影印無錫孫氏藏本。標點參閱戴慶鈺、涂小馬校點本《述學》，遼寧教育出版社，2000 年，第 133 頁。

龍、程瑶田，前已拜門下問業。是年殷勤問難，必候口講指畫，數日而後去"①。在江門弟子中，戴震、程瑶田、金榜最著。金榜乾隆十八年拜江永爲師，被譽爲最得江氏之傳。程瑶田則先結識戴震，乾隆十八年以前師事江永，學兼漢宋，精於考據之學②。汪梧鳳則扮演學術贊助者的角色，給江永、戴震等提供學術研究的平臺。江永在不疏園的時間很短暫，但這段時間對於皖派學術的建立很關鍵。

儘管江氏《年譜》記載他在不疏園只待了一年，但以後的數年間，江永都不時在不疏園講學。如乾隆二十二年（1757），他館於靈山方矩家，靈山距西溪僅十里，他仍能利用不疏園的藏書從事學術研究。從乾隆十八年（1753）開始，江永先後完成《推步法解》《鄉黨圖考》《律呂闡微》《春秋地理考實》《古韵標準》《音學辨微》《河洛精蕴》《周禮疑義舉要》《儀禮釋宫增注》《禮記訓義擇言》等著述，他的重要著述幾乎都是在這一時期修訂完成。

乾隆二十七年（1762）三月十三日，八十二歲高齡的江永在家中去世。乾隆三十七年（1772），朝廷開四庫館，博采遺書，其中收入江氏著述十三種一百五十餘卷。乾隆三十八年（1773），江永木主進入紫陽書院，從祠朱子。乾隆五十一年，江南鄉試以《鄉黨》篇命題，士子主江永説者皆得中式。這樣的榮譽足然可以光耀門楣，父親的期許最終以令人意外的方式獲得了回報。

從江永的經歷來看，在父親的期許和家庭的憧憬下，他一直以舉業爲主。但父親舉業未竟而卒，江永深受影響。爲了擺脱困境，他選擇當塾師，同時從事舉業用書的編撰，最終因爲出色的學術才華而爭相被人聘請，解決了生計問題，也爲自己的學術研究創造了條件。同時，江永的著作被朝廷徵集，因而能得到京城訪學的機會，這給他帶來學術聲譽。經濟條件的改善和對學問的深入了解，使得江永逐漸

---

① （清）江錦波、汪世重：《江慎修先生年譜》"乾隆十八年七十三歲"條，《北京圖書館藏珍本年譜叢刊》第 92 册，第 6 頁。

② 程瑶田本人《年譜》亦缺少對拜師江永時間的準確記叙，江氏《年譜》中亦無具體記載。羅繼祖：《程易疇先生年譜》，《清代徽人年譜合刊》，第 318—321 頁。

放弃了科舉之路。在晚年,他致力於著述和人才培養工作,使得其學後繼有人,這大大拓展了江氏的學術影響。

六、走出程朱束縛,堅持學術創新

舉子學尊程朱,如何在尊朱的同時走出朱子學術的束縛,江永的學行經歷提供了借鑒。他的禮學研究源自閱讀《大學衍義補》徵引《周禮》始,他編撰的《禮書綱目》《近思録集注》,明顯地顯示出尊朱旨趣,他甚至直言不諱地宣稱"以朱子爲宗"①,其《考訂朱子世家》一書,依朱熹《年譜》《行狀》及《宋史》本傳核實記載。

但江永的杰出之處在於,儘管他對於程朱理學有深厚的研究,但并非墨守程朱。他對程朱理學的一些具體見解持批評態度,這使得衛道者對其嚴加指責。如在《禮書綱目》《近思録集注》中,江永不僅自己重編朱子之作,而且在一些有歧義的地方,都以"按語"形式進行辨析,這在衛道者看來屬於大不敬②。在江永的其他著作中,對朱熹的説法有很多批評,如《深衣考誤》《昏禮從宜》等③。在"卦變"考釋中,江永主張"以相反卦爲卦變",主要針砭朱子"卦變"説的矛盾。江永一方面大力弘揚朱熹學術,確有功于朱學研究,另一方面又對朱熹學説大加修正,冒犯了衆多的"尊朱學者",那麽,我們究竟應該如何認識江永對朱熹的態度? 筆者以爲,江永學術整體上是尊朱的,比如《禮書綱目》《近思録集注》都賡續朱子著作而作,但在細節上并不墨守程朱,而是針對程朱的錯誤大加批評,是一種學術創新。江永對於朱熹的批評,豐富和完善了朱熹學説的發展,是朱子諍臣和功臣。

江氏能夠在程朱理學之外堅持學術創新,得益於他廣泛的興趣,

---

① (清)江永:《禮書綱目序》,《叢書集成續編·經部》第 11 册,上海書店出版社,1994 年,第 153 頁。

② 前述按照同邑汪紱的意思,對朱子的尊崇最重要的是"措之動履",而不是江永的"增損飌括",(清)余龍光:《雙池先生年譜》"乾隆三年四十七歲"條,《清代徽人年譜合刊》,第 184 頁。

③ 徐到穩:《江永反朱思想及其對戴震的影響——基於新見文獻〈昏禮從宜〉的研究》,《雲南大學學報》(社會科學版)2013 年第 3 期,第 41—47 頁。

以及轉益多師的經歷。他熟讀程朱著述,也能從漢唐注疏中吸取營養。他不僅從古近代學者中取經,也對同時代學者的研究洞悉入微,在此基礎上,形成了自己博大、專精,崇尚義解,同時不廢考據的學術風格。江永宗法程朱,轉益多師,在《易》學、禮學、曆法、樂律、音韵方面卓有建樹。他在《易》學研究中提出"相反卦爲卦變"的觀點,自叙來自宋代薛温其,只是薛氏"言之不詳,不能推及他卦"①。他的禮學研究注意對於前人成果的吸收,和對於當代學者研究成果的借鑒,如《周禮疑義舉要》既引漢宋注解,又引惠士奇、姜兆錫等的考證。他的曆算研究萌發于閱讀《尚書》,後來又通過黄道周《答袁坤儀書》始知地圓,得游子六《天經或問》"詫爲奇書"。三十歲在金陵,借閲《崇禎曆書》,學問驟進。他不僅了解西洋曆法,晚年又私淑梅文鼎,著《翼梅》一書,正梅氏"歲實消長"之説,成一家之言。他的樂律學研究深受蔡元定影響,又結交王蘭生,藉此窺觀李光地學術,還通讀明代朱載堉《樂律全書》寫成《律吕闡微》一書。他的音韵學研究借鑒了吴棫、陳第、顧炎武、毛奇齡、柴紹炳等的成果,并且在與戴震等當代學者的交流中不斷獲取靈感,得到創新和完善。正因爲轉益多師,他的學術思想才没有被禁錮,同時也成就了其研究領域的廣泛和研究成果的卓著。

　　清代科舉以程朱理學爲圭臬,宋元儒詮釋之四書、五經,是明清科舉考試的標準解釋。清代學者因爲學習舉業,無不受到程朱理學的影響。因此,江永的個案研究具有典型意義。儘管清代學術最爲顯著的轉變以惠棟、戴震爲幟,而這之前的學者幾乎都有着濃厚的理學背景,如見排於江藩《漢學師承記》的黄宗羲、顧炎武,以及被乾嘉學者推尊漢學開山的閻若璩等,即使惠、戴二人及乾嘉以降學者亦受影響。如此一來,研究學者如何走出朱子學術影響,對於我們揭示清初學術的源起和轉變有着重要意義。考察清代學者游弋於舉業和學業的歷程,特别是他們如何對待曾受學術啓蒙的程朱理學的態度,是

―――――――
① (清)江永:《河洛精藴》,學苑出版社,2012年,第135頁。

一個有意義的課題①。江永的個案研究表明，深入對程朱理學的習讀，保持獨立思考的头脑，即使對程朱的尊崇也會化成爲補苴程朱的動力。

---

① 清軍入關後，迅速恢復了科舉考試，儘管一些遺民，如顧炎武、黃宗羲、傅山等人，以"不出仕""不應舉"昭舉其不合作態度，但亦有士人，尤其是北方戰亂區的學者，如魏裔介、湯斌等，傾向於與新政權合作。但隨着時間流逝，遺民們復國無望，加上士人僅能依靠科舉的狹窄出路，從第二代遺民開始，他們又主動應擧做官。至乾隆時期的大學者戴震，更是先後六次主動參加科舉考試。由於科舉及第的名額極少，大多數學者的家境并不豐裕，在應付擧業的同時，生計問題凸顯。於是塾師成爲熱門職業，一方面，塾師工作解決了基本的生計問題。另一方面，塾師有着大量的餘暇，而主顧一般擁有良好的學術藏書，這爲學者的學術研究提供了條件。學者兼職塾師的江永即是一例，許多和江氏一樣的學者亦曾致力於擧業，因此江永的例子具有典型性。

第三章　江永與戴震

江永與戴震的關係問題是清代學術公案之一。本案時以"婺源老儒""戴震諱師""戴震背師"等名，最早由道光間張穆、魏源提出。張、魏在校勘《水經注》時，發現戴震有抄襲趙一清、全祖望的嫌疑，遂至指責戴震諱師、背師①。20世紀二三十年代，戴校《水經注》及"背師"公案再次被王國維和孟森提及。胡適則一直努力爲戴震翻案，不僅認爲戴校《水經注》絶無抄襲，而且力證戴震對江永始終敬禮，二人是"最可羨慕的師弟關係"。胡適同時指出，張、魏、王、孟指責戴震背師，其根源在於戴震的反理學思想②。

本文不具體討論戴校《水經注》公案，而是聚焦江、戴交誼細節和學術傳承問題。筆者認爲，對戴震背師的指責與《水經注》案及其反理學思想緊密聯繫，僅將這一指責簡單歸咎於批評者對戴震反理學思想的厭惡，則會陷入辯護論的嫌疑。戴震背師的前提是江、戴二人

---

① 道光二十五年(1845)，張穆作《方牧夫先生壽序》(《月齋文集》卷二)，指出戴震"抗心自大，晚頗諱言其師"，但并未明言諱師所指。這一評價源自他道光二十一年(1841)開始利用《永樂大典》校勘《水經注》，發現戴震、趙一清抄襲全祖望。道光二十四年(1844)前後，他作《趙戴水經注校案》一文，批評戴震的抄襲行爲。此文收入王梓材編《全氏七校〈水經注〉重録本·附録》，又續刊進薛福成刻《全氏七校水經注》附録，改題《全氏水經注辯誣》。從時間上看，蔡錦芳謂張穆因不滿戴震個人品行，而在《水經注》上大做文章的説法是錯誤的，説見《戴震生平與作品考論》，廣西師範大學出版社，2006年，第16—17頁。事實上，張穆因戴校《水經注》有抄襲問題，遂去指責其諱師。但第一個指責戴震背師，且確指江永，是魏源，見《書趙校水經注後》，收入周壽昌《思益堂日札》卷五《魏默深遺文》。在尊朱的桐城派姚椿看來，所謂戴震背師，是指其背離江氏的尊朱傳統，見姚椿《國朝諸名人贊》，《清文海》第67冊，國家圖書館出版社，2010年，第637—638頁，序贊作於道光二十七年(1847)。

② 胡適：《戴震對江永的始終敬禮》《再記東原對江慎修的敬禮》《水經注考》，《胡適全集》，安徽教育出版社，2003年，第14卷第28—32、66—69頁，第16卷第313—323頁。

存在師生關係，但江、戴之間的學術關係存在爭論，或謂戴震爲江氏及門弟子，或謂二人"誼在師友之間，原未嘗著籍稱弟子"。本文在已有研究的基礎上，試圖重新梳理此案。他人已述，本章從略。

一、江、戴首晤

無論戴震是否爲江永及門弟子，他從學江永的經歷是無疑的。但江、戴首晤的時間却爭論不斷，原因在於原始資料的缺乏。在江永生平的記載方面，戴震所作《江慎修先生事略狀》以學行爲主，缺乏二人交往的細節。汪世重、江錦波編撰的《江慎修先生年譜》"乾隆十八年條"云"休寧鄭牧、戴震，歙汪肇龍、程瑤田，前已拜門下問業"，但具體面晤、拜師的時間則闕如。在戴震方面，洪榜所作《戴先生行狀》，將戴震二十歲自邵武歸來，至三十歲學問日進的經歷，混作一團，叙述混亂。而段玉裁晚年所撰《戴東原先生年譜》，係江、戴首晤於乾隆七年壬戌(1742)。

許多學者反對段玉裁的説法。魏建功據程瑤田《河西寓公叙略》，及洪榜《戴先生行狀》，推測江、戴首晤於乾隆十五年(1750)①。許承堯據汪梧鳳《送劉大櫆序》，其中云"余生二十五年從游淳安方樸山先生，後三年從游星源江慎齋先生"，考證説："梧鳳生雍正丙午，少先生(戴震)三歲，其從方楘如年二十五，正在庚午，而後三年從江慎修，則在癸酉。……先生(戴震)與江自庚午相見至乙亥，不過五年，誼在師友之間，原未嘗著籍稱弟子。"②余英時贊成許承堯的考證，認爲段玉裁《戴東原先生年譜》爲維護戴震的學術形象，删减了洪榜《戴先生行狀》有關戴震學習時文的部分，段玉裁作《戴譜》時年事已高，對青年戴震的瞭解没有洪榜詳細③。

---

① 魏建功：《戴東原年譜》，《國立北京大學國學季刊》第 2 卷，1925 年，第 147—148 頁。
② 許承堯：《戴東原先生全集序》，《戴東原先生全集》卷首 2—3 頁，《安徽叢書》第六集，1937 年。
③ 余英時：《戴震的〈經考〉與早期學術路向：兼論戴震與江永的關係》，《論戴震與章學誠》，生活·讀書·新知三聯書店，2000 年，第 204 頁。

不過，楊應芹先生亦據汪梧鳳《送劉大櫆序》，推算江、戴首晤於乾隆十八年癸酉(1753)，此時江永講論經義于懷古堂①。許、楊的區別在於對《送劉大櫆序》中"後三年"的理解，許氏以爲"後三年"指乾隆十五年後的整個三年，楊先生堅持"後三年"爲乾隆十五年後的第三年，即乾隆十八年(1753)②。

楊先生的考證并不準確。洪榜《行狀》記載"鄭牧、汪肇龍、程瑤田、方矩、金榜六七君，日從江先生、方先生從容質疑問難"。這一情景被江氏《年譜》系於乾隆十八年，時年江永七十三歲，"館歙邑西溪，歙門人方矩、金榜、汪梧鳳、吳紹澤從學。休寧鄭牧、戴震，歙汪肇龍、程瑤田，前已拜門下問業。"據此我們知道，乾隆十八年時戴震已拜江永門下問業，但是不知道拜師的具體時間。

乾隆十五年，江永辭謝經學舉薦，曾與戴震書曰："馳逐名場非素心。"③同時，該年爲江永七十大壽，戴震撰《壽序》，謂"少知向慕，既數年始獲一見，又數年始拜先生于吾邑之斗山(應爲'山斗')，所讀諸經往來問難，承口講指畫，然後確然見經學之本末。"④則至遲乾隆十

---

① 楊應芹：《戴震與江永》，《安徽大學學報》1995年第4期，第35—40頁。

② 還有學者認爲江、戴乾隆十七年首晤，説見陳徽：《戴震與江永關係的再探討》，《安徽農業大學學報》(社會科學版)2004年第6期，第102—106頁。其説影響甚微，不具述。

③ (清)戴震：《江慎修先生事略狀》，《戴震文集》卷12，中華書局，1980年，第181頁。乾隆十四年詔書經學舉薦，各地方督撫舉薦，當在乾隆十五年，見蔡錦芳：《戴震生平與作品考論》，第6—7頁。

④ 漆永祥：《新發現戴震〈江慎修先生七十壽序〉佚文一篇》，《中國典籍與文化》2005年第1期，第122—123頁，原文見上海圖書館藏《善餘堂文集》。徐道彬先生從"公私文獻著錄"和"文體風格和思想內容"認爲《文集》有僞作嫌疑，其中收錄的《壽序》存在八個方面的問題，説見《〈善餘堂文集〉辨僞》，《中國典籍與文化》2010年第4期，第50—51頁。徐先生的批評值得商榷。古人年譜大多簡略，資料刊落時有發生，此《序》未收入江、戴《年譜》，情有可原；江永著述，大多由札記增訂而成，《壽序》所舉《周禮舉要》《禮記擇言》蓋爲《周禮疑義舉要》、《禮記訓義擇言》稿本；文中所舉《禮書綱目》"特其梗概"亦有可能，此書卷數繁多，直到朝廷修纂《四庫全書》，才給予全部抄錄；戴震對漢宋學術"得失中判"的評論，爲其盛年學術主張，不能否定他早年對於程朱的尊崇，如早期所作《經考》和《經考附錄》多引證朱之説；戴震自謂"少覽近儒之書"也是實情，從段玉裁《戴東原先生年譜》附錄戴震言語，可見其讀書的廣博，飽覽過程朱、陸王，及顧炎武、閻若璩、方苞等的著作；戴震問學江永的場景同於《江慎修先生年譜》"乾隆十八年條"的記載，證明江、戴非癸酉首晤； (轉下頁)

五年以前，江、戴已經面晤。

關於江、戴首晤的具體年份，蔡錦芳認爲段玉裁的記載，即江、戴乾隆七年首晤，這一説法可信。蔡先生説："現在我們知道，不是段玉裁抄洪榜的《行狀》抄漏了，而是段玉裁在參考洪榜《行狀》的時候，根據自己瞭解到的情況，對洪榜的《行狀》作了適當的修正。"①她推測説："乾隆七年這一年，方苞告老還江寧，北京三禮館隨即散館，程恂回歸故里，江永從情理上來講很有可能從婺源趕來休寧看望老朋友，而且江永家中清貧，亦需出來藉助老友尋找謀生之計。"②蔡先生的推測稍誤。乾隆七年春，方苞因年邁和疾痛乞解書局得允，但禮館并未隨即解散，至乾隆十年冬官修《三禮義疏》竣稿，其修纂任務方告完成。所以，程恂此年歸里，并非禮館解散，而有他故。江永拜訪程恂主要是叙舊，而非有所求，因爲他自都歸里，有訪學的榮光，請講不斷，經濟暫不成問題。

筆者以爲江、戴首晤於乾隆七年是可信的，這從新發現的江、戴交往材料可以得到佐證。黄山博物館新發現的江永畫像爲戴震題識，筆迹經鑒定，確爲戴震書，其落款爲"歲在皇清乾隆壬戌仲秋月既望日"，時年戴震二十歲。這表明乾隆七年，戴震已經初見江永，并且對江永非常敬慕，欣然爲其容像作像贊③。但據"受業東原戴震題"的落款，戴震首晤江永後即拜其爲師，歸於江氏門下受業，筆者以爲這似乎不太可信，後面將會詳論。

關於江、戴首晤的具體時間，筆者推測是壬戌中秋，即乾隆七年農曆八月十五。根據《江慎修先生年譜》記載，該年十月他受到江西

（接上頁）江氏生徒衆多，但多爲受基礎教育和應舉之人，戴震的學術才華堪稱江永知己，作《序》在情理之中；從《壽序》對江永學術的透徹解析而言，僞作固無可能。筆者之見，部分同於林勝彩：《江永〈善餘堂文集〉的文獻研究》，《善餘堂文集》，"中央"研究院文哲研究所，2013年，第16—19頁。漆永祥：《再論戴震學術研究中的幾個爭議問題》，《學術界》2015年第3期，第199頁"《江慎修先生七十壽序》真僞再議"，可以參閲。

① 蔡錦芳：《戴震生平與作品考論》，第14頁。
② 蔡錦芳：《戴震生平與作品考論》，第10頁。
③ 方利山：《新發現的戴震書江永像贊和江永容像》，載氏著《徽州學散論續集》，中國戲劇出版社，2009年，第77頁。

學政的邀請，前往"閱卷"，兼職講學，翌年五月才從江西歸里。所以，如果江、戴首晤在乾隆七年，一定在十月之前。《年譜》記載乾隆五年八月，江永同程恂入都，翌年八月自都歸里，但未提及程恂是否同行。筆者以爲，程恂作爲三禮館編修，入都一定有編撰任務，不太可能全程陪同江永，直到乾隆七年，他才回到休寧。江永因爲程恂的提攜，得到訪學京師的機會，儘管這次訪學難言成功，但顯著地改善了他的境遇，使他得到了紫陽書院的講請和前往江西"閱卷"的機會。因此，乾隆七年，江永前往休寧探望自京返里的程恂，於理當然。戴震此年從邵武歸來，正在學習時文，準備拜師素有獎掖後進名声的程恂①。但他們之前素未謀面，按照傳統，節日是一個絕好的拜訪機會。這樣，江永、戴震、程恂三人剛好有共聚的機會，清代學術史上最重要的時刻來臨，時間是壬戌中秋，地點在休寧山斗的程恂家中，戴震就平日所學就正於江永，翌日又爲江氏像贊題識。

二、戴震拜師

由於江、戴傳記缺少二人交往的細節，戴震又未在其著述中明確表示與江永的學術關係，所以戴震是否爲江氏及門弟子，一直存在疑問。同時，由於不斷檢出戴震在著述中對於江氏的稱呼明顯地前恭後倨，前稱先生，後稱老儒，因獲諱師、背師之譏。那麼，真實情況又是如何呢？

前述黃山博物館藏江永像贊爲戴震題識，手迹確係戴震，落款爲"受業東原戴震題"。如果這是屬實的話，即意味着戴震首晤江永即拜其爲師，歸門下受業。但這顯然與乾隆十五年，戴震所撰《壽序》謂"既數年始獲一見，又數年始拜先生于吾邑之斗山"的記載相矛盾。筆者以爲，戴震首晤江永即拜師的可能性較小。根據《戴東原先生年譜》"乾隆七年條"的記載，當時戴震不過"一見傾心，取平日所學就正焉"，并未提及拜師之事。從段玉裁自己拜師的經歷來看，他早在乾

---

① 戴震稱程恂爲先師，見紀昀《考工記圖序》，清乾隆間閱微草堂刊本。

隆四十一年便與汪元亮、胡士震等從學戴震,直到三年後才書札請業,自稱弟子①。拜師需要對老師的學術足夠了解,而戴震的像贊題識看上去似乎更多是應酬恭維之詞,談不上對江氏學術的深入理解。且戴氏此行的目的是拜師程恂,學習時文。程恂是雍正間進士,乾隆時的禮館編修,在鄉邦素有威望,頗有獎掖後進之名。出於尊重,戴震不太可能拜師程恂,同時又拜師江永,向心其學問。既然如此,如何解釋戴震自稱"受業"的題辭呢?筆者以爲這或許是年輕戴震的謙詞。江永此年被薦爲歲貢生,容像即他穿戴官禮服的畫像。戴震首晤即以平日所學就正焉,題名"受業"有應酬和附驥江永之嫌,但并未真正拜師。而且也存在題識爲事後追成,戴震的手迹及對受業的"默認",可爲江氏入門弟子之一證。

關於戴震拜師江永的時間,蔡錦芳先生推測在乾隆十年(1745)或者十一年(1746)。因爲江永在《答戴生東原書》和《答甥汪開歧書》兩封書信中,談到了他對於戴震《六書樞言》和《聲律總持》的批評,從信中語氣來看,當寫於二人剛開始學術交流之時。《六書樞言》是戴震《六書論》的初名,大概成於乾隆十年孟冬。《聲律總持》因爲江永的批評,戴震大概也就放弃了。戴震有《轉語十二章序》,討論生母的相轉、相通問題,是被江永批評後轉變思維角度的產物,作於乾隆十二年仲春,則戴震拜師江永在乾隆十二年以前②。相較之下,筆者以爲乾隆十年較爲可信。一方面,此距江、戴首晤過去三年,符合《壽序》"始獲一見,又數年始拜先生"的記載。另一方面,戴震拜師程恂,常往山斗拜望,於理當然。但程恂因有禮書編撰的任務,檢乾隆八年其與李清植同勘《儀禮》,乾隆十一、二年又在京師校刻《十三經》及修纂《大清通禮》③,與戴震的交流較少。隨着戴震與江永的接觸,以及對江氏學術的深入了解,他愈發渴求拜師以求學業的進步。而乾隆

① (清)段玉裁:《戴東原先生年譜》乾隆七年、二十八年、三十一年條,《戴震文集》附錄,第 217、225、227 頁。
② 蔡錦芳:《戴震生平與作品考論》,第 8—10 頁。
③ 潘定武:《程恂生平著述考略》,《黃山學院學報》2015 年第 2 期,第 16、18 頁。

十年江永館於山斗,戴震有機會拜其爲師,這也符合《壽序》對於拜師地點的記載。到了乾隆十一年三月,江氏被請講紫陽書院,戴震無緣隨行。所以,筆者更進一步推測,因爲訪學京師時受到吴紱的質疑問難,此時的江永正潛心研究《周禮》,戴震正是欽佩其禮學研究,才正式拜師江永,這由次年(乾隆十一年)戴震即撰成《考工記圖》可證①。

《考工記圖》是戴震的成名作,初稿作於乾隆十一年(1746),乾隆二十一年(1756)由紀昀資助刊行。戴震原稿只有器物圖像和部分研究心得,他在刊行前據紀昀的建議,增加了先、後鄭注,并部分作了補注,申明己見,同時引用友朋學人的研究,其中包括江永。刊本《考工記圖》受到江永的影響毫無疑問,其稿本亦多引江氏研究。如紀昀《考工記圖序》所言,則刊本《考工記圖》中的圖及部分圖下注釋爲稿本原貌,而戴震在"戟"圖下附注,注中全引江說:

> 江先生曰:"戈戟皆有曲胡而异用。以《春秋傳》考之,'獲長狄僑如,富父終甥椿喉以戈殺之',此用援之直刃椿之也。'狼瞫取戈以斬囚',此用胡之曲刃斬之也。'子南以戈擊子晳而傷,苑何忌刺林雍斷其足',當亦是戈胡擊之刺也。他若'士華免以戈殺國佐,長魚矯以戈殺駒柏',用援用胡皆可云殺。'子都拔戟逐潁考叔,靈輒倒戟禦公徒',皆儗用戟之刺與援者也。'狂狡倒戟出鄭人於井,反爲鄭人所獲。欒欒乘槐本(四庫本作"木")而覆,或以戟句之,斷肘而死',皆用下胡鈎人者也。戟胡橫直皆三寸,其間甚狹,何能鈎人出於井?蓋鈎其衣若帶,是以其人不傷,反能禽鈎者也。鈎欒欒斷肘而死,蓋本欲生禽之,故不用刺與援而用胡以鈎之,鈎之而胡之下鋒貫肘,曳之而肘遂斷也。明乎其戟之用,而後可以知戈戟之形。"②

---

① 段玉裁係此書初稿作於乾隆十一年,《戴震文集》,第 219 頁。
② (清)戴震:《考工記圖》卷上,閱微草堂刊本,36 頁 B 面,標點參閱《戴震全書》第五册,黃山書社,1995 年,第 358 頁。

對照《周禮疑義舉要》，江永僅在"用援用胡皆可云殺（之）"下增加"惟鉤之用未見於傳，而記言長內則折前，短內則不疾，自是言鉤人不便利之病"，餘皆少許字形差異，如《春秋傳》僅稱《傳》，"富父終甥"之"甥"作"生"，"駒柏"作"駒伯"，"鉤"作"句"等①。據《江慎修先生年譜》記載，《周禮疑義舉要》完成於乾隆二十五年，但初稿在乾隆十年便已完成，至遲乾隆十五年，戴震已經讀閱過題名《周禮舉要》的江氏稿本②。戴震《考工記圖》在其入都後一年內刊出，則他在入都之前所抄錄的江氏《舉要》筆記，幾與定本無異。

關於拜師的具體日期，據《民國歙縣志》對"斗山書院"的介紹，"每歲臘月二十四闔郡紳士諸生設祭行禮"，蔡錦芳先生因此推測是該天，但她忽視了拜師的地點在"山斗"而非"斗山"③。斗山書院在歙縣，山斗在休寧。戴震是休寧人，"吾邑"應爲休寧而非歙縣，《壽序》所謂"拜先生於吾邑之斗山"，應爲休寧山斗的程恂家里。據《江慎修先生年譜》的記載，乾隆九年（1744），六十四歲的江永被程恂復請，館于休寧五城，至乾隆十三年（1748）改館於婺源汪陛七里亭，除短暫講學於紫陽書院外，江永一直在山斗。《年譜》連江永乾隆七、八年間被請講紫陽書院，但有故未赴的情況都行諸記載，何況在郡邑書院講學的榮耀，斷然不會漏記。事實上，直到乾隆十一年（1746）三月，六十六歲的江永赴紫陽書院講學，才第一次到歙縣講學。但限於具體資料的缺乏，我們無法考證出戴震拜師江永的確切時間，只能闕如。

---

① （清）江永：《周禮疑義舉要》，臺灣商務印書館影印文淵閣《四庫全書》本，第101冊，第775頁。

② （清）戴震：《江慎修先生七十壽序》，引自《中國典籍與文化》2005年第1期，第122頁。

③ 徐道彬先生提及"斗山"依《休寧縣志》應爲"山斗"，見《善餘堂文集》辨僞，《中國典籍與文化》2010年第4期，第52頁。事實上，上海圖書館藏《善餘堂文集》係抄本，可能有手誤。類似情況較爲常見，如上海圖書館藏油印本江氏《年譜》（附江兆槐輯《江慎修先生弄丸圖象題贊》之後），將乾隆十二年條之"山斗"誤爲"三斗"。"山斗"訛誤成"斗山"，這種情形不僅在抄本中時有發生，在刊本中亦經常出現。如段刻經韵樓本《戴東原集》，其中《江慎修先生事略狀》記載，"荆溪吳編修綬自其少於《禮儀》功深"，其中"禮儀"應爲"儀禮"，考諸王昶《湖海文傳》及錢大昕《江先生傳》均作《儀禮》可知。

三、江、戴交誼

在確定江、戴首晤的時間和戴震爲江氏及門弟子的關係後，我們可以大致梳理出江、戴交往的階段和內容。以乾隆十九年（1754）冬戴震入都爲界①，江、戴交往可略分成戴震從學江永和播揚江學兩個階段，而從學江永亦可細分爲拜師前後，及共學於不疏園三個階段，下面簡述之②。

乾隆七年八月十五，農曆中秋，江、戴首晤，此時的戴震虛歲二十，就平日所學就正於江永，翌日又在江氏畫像題識"受業"，但并未真正拜師。戴震的題識源自對江永的向慕。我們知道，康熙六十年（1721），四十一歲的江永克竟朱子之志，完成《禮書綱目》一書，雍正十二年（1734）又撰成《四書典林》，傳譽士子。《禮書綱目》在乾隆初被禮館所徵集，江永因此名聲大噪。江氏著述的廣泛流傳和其書被朝廷徵集的榮耀，讓年輕的戴震向慕不已③。同時，戴震自小即在學術上表現出的非凡的天分，其質難問師所表現出的懷疑精神，堅持"由詞通道"的學術取向，以及《籌算》等著述完成④，使得他開始嶄露頭角，爲面見江永的學術討論和成功拜師提供了基礎和條件。

從乾隆七年面晤開始，戴震有機會向江永請益問難，但他此時的重心在科舉考試，因此先是拜師程恂，後又前往江寧戴瀚處學受時文。而江永由於京城訪學的榮耀，一時請將不斷，如先後三次被知府邀請前往紫陽書院講學，以及被江西學政邀請"閱卷"。直到乾隆九年，江永被程恂敦請，館於休寧五城，翌年館於山斗，江、戴始有更多接觸。隨着江、戴接觸機會的增多，戴震對江氏學術的逐步了解和深

---

① 戴震入都時間有乾隆十九年和二十年兩説，此據王昶《戴東原先生墓志銘》及錢大昕自編《年譜》，見錢穆的辨析，《中國近三百年學術史》，商務印書館，1997年，第349頁。

② 吴小晶、秦躍宇將江、戴交游分成初識、從學、共館三階段，見《戴震與江永交游考》，《山東青年政治學院學報》2011年第6期，第115—117頁。該文所述，本文從略。

③ 戴震《壽序》謂對江氏"少即向慕"，引自漆永祥：《新發現戴震〈江慎修先生七十壽序〉佚文一篇》，《中國典籍與文化》2005年第1期，第122頁。

④ （清）洪榜：《戴先生行狀》，《戴震文集》附録，第251—252頁。

入研習，於是決定拜師江永，地點在休寧山斗（程恂家中），從此受到嚴格的學術指導。據戴震所作《江慎修先生七十壽序》，在乾隆十五年以前，戴震已經通讀過江永的幾乎所有著述，包括稿本，如《禮書綱目》《周禮舉要》《禮記擇言》《律吕新義》《深衣考誤》《近思録集注》《古韵標準》《切韵表》《推步發解》《翼梅》等。從學江永，使得戴震的學問大進。到乾隆十五年（1750），戴震先後完成了《籌算》《六書論》《考工記圖》《轉語》《爾雅文字考》等著述，涉及律吕、曆法、音韵、制度名物等領域。他與江永的書信討論已經超越學術範疇，如《江慎修先生事略狀》記載，江永辭謝經學舉薦，而與戴震書曰："馳逐名場非素心。"①

江、戴更進一步交往在乾隆十八年（1753）。先是乾隆十七年秋，戴震經程瑶田姊夫汪松岑的介紹，前往不疏園教課汪梧鳳子，翌年戴震介紹江永來此講學，於是江、戴二人共館於歙縣汪梧鳳的不疏園②。《江慎修先生年譜》記載是年"歙門人方矩、金榜、汪梧鳳、吴紹澤從學。休寧鄭牧、戴震、歙汪肇龍、程瑶田，前已拜門下問業。是年殷勤問難，必候口講指畫，數日而後去"③。戴震在不疏園完成了《屈原賦注》《詩補傳》的撰著，同時抄掇了江永及同門學友的許多著述草稿和研究心得。乾隆十九年（1754），三十一歲的戴震由於祖墳遭侵占而捲入官司，被迫"脱身攜策入都"④。江永也開始輾轉授徒，二人天各一方，但書信不輟。乾隆二十四年（1759），江永完成《古韵標準》一書，其《例言》説："既爲《四聲切韵表》細區今韵，歸之字母音等，復與同志戴震東原商定《古韵標準》四卷，《詩韵舉例》一卷，於韵學不無小補焉"⑤，可見他們之間仍有書信往來。江氏稱戴震爲"同志"，很

---

① （清）戴震：《江慎修先生事略狀》，《戴震文集》，1980年，第181頁。
② 蔡錦芳：《戴震生平與作品考論》，第30—31頁。
③ 《江慎修先生年譜》"乾隆十八年七十三歲"條，《北京圖書館藏珍本年譜叢刊》第92册，北京圖書館出版社，1999年，第6頁。
④ 此據戴清泉《戴東原先生軼事》，但亦有戴震因修族譜得罪族人，被迫遠逃的説法，見李開：《戴震評傳》，南京大學出版社，2002年，第85頁。
⑤ （清）江永：《古韵標準》，臺灣商務印書館影印文淵閣《四庫全書》本，第242册，第485頁。

容易讓人誤以爲他們爲友朋關係，但這只是江氏謙辭，同時也證明着戴震學術的進步，并不能據此否認雙方的師生關係。乾隆二十七年三月，八十二歲高齡的江永去世，戴震立即趕赴江家，整理江永遺著，并爲其作《行狀》，狀次其治經要略、著書卷數。戴震所作《江慎修先生事略狀》，是有關江永的最重要的學術資料，爲後來江氏諸傳記所取材。

　　根據江、戴交誼，戴震受到江永學術的影響，殆無争議，争議只在於影響的深度和限度。一直以來，由於戴震後期著述，尤其是《原善》《孟子字義疏證》諸作，集矢於批評程朱，表面上背離了江永的"尊朱"傳統，於是有背師之譏。錢穆將戴震後期學術思想的轉變歸因於受到惠棟漢學的影響①，但他并未深入江永的思想和著述。事實上，江永對於朱熹的態度令人疑惑。他一方面是羽翼程朱的功臣，完成許多朱子未竟之緒，賡續完成《禮書綱目》的編撰，又集朱子之語，間加按語注釋《近思録》，完成《近思録集注》一書。但另一方面，江永對朱熹的許多具體觀點又不留情面地加以批評，不僅《綱目》《集注》如此，江氏的其他著述，如《深衣考誤》直接指陳朱子《家禮》的錯誤，《昏禮從宜》亦與朱子《家禮》針鋒相對②，《河洛精藴》更是將朱子卦變説批得體無完膚。因此，有關戴震後期學術思想源泉的考察，除却惠棟漢學的影響需要重新審視外，江永學尊程朱但并不墨守的創新精神，及其對於戴震的影響亦須考慮。

四、播揚江學

　　乾隆十九年（1754），戴震脱身挾策入都，寄居歙縣會館。不同於此前江永在京城遭受的冷遇，由於時勢的變遷和個人際遇的變化，本

---

① 錢穆：《中國近三百年學術史》，第355—357頁。
② 徐到穩：《江永反朱思想及其對戴震的影響——基於新見文獻〈昏禮從宜〉的研究》，《雲南大學學報》（社會科學版）2013年第3期，第41—47頁。筆者以爲江氏并非反對程朱，而是在尊朱的同時，并不墨守，因此時有批評朱子之説。

來饘粥不繼的戴震，却譽滿京城①。這其中的關鍵人物是錢大昕，戴震歿後，錢氏爲其所作傳記，云：

> （震）性介特，多與物忤，落落不自得。年三十餘，策蹇至京師，困於逆旅，饘粥幾不繼，人皆目爲狂生。一日，携其所著書過予齋，談論竟日。既去，予目送之，歎曰天下奇才也。時金匱秦文恭公蕙田兼理算學，求精於推步者，予輒舉先生名。秦公大喜，即日命駕訪之，延主其邸，與講觀象授時之旨，以爲聞所未聞。秦公撰《五禮通考》，往往采其説焉。高郵王文肅公安國亦延致先生家塾，令其子念孫師之。一時館閣通人，河間紀太史昀、嘉定王編修鳴盛、青浦王舍人昶、大興朱太史筠，先後與先生定交。於是海内皆知有戴先生矣。②

戴震自身的學術才華，加上錢大昕的盛情推薦，使得他很快"聲重京師，名公卿争相交焉"③。從乾隆十九年（1754）入都，到二十二年（1757）前往揚州拜會惠棟，戴震寓京近四個春秋。在京期間，戴震的學術天才得到了總爆發。他被秦蕙田聘任編撰《五禮通考》，其《考工記圖》又見賞於紀昀，得到增訂的建議和刊刻的幫助。他旅京期間所作《與姚孝廉姬傳書》《與王内翰鳳喈書》二書，闡述其學術思想和治學方法。一時學者，推服東原，戴震學術地位正式確立。

戴震學術地位的確立，使他有條件開始播揚江氏學術，主要是推薦江永的著述和學術，以及請人爲江永作傳和爲書作序。《江慎修先生事略狀》記載："戴震嘗入都，秦尚書蕙田客之，見書笥中有先生曆

---

① 江、戴二人際遇的反差，反映着乾隆初期學術風氣的變化。關於戴震揚名的學術和環境分析，見楊子彦：《學術與權力交換場中的戴震》，《學術界》2015年第3期，第203—216頁。

② （清）錢大昕：《潛研堂文集》卷39《戴先生震傳》，《戴震文集》附錄，第265頁。

③ （清）段玉裁：《戴東原先生年譜》，《戴震文集》，第221頁。洪榜《行狀》、段玉裁《年譜》均不載戴震投訪錢大昕，受到錢氏推薦的細節，顯然爲戴震故意隱瞞所致。

算數篇,奇其書。戴震因言先生。尚書撰《五禮通考》,據先生説入'觀象授時'一類,而《推步法解》則取全書載入,遺不獲見先生《禮書綱目》也。"①後來秦氏建議朝廷編輯韵書,其中徵集江永《四聲切韵表》《音學辨微》,亦當出於戴氏之請②。在秦氏幕府,戴震還向桂馥介紹江永學術,桂馥《上阮學使書》記載説:"及見東原,爲言江慎修先生不事博洽,惟熟讀經傳,故其學有根據。"③戴震積極播揚江永曆算之學,錢大昕《與戴東原書》云"前遇足下於曉嵐所,足下盛稱婺源江氏推步之學不在宣城下。"由於戴震盛推江永曆算之學,甚而遭到錢氏致書質疑④。此外,戴震積極找人爲江永作墓志銘和書作序。王昶《江慎修先生墓志銘》、錢大昕《江永傳》、羅有高《古韵標準序》等,皆爲戴震之請而作。江永去世之後,戴震立即趕赴其家整理江氏遺著,共計二十多種,爲朝廷輯修韵書和四庫館徵集江氏著述提供了條件。進入四庫館後,江氏著述提要的撰寫工作蓋由戴震完成。《四庫全書》共收録江永著述十三部,以禮學、曆算、音韵爲主。戴震熟稔江氏學術,使得"四庫館臣"對江氏著述的評價能夠鞭辟入裏⑤。

戴震對於江永學術的播揚,與有功焉。余龍光比較汪紱、江永二人的學術,以爲江氏其學及身而顯世,其原因不僅在於"彼時士大夫競尚考據",而且得其高弟子戴震"揄揚師説"⑥。江永一生終老鄉曲,主以塾師爲職,同時進行學術撰著。受經濟條件的限制,他的多數著述無法刊刻,只在極小的範圍内以抄本形式流傳,甚至同邑汪紱對江永《禮書綱目》的名稱也以訛傳訛,誤作《三禮合參》。在這種情

---

① (清)戴震:《江慎修先生事略狀》,《戴震文集》卷12,第181頁。
② 按段玉裁《戴東原先生年譜》乾隆二十八年條,"純皇帝以爲相延已久,未允也",見《戴震文集》,第225頁。但據汪世重《江慎修先生年譜》該條,則江氏《四聲切韵表》《音學辨微》二書稿本被徵集。
③ 陳祖武點校:《清儒學案・未古學案》,河北人民出版社,2008年,第3355頁。
④ (清)錢大昕:《潛研堂文集》卷33《與戴東原書》,引自《戴震全書》第7册,黄山書社,1994年,第130—132頁。
⑤ 戴震對於江永學術的播揚,見蔡錦芳:《戴震生平與作品考論》,第14—15頁。
⑥ (清)余龍光:《雙池先生年譜・凡例》,薛貞芳主編:《清代徽人年譜合刊》,黄山書社,2006年,第129頁。

況下，戴震對於江氏學術的播揚作出了自己的貢獻。錢穆説："東原既爲時賢所知，而江先生之名，亦隨東原而顯。"①但要強調的是，江永的《禮書綱目》在乾隆元年被禮館徵集和參閱，他又隨程恂在乾隆五六年間訪學京師，在京城學術圈有一定的知名度，如錢大昕在戴震盛推江氏學術之前，便已經閱讀過江氏的曆算著述。不過，總的來説，江氏此前的影響有限，正是戴震的播揚，江氏的學術影響才漸次擴大起來。

五、戴震諱師

據戴震所作《江慎修先生七十壽序》，則他爲江永及門弟子無疑，金榜《群經補義序》稱"同門戴震"，亦爲旁證。但晚清以來，戴震背師説塵囂其上，主要與他諱言其師，且稱"婺源老儒"有關。事實上，戴震入都後，隨着學術地位的升遷，他一方面大力播揚江氏學術，同時又諱言自己爲江永及門弟子，形成一種極爲矛盾的狀況。

乾隆十九年，戴震入都，先後結交錢大昕、秦蕙田、王鳴盛、王念孫、王昶、姚鼐、紀昀等人，相與論學。但遺憾的是，戴震入都交往的學者，其文集、傳記極少提及江、戴二人的師生關係。如錢大昕應戴震之請爲江永作傳，但《傳》中對江、戴二人以"忘年交"目之。後來，錢氏又爲戴震所作傳，僅稱"少從婺源江慎修游"，而不言戴震爲江永弟子。比較例外的是王昶，他先應戴震之請爲江永作墓志銘，不言江戴弟子關係。戴震死後，王昶又應戴震兒子請求作傳，則稱戴氏爲江氏弟子。王惠榮考證王昶通過金榜，知曉江戴的師生關係。而且，對戴震反理學不滿的章學誠、姚鼐、翁方綱等人并未以其背師行爲攻擊他。尤其是章學誠，他批評戴震之處極多，但無一處提及江、戴師生關係。洪榜《戴先生行狀》亦未確指戴震爲江永及門弟子，僅言"時先生同志密友，郡人鄭牧、汪肇龍、程瑶田、方矩、金榜六七君，日從江先

---

① 錢穆：《中國近三百年學術史》，第350—351頁。

生、方先生,從容質疑問難"①。段玉裁《戴東原先生年譜》對於江、戴關係叙述模糊,極重師承的江藩《漢學師承記》亦不言江、戴師生關係,且稱金榜爲"江慎修之高弟子",位列江永之後。一切迹象都表明,戴震入都之後,確有諱師之舉②。

戴震諱言其爲江永及門弟子,且稱"吾郡老儒",對江永學術研究的引據亦有可議之處。如《考工記圖》深受《周禮疑義舉要》影響,但戴震似乎有意忽略江永的影響。

《考工記圖》是戴震的成名作,初稿成於乾隆十一年(1746),增訂刊行於乾隆二十一年(1756)。戴震此書實應題名《考工記圖注》,因爲他增補了先後鄭注,擇其正論,補其未逮,又"爲圖翼贊鄭學",成圖五十七幅,一百零一則補注③,書名一仍其舊,研究集中於車制、兵器、曆算、樂律、宫室④。據紀昀閲微草堂刊本《考工記圖》,戴震明確引用江永研究共有三處,主要涉及"冶氏"和"桌氏",另外得自江氏"爲規識景"圖一幅。

如"冶氏:已倨則不入,已句則不决,長内則折前,短内則不疾,是故倨句外博"一則,戴震先引鄭玄注,接着節引賈疏,但省略掉《左傳·莊四年》的引文,最後引據江永的研究:

> 江先生曰:分胡爲二,關處爲本。上半順看,倨之外畔在右爲裹。下半倒看,亦置本在下,則句之外畔在左爲表。注中表裏

---

① (清)洪榜:《戴先生行狀》,《戴震文集》附録,第255頁。
② 關於戴震諱師的具體考證,見王惠榮:《江永與戴震關係難定原因考》,《歷史檔案》2009年第11期,第69—74頁。
③ 戴震《考工記圖》繪圖57幅,包括:輪、轂、輻、蓋弓、輿(内外)、轐、伏兔、衡、軸、車、削、矢、戈、戟、劍、樂鐘、量(鬴)、量(豆升)、晋鼓、鼖鼓、皋鼓、圭、璋、璧、琮、四圭、大圭、裸圭、琬圭、琰圭、璧羨、案、磬(正、側面)、瓢、鬲、簋、豆、勺、爵、觝、矦、正、爲規識景(兩幅,一幅得自江永)、測北極高下、黄赤道、王城、世室、明堂、宗廟、四井、一成、一同、耒、弓。《戴震全書》第五册,在"車人爲耒"條下漏"耒"圖一幅。
④ 李開列舉了戴震《考工記圖》的二十四條成績,其中車制八條,兵器兩條,樂器兩條,以及曆法、容器、宫室等條,見《戴震評傳》,南京大學出版社,1992年,第75—85頁。

字蓋取諸此。又曰：倨與句之背皆爲外，對刃之灣（彎）處爲内也。倨句之博處爲本，對銳處爲末也。①

對比《周禮疑義舉要》，江永原文更詳細，特別增加了說明："援與内之廣，蓋如戟之廣寸有半，而戈胡廣二寸，是增半寸。增半寸則倨句在外處皆須增使博，故云倨句外博。如此，則無已倨。"②江著成書較晚，增加的說明蓋爲後來的增訂。

前述戴震在戈、戟二圖之後附引江永說明，但省略其中"殺之，惟鉤之用"一段。又，論度量，其中涉及黃鐘之宫，引江氏曰："黃鐘生林鐘，不以全律下生，而以半律上生，則黃鐘之宫位乎清濁之間……此正伶倫以黃鐘之宫，爲律本之意，亦聲律自然之理"，且附江永名字及所著書名③。

戴震明引江著較少，但暗合處却很多。如《車人》"徹廣六尺，扁長六尺"，戴震考訂"鬲在兩輈之間，鬲長車廣蓋等大。車轂長五寸，中其轂置輻，輻内六寸，輻廣三寸，綆寸，凡一尺六寸之箱，旁加一尺，兩旁共二尺，徹廣八尺明矣"④，肯定了江氏"六"當爲"八"的意見⑤。又如兵車之輪，鄭注"輪箄則車行不掉也"，江永指出"假令牙之孔與轂孔正相值，牙不稍偏向外，則重勢兩平，輪可掉向外，又可掉向内。造車者深明此理，欲去車掉之病，令牙稍出三分寸之二，不正與輪股鑿相當，於是重勢稍偏，而輪不得掉向内矣"⑥。戴震則補充說，"固謂不傾掉也。輪不箄，必左右仡搖，故輻蚤用偏枘，令牙出於輻股鑿三分寸之二，如此則重執微注於内，兩輪訂之而定，無傾掉之患。"⑦此外，對

---

① （清）戴震：《考工記圖》卷上，33頁A面。
② （清）江永：《周禮疑義舉要》卷6，臺灣商務印書館影印文淵閣《四庫全書》本，第101册，第774頁。
③ （清）戴震：《考工記圖》卷上，44頁A—B面。
④ （清）戴震：《考工記圖》卷下，54頁A—B面。
⑤ （清）江永：《周禮疑義舉要》卷7，第786頁。
⑥ （清）江永：《周禮疑義舉要》卷6，第767頁。
⑦ （清）戴震：《考工記圖》卷上，10頁B面。

"匨"字的解釋,對惠士奇《禮説》的徵引,均與江著同,但戴震并不提及江永的研究。

在《輿人》中,江永指出,"式有通指其地者,'參分其隧,一在前,二在後,以揉其式'是也。有切指其木者,'參分軫圍,去一以爲式圍'是也。因前有憑式木,故通車前參分隧之一皆可謂之式。其實式木不止橫在車前,有曲而在兩旁,左人可憑左手,右人可憑右手者,皆通謂之式。……事事推之,皆不合矣。"①江説甚精,且有推理,戴震則簡要表示,"記不言式較之長,一在前,其上三面周以式,則式長九尺五寸三分寸之一也。二在後,其上爲較,則左右較各長二尺九寸三分寸之一也。"②由此我們可以看出,江永的《考工記》研究多爲經注式的説理推論,而戴震則力圖通過精密的推算來證成其説。戴震在江永研究的基礎上,將注解與圖示結合,將《考工記》的研究推向深入③。

戴震似乎有意除去江永的影響。他將對江著的引用與方希原、鄭用牧并置,而且明確引用的數量上竟不及鄭牧。戴震引用鄭用牧的研究共計七條,而明引江氏僅三條。戴震本書先後有兩處對於"軹""軌""軾""軿"四字的辨析,一處在前序:"轂末之軹,故書本作軿,讀如簪笄之笄,轂末出輪外,似笄出髮外也。(自注'軿'字見《大馭》注,杜子春改爲'軹')軿、軹、軹、軌四字,經傳中往往訛淆,先儒以其所知改所不知,於是經書字書不復有軿字矣。"④一處是在《釋車》"式前謂之軹"條下并加申論⑤,同時在《文集》里繼續進行考證⑥。但戴震的這一發現并非原創,江永曾指出"軹、軌、軹三字轉寫易譌,軹又作軿,尤易訛爲軌。……軌本軹字之譌。而鄭注云軌與軹同爲轊

---

① (清)江永:《周禮疑義舉要》卷6,第770頁。
② (清)戴震:《考工記圖》卷上,16頁A面。
③ 張言夢:《漢至清代〈考工記〉研究和注釋史述論稿》,南京師範大學博士論文,2005年,第56頁。
④ (清)戴震:《考工記圖》卷上,4頁B面。
⑤ (清)戴震:《考工記圖》卷上,25頁B面。
⑥ (清)戴震:《辨正詩禮注軹軌軹軿四字》,《戴震文集》,第50—51頁。

頭,是與轂末同名,誤矣。孔氏於《詩疏》謂《少儀》軌字誤當爲軹,是也。此疏不正其誤,而引《詩》又從毛氏作軌,則疏矣"①。

我們知道,江永《周禮疑義舉要》成書較晚,但至遲乾隆十五年,戴震已經讀閱過題名《周禮舉要》《禮記擇言》的稿本。《考工記圖》在戴震入都後一年內刊出,則其入都前所抄錄的江氏《舉要》筆記,幾與定本無異。這樣一來,戴震無法逃脱涉嫌襲取江著的嫌疑。戴震暗襲江著,同時明示自己受到江氏學術的影響,蓋當時初來京師,急於成名,一方面需表示自己學有師承,另一方面需證明自己學爲原創。如果過多添列江氏的研究,可能破壞原創特點,不利於其學術形象的營造,加上江著此時并未刊刻,他暫時無虞竊引。

戴震受到江永學術的影響不止《考工記》,以禮學研究而言,他的成果還有早年讀經所撰寫的札記和深衣考釋。戴震的深衣研究未提及是否受到江永《深衣考誤》的影響,但他關於衣料的分配、衣、裳、衽的裁剪、位置、功能等,均與江永一致②。據余龍光《雙池先生年譜》"乾隆三年條"江永覆書汪紱,謂所作《禮書綱目》"近又附入《深衣考誤》一卷、《律吕管見》二卷,總九十一卷",則至遲乾隆三年(1738),江永《深衣考誤》稿本已成。戴震《壽序》又明確表示讀閱過江著,則戴震深衣研究襲自江氏,幾成定讞。

戴震《與是仲明書》謂"僕聞事於經學,蓋有三難:淹博難,識斷難,精審難"③,并且在《經考》中對"三難"詳加論述,但説法引自江永《古韵標準》,而且江永有着非常詳細的原創證説④。戴震説"僕聞",顯然非原創,但他并不明白表示襲用自江永,還説"少時家貧,不

———
① (清)江永:《禮記訓義擇言》卷7《少儀》"祭左右軌范乃飲"條,臺灣商務印書館影印文淵閣《四庫全書》本,第128冊,第377頁。
② (清)戴震:《記深衣》,《戴震文集》,第34頁。
③ (清)戴震:《戴震文集》,第141頁。
④ 戴震《經考》卷3"古音叶韵"條,《戴震全書》第2冊,第262頁。由於分段差異,尤其是將"余謂"以下獨立成段,很容易將原本江永之語誤爲戴震札記。余英時《戴震的〈經考〉與早期學術路向》便有此誤,見《論戴震與章學誠》,第177—178頁。

獲親師"①。錢穆據此以爲"背師之誚,又不俟他日'婺源老儒'之稱矣"②。段玉裁將戴震是書係於乾隆二十二年(1757)客游揚州,錢穆以爲成於乾隆十四年(1749)或十五年(1750)是仲明游徽州時。戴震乾隆十五年所作《江慎修先生七十壽序》,稱讀閱過江氏《古韵標準》。無論段説,還是錢説,都可證戴震此語襲自江氏。

但矛盾的是,戴震時又承認其學得自江永,尤其是音韵之學。段玉裁記載:"先生丙申與段玉裁論韵書云:'江先生撰《古韵標準》時,曾代爲舉艱、鱻二字,辨其偏旁得聲,江先生喜而采用之。'"③戴震《屈原賦注》完成于乾隆十七年(1752),其中引江永之説凡四處④。如《音義下》"過失"條,注曰:"過失,《古韵標準》云:'地'與'失'去、入爲韵。或作'失過'者,非。"⑤洪榜謂"蓋先生律曆音韵之學,亦江先生有以發之也"⑥。戴震承認自己學承江永,又不據實徵引,這種矛盾情况給我們認識江戴關係增加了難度。

六、原因考釋

據現有資料的考釋,戴震年輕時從游江永,爲江氏及門弟子,但入都後却諱言其師。他早年亦字"慎修",與江永之字雷同,於是在札記代之以"脊齋",後廢"慎修"不用,遂獨以"東原"之字行世,以示尊師,但又稱江氏"吾郡老儒"。他不遺餘力地播揚江永學術,在其著述中承認江氏影響,然又不據實引用江著。怎樣解釋戴震的矛盾行爲,迄今未有合理答案。

關於"吾郡老儒"的稱謂,余英時以爲恐與戴震對後期學術"道"的新體認有關。他認爲:"此種心理上之微妙變化即在當事人亦未必

---

① (清)戴震:《戴震文集》,第140頁。
② 錢穆:《中國近三百年學術史》,第345頁。
③ 段玉裁:《戴東原先生年譜》"乾隆二十八年條",《戴震文集》附錄,第226頁。
④ (清)戴震:《屈原賦注初稿》,中華書局,1999年,第154、177、189、192頁。
⑤ 張岱年主編:《戴震全書》第3册《屈原賦注》卷12,第793頁。
⑥ (清)洪榜:《戴先生行狀》,《戴震文集》附錄,第255頁。

明白覺察,故遠非傳統考證方法所能徹底解決。"①蔡錦芳以爲戴震當時受到紀昀《閱微草堂筆記》使用"老儒"的影響②。筆者以爲,戴震絕非是輕易受人影響的人。考察清代中期對"老儒"一詞的使用,發現有貶義的稱謂,如《閱微草堂筆記》對部分老學究的調侃;但也有褒揚的情況,如焦循稱贊江永爲"婺源老儒",阮元爲《禮書綱目》作序,亦稱"婺源老儒"③。對"吾郡老儒"的稱呼要回到具體語境。此語出自《六書音均表序》,胡適以爲戴震列舉了鄭庠、顧炎武、江永三人的古韻分部,對前兩人直呼其名,而於江永稱"老儒",相較來說還算尊敬。相較《江慎修先生七十壽序》和《江慎修先生事略狀》中對江永的尊崇,戴震後期的態度顯得傲慢。余英時也說:"蓋'老儒'雖不必有貶義,但亦乏尊敬之意味。"④

戴震對江永態度的前後變化,與其性格因素和學術地位的升遷有關。史載他"十歲乃能言",段玉裁謂"聰明蘊蓄者深矣"⑤。他一鳴驚人,問難先生,證明并非語遲,而是胸有城府。從戴震交游的學者對他的印象來看,錢大昕說他"性介特,多與物忤,落落不自得"⑥,江藩記載他"兀傲不群,好雌黃人物"⑦,而且"戴編修震嘗謂人曰:'當代學者,吾以曉徵爲第二人',蓋東原毅然以第一人自居"⑧。這都證明着戴震的好勝特性和性格缺陷。

同時,戴震自矜其學。他入都後拜訪錢大昕,得到錢氏的賞識且爲其延譽,才名滿京城。但洪榜《行狀》、段玉裁《年譜》均不載這一細

---

① 余英時:《論戴震與章學誠》,第 219 頁。
② 蔡錦芳:《戴震生平與作品考論》,第 22—27 頁。
③ (清)焦循《雕菰集》卷 6《讀書三十二贊》,清道光嶺南節署刻本。阮元《禮書綱目序》,《叢書集成續編·經部》第 11 冊影印廣雅書局刊本,第 151 頁。
④ 余英時:《論戴震與章學誠》,第 213 頁。
⑤ (清)段玉裁:《戴東原先生年譜》"雍正十年條",《戴震文集》附錄,第 216 頁。
⑥ (清)錢大昕:《潛研堂文集》卷 39《江先生傳》,《戴震文集》附錄,第 265 頁。
⑦ (清)江藩:《國朝漢學師承記》卷 4《朱筠傳》,中華書局,1983 年,第 68 頁。
⑧ (清)江藩:《國朝漢學師承記》卷 3《錢大昕傳》,第 50 頁。余英時曲護戴震,說戴震是"用義理作爲判斷的標準",見《論戴震與章學誠》,第 118 頁。

節，顯然係戴震故意隱瞞。《考工記圖》是戴震的成名作，他自負其書，紀昀記載說："戴君語余曰：'昔丁卯、戊辰間，先師程中允出是書，以示齊學士次風先生，學士一見而歎曰，誠奇書也。今再遇子奇之，是書不可撼矣。'"①乾隆三十年，戴震入都過蘇州，作《題惠定宇先生授經圖》，說見譽於沈彤。戴震云："震自京師南還，始覯先生（惠棟）于揚之都轉鹽運使司署內。先生執震之手言曰：'昔亡友吳江沈冠雲嘗語余，休寧有戴某者，相與識之也久。冠雲蓋實見子所著書。'震方心訝少時未定之見，不知何緣以入沈君目，而憾沈君之已不及觀，益欣幸獲覯先生。"②他對段玉裁自誇說："《考工記圖》既成，後來乾隆某年所上江西大鐘，正與余說合。"③其實，戴震是書并非毫無缺點，姚鼐曾致書戴震，意主不必汲汲成書。戴震却執意刊書，說"差可自決"，并對姚鼐拜師一事遜辭堅拒④。

戴震口舌求勝，憤爭傷雅的事情不斷出現，這表現出其性格的缺陷。章學誠《書朱陸後》認爲戴震"心術未醇"，他說：

> 余嘗遇戴君於寧波道署，居停代州馮君廷丞，馮既名家子，尤重戴名，一時馮氏諸昆從，又皆循謹敬學，欽戴君言，若奉神明。戴君則故爲高論，出入天淵，使人不可測識。人詢班、馬二史優劣，則全襲鄭樵譏班之言，以謂己之創見。又有請學古文辭者，則曰："古文可以無學而能。余生平不解古文辭，後忽欲爲之而不知其道，乃取古人之文，反覆思之，忘寢食者數日，一夕忽有所悟，翼日，取所欲爲文者，振筆而書，不假思索而成，其文即遠出《左》《國》《史》《漢》之上。"……大約戴氏生平口談，約有三種：與中朝顯官負重望者，則多依違其說，間出己意，必度其人所可

---

① （清）紀昀：《考工記圖序》，乾隆紀昀閱微草堂刻本。
② （清）戴震：《戴震文集》卷11，第167頁。
③ （清）段玉裁：《戴東原先生年譜》，《戴震文集》附錄，第249頁。
④ 姚鼐此信不存，戴震的回信見《戴震文集》卷9《與姚孝廉姬傳書》。姚鼐謂戴震《考工記圖》"意未有盡者"，其具體舉例見《惜抱軒文集》卷5《書〈考工記圖〉後》。

解者,略見鋒穎,不肯竟其辭也。與及門之士,則授業解惑,實有資益;與欽風慕名,而未能遽受教者,則多爲慌惚無據,玄之又玄,使人無可捉摸,而疑天疑命,終莫能定。故其身後,縉紳達者咸曰:"戴君與我同道,我嘗定其某書某文字矣。"或曰:"戴君某事質成於我,我贊而彼允遵者也。"而不知戴君當日特以依違其言,而其所以自立,不在此也。及門之士,其英絕者,往往或過乎戴。戴君於其逼近已也,轉不甚許可之,然戴君固深知其人者也。後學向慕,而聞其恍惚玄渺之言,則疑不敢決,至今未能定戴爲何如人,而信之過者,遂有超漢、唐、宋儒爲孟子後一人之説,則皆不爲知戴者也。①

由於戴震在不同人物面前有着不同表現,因此在不同人眼中,戴震形象各有不同,這給我們對戴震的深入認識造成了困難。

戴震在入都前後學術地位的升遷,以及這種升遷所帶來的心理上的變化,加上戴震性格中的好勝特性,使得他諱言其師。余英時曾用英國人柏林的"狐狸"與"刺猬"理論來分析戴震的考據和義理事業,亦可用之來分析戴震的性格和學術。戴震性格中具有"刺猬"的因素,但在從學江永時却僞裝成"狐狸",隨着其學術地位的升遷,他的"刺猬"性格再度跳踉,一再捲入諱師、背師和學術著作權的争端,這并非偶然。但戴震并非真心背師,他對江氏的前恭後倨是争勝性格的表現,不影響他對江永學術的推崇和播揚。我們的學術研究將道德與學術并置評判的做法,影響了我們的判斷。戴震諱言其師,確屬品行心術問題,章學誠等已給予了大力批判。但戴震對於江永學術的播揚,同樣貢獻巨大。我們不能因爲戴震諱師,而否定他對江永學術的播揚;也不能因他對江氏學術的播揚,而否認其諱師的事實。學術研究必須實事求是,不必爲尊者諱。

---

① (清)章學誠:《文史通義》卷3《書朱陸篇後》,見葉瑛《文史通義校注》上册,中華書局,1985年,第274—277頁。

第四章　江永著述考略

　　江永以布衣終老鄉里，生活困頓，但仍然堅持著述，筆耕不輟，作品豐贍，今存近 40 種。其中收入《四庫全書》13 種 151 卷①，《清經解》5 種 27 卷②，《經解續編》3 種 10 卷③，《續修四庫全書》7 種 55 卷④。其著述提要見之《四庫全書總目》《續修四庫全書提要》，版本源流見之邵懿辰《四庫目録標注》、王鍔《三禮研究論著提要》，及各級圖書館藏目録。這些書目論述的重點不一，對江永著述擇選而成，造成散軼的情况居多，使得江著的整體面貌難以呈現。本文按照時間順序，對江永著述的寫作緣由、成書過程、學術價值，及版本、卷數和真僞等作簡要整理，冀希有補於對江永學術的研究⑤。

---

　　①　據江錦波、汪世重《江慎修先生年譜》"三十七年壬辰"條記載，"是年四庫館采入《周禮疑義舉要》七卷、《儀禮釋宮譜增注》一卷、《禮記訓義擇言》八卷、《深衣考誤》一卷、《禮書綱目》八十五卷、《春秋地理考實》四卷、《群經補義》五卷、《鄉黨圖考》十卷、《律吕新論》二卷、《律吕闡微》一卷、《近思録集注》十四卷、《算學》九卷、《古韵標準》四卷。"

　　②　阮元《學海堂經解》《清經解》收入《周禮疑義舉要》7 卷、《深衣考誤》1 卷、《春秋地理考實》4 卷、《群經補義》5 卷、《鄉黨圖考》10 卷。

　　③　王先謙《南菁書院經解》《清經解續編》收入《儀禮釋宮增注》1 卷、《儀禮釋例》1 卷、《禮記訓義擇言》8 卷。

　　④　上海古籍出版社《續修四庫全書》收入《儀禮釋例》1 卷、《律吕新義》4 卷《附録》1 卷、《四書按稿》30 卷、《四書古人典林》12 卷、《音學辨微》1 卷、《四聲切韵表》1 卷、《推步法解》5 卷。

　　⑤　李曉明《江永著述考述》，吴長庚、周國林主編：《上饒歷史文化研究》，黄山書社，2007 年，第 156—17 頁。文章以提要爲主，分"三禮與群經""天文曆算""鐘律""音韵學""朱子學""其他"介紹江著。本文以江著時間先後爲序，概况介紹江永著述的緣起和文獻版本價值。

1.《三禮約編》19 卷

是書包括《周禮約編》6 卷、《儀禮約編》3 卷、《禮記約編》10 卷，署名汪基撰，江永參訂。汪基是婺源莘原人，以選編制舉用書爲終職，"每欲紹子朱子、黃勉齋修《儀禮通傳經解》之意，哀作《三禮全書》"，而訂成《約編》，不過"導夫先路"①。因爲"學者不能盡讀全經……坊間絕無刪節善本，因爲《三禮約編》"②。四庫館臣對其刪節甚爲不滿，以爲"周公制作，固不容以意爲點竄也"③。是書各編成書時間不一，《儀禮約編》成於康熙五十八年(1719)，《周禮約編》成於次年，《禮記約編》成於雍正十年(1732)。是書爲汪基主編，程恂謂"《儀禮》則與江子愼齋商確每篇書序，略以提其要"④，則江永參預此事可知。晚清民國以來，是書刊本多署名江永，如光緒二十九年(1903)張百熙《奏定初等小學堂章程》，文稱"天資聰穎學生可讀江永《禮記約編》"⑤。蓋因江永在晚清的學術影響較大。本書收入《四庫全書·禮類存目》，版本包括：① 康熙乾隆間汪氏敬堂刻本，濟南市圖書館藏，《四庫全書存目叢書》影印此本。② 道光二十三年崇順堂刻本，國家圖書館藏。③ 光緒間陝西學務公所刊本，其中《周禮約編》刊於光緒丙午(1906)，《禮記約編》刊于光緒丁未(1907)。

2.《禮書綱目》85 卷

是書成於康熙六十年(1721)，江永四十一歲，自叙："自少即求《儀禮經傳通解》，反復切究之。讀之既久，覺其中猶有搜羅不備，疏密不倫之遺憾。又觀朱子晚歲及門人書，多拳拳於禮……竊不自揆，更欲爲之增損櫽括，以卒朱子之志。"⑥其書一從《周禮·大宗伯》五

---

① (清)江冕源：《三禮約編序》，《四庫存目叢書》影印濟南市圖書館藏汪氏敬堂刻本，齊魯書社，1997 年，第 108 册，第 599 頁。
② (清)江永：《三禮約編總序》，《三禮約編》，第 598 頁。
③ (清)永瑢等撰：《四庫全書總目》，中華書局，1965 年，第 205 頁。
④ (清)程恂：《三禮約編序》，《三禮約編》，第 601 頁。
⑤ (清)張百熙：《張百熙集》，岳麓書社，2008 年，第 114 頁。
⑥ (清)余龍光：《雙池先生年譜》，薛貞方主編：《清代徽人年譜合刊》，黃山書社，2006 年，第 177—178 頁。

禮之次,"其門凡八,曰嘉禮、曰賓禮、曰凶禮、曰吉禮,皆因《儀禮》所有者而附益之;曰軍禮、曰通禮、曰曲禮,皆補《儀禮》之所不備;樂一門居後,總百單六篇八十有五卷,并首三卷,共八十八卷。"①"書凡三易稿,初曰《存羊編》,次曰《增訂儀禮經傳》,三稿始易今名爲《禮書綱目》。"②四庫館臣謂"其書雖仿《儀禮經傳通解》之例,而參考群經,洞悉條理,實多能補所未及,非徒立異同"③。在江永心中,是書未爲完善,"所欠缺者,唐宋之《疏》與先儒考釋議論"④。是書卷帙浩繁,當時未能刊刻,偶有抄錄,也罕見全本。此書爲江氏著述之最大者,先後於乾隆二年(1737)、三十七年(1772)被三禮館和四庫館檄取、抄謄。江永去世後,金榜、程瑤田"屢謀剞劂而中輟",最後得到婺源俞氏兄弟襄贊,於嘉慶十五年(1810)竣刊此書,弁首有阮元和汪廷珍序,即邵懿辰所謂"近年婺源刊本",邵章所謂"嘉慶十五年刊本"⑤。版本有:①《四庫全書》本,臺灣商務印書館影印文淵閣本第133—134冊。②清嘉慶十五年本,復旦大學圖書館藏。③姚倞校跋嘉慶刻本,殘存77卷(卷1—3,8—81),上海圖書館藏。④《廣雅書局》本。⑤清抄本,祝洤、朱琰跋,南京圖書館藏。

3.《禮書初編》1卷

諸家傳記皆未著録,内容未詳。據《北京師範大學圖書館中文古籍書目》,有江楚書局刻本,1冊,北京師範大學圖書館藏。

4.《學庸圖說》2卷

是書成於雍正二年(1724),江永四十四歲,諸家傳記及《年譜》皆未著録。《序》云:"四書中有《大學》《中庸》一章化爲全部,全部統歸

---

① (清)江永:《禮書綱目序》,《叢書集成續編·經部》第11冊影印廣雅書局本,第153頁。
② (清)余龍光:《雙池先生年譜》,《清代徽人年譜合刊》,第178頁。
③ (清)永瑢等撰:《四庫全書總目》,第179頁。
④ (清)江永:《別紙片開述》,《善餘堂文集》,民國吳縣潘氏寶山樓抄本,上海圖書館藏。
⑤ (清)邵懿辰撰,邵章續録:《增訂四庫簡明目録標注》,上海古籍出版社,1979年,第97頁。

一章,非若《論》《孟》隨時采擴,不皆鱗而下,其脉理倫序闡發之者,固非一説而約,而歸之于象,尤爲有據。展玩之餘,妄將通部統繪一圖,各章分繪一圖,其或重或輕或連或續或分或合,悉依次編列,融會先儒之語,標其下并摘其大要,附於後,名曰《學庸圖説》。"①是書最大特色是圖説《學》《庸》,《例言》謂:"四子之書,《論》《孟》係隨時記録,錯綜成文,不相聯續。惟《大學》《中庸》逐節相生,其脉理貫通,章法精細,不獨可以言顯,并可以求因作圖以著其義。"②清嘉慶六年(1801)刊本,1册,安徽省圖書館藏。

5.《深衣考誤》1卷

是書作於乾隆二年(1737)前後,是江永最早的考證禮學著作。據《雙池先生年譜》"乾隆三年"條引江永覆書汪紱,謂所作《禮書綱目》"近又附入《深衣考誤》一卷、《律吕管見》二卷",則至遲乾隆三年(1738),此書已成。是書主要考辨《禮記·深衣》中"衽當旁"和"續衽鉤邊"問題。江永的考證尊鄭批朱,認爲學者誤解鄭注,亦謂《家禮》所記深衣制度謬不可及,逐一批評所載《深衣圖》皆不可通。江氏推尊朱子學術,但并非盲從,其對朱子學説的修正,體現出學術的新創和獨立。江氏宗主鄭玄,代表著清代漢學的復興趨勢,揭開清代禮學"宗朱"向"宗鄭"轉變的序幕。四庫館臣認爲是書"考證精核,勝前人多矣"③。版本有:①《四庫全書》本,臺灣商務印書館影印文淵閣本第128册。《禮書綱目》附《深衣考誤》一卷,臺灣商務印書館影印文淵閣本第134册。②《藝海珠塵》癸集。③《清經解》本。

6.《律吕管見》2卷

雍正八年庚戌(1730),江永五十歲,學臺王蘭生視學徽郡,召其至署,縱言論樂,因成《律吕管見》二卷。據《雙池先生年譜》"乾隆三年"條引江永覆書汪紱,自叙:"因讀《前漢律曆志》啓悟,繼讀朱子《琴

---

① 黄曦:《〈江慎修先生年譜〉證補》,華東師範大學碩士論文,2005年,第18頁。
② 黄曦:《〈江慎修先生年譜〉證補》,第18頁。
③ (清)永瑢等撰:《四庫全書總目》,第179頁。

律説》而生疑,又觀琴有十三徽,疏密布置,以泛聲彈之,當徽有音,不當徽無音。驚歎音律通神,其所以然之,故古今絶無發明者。爰懸琴於壁,仰卧思之,忽得其理,以伏羲先天八卦畫,及節氣納音相通,以琴徽爲本,證以他事,爲《律吕管見》二卷。"①則至遲乾隆三年(1738),此書已成。杭世駿盛贊此書"匪獨啓陳、蔡兩家之槖籥,并前後《漢志》二千年所未定之理,冰解的破,灑然無滯"②。本書已軼,疑《四庫全書》本《禮書綱目》所附《論蔡氏律書》《論琴》二卷等即爲是書,合江永謂"《禮書綱目》91 卷"之數。③

7.《儀禮釋例》1 卷

是書成書時間不可考。康熙五十八年(1719),江永参編《儀禮約編》,汪基提及"眘齋更擬仿杜預《春秋釋例》條爲《儀禮釋例》一卷,成書當爲補入"。但是書僅釋服,爲草創之書。内容上分天子冕服、諸侯冕服、大夫冕服、爵弁服、皮弁服、韋弁服六類,每類先引經文,下附注疏、諸儒之説,斷以己見,考證精詳。其釋冕服,辨注家冕之尺寸,驗諸實事,最爲細析,極顯功力,并謂冕有前旒而無後旒,正合古義④。總的來講,是書草創,瑕疵較多,如認爲"《周禮》之韋弁即爵弁",四庫館臣批評"其説過新",錢熙祚考證指出兩者材質不同,色彩不同,式樣亦不同。江永的釋例研究,突破了朱熹《儀禮經傳通解》以來宗法《儀禮》的苑囿,獲得廣泛贊譽。如杭世駿"以爲《春秋》可以無例,而《禮》則非例不能貫也",淩廷堪《禮經釋禮》亦以《釋例》爲端緒,江永開山之功不可没。本書收入《四庫全書·禮類存目》,版本有:①《墨海金壺》本。②《守山閣》本。錢熙祚跋,謂文淵閣本附《儀禮釋宫增注》後,但今存《四庫全書》未附此書。《續修四庫全書》第 88 册、《四庫全書存目叢書》影印此本。③《清經解續編》本。④《叢書集

---

① (清) 余龍光:《雙池先生年譜》,《清代徽人年譜合刊》,第 180—181 頁。
② (清) 杭世駿:《律吕管見序》,《道古堂全集》文集卷 6,《續修四庫全書》影印清乾隆四十一年刻光緒十四年汪曾唯修本,第 1426 册,第 260 頁。
③ (清) 余龍光:《雙池先生年譜》,《清代徽人年譜合刊》,第 178 頁。
④ (清) 永瑢等撰:《四庫全書總目》,第 191 頁。

成初編》據文選樓本排印。

8.《四書典林》30 卷

是書成于雍正十二年(1734),江永五十四歲,自叙:"爰衷四書事類七百三十餘題,區别門目,掇諸經以下,子史百家之言可供文用者,咸次輯之,名以《典林》,先成三十卷,古人一類俟之續編。"①《凡例》和《跋》記載了江門從學名單,附江氏子嗣答謝語,以及引用書目情況,有較高學術價值。本書刊于雍正甲寅、乙卯間,包括雍正甲寅刊本、乾隆元年鋤經齋刊本、同治元年慈水鋤經閣本、日本明治十五年東都樂善堂本、光緒十八年鴻寶齋石印本(復旦大學圖書館藏《四書典林》《四書古人典林》合刊本)、清末石印本(復旦大學圖書館藏巾箱本,存 14—18 卷)。邵懿辰謂有"嘉慶九年刊本"②,未見。

9.《曆學全書》8 卷

是書成於乾隆五年(1740),江永六十歲。本書初名《翼梅》,即敬慕梅文鼎之意,戴震更名《數學》,《四庫全書》改作《算學》。全書共八卷,一卷曰《曆學補論》,因文鼎之説而推闡所未言;二卷曰《歲實消長》,以爲歲實本無消長,消長之故在高沖之行與小輪之改;三卷曰《恒氣注曆》,以爲冬至既不用恒氣,則諸節亦皆當用定氣不用恒氣;四卷曰《冬至權度》,因文鼎之法考證曆法史志之誤;五卷曰《七政衍》,因文鼎之説未能詳剖,因各爲圖説以明之;六卷曰《金水發微》,羽翼文鼎之説;七卷曰《中西合法擬草》,病徐光啓錯互及整度一事未盡,多推文鼎之説;八卷曰《算剩》,推衍三角諸法,求其捷要;後有《續曆學》一卷,曰"正弧三角疏義",以補《算剩》所未盡③。余龍光《雙池先生年譜》"乾隆四年條"引江永覆書汪紱,云"近著《翼梅》八卷,寫本歸之梅氏令孫",則至遲乾隆四年(1739),此書稿本已成。版本有:①《四庫全書》本,臺灣商務印書館影印文淵閣本第 796 册。②《守

---

① (清)江永:《四書典林序》,光緒十八年鴻寶齋石印本,復旦大學圖書館藏。
② (清)邵懿辰撰,邵章續録:《增訂四庫簡明目録標注》,第 151 頁。
③ (清)永瑢等撰:《四庫全書總目》,第 901—902 頁。

山閣》本。③《翼梅》八卷,《海山仙館叢書》本①。④ 清光緒七年刊本,復旦大學圖書館藏。

10.《近思錄集注》14 卷

是書成於乾隆七年(1742),江永六十二歲,自叙:"早歲先人授以《朱子遺書》原本,沉潛反復有年……日置是書案頭,默然省察,以當嚴師。竊病近本既行,原書破碎,朱子精言,復多刊落,因仍原本次第,裒輯朱子之言,有關此錄者,悉采入注。朱子説未備,乃采平嚴及他氏説補之,間亦竊附鄙説,盡其餘藴。"②四庫館臣謂"永邃於經學,究心古義,穿穴於典籍者深,雖以餘力爲此書,亦具有體例,與空談尊朱子者异也"③。江永注重義理闡發,亦以材料考證見長,以朱子之語注朱子之意,變"四子之書"爲"五子之書"。這種做法并非原創,清初汪佑每篇增入朱子之言,爲《五子近思錄》;施璜續采明儒語錄,衍説泛濫。江永《集注》僅取朱説,表現出對朱子學術的推尊,徑取朱子原説命名篇目。是書理學體系謹嚴,材料豐富,考證詳細,成爲清代後期《近思錄》的流行版本,後世翻引、覆刻、抄寫且流傳至今的江注《近思錄》不少於二十七種。主要版本有:①《四庫全書》本,臺灣商務印書館影印文淵閣本第 699 册。②《近思錄》14 卷附《朱子世家》1 卷,同治八年江蘇書局本,復旦大學圖書館藏。邵懿辰《標注》有嘉慶丁卯京師刊本、嘉慶甲戌江西刊本。邵章《續錄》有嘉慶壬申江西督學王鼎刊本、婺源刊本、同治三年望三益齋刊本、廣雅書局本④。

11.《律吕新義》4 卷

是書作於乾隆十一年(1746),江永六十六歲,自叙:"西山蔡氏之書,永少而服膺,年三十而漸疑,至五十得聞交河王公論樂有'琴大弦是徵聲'之説,遲之十年,反復管吕之書,乃始豁然有悟,因讀文貞公奏札,乃知王公得之親侍燕閒。天語指授,非王公創爲是説也。一生

---

① 上海圖書館編:《中國叢書綜錄·子目》,第 881 頁。
② (清)江永:《近思錄集注序》,《四部備要》本。
③ (清)永瑢等撰:《四庫全書總目》,第 781 頁。
④ (清)邵懿辰撰,邵章續錄:《增訂四庫簡明目錄標注》,第 391 頁。

辛勤，既幸有得，又復獲聞至要之論，何可不爲一書，闡明精蘊，顧使此理終於晦蝕耶，因約爲《律呂新義》數卷。《皇言定聲》居首，以爲論樂之準繩；《稽古》第二，摘管呂諸書要言，發先儒所忽略；《象數》第三，旁通廣證，河洛圖書，方圓冪積，勾股納音，無一不與聲律相通，蔡邕之笛、雅樂之琴、燕樂之調，皆可相證明；《余論》第四，於造律制樂參末議焉，而以馬氏學士大夫之論，不能勝樂工者終之。"①有正覺樓本，《續修四庫全書》第114册影印此本。

12.《蘭陵蕭氏二書》5卷

是書作於乾隆十一年(1746)，江永六十六歲。序云："《蘭陵蕭氏二書》，一曰《本宗世系考》，一曰《保世滋大録》，梁昭明太子四十二世裔孫永所編。……《保世滋大録》上卷録太子之仁孝，中卷録後梁二帝之保邦，下卷録唐八葉之輔相。"②諸家傳記皆未著録此書。清乾隆十一年永思堂刻本。

13.《四書古人典林》12卷

是書成於乾隆十四年(1749)，江永六十九歲，爲《四書典林》續作，序云："《四書》古人有典，故可考者二百餘人，宜仿前體，薈萃成完書。藝林有《四書人物備考》，昉於薛方山。迭相抄録，增損不一，事無提要，既不便學者觀考。遍閲諸本，大都排纂無法，擇言不精，往往拾瓦礫而遺金玉，事詞蕪蕪，不知芟薙，其有節目關要者，又或遭刊落也。古人在集注當考其事者，又未經纂録也。經傳原文，臆爲改竄，文不連屬，妄爲索引；書無其語，漫而標題，事在四書，猶煩贅述，此皆書體之病。……兹編體裁一新，力矯前弊。……足資學者無窮之取材矣。爰授諸梓，以續前編。"③據余龍光《雙池先生年譜》"乾隆三年條"江氏覆書汪紱，云："至若拙刻有《四書典林》三十卷《四書古人典林》十二卷"。則乾隆十四年再刻，或前僅刻《四書典林》，《四書古人

---

① （清）江永：《律吕新義序》，《續修四庫全書》影印華東師大圖書館藏清光緒間崇文書局刻正覺樓叢刻本，第114册，第594頁。
② 引自黄曦：《〈江慎修先生年譜〉證補》，第31頁。
③ （清）江永：《四書古人典林序》，《續修四庫全書》第166册，第269—271頁。

典林》爲續刻，待考。版本有：① 乾隆三十九年和安堂刊本，《四書典林》《四書古人典林》合刊，復旦大學圖書館藏。② 乾隆三十九年集道堂刻本，《續修四庫全書》經部第166册影印此本。③ 道光七年同文堂刻本，《故宫珍本叢刊》影印此本。④ 徐道彬先生整理本，安徽大學出版社，2011年。

14.《四書按稿》30卷

是書成於乾隆十五年(1750)，江永七十歲。本書集錄江氏讀書心得，現存抄本無序、跋，但内容、避諱、文體風格等方面存在僞作嫌疑①。有乾隆十五年抄本，《續修四庫全書》第166册影印此本。

15.《鄉党文擇雅正編》

是書成於乾隆十六年(1751)，江永七十一歲，自叙："總新舊文三百五十有奇，題亦略備當，以太史公'擇言尤雅'之意名爲《擇雅集》。"此書意在資舉業，所以廣被其傳，婺源吳石湖曾重刻此書而請序姚鼐②，存軼未知。

16.《放生殺生現報錄》1卷

是書成於乾隆十七年(1752)，江永七十二歲。序云："江慎修先生愛惜物命，深信因果，故於放生吃素善報，殺生食肉惡報，隨所見聞，錄以勸世。"③此書疑爲僞造，江氏諸傳記未有著錄④。佛學推行社民國十二年鉛印本。

17.《推步法解》5卷

是書成於乾隆十八年(1753)，江永七十三歲，主要内容被戴震錄入秦蕙田《五禮通考》"觀象授時"部分。《推步法解》四卷七篇，附《推步鈴》一卷於後。本書於日月之躔離交食，五星之遲疾伏見，及恒星

---

① 徐道彬：《〈四書按稿〉非江永所作考論》，《文獻》2011年第1期，第124—134頁。
② (清)姚鼐：《惜抱軒文集》卷4《鄉党文擇雅序》，《惜抱軒詩文集》，上海古籍出版社，1992年，第57—58頁。
③ (民國)印光：《放生殺生先報錄序》，佛學推行社鉛印本，1922年。
④ 徐道彬：《〈放生殺生現報錄〉考辨》，《中國典籍與文化》2013年第1期，第112—119頁。

六曜之行,都有精密的計算和嚴謹的方法。"江永之學確守西法,此編隨文詮釋,即法以明象,即數以明理……足爲學曆者先路之導,然有似是而非者。"①錢熙祚一一指明。版本有:①道光二十四年守山閣叢書本,《續修四庫全書》第1032册影印此本。②《叢書集成初編》據守山閣本排印,中華書局1985年影印此本。

18.《歷代紀元部表》2卷

是書非江永著述,刻於乾隆二十年(1755),江永七十五歲。江氏自敘,乾隆六年"自京師傳録得《紀元年表》一册,無序例,亦無歲月名氏……甲戌修婺源志,資此表以檢查各朝之世次、年號甚便……爰付梓以廣其傳……乾隆乙亥仲秋星源江永識"②。乾隆四十二年旌德劉茂吉重輯本,南京圖書館藏。

19.《鄉黨圖考》10卷

是書成於乾隆二十一年(1756),江永七十六歲,主要糾偏《鄉党文擇雅》過於注重舉業而忽視本根的做法,同時爲江南鄉試流行的時文而編撰,兼具致用性和學術性。是書取經傳中制度名物有涉於《鄉黨》者,分圖譜、聖迹、朝聘、宮室、衣服、飲食、器用、容貌、雜典九類。四庫館臣謂:"全書數十百條,其偶爾疏漏者不過此類,亦可謂邃於三禮者矣。"③本書的成功源自江永其他撰著的積累和增訂,其中論深衣增訂自《深衣考誤》,宮室考證增訂自《儀禮釋宮增注》,禮制多以《禮書綱目》進行增訂。本書是經注外多途徑研究《論語》的典範,成功激發出後世大量的《鄉黨》仿效著作,影響極大,有多種版本面世。卷數方面,王昶《江慎修先生墓志銘》、江藩《漢學師承記》作十卷,戴震《江慎修先生事略狀》、錢大昕《江先生傳》、《清史稿》作十一卷。版本有:①《四庫全書》本,臺灣商務印書館影印文淵閣本第210册。

---

① (清)錢熙祚:《推步法解跋》,《續修四庫全書》影印清道光二十四年錢氏刻守山閣叢書本,第1032册,第672頁。

② (清)江永:《歷代紀元部表序》,引自黃曦:《〈江慎修先生年譜〉證補》,第38—39頁。

③ (清)永瑢等撰:《四庫全書總目》,第306—307頁。

② 乾隆三十九年潛德堂本,乾隆五十八年金閶書業堂本,嘉慶王忠臨、顧廣譽刻本,均藏復旦大學圖書館。③《清經解》本。④ 學苑出版社影印乾隆五十二年致和堂重鐫本,1993年。

20.《律呂闡微》10卷

是書成於乾隆二十二年(1757),江永七十七歲,爲在舊作《律吕新義》上,通讀朱載堉《樂律全書》寫成。序云:"昔聞明神宗時,鄭王世子載堉有樂律書,屢求不可得。乾隆丁丑年已七十有七,與同志舊友講業于古歙之靈山,屬記載堉書,乃得之藏書之家。余讀之,則悚然驚,躍然喜,不意律呂真理真數在'稟氏爲量,內方尺而圓其外'一語,何以余之《新義》已給有方圓倍半之圖,已詳推周髀漢斛之數,乃不能罩思及此?"①又云:"因復取《新義》,增損演繹,仍以'皇言定聲'恭載首卷,別爲十卷,采世子書及愚説參互而次輯之,名曰《律吕闡微》。此愚一生辛勤,稿凡三易,雖及耄年,見聞猶幸,有少進也。"②比較《新義》和《闡微》,則《新義》卷一爲《闡微》卷首,《新義》卷二基本爲《闡微》卷五,《新義》卷三見於《闡微》卷六、七、八,《新義》卷四散見《闡微》其他卷,則《闡微》爲《新義》增訂稿③。《事略狀》《墓志銘》《錢傳》作十一卷,《師承記》《清史稿》作十卷。版本有:①《四庫全書》本,臺灣商務印書館影印文淵閣本第220冊。② 陳澧批清抄本,中山大學圖書館藏。③ 丁丙跋抄本(四庫底本),南京圖書館藏。

21.《春秋地理考實》4卷

是書成於乾隆二十三年(1758),江永七十八歲。稿屢刊削,乃成定本,但始撰時間不可考。江永草引程恂之説,則自乾隆五年館于程恂處後,已著手草擬是書,又經年增訂刊削,終成定本。自叙:"《春秋》暨《左氏傳》二百五十餘年,地名千數百有奇。或同名而異地,或一地而殊名,古今稱謂不同,隸屬沿革不一,有文字語音之訛,有傳聞

---

① (清)江永:《律吕闡微序二》,引自黃曦:《〈江慎修先生年譜〉證補》,第40頁。
② (清)江永:《律吕闡微序》,引自黃曦:《〈江慎修先生年譜〉證補》,第41頁。
③ 黃曦:《〈江慎修先生年譜〉證補》,第41頁。

解説之誤……杜所不知,援古證今,能確指其所在;杜有乖違,隨事辨正,并杜注録出,可別成一書。"①是書共四卷,前三卷爲《春秋》經傳地名考證,後一卷補釋《春秋傳説匯纂》王朝、諸侯國名。四庫館臣謂此書"意主簡明,不事旁摭遠引,故名曰'考實'。於名同地異,注家牽合混淆者,辨證尤詳。……其訂訛補闕,多有可取,雖卷帙不及高士奇《春秋左傳地名考》之富,而精核則較勝之矣"②。考證并非是書唯一旨趣,亦資舉子初習《春秋》,體現着清中期學術與科舉間的互動關係。《四庫全書》本,《清經解》本。

22.《四聲切韻表》1 卷

是書成於乾隆二十四年(1759),江永七十九歲。其用三十六字母及等呼説明《廣韻》分韻和各韻字音,爲清代今音學研究的發端。四庫館臣謂"其雜引偏旁諧聲以申交互之説,雖有理可通,而牽合亦甚。永作《古韻標準》,知不以今韻定古韻,獨於此書,乃以古韻定今韻,亦可謂不充其類矣"③。江永篤信宋人三十六字母"不可增減,不可移易",之後有不少補正的著作面世,如孫文昱《四聲切韻類表》返歸上古音韻,汪曰楨《四聲切韻表補正》趨向《廣韻》音系,反映出江永此書多商榷的餘地。卷數方面,江氏傳記均作四卷,《四庫存目叢書》僅存一卷。版本有:① 乾隆三十六年恩平縣衙刻本,浙江圖書館藏,《續修四庫全書》第 253 册影印此本。② 乾隆五十三年應雲堂刻本,《四庫存目叢書·經部》第 219 册影印此本。③《四聲切韻表》一卷附校勘記,民國間休寧趙氏刻本,復旦大學圖書館藏。此外有《貸園叢書》初集、《粵雅堂叢書》初編第四集、《西京清麓叢書》外編、《叢書集成》初編語文學類等。夏爕《校正》一卷,見《安徽叢書》第 3 期《音韻學叢書》。

23.《古韻標準》4 卷

是書成於乾隆二十四年(1759),在《四聲切韻表》之後,《例言》

---

① (清)江永:《春秋地理考實序》,臺灣商務印書館影印文淵閣《四庫全書》本,第 181 册,第 249 頁。
② (清)永瑢等撰:《四庫全書總目》,第 242—243 頁。
③ (清)永瑢等撰:《四庫全書總目》,第 393 頁。

謂:"余既爲《四聲切韻表》,細區今韵,歸之字母音等,復與戴震東原商定《古韵標準》四卷,《詩韵舉例》一卷,於韵學不無小補焉。"①本書繼承陳第、顧炎武等韵著而作,分古韵爲十三部,取證以《詩經》用韵爲主,而附以周秦以下韵語,界限分明,是清代古音學的重要著作。之前的研究混淆先秦《詩》韵和漢魏六朝韵文的界限,江永選擇《詩經》作爲古韵材料,有著嚴謹的學術意義,四庫館臣謂"視諸家界限較明",以爲"古韵之有條理者,當以是編爲最,未可以晚出而輕之也",可謂確論。此書同時代表着清代《詩經》研究的新趨向,有利於《詩經》押韵體例和韵部分類的研究。卷數方面,《清史稿》作四卷,江氏傳記均作六卷,蓋戴震以《古韵標準》四卷,卷首《詩韵舉例》一卷,及《例言》共六卷,諸家因之,未知孰是。版本有:①《四庫全書》本,臺灣商務印書館影印文淵閣本第 242 册。② 乾隆六十年安陽縣衙刻本。③ 民國十五年四川刻本,復旦大學圖書館藏。另有《貸園叢書》初集本、《墨海金壺》本、《守山閣》本、《粵雅堂叢書》初編第四集、《音韵學叢書》、《安徽叢書》第 3 期、《叢書集成初編》語文字類。邵章《續錄》載有《指海》本,乾隆十六年海棠書屋本,舊抄六卷本②。

24.《音學辨微》1 卷

是書成於乾隆二十四年(1759),王昶《江慎修先生墓志銘》云:"七十九歲,成《古韵標準》六卷,《四聲切韵表》四卷,《音學辨微》一卷。"③江氏自叙"《音學辨微》一卷,略舉辨音之方,聊爲有志審音不得其門庭者導夫先路。"④全書共十二部分,分別是:一、辨平仄;二、辨四聲;三、辨字母;四、辨七音;五、辨清濁;六、辨疑似;七、辨開口、合口;八、辨等列;九、辨翻切;十、辨無字之音;

---

① (清)江永:《古韵標準例言》,臺灣商務印書館影印文淵閣《四庫全書》本,第 242 册,第 485 頁。
② (清)邵懿辰撰,邵章續錄:《增訂四庫簡明目錄標注》,第 183 頁。
③ (清)王昶撰:《江慎修先生墓志銘》,《春融堂集》卷 55,《續修四庫全書》影印上海辭書出版社圖書館藏清嘉慶十二年塾南書舍刻本,第 1438 册,第 216 頁。
④ (清)江永:《音學辨微引言》,《續修四庫全書》影印虹川書屋本,第 253 册,第 63 頁。

十一、辨嬰童之音；十二、論圖書爲聲音之源。後附《榕村等韵辨疑正誤》。版本有：① 乾隆二十四年刻本，《續修四庫全書》第253册影印此本。② 清抄本，汪曰楨校跋，上海圖書館藏。③《守山閣》本。④ 宣統二年國學保存會影印江氏自寫本，民國五年豐城熊氏刻本，民國十二年渭南嚴氏成都刻本，均藏復旦大學圖書館。⑤《音學辨微》附《校正》《校勘記》，夏燮校正，胡樸安校勘，《安徽叢書》第三期。

25.《昏禮從宜》1卷

是書成於乾隆二十四年(1759)，江永七十九歲，序云："禮之行於家者，昏禮爲本。合二姓之好，上以承先，下以繼後，爲禮之重大，然而鄉自爲俗，家以爲禮，各因情以爲文，未嘗拘牽于古人之六禮一一規模之也。其有漸於頹敝之俗者，侈靡誇耀，而寒畯不能以圖昏，媟狎戲侮，而宮壺幾至乎瀆亂。……即以今日鄉曲之所通行者，悲愉中節，煩簡適中，使古人見之，安知不嘆爲'禮失求諸野'也？因讀禮家之言而有感，故著此編，併發此論，而不止昏姻一事也。"① 徐道彬先生以爲此書系僞造，待考②。清抄本，安徽省圖書館藏。

26.《河洛精蘊》9卷

是書成於乾隆二十四年(1759)，凡九卷，內篇三卷論河洛之精，外篇六卷論河洛之蘊。因間有比附，迥異於主流《易》學，其"卦變"論述有極高學術價值，乾嘉學人爭相推崇，現代學者也贊賞有加，謂其"抉擇精詳，論列允當，足以津逮後學"③。版本有：① 乾隆三十九年蘊真書屋刻本，南京圖書館藏。②《四庫未收書輯刊》第3輯第23册(子部)。③ 孫鏘輯《河洛精蘊》九卷附編三卷，民國十三年上海千頃堂書局石印本，復旦大學圖書館藏。④ 孫國中整理本，學苑出版社，2012年。⑤ 郭彧注引本，華夏出版社，2006年。

---

① (清)江永：《昏禮從宜序》，徐到穩整理：《昏禮從宜》，曾亦主編：《儒學與古典學評論》第2輯，第379—380頁。
② 徐道彬：《〈昏禮從宜〉辨僞》，《中國典籍與文化》2013年第4期，第102—107頁。
③ 黄壽祺：《易學群書平議》，北京師範大學出版社，1988年，第57頁。

27.《讀書隨筆》12卷

是書成於乾隆二十五年(1760)，江永八十歲，爲讀閱群經的隨筆札記。金榜謂："自三卷至九卷，本名《周禮疑義舉要》，先生以其爲隨筆籤答之書，又夏、秋二官尚未卒業，因改名《讀書隨筆》，而以散見群經諸條依經類次之爲十二卷。先生殁，史館檄取其遺書，同門戴震以《隨筆》之名難以繕進，取其說《周禮》七卷，復名《周禮疑義舉要》，其說群經五卷更名《群經補義》。今據以録入《四庫全書》者是也。"①乾隆五十七年刊本，復旦大學圖書館藏。

28.《周禮疑義舉要》7卷

是書成於乾隆二十五年(1760)，是爲晚年精心結撰之作。據戴震《江慎修先生年譜》記載，乾隆五年(1740)，江永隨程恂進京問學三禮館，編修吳紱質以《周禮》疑義，是以有《周禮疑義舉要》一書②。《四庫提要》謂："是書融會鄭注，參以新說，於經義多所闡發。其解《考工記》二卷，尤爲精核。"③它擇選《周禮》經注進行重釋，轉向典制考證，開啓清代《周禮》研究新徑。它以經證經、以今律古、以俗入禮，參互析釋，解決諸多疑義，取得《周禮》研究新進展。本書凝聚著江氏的塾師經驗和學術心得，注重文勢句讀，不分漢、宋，持論平允，和他的其他研究參相融通，體現出大家風範。但本書實爲初稿，删削不够，一些解釋帶有附會色彩，稍顯遺憾。卷數方面，《事略狀》《墓志銘》《錢傳》《師承記》均作六卷，《清史稿》作七卷。版本有：①《四庫全書》本，臺灣商務印書館影印文淵閣本第101册。②《讀書隨筆》本，乾隆五十七年刻，復旦大學圖書館藏。③《清經解》本。④《守山閣》本。⑤清抄本，北京大學圖書館藏。⑥《叢書集成初編》本，中華書局1985年影印此本。邵懿辰《標注》有敷文閣叢書本，乾隆辛亥許

---

① （清）金榜：《讀書隨筆二序》，江永：《讀書隨筆》，乾隆五十七年刻本，復旦大學圖書館藏，索書號：0224。引自黄曦：《〈江慎修先生年譜〉證補》，第46頁。

② （清）戴震：《江慎修先生事略狀》，《戴震文集》卷12，中華書局，1980年，第181頁。

③ （清）永瑢等撰：《四庫全書總目》，第257—258頁。

作屛刊本,《續錄》有清延古樓黃鑒刊本①。

29.《群經補義》5卷

《群經補義》與《周禮疑義舉要》合爲《讀書隨筆》,後抽標今名刊行。書共五卷,《易》《書》《詩》一卷,《春秋》一卷,《儀禮》《禮記》一卷,《大學》《中庸》《論語》《孟子》一卷,《雜說》一卷,補苴經義,如謂"春秋兵農已分"等,影響較大。本書并非逐條解說經文,而就學術興趣進行擇選,札記分析深入,論據有力,創說尤多。部分札記經過增訂,重新成書,如《周易補義·卦變考》增訂於《河洛精蘊》;《左傳》論焦、瑕,及魯國疆域增訂於《春秋地理考實》。四庫館臣謂:"隨筆詮釋,末附雜說,多能補注疏所未及。……考證賅洽,於經文注義均有發明,固非空談者所及,亦非掇拾爲博者所及也。"②版本有:① 乾隆三十八年江氏經學三種本,北京大學圖書館藏。② 乾隆五十七年《讀書隨筆》本,復旦大學圖書館藏。③《四庫全書》本,臺灣商務印書館影印文淵閣本第194册,札記至《漢書·地理志》爲止。④ 清抄本,上海圖書館藏。邵懿辰《標注》有敷文閣叢書本,阮刻《經解》本,《經學叢書》本,邵章《續錄》增補《讀書隨筆》本,乾隆書業堂刊本③。經解本較四庫本多出數條札記,且多用古字,如"酉"等,部分札記有小字校勘,爲參校人員所補。

30.《禮記訓義擇言》8卷

是書成於乾隆二十五年(1760),江永八十歲,是其《禮記》研究的代表著作。乾隆十五年江氏七十大壽,戴震撰壽序稱所讀江氏書中有《禮記擇言》,則此年前書稿已具,又歷十數年打磨方成。江永自叙:"高安朱文端公因其(吳澄)書多裒聚諸家之説也,遂撰《禮記纂言》而附已説於後,以示折中焉。永昔在休甯程太史恂處,常以此書置案頭,隨筆簽識,僅得一十五篇,程爲論次錄一本,今學徒往往傳錄

---

① (清)邵懿辰撰,邵章續錄:《增訂四庫簡明目錄標注》,第79頁。
② (清)永瑢等撰:《四庫全書總目》,第278—279頁。
③ (清)邵懿辰撰,邵章續錄:《增訂四庫簡明目錄標注》,第134—135頁。

而全書未能卒業,因年力已衰,非復曩時之精鋭故也。"① 是書僅止《雜記》,非全本《禮記》。據余龍光《雙池先生年譜》"乾隆四年條"江永覆書汪紱,云:"近世相國朱文端公刻《吴氏纂言》有附説,余因其書,别爲《禮記擇言》,前人之説得失并載,而以己意爲之剖斷,先成《檀弓》《大傳》《少儀》《内則》《喪服雜記》諸篇,餘篇陸續爲之。"② 則至遲乾隆四年,已有書稿,名曰《禮記擇言》。是書於注家异同之説,擇其一是,爲之折衷。江氏研究步武陳氏《集説》、吴澄《纂言》,聚焦材料考辨和校勘,相較宋明《禮記》注重義理闡發,代表著清代《禮記》研究的新趨向。四庫館臣謂:"全書持義多允,非深于古義者不能也。"③ 卷數方面,《事略狀》《師承記》作八卷,《墓志銘》《錢傳》《清史稿》作六卷。版本有:①《四庫全書》本,臺灣商務印書館影印文淵閣本第128册。②《守山閣》本。③《清經解續編》本。④《叢書集成初編》社會科學類。⑤ 稿本,不分卷,上海圖書館藏④。邵氏《標注》録有乾隆辛亥刊本⑤。

31.《善餘堂文集》1卷

是書無序跋,内容豐贍,包括《太極圖説》《性理論》等理學著作,《禘祭説》《禘祭後説》等考證内容,并附《答戴生東原書》《答甥汪開歧書》等學友書信,以及人物小傳和應酬序文。據徐道彬先生考證,該書部分内容或有摻入⑥。有清抄本⑦、民國吴縣潘氏寶山樓抄本、"中央"研究院文哲研究所點校本⑧。

---

① (清)江永:《禮記訓義擇言引》,臺灣商務印書館影印文淵閣《四庫全書》第128册,第289—290頁。
② (清)余龍光:《雙池先生年譜》,《清代徽人年譜合刊》,第198頁。
③ (清)永瑢等撰:《四庫全書總目》,第174頁。
④ 王鍔:《三禮研究論著提要》,第334頁。
⑤ (清)邵懿辰撰,邵章續録:《增訂四庫簡明目録標注》,第92頁。
⑥ 徐道彬:《〈善餘堂文集〉辨僞》,《中國典籍與文化》2010年第4期,第45—53頁。
⑦ (清)江永:《善餘堂文集》,《清代詩文集彙編》第248册,上海古籍出版社,2010年。
⑧ 林勝彩點校,鍾彩鈞校訂:《善餘堂文集》,"中央"研究院文哲研究所,2013年。

32.《孔子年譜》1卷

《鄉黨圖考》卷首附載孔子先世圖及《孔子年譜》，卷二《孔子先世考》即《孔子年譜》之考證。道光二十七年，黃定宜對《年譜》進行補苴，徵引何焯、閻若璩、毛奇齡、錢大昕、姚鼐、阮元等人考證，書名《孔子年譜輯注》，資料豐富，具有較高學術價值①。《孔子年譜輯注》一卷，黃定宜輯注《孔孟編年》，清道光二十七年萍鄉文氏刻本，復旦大學圖書館藏②。《北京圖書館藏珍本年譜叢刊》第3冊影印此本，北京圖書館，2004年。

33.《考訂朱子世家》1卷

《婺源邑志》仿《史記》尊朱熹於《世家》，但"詮次年譜事迹甚疏略，又復考核不精、記載失實"，且稱朱子、張、呂以名，而稱陸九淵兄弟以字，"尊朱子於世家，而隱尊陸"，所以依朱熹《年譜》《行狀》《宋史》核實記載③。四庫館臣謂："永家婺源，與朱子同里，故取《年譜》舊本重加刪訂。各附考證，而終以婺源子孫承襲博士支派，後附《天寧寺會講辨》一篇，專論《學會錄》所載慶元丙辰朱子至新安會講天寧寺事，爲明季良知之徒鑿空撰出，以厚誣朱子云。"④明代以來，由於朱熹理學地位的影響，其著作包括《年譜》《行狀》及考訂翻刻不斷，江永考訂附入《近思錄集注》而廣泛流傳。嘉慶十二年本、《四庫存目叢書》史部第87冊影印同治五年望三益齋本。

34.《儀禮釋宮增注》1卷

是書成書時間無考，係誤對《儀禮釋宮》進行增訂。《釋宮》本李如圭作，誤收入朱子《文集》。江永將"朱子"《釋宮》冠諸《禮書綱目》卷端，爲之補苴詳注，成《增注》一書，見其對朱熹學術的推重。《鄉黨

---

① 楊世文：《孔子年譜輯注》，《儒藏論壇》第三輯，四川大學出版社，2009年，第338頁。
② 上海圖書館編：《中國叢書綜錄・子目》，第89頁。
③ （清）江永：《考訂朱子世家》，《朱子全書》第27冊，上海古籍出版社，2002年，第580頁。
④ （清）永瑢等撰：《四庫全書總目》，第546頁。

圖考》卷四"宮室"亦有對"朱子"《儀禮釋宮》的考證,"宮室考"將江氏按語附於每條之後,《增注》則散入其間,則"宮室考"爲《增注》之增訂。江永的考證,主旨在於承繼朱熹學術,進行宮室的增訂,但在實行中,更多取材先秦典籍,代表著清代前中期《儀禮》研究由取徑宋、明,到宗法漢、唐的轉變。版本有:①《四庫全書》本,臺灣商務印書館影印文淵閣本第109冊。②《指海》本。③《墨海金壺》本。④《清經解續編》本。⑤《叢書集成初編》本。

35.《律呂新論》2卷

江永律呂著作有《律呂管見》《律呂新論》《律呂新義》《律呂闡微》四書。其中《管見》已佚,據余龍光《雙池先生年譜》"乾隆三年條"江永覆書汪紱,謂附入《禮書綱目》之《律呂管見》二卷,以合九十一卷之數。今存《新論》二卷實同四庫本《禮書綱目》所附律呂書,則《管見》《新論》實爲一書。江永的律呂研究追求學術獨立,《禮書綱目》所附《律呂新論》,其中三條札記批評蔡元定律書,蔡元定是朱熹學生,其"《律呂本原》《辯證》二篇,固爲朱子所極取",但江永以爲蔡書"猶有未盡善者","執蔡氏之書而求合於管弦,無異按圖而索馬,刻舟而求劍也"。在江氏看來,"從來天下事,是非當否,當以理爲斷,不當以人爲斷。當以目前有據者爲定,不當以古說久遠者爲定"①,表現出求是的學術精神。版本有:①《四庫全書》本,臺灣商務印書館影印文淵閣本第220冊。②《守山閣》本,中華書局1985年影印此本。

據上海圖書館藏民國油印本《江慎修先生年譜》,江永還有《兩儀玄覽》《論語鎖言》《星命指迷》《曆數全書》《測算義例》《勾股算法》《三事管見》《校正易經集解》《卜易圓機》《奕光錄》,諸家傳記均未著錄。據余龍光《雙池先生年譜》"乾隆三年條"江永覆書汪紱,謂有《演禮私議》,今軼。李元度謂"先生闡述宋五子之書凡數十卷,世皆未之見,

---

① 《四庫全書》本《禮書綱目》附錄卷上"論蔡氏律書三條",臺灣商務印書館影印文淵閣本,1983年,第134冊,第579、579頁。

顧僅傳其考證之書"。錢穆亦引其說①。近來，徐道彬先生整理有江永遺著《春秋類例》②。可以預見，在不遠的將來，不斷會有江永遺著的披露、發現，給我們的學術研究帶來福音，而對相關遺著的辨偽、整理，將會促進江永學術研究的深入進行。

儘管江永著述存在着時間不可考、卷數不一致、書名不盡同，或傳記遺載、或存偽造、或昨存今軼、或後世臆造等情況③，但他在諸多領域的等身著述和非凡創見，證明着他是清代學術的中堅。其中《禮書綱目》是他最重要的著述，卷數最大，亦是其學術的奠基性著作，值得我們去整理和研究。

---

① （清）李元度：《江慎修先生事略狀》，《國朝先正事略》卷34，《續修四庫全書》影印北京大學圖書館藏清同治八年循陔草堂刻本，第539冊第4頁。錢穆：《中國近三百年學術史》，商務印書館，1997年，第340頁。
② 徐道彬：《江永〈春秋類例〉的整理與研究》，《徽學》第九卷，第203—234頁。
③ 時間不可考，如《儀禮釋宮增注》。卷數不一致，如《周禮疑義舉要》。書名不盡相同，如四庫本《禮書綱目》所附《律呂管見》和《律呂新義》。傳記未載，或存偽造，如《四書按稿》。昨存今軼，後世臆造，如宋五子之書，《卜易圓機》《論語鎖言》等。

第五章 《禮書綱目》的編撰與刊行

《禮書綱目》是江永禮學研究的重要著述。阮元爲該書作序,盛贊此書,以爲相比之下,江氏考核精詳的《群經補義》和《鄉黨圖考》二書"皆吉光片羽,非其絶詣"①,而阮序的代工者張鑒更誇張地用二書"譬諸九鼎一臠"來比諸"卷帙煩重,人間轉抄希少"的《禮書綱目》②。皮錫瑞論及朱子《儀禮經傳通解》,亦稱:"惟江永《禮書綱目》,本于朱子,足以補正朱子之書,治三禮者,可由此入門,而《五禮通考》姑置之可也。"③雖然這些評價有溢美之嫌,但亦可見學者對於江氏禮書的推重。不過,由於江氏《年譜》對於他書成之前的記載太少,造成江氏此書似乎一鳴驚人。但本文探賾江氏禮書的撰作歷程,分析其後期書信的介紹,認爲《禮書綱目》的成書實際上异常艱辛。

一、徽州理學文化與民間禮書編撰

在清代賡續朱子禮書的熱潮中,江永以一己之力卒終朱子未竟之緒,編撰完成《禮書綱目》一書。這與江氏本人的學術積累,作爲塾師較爲深入了解朱子學術,擁有餘暇從事編撰有關,也與江氏所在的徽州地區的理學文化有關。

江永世居婺源江灣,而婺源作爲程朱闕里、東南鄒魯,是古徽州

---

① (清)阮元:《禮書綱目序》,《叢書集成續編》本,第151頁。
② (清)張鑒:《冬青館集》乙集卷5文5,民國吳興叢書本。
③ (清)皮錫瑞:《經學通論》,中華書局,1954年,《禮經通論》第36頁。

的一部分。儘管明代徽州是王學的天下，汪佑曾感歎："自陽明樹幟宇內，其徒驅煽薰炙，侈爲心學，狹小宋儒。嗣後新安大會，多聘王氏高弟闡教……自此新安多王氏之學，有非復朱子之舊者矣。"①但王學的影響在清初逐漸沉寂，汪佑、吴曰慎、施璜等人恢復紫陽、還古二書院，又尊立程朱。施璜著《五子近思錄發明》維護朱熹學術②。同時，徽州相對封閉的地理環境，受到外界學術的影響較小，清初以來即學尊程朱。江永弱冠讀《儀禮經傳通解》，即有重編之志，後又羽翼程朱而作《近思錄集注》，對朱熹學術續有發揚。錢穆以爲"蓋徽歙乃朱子故里，流風未歇，學者固多守朱子圭臬也……大抵江氏學風，遠承朱子格物遺教則斷可識也"③。徽州文化的理學背景，對於江氏禮書的編撰深有影響，他自己也承認"尊經之意當以朱子爲宗"④。

江永的禮書編撰同時受到徽州家禮編撰的影響。徽州相對封閉的地理環境，成爲魏晋以來南遷望族的首選之地。這些南遷的望族出於發展宗族的需要，講究宗法，"每一村落，聚族而居，不雜他姓。"⑤同時，明清以來徽商的發展，他們的足迹遍布全國，而妻子兒女多留在本地。這種生理和心理的隔離，促使地方宗族社會鼓勵貞女、烈婦、節婦，幾有"新安節烈最多，一縣邑當他省之半"之説。移民社會和商業背景，驅使本地區濃厚宗族觀念和風烈禮教的形成，其中尤以對《朱子家禮》的遵從最爲顯著⑥。雍正時所編《茗洲吴氏家典》

---

① 施璜等編：《紫陽書院志》卷16《會紀》，黄山書社，2010年。徽州當時受到王學影響，也受到湛若水學術的影響。周曉光：《明代中後期心學在徽州的傳播和影響》，《安徽史學》2003年第5期，第78—83頁。

② 張緒：《論施璜對清初徽州理學及書院文化的貢獻與影響》，《安徽大學學報》(哲學社會科學版)2005年第1期，第94—99頁。

③ 錢穆：《中國近三百年學術史》卷8，商務印書館，1997年，第339—350頁。

④ (清)江永：《禮書綱目序》，清光緒廣雅書局刊本。

⑤ 許承堯：《歙事閒譚》卷8，黄山書社，2001年，第258頁。關於移民和宗族的研究，見 Bingdi He, *The Ladder of Success in Imperial China: Aspects of Social Mobility*, 1368-1911, Columbia University Press, 1962.徐泓譯本《明清社會史論》，聯經出版事業股份有限公司，2013年。

⑥ 關於徽州宗族研究的著述很多，唐力行：《徽州宗族社會》，安徽人民出版社，2005年；趙華富：《徽州宗族研究》，安徽大學出版社，2004年，可以參閲。

便指出："我新安爲朱子桑梓之邦，則宜讀朱子之書，取朱子之教，秉朱子之禮，以鄒魯之風自待，而以鄒魯之風傳之子若孫也。"①

同明代家禮編撰類似，徽州的族規、祠規亦據《朱子家禮》改編，特別强調忠孝、貞節，如婺源武口王氏宗族《王氏家範十條》，其中"別男女"條記載："天地之風化始於閨門，若不先正以男女，則家風何以厚哉？"環山余氏宗族《余氏家規》"辨内外"條更是詳細規定"本族男婦接見，自有常禮。但居密室邇及道路往來倉卒相遇，務照舊規，各相迴避，毋相通問玩狎，違者重罰"②。

徽州民間禮書的不斷重編，主要是因爲地方大姓根據社會習俗的變化而對《朱子家禮》做出的修正。如竇容恂爲《茗洲吴氏家典》作序，便指出當時風俗澆漓的現象："冠、婚、喪、祭，禮之大綱，其俗以財相耀，幾於僭越無等。又有甚者，大經不正，禍福得以乘其餒而惑之，淫祠黷祭，舉國若狂。"③《茗洲吴氏家典》以《朱子家禮》爲基礎進行增訂，參考三禮，以冠、昏、喪、祭四禮的具體流程進行編次，增加了大量的議論、考證和插圖。編撰者參考古禮，同時結合本地時俗予以斟酌損益，既發揮儒家禮意，又能具體實行。《家典》看似在復興古禮，其實正是針對現實而作④。

江永晚年編有《昏禮從宜》一書，主要針對《朱子禮書》在現實禮用中出現的問題，并加按語，逐條進行辨正。江永引俗入禮，强調習俗的變化和人情常理對禮書編撰的重要性，他在序言中説："風以時而遷，俗以地而易，則情亦隨風俗而修……事事非古之俗，豈可以古人之禮律今人之情乎？"江永編撰此書亦參考古禮，包括古經古注，另外還有《説苑》《戰國策》，以及丘濬《家禮儀節》，朱軾《儀禮節略》等，

---

① （清）李應乾：《茗洲吴氏家典序》，《茗洲吴氏家典》，黄山書社，2006年，第3頁。
② 趙華富：《徽州宗族族規家法》，趙華富編：《首届國際徽學學術討論會文集》，黄山書社，1996年，第1—33頁，引文、注釋分見第11、31頁。
③ （清）竇容恂：《茗洲吴氏家典序》，黄山書社，2006年，第1頁。
④ 陳雪明：《從"大傳統"到"小傳統"——以〈茗洲吴氏家典〉對朱子〈家禮〉的詮釋與實踐爲例》，《牡丹江師範學院學報》（哲學社會科學版）2013年第4期，第67—70、80頁。

并在此基礎上來對《朱子家禮》進行批評,有着經典依據的支撐①。《茗洲吴氏家典》亦參考《三禮》。這些情況説明民間禮書的編撰,除却緣俗以外,必須要有經典依據。家禮的編撰,必須根據現實情況對《朱子家禮》進行斟酌損益,還必然要參考古禮古書。因此,編撰一部以《儀禮》爲主的禮書,以資考核,亦是民間家禮類書編撰的内在需要。江永《禮書綱目》一書的編撰,是徽州民間禮書編撰背景下的必然產物。

二、《禮書綱目》的編撰

據江氏《年譜》介紹,他"庭受父訓,日記數千言,父奇其敏,以遠大之器期之。因以《十三經注疏》口授先生。自是精心數十年,融會貫通,以著述爲己任"。這爲江氏後來的學術發展打下堅實的基礎,但真正吸引江永走上禮學研究道路的却是明代的丘濬。據戴震《江慎修先生事略狀》記載,江永"少就外傅時,與里中童子治世俗學,見丘濬《大學衍義補》,内徵引《周禮》,奇之,求諸積書家,得寫《周禮》正文,朝夕諷誦"②。丘濬是明代著名的禮學研習者,他早年據朱子《家禮》作《家禮儀節》,晚年又仿朱子《通解》,對真德秀《大學衍義》進行擴充和增補,撰成《大學衍義補》一書。江永學習丘濬著作,由此溯源《周禮》,這爲他的禮學研究提供了契機。

但促使江氏賡續朱子禮書的直接原因,還是朱子禮書未成的現實和結構、體例上的矛盾。江永自叙説:"某自弱冠後讀朱子《儀禮經傳通解》,疑其未備,即有重編之志。"③余龍光《雙池先生年譜》記載江永覆書汪紱,云:"自少即求《儀禮經傳通解》,反復切究之。讀之既

---

① 關於江永與朱熹學術關係的論述,見徐到穩:《江永反朱思想及其對戴震的影響——基於新見文獻〈昏禮從宜〉的研究》,《雲南大學學報》(社會科學版)2013年第3期,第41—47頁。

② (清)戴震:《江慎修先生事略狀》,《戴震文集》卷12,中華書局,1980年,第178頁。

③ (清)江永:《别紙開述》,《善餘堂文集》,"中央"研究院文哲研究所,2013年,第39頁。

久，覺其中猶有搜羅不備，疏密不倫之遺憾。又觀朱子晚歲及門人書，多拳拳於禮。慶元庚申三月九日，爲易簀前一日，猶作書與黃勉齋先生，以修《禮書》爲屬。其注意於《禮經》如此。竊不自揆，更欲爲之增損櫽括，以卒朱子之志。"①

江氏《禮書綱目》的編撰同時受到周遭友朋的砥礪，如與江永共同編撰《三禮約編》的汪基亦有志於此。江奚源《三禮約編序》云："吾友敬堂先生，潛心經學，蓋已有年，其於《三禮》之書，倍加研析，每欲紹子朱子、黃勉齋修《儀禮通傳經解》之意，衷作《三禮全書》，爲學者發聾警瞶。"②不難理解，以朱子的學術地位，受人尊敬的榮譽，以及朱子禮書未成的遺憾，而黃氏、楊氏續補的著述中又有許多不當之處，包括編撰的體例和選用的材料等，與朱子的初衷有間。所以明清以來，有志賡續朱熹《儀禮經傳通解》的學者衆多，其中包括清代梁萬方、盛世佐等。但禮書編撰非常困難，梁氏《重刊朱子儀禮經傳通解》雖然名爲"重刊"，實則改修，反不及朱子原書，遭到四庫館臣的批評③。盛世佐《儀禮集編》批評"朱子《儀禮經傳通解》析諸篇之《記》分屬《經》文，蓋編纂之初，不得不權立此例，以便尋省，惜未卒業而門人繼之，因仍不改，非朱子之本意。吳澄亦疑其《經》《傳》混淆爲朱子未定之稿。故是編《經》自爲《經》，《記》自爲《記》，一依鄭氏之舊"④。但其禮書的編撰仍然不脫朱子藍本，落入繁複的窠臼，這也側面説明重編朱子禮書的艱難。

事實上，江氏《禮書綱目》的成書也確實艱難。康熙六十年（1721），四十一歲的江永在婺城汪勳處謀得館職，授徒於西郊宜園。該年九月，《禮書綱目》編撰告竣。儘管江氏此書成書在汪家，但其構

---

① （清）余龍光：《雙池先生年譜》"乾隆三年四十七歲"條，薛貞芳主編：《清代徽人年譜合刊》，黃山書社，2006年，第178頁。
② （清）江奚源：《三禮約編序》，《四庫存目叢書》影印濟南市圖書館藏康乾間敬堂刻本，齊魯書社，1997年，經部108冊，第599—600頁。
③ （清）永瑢等撰：《四庫全書總目》卷25，中華書局，1965年，第206頁。
④ （清）永瑢等撰：《四庫全書總目》卷20，中華書局，1965年，第167頁。

思和材料準備及初始寫作却在結識汪勳前,正式的寫作時間大概在康熙五十年(1711)江父去世之後。

江氏自叙本書自弱冠以來便在日積月累的編訂之中,"先屬草本,後又增損改易,録入古注或附己説。"①但從江氏《年譜》的記載來看,他二十一歲考取秀才,又結婚生子,不僅家庭壓力陡增,而且在嚴父的監督下學習時文以取功名,根本無暇著述。至康熙五十年江期去世,之後他又考取了廩膳生,才稍微改善了困境。隨着他參編汪基主撰的《三禮約編》,經濟條件得到改善,他才有餘暇從事著述。康熙五十一年(1712)朝廷升朱子配祀,明確對於程朱理學的支持,而國家欽定諸經中禮書未成的現狀,客觀上對禮書的編撰起到催化作用。

從江永自叙其成書經過來看,書凡三易稿,初曰《存羊編》,次曰《增訂儀禮經傳》,三稿始易今名爲《禮書綱目》,過程艱辛,且屢加斟酌而成。康熙六十年(1721),剛過不惑之年的江永編撰完成《禮書綱目》一書。

本書《序言》説明了江氏編撰此書的緣由。首先,《三禮》皆有不足處,加上可資利用的散軼在經史諸書中的禮學材料,使得重編禮書變得可能。其次,朱熹《儀禮經傳通解》存在的諸多問題,如:"前後體例亦頗不一,《王朝禮》編自衆手,節目闊疏且未入疏義,黄氏之書,《喪禮》固詳密,亦間於漏落,《祭禮》未及精專修改,較《喪禮》疏密不倫。信齋楊氏有《祭禮通解》,議論詳贍,而編類亦有未精者。"如斯種種,使得重編朱子《通解》變得必要。最後,江永根據自己的旨趣和體例,"尊經之意當以朱子爲宗,排纂之法當以黄氏《喪禮》爲式,竊不自揆爲之增損檃括,以成此編。"②

不過,此書在江氏心目中仍是未成之書。按照江氏計劃,他"更

---

① (清)江永:《别紙開述》,《善餘堂文集》,"中央"研究院文哲研究所,2013年,第39頁。

② (清)江永:《禮書綱目序》,《叢書集成續編》本,第153頁。

欲增入唐宋義疏與古今諸儒議論。苦無力,乏人抄寫,有志未逮"①。所以,本書一直在增訂中,這從《禮書綱目》一書的取名中可窺觀其徑。在江氏康熙六十年(1721)成書之前,本書便三易書名,初曰《存羊編》,次曰《增訂儀禮經傳》,最後定名《禮書綱目》。《存羊編》,取《論語》"愛禮存羊"之意,表明江永當時只欲撰一種適用的禮書。但他在編撰中參閱《儀禮》及朱子《通解》,并有意在《儀禮》框架下進行增訂,所以改名《增訂儀禮經傳》。最後的成書并不符合江氏意願,他欲增加注釋及相關材料,所以將本書改名《綱目》,意在進行增訂。在這之後,江氏仍在不斷更易書名。戴震《江慎修先生事略狀》三次提及江永本書,均稱《禮經綱目》,如他叙述本書的學術成就,提及"於今題曰《禮經綱目》,凡數易稿而後定"②,其所列舉江氏遺書及向秦蕙田介紹此書,亦稱《禮經綱目》。江氏晚年所定《禮記訓義擇言》,言將《禮記·檀弓》"叔嫂之無服也"條附《禮經綱目》"小功"章之後,亦可證江氏確有改換書名之意③。受到戴震這一記載的影響,有關江氏傳記的記載,無論是私修的碑傳墓志,還是官修的史書,均稱江氏本書爲《禮經綱目》。江氏將《禮書綱目》改成《禮經綱目》,表示他認爲禮書的編撰必須植根於經典,同時也説明其書并非爲禮用,而是資考核。大概由於江氏此書在乾隆初年被三禮館徵集時書名《禮書綱目》,因此無論此書的抄本及刊刻,均以《禮書綱目》命名,未再更改。

三、《禮書綱目》的刊行

《禮書綱目》成於康熙六十年(1721),此時江永館于汪勳處。十數年後江氏寫成《四書典林》一書,得到汪勳的資助而刊刻,但《禮書綱目》却一直未能刊刻。乾隆元年(1736)汪紱致信江永,云:"聞此書

---

① (清)余龍光:《雙池先生年譜》"乾隆三年四十七歲"條,薛貞芳主編:《清代徽人年譜合刊》,黃山書社,2006年,第178頁。
② (清)戴震:《江慎修先生事略狀》,《戴震文集》卷12,中華書局,1980年,第178頁。
③ (清)江永:《禮記訓義擇言》卷2,臺灣商務印書館影印文淵閣本《四庫全書》本,第128册,第316頁。

未經付梓，而別有《四書名物考》之刻。夫名物之考，務博洽耳，於禮經孰緩孰急？"①汪紱的批評確有理由，但江氏本書的刊刻亦有難處。《禮書綱目》寫就後流傳不廣，主要因爲江氏認爲此書未爲完稿，且擬進行增訂，加上本書卷帙繁多，所以書成十數年後仍未刊刻，只有極少量抄本流傳。汪紱致書江永，詢問所著書大旨，還不知曉具體書名，謂："側聞《三禮合參》之著，紱未得睹其書，然禮家言人人殊，竊願一聞大指。"②江永并未及時回信汪紱，直到汪紱再次致函，江永才在乾隆三年(1738)春覆書汪紱，介紹《禮書綱目》大要，再次申明《禮書綱目》的寫作，欲爲朱子禮書增損櫽括，以卒朱子之志③。

按照江永用意，"但欲存古以資考核，非謂先王之禮盡可用於今也。"④可見江氏有編撰此書有爲國家存禮樂之書的目的，最後江永亦實現了其目的。乾隆元年，高宗命修《大清通禮》，同年官修《三禮義疏》之《纂修條例》擬定⑤，江永《禮書綱目》稿本被徵集。但本書的刊本一直難產。由於卷帙浩繁，《禮書綱目》寫成後一直束之高閣，即使後來偶有抄本，也罕有全本。戴震《壽序》說"《禮書綱目》前大中丞趙公暨禮館所抄者特其梗概"，便是其例⑥。直到乾隆二十七年(1762)江永去世，《禮書綱目》也無機會刊刻。

之後《禮書綱目》被四庫館徵集。乾隆三十二年(1767)，婺源縣令言朝楫將江氏著述十三部詳撫院馮鈐，咨送國史館并禮部。乾隆

---

① (清)余龍光:《雙池先生年譜》"乾隆元年四十四歲"條,《清代徽人年譜合刊》,第172頁。
② (清)余龍光:《雙池先生年譜》,《清代徽人年譜合刊》,第171—172頁。
③ (清)余龍光:《雙池先生年譜》,《清代徽人年譜合刊》,第178頁。
④ (清)余龍光:《雙池先生年譜》"乾隆三年四十七歲"條,《清代徽人年譜合刊》,第179頁。
⑤ 《高宗實錄》卷22"乾隆元年七月辛丑"、卷20"乾隆元年六月甲子"、卷31"乾隆元年十一月己未"諸條。《清實錄》影印本,中華書局,1986年。
⑥ 林勝彩、鍾彩鈞以爲所謂梗概,是江氏本書意欲導入唐宋注疏與歷代諸儒研究,因此撫院趙公及禮館所抄爲全本。《善餘堂文集》,"中央"研究院文哲研究所,2013年,第16頁。戴震《壽序》見第70頁。筆者以爲從四庫館再次徵集江氏此書來看,三禮館當時所抄只是梗概,并非全書,不然無重徵之舉。

三十七年(1772)，朝廷開四庫全書館博采遺書，采入江氏書十三部，其中包括《禮書綱目》八十五卷。此即抄本的四庫本《禮書綱目》，包括卷首三卷後附《深衣考誤》一卷。

在四庫館謄録江氏《禮書綱目》之前，部分館臣曾對江氏稿本的一些錯誤進行了校正。這就是王太岳等編撰的《四庫全書考證》對江氏稿本的勘驗，其書利用朱子《文集》《語類》《儀禮經傳通解》，以及三禮注疏等，與《禮書綱目》進行對勘，改正了江氏稿本每卷一到二條錯誤①。這些錯誤後來被四庫抄本一一改正，這也爲《禮書綱目》以後的順利刊刻提供了條件。

由於四庫抄本貯藏于清宫及江浙官衙，一般士子無以得見。江永去世後，弟子金榜和程瑶田便謀刻此書，屢謀剞劂而中輟，最後得到婺源俞鳴玉、俞荆玉兄弟的幫助。俞氏兄弟鳩工開雕，於嘉慶十五年(1810)刊刻成書。在成書之前，江永裔孫江錦波通過程瑶田的介紹，於嘉慶十二年(1807)索序於阮元，王鍔《三禮論著目録》蓋據此認爲有清嘉慶十二年刻本②。其實這一刻本并不存在，直到嘉慶十五年《禮書綱目》才刊刻告竣。汪廷珍爲之作序，高度贊揚是書③。邵懿辰謂："《禮書綱目》八十五卷，大略依仿《儀禮經傳通解》，而義例較密。近年婺源刊本。"婺源刊本其實就是邵章《續録》所謂"嘉慶十五年刊本。"④此外，王鍔謂："清乾隆刻本《禮書綱目》85 卷《首》3 卷，清江永撰，清乾隆間鏤恩堂刊本，今藏復旦大學圖書館。"⑤筆者檢閲是書，發現其封面、版式均與嘉慶十五年刊本相同，卷首序跋每葉六行，行二十四字；內頁每葉九行，行二十二字，實爲嘉慶十五年婺源刊本⑥。

---

① （清）王太岳等撰：《四庫全書考證》卷14，清武英殿聚珍版叢書本。
② 王鍔：《三禮研究論著提要》，甘肅教育出版社，2001年，第445頁。
③ （清）汪廷珍：《禮書綱目序》，《叢書集成續編》本，第152頁。
④ （清）邵懿辰撰，邵章續録：《增訂四庫簡明目録標注》，上海古籍出版社，1979年，第97頁。
⑤ 王鍔：《三禮研究論著提要》，甘肅教育出版社，2001年，第445頁。
⑥ 王鍔謂有嘉慶十二年刊本，這主要受到汪廷珍序言時間爲嘉慶十二年所致，其實并不存在這一刊本。本書直到嘉慶十五年才刊成。

復旦大學圖書館藏嘉慶十五年本《禮書綱目》闕略卷首《欽定四庫全書提要》及劉大櫆撰《江先生傳》，僅阮元、汪廷珍及江氏自序①。據安徽省圖書館藏本的介紹，本刊本牌記爲"嘉慶庚午新鐫""鏤恩堂藏板"，序跋鐫刻有徽州著名刻工吳信祖和游晉侯的名字②。但此刊本傳世甚稀，葉德輝《書林清話》云："藏書大非易事，往往有近時人所刻書，或僻在遠方，書坊無從購買。或其板爲子孫保守，罕見印行。吾嘗欲遍購前續兩經解中之單行書，遠如新安江永之經學各種，近如遵義鄭珍所著遺書，求之二十餘年，至今尚有缺者。"③二《經解》中江氏著述尚不可得，更不用説未能刊入二《經解》的《禮書綱目》，其罕見程度可知。

由於婺源刊本較少，加上江永自道、咸以來被尊爲漢宋兼采的代表人物而備受青睞，特別受到曾國藩的表揚，這促使本書有着刊刻需求。洪、楊之亂後，同光中興，致用之學再次被提及。清朝光緒間中法戰爭爆發，張之洞由山西巡撫調任兩廣總督，光緒十二年(1886)張氏帶頭捐資興辦廣雅書局，刊行經世類圖書，主要是經史書籍。光緒十五年(1889)張之洞調任湖廣總督，但廣雅書局的刻書仍在進行。光緒二十一年(1895)，廣雅書局本《禮書綱目》竣行。

廣雅書局本《禮書綱目》根據嘉慶婺源刊本進行了改進，其中序跋去掉了婺源本凸出的"國朝""四庫"等欽定字樣，行數上與内頁相同，均較嘉慶本加密，爲每葉十一行，行二十四字。此外，廣雅書局本還删去了嘉慶本每卷之後的校對人的姓名。光緒季年，廣雅書局逐漸没落，其刊片大多散遺。民國八年(1919)，番禺徐紹棨將其中較爲畫一的書片重新刊刻，其中包括江永《禮書綱目》。廣雅書局本《禮書

---

① 復旦大學圖書館藏嘉慶十五年本《禮書綱目》共3函24册，索書號：334007。
② 此外，周中孚《鄭堂讀書記》、張之洞《書目答問》均記載本書嘉慶刻本爲留真堂刊行，但迄今藏本中未見牌記爲"留真堂"字樣。但考慮到周中孚爲汪廷珍弟子，汪氏又爲《禮書綱目》作序，周氏此言必有自。蓋江氏禮書卷帙繁多，鏤恩堂與留真堂合刊可能性較大。
③ (清)葉德輝：《書林清話》卷9《經解單行本之不易得》，岳麓書社，1999年，第207頁。

綱目》刊印數量較多，這使得廣雅書局刊本《禮書綱目》成爲該書最流行的版本。1994年，上海書店出版《叢書集成續編》，其中《禮書綱目》被選入經部，據廣雅書局刻本縮排影印。

四、結論

朱子《儀禮經傳通解》是未成之書，其體系上存在問題，學禮不融於"家齊國治"的理學體系，喪、祭二禮又非朱子親定。《通解》在體系和結構上的弊病，導致重編此書的興起。江永《禮書綱目》的編撰是這一背景的產物。同時，徽州的地方理學背景和民間禮書編撰，證明需要回歸經典研究有關，以資考核。所以根據《儀禮》爲主進行經禮禮書的編撰，亦是民間禮書編撰的内在需要。

江永《禮書綱目》的編撰，表面上一鳴驚人，但背後付出了艱辛的努力。此書最早從康熙五十年(1711)江父去世後撰寫，凡三易名，最終成書。相比之下，其刊刻尤其艱辛。本書卷帙繁多，一直在有限範圍内以抄本的方式流傳。戴震《壽序》所謂大中丞趙公暨禮館所抄者，是本書除稿本外的最早抄本，但只抄寫了梗概，并非全書。江永去世後，《禮書綱目》被選入《四庫全書》，始有全書抄本。但四庫抄本深居宮廷官衙，士子多未能見。嘉慶十五年(1810)，江永去世近半個世紀後，《禮書綱目》始刊刻問世，這就是嘉慶婺源刊本。光緒二十一年(1895)，廣雅書局據嘉慶本翻刻，爲該書流傳最廣的版本。江永學術研究以《禮書綱目》爲基礎，其書的刊刻和流衍，給我們深入瞭解和研究江氏學術提供了條件。

第六章 《禮書綱目》對朱子禮書的賡續與重訂

清代學者重視禮學研究,其禮學考證諸作作範後世,但禮書編撰同樣值得注意。按周啓榮先生意見,在乾隆初三禮館開館前,尤其是康熙時的禮學研究,主要基於實際改革和施行禮制而進行,其禮學著作幾乎都是環繞朱熹《朱子家禮》《儀禮經傳通解》而提出進一步的增修研究、批評或者辯護,或者用朱熹的禮學著作爲基礎,繼續編纂有關禮制的書[1]。江永《禮書綱目》就是其中之一。但禮書編撰極其困難,如梁萬方《重刊朱子儀禮經傳通解》名曰"重刊",實則改修,反不及朱子禮書。姜兆錫《儀禮經傳内外編》、盛世佐《儀禮集編》等步武朱子禮書的繁複。相較之下,江永禮書被認爲:"厘正發明,實足終朱子未竟之緒。"[2]四庫館臣的評價是否正確,江永這部實際上未能完成的禮書,究竟如何賡續和發明朱子禮學,本文擬對此略作論述[3]。

一、《儀禮經傳通解》的編撰背景和成書過程

朱熹既是理學大家,也是禮學名家,他少時就傅,由楊由義親授

---

[1] 周啓榮:《儒家禮教思潮的興起與清代考證學》,《南京師大學報》(社會科學版)2011年第3期,第13—14頁。
[2] (清)永瑢等撰:《四庫全書總目》卷22,中華書局,1965年,第179頁。
[3] 關於江永《禮書綱目》與朱子禮書的編撰差異及旨趣的研究,主要有徐到穩和武勇的博士論文。徐文從綱目、材料、案語三部分比較了二書的同旨和異趣,武文主要論述了江永禮書的體系構建和復古傾向。比較來説,徐文簡略而深入,但有未及處,武文論述的深度略顯不够。本文據學位論文改寫,寫作時未參考二文,論述如有重轍處,皆以先出爲是。徐到穩:《江永禮學研究》,清華大學博士論文,2013年,第16—49頁;武勇:《江永的三禮學研究》,華中師範大學博士論文,2016年,第73—86頁。

司馬光《雜儀》，年輕時萌發考訂諸家祭禮的興味，成爲他禮學研究的起點。他曾自撰《家禮》，對刪削有限而難以普及的司馬氏《書儀》進行增訂，在明清時風靡宇內。他晚年又主持編撰《儀禮經傳通解》，此書同樣在明清風靡。此外，留存於朱門弟子所輯纂的《語類》和《文集》中亦存很多有關考禮、編禮的內容。清代李光地曾以類纂集，分爲"總論""冠昏""喪""祭""雜儀"五目，成《朱子禮纂》五卷，於學禮者頗爲有功。朱子鍾情於編撰禮書，有着鮮明的時代背景。

朱子的禮書編撰是唐宋間禮下庶民運動的產物。眾所周知，禮以時爲大。由於今本《儀禮》主要是關於士禮，隨着社會文化的變遷，損益工作不得不進行。漢代叔孫通通過增刪秦律制定漢禮，讓流氓出身的劉邦感受到作爲天子的威嚴。後漢曹褒也據叔孫通所制之禮損益，雜五經讖記之文，成天子及士庶人禮百五十篇，可惜不僅沒能實行，還受到彈奏，漢禮遂不行①。魏晉南朝有關喪服的書籍特出，《隋書·經籍志》記載的 136 部 1622 卷禮學著述中，《儀禮》注釋的書籍幾乎闕如，全爲"喪服"替代。從隋唐開始，隨着國家的統一和對禮制的需求，大型禮書的編撰成爲可能，現存《大唐開元禮》即編於此時。同時，隋、唐以來科舉制度的實行，士人向上的流動性增加，門閥制度瓦解，士庶通禮等普及型禮書需求增加，"宋徽宗時頒定的《政和五禮新儀》，開始出現了《唐開元禮》中沒有的士庶禮儀，即'庶人冠儀''庶人婚儀''庶人喪儀'，成爲'禮下庶人'的一大轉折。"②但士庶通禮受到佛道禮儀的浸染，禮書編撰回歸儒家傳統成爲一種普遍趨勢③。歐陽修、王安石偏向於以《周禮》爲中心重建禮制，司馬光、二程主張以《儀禮》爲主進行禮書編撰，後者的路徑被朱子用於禮書的編撰中，著成《家禮》《儀禮經傳通解》兩部劃時代作品。

---

① （南朝）范曄：《後漢書》卷 35《曹褒傳》，中華書局，1965 年，第 5 冊第 12305 頁。
② 楊志剛：《〈司馬氏書儀〉和〈朱子家禮〉研究》，《浙江學刊》1993 年第 1 期，第 108 頁。
③ （宋）歐陽修：《居士集》卷 17《本論》，文章分上中下三部分，中下卷闢佛，主要針對佛法爲中國患千餘年，撲之未滅而愈熾的情況，主張天下皆知（儒）禮，則勝之矣。

同時，《儀禮》研究的衰落，竟至出現附會、杜撰風氣的盛行，促使朱熹決宗法《儀禮》，編撰禮書。《儀禮》在《三禮》中原本具有正經地位，但到了唐代修纂諸經正義，原本爲《儀禮》附庸的《禮記》成爲《五經正義》之一。此外，唐代科舉取士，以經書字數多少分大、中、小經，字數的多少與難易程度決定本經習讀的盛衰，九經中《周禮》《儀禮》《公羊》《穀梁》四經殆絶①。北宋神宗熙寧四年(1071)依王安石意見罷廢《儀禮》，致使《儀禮》研究遂歇，盛行附會和杜撰。朱熹曾批評陸佃解説禮時不以節文度數爲據而"先求其義"，失去了"古人所以講明其義者，蓋緣其儀皆在，其具并存"的基本要求，所求之義流於空疏②。當時禮學家林栗和朱熹進行過對《西銘》禮制問題的爭論，林栗專研禮學，但不解宗子和嫡長子的關係，將其中"君者，吾父母宗子"理解錯位，造成君子"既爲父母，又降而爲子"，鬧出笑話③。劉敞在長安偶得周敦，其中刻云"巨中"，遂以爲周張仲之器。後又得一枚，刻云"巨伯"，遂以爲張伯。曰："《詩》言'張仲孝友'，則仲必有兄矣"，遂作銘述其事。後來趙明誠《金石録》辨之，云"巨"非"張"，乃某字也④。可見當時説禮無所據而杜撰者衆，主要原因在於王安石罷廢《儀禮》所致。朱子主張"孫爲人君，爲祖承重"，但缺少文獻證據，結果遍查《儀禮》疏未得，遂生感歎，"舊來有明經科，便有人去讀這般書，《注》《疏》都讀過。自王介甫新經出，廢明經學究科，人更不讀書。卒有禮文之變，更無人曉得，爲害不細。如今秀才，和那本經也有不看底。"⑤《儀禮》作爲正經，其研究的荒廢和附會、杜撰風氣的盛行，使朱熹感到憤恨。他在上書修禮書的札子中批評王安石，以爲："熙寧以來，王安石變亂舊制，廢罷《儀禮》，而獨存《禮記》之科，弃經任

---

① （清）皮錫瑞著，周予同注釋：《經學歷史》，中華書局，1959 年，第 210 頁。
② （宋）黎靖德編：《朱子語類》卷 84，《朱子全書》第 17 册，上海古籍出版社，2002 年，第 2877 頁。
③ （宋）朱熹：《晦庵先生朱文公文集》卷 71《記林黄中辨易西銘》，《朱子全書》第 24 册，第 3407—3408 頁。
④ （宋）黎靖德編：《朱子語類》卷 84，《朱子全書》第 17 册，第 2885 頁。
⑤ （宋）黎靖德編：《朱子語類》卷 85，《朱子全書》第 17 册，第 2906 頁。

傳,遺本宗末,其失已甚。而博士諸生又不過誦其虛文以供應舉,至於其間亦有因儀法度數之實而立文者,則幽冥而莫知其源。一有大議,率用耳學臆斷而已。"①

朱子的禮書編撰有着現實需求。宋代的濮議事件,以及朱子在政治生活中論及禮制時所遭受的困境,使得他決心研究《儀禮》。濮議發生於北宋英宗時,是一場當朝文人士大夫深度捲入,包括學術爭論和政治鬥爭的議禮事件②。仁宗無嗣,生前指定後來的英宗繼嗣,但英宗繼承大統後,對於祭祀生父濮安懿王應該如何稱呼的問題,朝中以司馬光爲代表主張尊稱"皇伯父",歐陽修爲代表主張尊親稱"皇考"。這場爭論凸顯了當時《儀禮》研究的缺失,這種缺失在朱熹自己的禮學實踐上體現得更加明顯。紹熙五年(1194)秋,光宗内禪,寧宗即位,冬十月,朱熹奏乞討論嫡孫承重之服③,其主張儘管"法意甚明,而《禮經》無文"。他反思自己"講學不熟之咎",未熟讀《儀禮》所致④。這一年朱熹上《祧廟議狀》,提出自己的祧廟方案設計。北宋王室在廟制問題的安排上混亂不堪,特別是孝宗死後,誰爲始祖,如何祧遷祖先牌位,如何安排廟室昭穆實行禘祫之禮,成爲一個涉及禮制和政治的敏感話題。孝宗祔廟重新引發了關於太廟之制的討論,在朝臣中間掀起了紛爭。有宋以來爭執不熄的禮制困境,讓後來朱熹在編撰禮書的過程中特別留意有關廟制、禘祫、郊社等問題⑤。現實中禮書編纂的需要,《儀禮》研究附會風氣的盛行,朱子自身禮制實踐遭受的困境,促使他決心宗法《儀禮》編撰禮書,最終編成《儀禮經傳通解》一書。

---

① (宋)朱熹:《乞修三禮札子》,《儀禮經傳通解》前附,《朱子全書》第2冊,第25頁。
② 關於濮議的研究,參考王雲雲:《北宋禮學的轉向——以濮議爲中心》,《安徽大學學報》(哲學社會科學版)2010年第2期,第19—26頁。張鈺翰:《北宋中期士大夫集團的分化——以濮議爲中心》,《宋史研究論叢》,2013年,第19—41頁。
③ (宋)朱熹:《晦庵先生朱文公集》卷54《乞討論喪服札子》,《朱子全書》第20冊,第685—686頁。
④ (宋)黎靖德編:《朱子語類》卷170,上海古籍出版社,2002年,第3488頁。
⑤ 殷慧:《朱熹禮學思想研究》,湖南大學博士論文,2009年,第106頁。

據白壽彝的考證，朱熹先後進行了五次較大的體系調整，才形成了今本《儀禮經傳通解》的體系和内容①。白氏稱朱熹的五次調整爲"五次設計"②。朱子對於本書的設計和編撰有過長時間縝密的思考，它凝聚着朱熹學術的結晶。

　　本書編撰包括正文、注解以及參校，由弟子和朋友進行最初的編纂，朱子進行統籌。參編人員包括應仁仲、趙恭父、黄直卿、趙致道、吕子約、劉用之、劉履之、廖子晦、潘恭叔等，其中黄直卿就是黄榦，是朱熹的女婿和高弟。另外還有余正甫，他是當時的禮學名家，但編撰理念上和朱熹有分歧。余氏將《國語》放入禮書編撰中，引起朱熹的不滿。朱子最爲重視三禮的材料，三禮中又重《儀禮》，次《周禮》《禮記》，最後才是古書古籍③。一般認爲，《喪禮》和《祭禮》爲朱子囑托黄榦進行編撰，應被排除在《通解》體系之外，但白壽彝對朱熹去世前

---

① 白壽彝《〈儀禮經傳通解〉考證》討論了《通解》的内容、編撰過程、人員、規劃，以及朱子死前的成書情況，還討論了《通解》的版本。白壽彝：《儀禮經傳通解考證》，《國立北平研究院院務彙報》1936年第7卷第4期；後收入氏著《白壽彝史學論集》下册，北京師範大學出版社，1994年，第1037—1068頁；以及龔書鐸主編《白壽彝文集》第7卷《朱熹撰述叢考》，河南大學出版社，2008年，第40—69頁。此外，錢穆《朱子新學案》第4册《朱子之禮學》，殷慧《朱子禮學思想研究》均有本書撰寫過程的討論，可資參閲。

② 最初朱熹只想編一部《禮記》分類，擬將《禮記》按内容分爲曲禮、冠義、王制、禮運、大學、經解、喪大記七類。這和後來朱熹以《儀禮》爲本的架構相去甚遠，但朱熹的禮書編撰工作從此開始。第二次朱熹擬將《禮記》附《儀禮》之後，成《儀禮附記》。這接近朱子最後成書的核心設計，也標志着朱熹興趣的轉向，擬重塑《儀禮》的正經地位。對於散落於《儀禮》和《禮記》的禮學材料，朱熹打算加以搜集，以編成别種禮書。這時他所規劃的取材更廣，《禮記》分類比以前更進步，對《大學》《中庸》更重視。他把分開的《附記》和《分類》合爲一書，并增益材料再編其他禮書，這是第三次設計。然後，他又將禮書中的《儀禮附記》和《禮記分類》混合編纂，按照禮類性質來劃分，接近最後的成書，是爲第四次設計。第四次設計形式還存在禮學材料比較純正的《大傳》與較爲駁雜的《外傳》的區别，直到將這些材料都分别融進最終的禮書各條之中，才最終完成了《儀禮經傳通解》的編撰。《晦庵先生朱文公續集》卷2《答蔡季通》，《朱子全書》第25册，第4697頁。《晦庵先生朱文公集》卷74《問吕伯恭三禮篇次》，《朱子全書》第24册，第3579—3581頁。《晦庵先生朱文公集》卷50《答潘恭叔》，《朱子全書》第22册，第2313頁。《晦庵先生朱文公集》卷63《答余正甫》，《朱子全書》第23册，第3080頁。

③ 白壽彝：《儀禮經傳通解考證》，《國立北平研究院院務彙報》第7卷第4期，1936年，第12—15頁。

有關《通解》剩餘部分的編撰進行了推測，認爲《喪禮》《祭禮》在朱熹在世時已在進行編撰，死後成于黃榦之手，但當時編輯不限於黃榦一人。白氏考証朱子亦曾委托吕祖儉編撰《祭禮》，吕氏將《祭禮》放在《喪禮》前，但由於論事外貶身亡而止。此外，吴必大和李如圭也參與過《祭禮》的編撰。《喪禮》的編撰情況較《祭禮》更好，朱子在世時，《喪禮》的成熟度較《祭禮》高。《通解》在朱熹死後二十年具稿，最終《喪禮》沿襲者八篇，改定者兩篇，其變更較之《祭禮》還要小些①。朱熹指導了喪、祭二禮的編撰，設計了基本框架，準備了部分材料，給黃、楊的工作提供了指南。但如果没有黃榦、楊復的努力，朱子的設計永遠只是藍圖。黃榦在編定喪、祭禮中所設定的體例，被後來重訂朱熹此書的清代學者所推崇，楊復也在編纂祭禮時有着巨大的學術發現②。

朱熹慶元六年（1200）過世時，《通解》并未完成，在嘉定十年（1217）南康道院的刊刻本中，只有《家禮》《鄉禮》《學禮》《邦國禮》共三十七卷，《喪禮》和《祭禮》并未成型。在三十七卷中只有前二十三卷經過審訂，是爲《通解》，另十四卷未通過審訂者爲《集傳集注》。後來黃榦秉承朱熹的遺願繼續編《喪禮》和《祭禮》，在嘉定十三年（1220）《喪禮》完成後不久就過世了，剩下的《祭禮》由楊復繼續完成，這便是所謂《儀禮經傳通解續》，簡稱《續通解》。

---

① 白壽彝比較了朱熹《答黃直卿》中喪禮與《續通解》中喪禮的篇目次第，得出此結論，見白壽彝：《儀禮經傳通解考證》，第 27—28 頁。

② "楊復在編次黃榦《祭禮》時，看到很多内容抵牾的地方，便萌生了重編《祭禮》的想法，他又按照朱熹生前的構想在紹定四年（1231）重新編寫成一部《祭禮》。所以《儀禮經傳》的《祭禮》部分其實有截然不同的兩種書，但清代以來一直被學者混淆，《四庫提要》和《朱子全書》皆是如此。又如陸心源作爲楊復《祭禮》的收藏者，都不知道《祭禮》有兩部，吕留良刻黃榦《祭禮》，陸心源拿楊復的去校勘，誤以爲吕留良刻本亂改文字。現代研究者對此亦不太清楚，《儀禮經傳通解》在清代有梁萬方的重編本，梁氏此書有原版和覆刻的不同，《四庫存目叢書》不瞭解情況，把覆刻當作了原版。"葉純芳：《楊復再修儀禮經傳通解續卷祭禮導言》，"中央"研究院文哲研究所，2011年，第 1—50 頁。對楊復《儀禮》研究成績的清理，見刁小龍：《楊復〈儀禮〉學初探——以〈特牲饋食禮〉〈少牢饋食禮〉章句論爲中心》，《中國典籍與文化》2014年第 1 期，第 34—42 頁。

《儀禮經傳通解》一書的編撰實際上由朱子發凡起例,由朱門弟子及友朋參加編撰,最後由朱熹筆削整理。從成書的最後情況來看,由朱熹所親定和認可的部分只有《通解》,剩下的《集傳集注》未來得及整理,黃榦、楊復所編《續通解》未能完全融入朱熹此書内聖外王的理學途徑。本質上,《儀禮經傳通解》是一部未成之作,這也導致了清代以來大批學者爭相重訂此書,江永是其中之一。他認爲《通解》"前後體例亦頗不一,《王朝禮》編自衆手,節目闊疏且未入疏義,黃氏之書,《喪禮》固詳密,亦間於漏落,《祭禮》未及精專修改,較《喪禮》疏密不倫。信齋楊氏有《祭禮通解》,議論詳贍,而編類亦有未精者",最後他以"朱子爲宗,式法黃氏",成《禮書綱目》一書,卒終朱子未竟之緒①。

《禮書綱目》作爲江永最大的禮學著述,是在朱子《通解》的基礎上增訂而成,意在回歸《周禮》吉、凶、軍、賓、嘉五禮體系,附益《通禮》《曲禮》及《樂》,總百單六篇,八十有五卷。《綱目》的編撰以朱子爲宗,確立以《儀禮》爲經,《禮記》爲傳的體系設計,在方法上又多有創新,主要以"統繁"和"補缺"爲原則,通過對《通解》的增删隱括,最終實現了禮書編撰者追求綱舉目張和禮樂合璧的夙願,在禮學編撰史上具有劃時代的意義。但江永此書仍是一部未成之作,主要是對於"賈、孔諸家之疏,與後儒考正之説"的缺略②,造成這種局面的原因主要在於個人精力的限制,也正是由於這一限制,使得本書的編撰在體系上更加完整,成爲朱子《通解》之後的又一禮學名作。

二、《禮書綱目》的編撰旨趣和原則

《禮書綱目》的編撰在旨趣和原則上承襲朱子《通解》。江永對於朱子禮書的評價甚高,以爲"其篇類之法,因事而立篇目,分章以附傳

---

① (清)江永:《禮書綱目序》,《叢書集成續編·經部》第11册,第153頁。
② (清)江永:《禮書綱目序》,《叢書集成續編·經部》第11册,第153頁。

記，宏綱細目，於是燦然，秦漢而下，未有此書也"①。他特別推崇朱熹以《儀禮》爲經，以《禮記》爲傳的做法，確信這種做法恢復了禮經原始面貌。所以對於禮書的編撰，江永以爲"尊經之意，當以朱子爲宗"②。

朱熹《通解》以《儀禮》爲宗，是禮書編撰史上的創舉。儘管《儀禮》在漢代具有正經地位，但隨着漢末遍注《三禮》的鄭玄以《周禮》爲宗，魏晋以後的公私書儀沿用《周禮》五禮（吉、凶、軍、賓、嘉）體系，内容上廢棄通行《儀禮》。結果，漢代以後的禮書編撰擯棄作爲正經《儀禮》所記叙的古老禮儀，將隨時變遷的當代禮儀載入所編禮書，造成這些禮書只有"史"的意義，而無"經"的價值。

朱熹編撰《通解》以《儀禮》爲宗，主要是"藉古禮以資考核"，這與流傳於世的《朱子家禮》在旨趣用途、體例設計和材料選擇上有諸多不同。《家禮》以司馬光《書儀》進行增訂，以期適用，而《通解》則強調"資考核"。朱熹認爲其所編《通解》之主旨并非使人踐履古禮，而是要使人知禮之源流。葉賀孫曾問詢朱子，"所編禮，今可一一遵行否？"朱熹回答説："人不可不知此源流，豈能一一盡行？"③朱子又説："今所編《禮書》，只欲使人知之而已。"④在朱熹看來，《通解》并非考禮之書，"學多不可考，蓋其爲書不全，考來考去，考得更没下梢，故學禮者多迂闊。"⑤清代朱軾評價朱子《通解》説："其書惟章句是正，使學者知有古禮，而其宜於今與否，固未嘗有所論斷也。"⑥

既資考核，朱熹於是以《儀禮》爲正經，《禮記》作爲義疏來編撰《通解》，還原經典面貌。這是因爲《禮記》中多篇傳記正相對應《儀

---

① （清）江永：《禮書綱目序》，《叢書集成續編》本，第153頁。
② （清）江永：《禮書綱目序》，《叢書集成續編》本，第153頁。
③ （宋）黎靖德編：《朱子語類》卷84，上海古籍出版社，2002年，第2886頁。
④ （宋）黎靖德編：《朱子語類》卷23，第821頁。
⑤ （宋）黎靖德編：《朱子語類》卷84，第2876頁。
⑥ （清）朱軾：《儀禮節略序》，引自《清儒學案·高安學案》，河北人民出版社，2008年，第1776頁。

禮》,如《冠義》爲《士冠禮》義解,《昏義》爲《士昏禮》闡釋。朱熹的做法對於《儀禮》正經地位的確立有重要意義。在此之前,陸德明《經典釋文》釋《禮記》,以爲"此記《二禮》之遺闕,故名《禮記》"①。換句話講,陸將《禮記》升格,同於《周禮》和《儀禮》的正經地位。而唐代的官方經禮編撰,《禮記》超越了《周》《儀》業已取得的地位,成爲五經正義之一。北宋神宗更是依王安石意見罷廢《儀禮》,造成《儀禮》研究的荒廢和附會、杜撰風氣的盛行。這種情況下,朱子以《儀禮》爲宗,《禮記》附記的做法,促進了禮學研究回歸《儀禮》的正途。

朱熹的做法在清代被廣泛接受,如李光地認同"《儀禮》,禮之經也;《禮記》,禮之傳也"的説法②。江永也認可朱子"藉古禮以資考核"的思想,贊同朱熹宗主《儀禮》。在具體的編撰上,《綱目》仿效《通解》,在確定禮儀種類後,首引《儀禮》十七篇相關經文,下附鄭玄注解,間引賈公彥疏,或以按語對所引注疏進行總結。在每卷每章分節後面附《禮記》相關材料,同時不拘於《禮記》,且附諸子史書,從而擴大古禮文獻資料和附選材料的範圍。最後在每種《儀禮》禮儀之後附相關《禮記》義解,如《士冠禮》後附《冠義》,《士昏禮》後附《昏義》。江永宗法朱熹,以《儀禮》爲經,《禮記》爲傳,堅持經傳問題上的原則立場,確保《禮書綱目》的成功編撰。

但朱熹《通解》對《儀禮》的改定和重編并非完全按照原本進行編錄,而是將《儀禮》每篇中的記和辭附於相關經文之下。朱子的這一做法被後世學者批評爲割裂經傳。元代吳澄以爲《通解》經、傳混淆的做法爲朱子未定之稿。清代姚際恒也批評朱子"經傳顛倒""經義破碎支離"③。盛世佐也贊成吳澄之説,以爲:"朱子《儀禮經傳通解》

---

① 關於《禮記》是《周禮》和《儀禮》"遺闕"的問題,見(清)翁方綱《禮記附記》卷1(叢書集成初編本),中華書局據畿輔叢書本排印,1985年,第1頁。

② (清)李光地:《禮記纂編序》,《清儒學案·安溪學案》,河北人民出版社,2008年,第1422—1423頁。

③ (清)姚際恒:《禮學通論·儀禮論旨》,上海古籍出版社,影印北京圖書館藏抄本,1995年,第2頁。

析諸篇之《記》分屬《經》文,蓋編纂之初,不得不權立此例,以便尋省,惜未卒業而門人繼之,因仍不改,非朱子之本意。"故其《儀禮集編》經自爲經,記自爲記,一依鄭氏之舊①。而江永宗法朱熹,將《儀禮》每卷字辭和記附於相關經文之下。從保留文獻的角度看,回歸《儀禮》經傳原文值得肯定,但是對禮書編撰而言,將《儀禮》各卷相關內容附於各條之下,合乎編撰要求。江永的做法凸顯對於朱子學術的認同。

另一方面,《通解》體系是理學化的,有着内在邏輯。本書大致以家、鄉、邦國、王朝禮排列,顯示出朱子"内聖外王""家齊國治"的學術路徑,也包含著他的經世理想。《通解》在節文上的考據性和義理上的體系化,成爲乾嘉漢學研究的重要學術資源。是書在清代單疏本《儀禮》發現前對賈疏文本的襲據,以及它兼具"通禮"的特質,在禮學考證和禮書編撰上均具學術價值。江永宗法朱子,顯示出他在"考據"與"義理"問題上的調和主張,爲其學術多樣性和可能轉向準備了條件。

在宗法朱子以《儀禮》爲宗,《禮記》附記的原則確定之後,江氏的禮書編撰接下來的工作是體例的擇選。由於江氏禮書以《通解》爲主進行編撰,而《通解》的成書過程异常複雜。從《通解》《通解續》的成書來看,最後的筆削者主要有朱熹、黄榦和楊復三人。《通解》前三十七卷爲朱子擇定,但據朱子後嗣朱在的記載,朱子去世時,其禮書僅《經傳通解》二十三卷爲朱子手定,但闕《書數》一篇,《大射禮》《聘禮》等八篇還未脱稿,《集傳集注》十四卷(主要是《王朝禮》)成於衆手,未經朱子筆削。《喪禮》《祭禮》屬之門人黄榦②。黄榦不僅編撰完《喪禮》,還參與了《祭禮》的部分設計工作,且將《祭禮》的統稿工作交予楊復,楊復成爲《通解》祭禮部分的實際定稿人。

---

① (清)永瑢等撰:《四庫全書總目》卷20《儀禮集編提要》,中華書局,1965年,第167頁。
② (宋)朱在:《乞修三禮札子附記》,《朱子全書》第2册《儀禮經傳通解》,第26頁。

《通解》編撰成於衆人之手，結果造成體例差異，今本《通解》及續編包括三種不同編例，即朱熹、黄榦和楊復的編撰標準。江氏禮書以《通解》爲基礎進行增訂，因而他能够選擇的編例，亦限於朱、黄、楊三人。

　由於朱子的編選出自衆人，這使得朱子《通解》部分的篇幅極不均衡，有的篇目甚至缺略未補，還有的未脱稿整理，缺少較統一的編撰思想和體例。而黄榦不僅參與朱子《通解》前三十七卷的編撰工作，而且編撰完成續編《喪禮》部分，甚至參定了續編《祭禮》部分的設計工作。因此相較朱子和楊復，黄榦更熟稔《通解》包括續編的編撰過程和體例設計。

　江永比較了朱熹、黄榦、楊復三人編撰情況，以爲："朱子之書，修於晚歲，前後體例亦頗不一,《王朝禮》編自衆手，節目闊疏且未入疏義，黄氏之書,《喪禮》固詳密，亦間於漏落,《祭禮》未及精專修改，較《喪禮》疏密不倫。信齋楊氏有《祭禮通解》，議論詳瞻，而編類亦有未精者。"他最終做出抉擇，"排纂之法當以黄氏《喪禮》爲式。"①從最後的成書來看，黄榦所編《喪禮》的體例較朱子《通解》部分更爲細密，其主要的特徵有兩點。

　一、在使用的禮學材料中，黄榦對重出部分常以"見某章"的方式出現，簡潔精煉，又不失完整性。如《通解續・喪服一》小記"爲父母喪"章，黄榦以○號標明"齊衰三年章通父卒爲母通用"②。這爲江永取法。如《綱目・士冠禮》"孤子冠"章，江氏在記下附《曾子問》"父没而冠"一節，然後○號後附"詳見冠昏記"③。《喪服》"女子在室爲父"章後，江氏亦以○號圈示"齊衰三年章父卒爲母，齊衰杖期章父在

---

①　（清）江永:《禮書綱目序》,《叢書集成續編》本，第153頁。黄榦、楊復的禮書編撰向被稱贊，儘管他們的局部考證有待商榷，比如"謂禮惟父母用衰，旁親皆不用"，及楊復"以期服用衰爲過"，被清代萬斯同批評"背禮""不達禮"，但萬氏也不得不提及時人對黄、楊二氏的高度評價，"勉齋、信齋素稱達於禮者，其於《儀禮》一書，析之極其精矣"。萬斯同《羣書辨疑・喪禮雜論》，引自《清儒學案》卷35，河北人民出版社，2008年，第1164頁。
②　《儀禮經傳通解續》卷1,《朱子全書》第3册，第1231—1232頁。
③　（清）江永:《禮書綱目》卷1,《叢書集成續編》本，第217頁。

爲母通用";又"子嫁反在父之室爲父三年"章後,江氏表示"齊衰三年章父卒爲母通用"①。

二、在引用大量禮書資料後,黄氏常以按語表明己見。如《喪禮》卷十"疏衰,牡麻絰"一條,黄榦作"今按:斬衰疏曰:云直絰者,'謂直麻爲首絰、要絰。'此牡麻絰,亦謂牡麻爲首絰、要絰"②。黄氏按語形式爲江永取法。如《綱目》卷一《士冠禮》"陳器服"章,江氏將本經《記》"屨,夏用葛"一節放入相關經文,但爲表示"經""記"區別,江永特以按語形式說明③。

值得注意的是,黄榦體例的選擇在編撰前與朱子有過書信討論。朱子不僅定下編撰原則,還舉出了具體範例。朱子以爲"今所定例,傳記之附經者低一字,他書低二字,《禮記》則以篇名別之。記之可附經者,則附於經;不可附者,則自仍舊,以補經文之缺。亦有已附於經,而又不欲移動舊文者,則兩見之"④。朱子又舉例說,"重出例不須如來喻,但於初見處注尾著圈而注其下曰'後某章某章放此',《喪服篇》說中亦有一例依此,可并詳之。《士虞禮記》'既封'至'除之',此一項不入例,可更詳之。"⑤不過,由於朱子未暇删定,《喪禮》的整理工作實際上由黄榦完成。

所以江永禮書的編纂,在確定宗法朱子以《儀禮》爲經的原則後,在編撰標準上取法較爲精密的黄氏體例,是合乎學術精神的。江永自己也說:"永竊謂是書規模極大,條理極密,當别立門目以統之,更爲凡例以定之,蓋哀集經傳欲其該備而無遺,釐析篇章,欲其有條而不紊,尊經之意當以朱子爲宗,排纂之法當以黄氏《喪禮》爲式。"⑥

---

① (清) 江永:《禮書綱目》卷18,《叢書集成續編》本,第353—354頁。
② 朱杰人等主編:《朱子全書》第4册《儀禮經傳通解》,第1834頁。
③ (清) 江永:《禮書綱目》卷1,《叢書集成續編》本,第214頁。
④ (宋) 朱熹:《晦庵先生朱文公文集》卷63《答余正甫》,《朱子全書》第23册,第3075頁。
⑤ (宋) 朱熹:《晦庵先生朱文公文集》卷46,《朱子全書》第22册,第2160頁。
⑥ (清) 江永:《禮書綱目序》,《叢書集成續編》本,第153頁。

三、編撰標準和思想體系

朱子編撰《儀禮經傳通解》，力求恢復《儀禮》在禮學研究中的宗主地位，其所附麗的材料也超越經史，雜采諸子百家，廣搜上古典籍之闕略禮制，下及同時諸家禮說，又兼歷代典章制度，具有通禮編撰和《儀禮》研究的雙重性質。恢復《儀禮》宗主地位，必須首先解決《儀禮》的文本問題，爲此，朱熹對經文進行分章別句，同時將《禮記》及相關材料附記《儀禮》。江永禮書承繼了這一做法，并進行了創新。

分章別句是文獻研究的常用方法，《學記》所謂"離經辨志"便是其意。對於《儀禮》經文的分章別句，賈《疏》已經着手此項工作。以《士冠禮》爲例，賈氏將正經分成十數段，如將"筮於廟門"至"宗人告事畢"劃爲一節，"論將行冠禮，先筮取日之事。"①不過賈公彦的分節有些許缺陷，主要表現在分節不完全。以《士冠禮》爲例，部分正經未爲分節，正經之後所附之《記》也未分節。其次，賈對段意的總結顯得冗繁，如"主人戒賓，賓禮辭許"，至"賓拜送"一節，賈公彦曰："論主人筮日，訖三日之前廣戒僚友，使來觀禮之事也。"②朱子易以"戒賓"，更簡潔貼切。再次，賈《疏》一直作爲單疏本流行，使用不便。即使後來經注合刊的本子，由於賈《疏》本身的繁瑣和汗漫，它未能體現出章句劃分對理解經文的顯著優勢。

朱子重視分章別句對於《儀禮》研讀的重要性。《通解》的編撰形式最顯著的特點就是對於《儀禮》經文分章別句，將《儀禮》所記録的各種儀節程式分別以"右"的方式加以總結。如《士冠禮》，就分別標出"筮日""戒賓"等目，而且在"醴賓"下以"今按"的方式明確指出，"此章以上，正禮已具，以下皆禮之變"。而變禮又包括"醮""殺""孤

---

① 賈公彦將《士冠禮》劃分爲 12 個段落，見《儀禮正義》卷 1—3，阮元刻《十三經注疏》(清嘉慶刊本)，中華書局，2009 年，第 2038—2070 頁。按陳澧意見，《儀禮》研究的"分節""繪圖""釋例"皆自鄭玄，見《東塾讀書記》，中西書局，2012 年，第 110—116 頁。

② 《儀禮正義》卷 1，阮元刻《十三經注疏》(清嘉慶刊本)，中華書局，2009 年，第 2041 頁。

子冠""庶子冠""母不在"等情形①,內容完整,結構清晰,特別有利於初習者對較爲冗繁的《儀禮》進行總體性把握,一定程度上解決了《儀禮》難讀的問題。

朱熹將這種分章別句的方式擴大到《通解》全書,不僅對於已有的《儀禮》十七篇十五種禮進行如是處理,而且在所補的禮,如已定之《家禮》中"內則""內治""五宗",及《學禮》,和未暇整理之《王朝禮》中"曆數""樂制""設官""建侯""師田""刑辟"等,亦復采用此種分段括意形式。以朱熹所編"內則"爲例,他將整理搜集的材料,分成"事親事長""飲食""男女之別""夫婦之別""御妻妾""胎教""生子""教子""冠笄嫁取"九章節②,以《內則》的古經爲主,將鄭玄以爲的"男女居事父母、姑舅之法",補經附傳之後,擴大至學校教民用書。

這種分別章句形式被黃榦、楊復所承。以黃榦所續《士喪禮》爲例,黃氏分《士喪禮》爲上下篇,上篇分"始死""復""楔齒綴足"等三十八章③,下篇分"請啓期""陳朝祖奠具""啓"等二十一章④。此後,吳澄《儀禮逸經傳》、敖繼公《儀禮集説》、應撝謙《禮學彙編》,均仿《儀禮經傳通解》《通解續》之例而稍變通之。朱子分章別句的方式,也代表着一種趨勢。張爾岐《儀禮鄭注句讀》,徐乾學《讀禮通考》,秦蕙田《五禮通考》,一準朱子禮書。這其中當然包括以一己之力而成書的江永《禮書綱目》。

《禮書綱目》的顯著特點就是對《儀禮》經文的分章別句。對比《禮書綱目》和《儀禮經傳通解》及《通解續》關於《儀禮》十七篇十五種禮儀的分章來看,江永對於朱子經文的劃分,幾乎全部接受,或者"仍其文而變其名",僅作一些局部的改變。如《士冠禮》的經文劃分,江永只將《通解》的"殺"章換成"殺牲,醮"⑤。相比朱子禮書,江氏對段

---

① 《儀禮經傳通解》卷1,《朱子全書》第2册,第63頁。
② 《儀禮經傳通解》卷3,《朱子全書》第2册,第137—176頁。
③ 《儀禮經傳通解續》卷2,《朱子全書》第3册,第1315—1411頁。
④ 《儀禮經傳通解續》卷3,《朱子全書》第3册,第1419—1482頁。
⑤ 《儀禮經傳通解》卷1,《朱子全書》第2册,第69頁。

意的概括更加精準。在《士昏禮》中,江永僅將《通解》"祭行"和"奠菜"章統作"廟見",這樣的概括更簡潔。在《鄉飲酒禮》《鄉射禮》《大射儀》等章中,江永節取《鄉飲酒禮》經文的開始文字"有遵者",取代《通解》概括性的"遵入"一詞①。在《鄉射禮》中,江永將《通解》"設席"一章中的概括詞中綴上"陳器",又省略"獻賓""賓酢""酬賓"之"主人",顯得更簡潔②。在《大射儀》中,江永將朱子合爲一章的"張侯設樂"及"即位和請立賓及執事者"分拆,這種改變更符合實際。江永對於《通解續》的整理亦是如此,如他去掉《通解續》"陳遣奠明器"括語中的"明器",僅作"陳遣奠"③。而對於楊復《士喪禮》段落層次的劃分,江永幾乎不作調整地全盤接受④。

在分章别句進行經文整理的同時,對於新體系下禮學資料的裁剪、甄別、和編撰工作,必須同步推進。對於新體系中禮學材料的取材和排序,朱熹將《禮記》附記《儀禮》相關章節之下。凸顯《儀禮》的正經地位,同時完善禮書材料的收集和整理。《儀禮經傳通解》編撰的基本式樣,便是在確定禮儀種類後,首引《儀禮》相關經文,仿《釋文》、注疏格式,先對經文進行文字訓詁,再引鄭玄注解,及節引賈公彦疏,最後以按語的方式對所引注疏進行總結,闡述自己見解。在具體編纂上,朱熹不僅將《儀禮》本經所附之《記》分附於各條之下,而且在每種禮儀分節的後面,附上《禮記》相關材料,同時不拘於《禮記》,且附諸子史書,從而擴大古禮文獻資料和編選材料的選取範圍。

朱子禮書的這一編排標準爲江永所取法,他不僅承繼朱子《禮記》附記《儀禮》之下的原則,且將朱熹增補材料中的三禮文獻定爲"經",同時附史傳諸子相關資料。江永放棄了朱子在經傳問題上的

---

① 《儀禮經傳通解》卷7,《朱子全書》第2册,第296頁。
② 《儀禮經傳通解》卷8,《朱子全書》第2册,第320、322、323頁。
③ 《儀禮經傳通解續》卷3,《朱子全書》第3册,第1459頁。
④ 江永禮書對楊復《士喪禮》唯一的改動在"飯含襲",見《禮書綱目》卷23,《四庫全書》本,廣雅書局本。黄榦作"襲飯含",見《儀禮經傳通解續》卷2,《朱子全書》第3册,第1354頁。

模糊做法，將其作爲禮書編撰的標準式樣，分經附記成爲《禮書綱目》的顯著特點。江永的分經附記，不僅實現了禮書編撰的簡潔效果，同時解決了朱子集衆人之力未能有效解決的冗繁難題。

具體來講，這種分經附記的編撰標準，就是在每一禮儀編撰的正文和附錄部分劃分出經傳關係。如果是《儀禮》十五種，便附原文爲經；如爲增補禮儀，則《周禮》《禮記》相關材料爲主進行排列，形成禮書本經，然後在分章別句概括章旨之後，附上史傳材料。江氏嚴格自律，堅持"以古經爲主，經不足，補以傳、記，又不足，則旁證以諸家之説，巨細咸備，正變不遺，而缺者可補矣"。如此一來，"先王之全經雖不幸不得見於後世，而由是循類而求之，錯綜以通之，其節目之精密，規模之博大，猶可略見。"①

江永禮書分經附記方式亦分爲兩個層次。其一，由相關禮學資料彙編而成的某種禮儀，與之後對該禮儀的總體闡釋之間，形成類似經傳的關係。如《冠義》附《士冠禮》後，《昏義》附《士昏禮》後，《鄉飲酒義》附《鄉飲酒禮》後，《燕義》附《燕禮》後，《士相見義》附《士相見禮》。這種引據今本《儀禮》某種禮儀之後附《禮記》相關記載，形成推崇《儀禮》正經，同時又經傳分明的風格。這種經傳風格甚至體現在今本《禮記》闕略的某些禮義中，如今本《禮記》并無《公食大夫禮》相對應的闡釋，於是江永便接受朱熹的做法，采取附記劉敞《公食大夫義》的方式，以形成這種經傳關係②。

其二，在由其他材料雜編的某種禮儀中，江永則在具體段落中，每一段先引《儀禮》正經，然後以低格書名"右某章"的方式，總結段落旨意，同時下引《禮記》相關章節，及史傳資料。這樣，段落上下間便形成類似經傳的關係。以《士冠禮》"字冠者"章爲例，江氏前引《儀禮》原文"賓降……冠者對"，然後低格書"右字冠者"，下引本經記之

---

① （清）汪廷珍：《禮書綱目序》，《叢書集成續編》本，第152頁。
② （清）江永：《禮書綱目》卷6《公食大夫禮》《公食大夫義》，《叢書集成續編》本，第253—257頁。

"字辭",且附《檀弓》"幼名,冠字,五十以伯仲,周道也"①。由此在《儀禮》本經和所附本經記及《禮記》相關記載中形成類似經傳關係。有時候江氏禮書編撰所附僅爲史傳材料,如同卷"奠摯於君及鄉大夫鄉先生"章附《國語》"趙文子冠見衆賓,衆賓美之"的記載②,但這并不妨礙段落前後類似經傳關係的形成。

　　江永的經傳觀念是靈活的,并不固執於定《儀禮》爲一尊。如果某種禮儀爲今本《儀禮》所無,而恰好被《禮記》所載,江永則升《禮記》相關記載爲"經",同時附《大戴禮記》和其他經史諸子材料形成"傳",如《禮記·投壺》,江永將其獨立爲"經"③。另外,江氏所增補的一些典制中,很多爲今本《儀禮》《禮記》俱無,如《綱目·通禮》之《制國》《職官》,江氏則取《周禮》相關記載爲"經",其他經史諸子材料爲"傳",極少破例,而且風格謹嚴。

　　與朱子《通解》以《儀禮》爲經,《禮記》附傳,《周禮》作補充的做法不同,江永此書體現出明顯的宗主《周禮》傾向。江氏在序言中明確表示按照《大宗伯》五禮的順序排列,而實際的順序安排上,以《儀禮經傳通解》爲本進行了增損,最終以"嘉禮""賓禮""喪禮""祭禮""軍禮""通禮""曲禮""樂"進行排序。在補經的處理上,尤其是"通禮"的編撰上,《綱目》徵引《周禮》最多,以三禮爲經,他書附傳。這主要是由於"通禮"中多典章、制度,而《周禮》側重典制,這種相契正合江氏編撰禮書的需要。

　　值得注意的是,江氏禮書編撰中的分章別句和分經附記,體現着擬選主題與材料間類似經傳的關係。這種經傳關係包含着禮學考據的萌芽。如《綱目》對於軍禮的整理,江永在擁有大量材料的基礎上,以"以上某國軍制"予以明確總結,然後排列各國衆多的軍制材料④。儘管江氏并沒有明確地表示他的考據態度,但這種史料的鋪陳背後

---

① (清)江永:《禮書綱目》卷1,《叢書集成續編》本,第215頁。
② (清)江永:《禮書綱目》卷1,《叢書集成續編》本,第216頁。
③ (清)江永:《禮書綱目》卷12,《叢書集成續編》本,第301—305頁。
④ (清)江永:《禮書綱目》卷48,《叢書集成續編》本,第617—625頁。

暗含着軍制考證的意圖非常明顯。此外，在祭禮部分的整理中，江氏附麗的資料不僅涵蓋了私人生活的祭祀規範，也包括了國家、社會的祭祀。這些相關材料的收集，爲江氏後期的禮學考證提供了條件。

儘管江氏《綱目》的分章別句和分經附記在形式上較爲粗糙，有時僅爲材料的排比。如《冠昏記》"天子諸侯大夫昏禮"章，江氏引《左傳·成九年》"晋人來媵，禮也"，附注"同姓故"，然後又指出："明年齊人來媵，注：异性來媵，非禮也。"①這種史料排陳所構建的簡單考據，不僅不能和乾嘉學者的精深化考據相較，也無法和江氏後期的精深化禮學研究比肩，但却不能否認在《綱目》分章別句和分經附記的體例設計中，由於主題和材料之間形成的詮釋關係，已經萌發着禮學考證的雛形。加上《通解》每篇首列經文，下附音韻、訓詁，再引鄭注、賈疏，并諸儒之説斷以己意。這種做法使得清季主張漢宋調和的陳澧以爲"朱子《通解》之書，純是漢唐注疏之學"②，至少形式上有着證據。皮錫瑞在溯源清代經學復盛的淵源時，以爲朱子及其後學考證性的一面亦有功焉③。

論及思想體系，我們知道，朱子《儀禮經傳通解》結構上以家、鄉、邦國、王朝爲範圍來劃分禮儀類別，與《大學》修齊治平的政治模式相同。此書包括續編，共七門，其結構如下：

1. 家禮。包括：士冠禮、冠義、士昏禮、昏義、內則、內治、五宗、親屬記。

2. 鄉禮。包括：士相見禮、士相見義、投壺禮、鄉飲酒禮、鄉飲酒義、鄉射禮、射義。

3. 學禮。包括：學制、學義、弟子職、少儀、曲禮、臣禮、鐘律、鐘律義、詩樂、禮樂記、書數（闕）、學記、大學、中庸、保傅、踐阼、五學。

4. 邦國禮。包括：燕禮、燕義、大射禮、大射義、聘禮、聘義、公食

---

① （清）江永：《禮書綱目》卷3，《叢書集成續編》本，第234頁。
② （清）陳澧：《東塾讀書記（外一種）》，中西書局，2012年，第119頁。
③ （清）皮錫瑞：《經學歷史》卷10，中華書局，2004年，第217—218頁。

大夫禮、公食大夫義、諸侯相朝禮、諸侯相朝義。

5. 王朝禮。包括：覲禮、朝事義、曆數、卜筮（闕）、夏小正、月令、樂制、樂記、分土、制國、王體、王事、設官、建侯、名器、師田、刑辟。

6. 喪禮。包括：喪服、士喪禮、士虞禮、喪大記、卒哭祔練祥禫記、補服、喪服變除、喪服制度、喪服義、喪服通、喪變禮、吊禮、喪禮義、喪服圖式。

7. 祭禮。包括：特牲饋食、少牢饋食、有司徹、諸侯遷廟釁廟、祭法、天神、地示、百神、宗廟、因事之祭、祭統、祭物、祭義。

朱子的禮學體系有着鮮明的"經世致用"旨趣①，但同時有着致命缺陷。首先是本書"前後體例亦頗不一"②，這主要是指本屬於《家禮》的喪、祭二禮被獨立出來。儘管《喪》《祭》二禮成書於黃榦、楊復，但朱子在編撰之前已定下體例。在與余正甫的通信中，朱子認爲"喪、祭二禮，別作兩門，居邦國王朝之後，亦甚穩當"③。朱子可能出於"慎終追遠"的考慮，結果不僅割裂了《家禮》，也使得《大學》的修、齊、治、平邏輯被畫蛇添足，受到清代以來學者的批評。

其次，《學禮》位處家、鄉與邦國、王朝禮之間，位置上不倫，分類上也不類，因爲它不同於以地域爲標準的其他禮類。所以從宋明以來，特別是清代以來，很多學者擬對此書結構作修改，甚至程朱理學的衛道士也對於朱子禮學體系的重新劃分有着極大熱忱。清代李光地重編《禮記》，將《禮記》分成内外編，内編以《通解》框架而稍變其意，終成學、家、鄉、朝廷禮體系，外編以闡釋禮意的篇章構成④。其後又欲"卒朱子之未盡"，用"四際八篇"來賅括整個禮學體系，即承順

---

① 殷慧認爲，從《通解》目錄中，可以看到從家、鄉、學、邦國各個層面其對"治道"的探索與追求，可以看到朱熹經世致用的旨趣。《通解》篇章的設立均與朱熹的學術思想以及參與的政治生活有着密切的聯繫，是朱熹禮學思想乃至自身學術思想的總結。殷慧：《朱熹禮學思想研究》，湖南大學博士論文，2009年，第129—135頁。
② （清）江永：《禮書綱目序》，《叢書集成續編》本，第153頁。
③ （宋）朱熹：《晦庵先生朱文公集》卷63《答余正甫》，《朱子全書》第23册，第3079頁。
④ （清）李光地：《禮記纂編序》，《榕村集》卷10，清刻《榕村全書》本。

朱熹禮學結構上由"冠昏""喪祭"而至"鄉射""朝聘",同時又包含此八種禮儀的體系①。無論是將《學禮》置於篇首,或者將其刪除,都體現了後世學者對於朱熹《儀禮經傳通解》禮學體系的質疑和更正。

宗法朱熹的江永亦復如是。在體例設計上,《禮書綱目》打破了朱熹以家禮開始,繼之王國禮,最後喪、祭禮的安排,而采取回歸古禮的編撰,按照《周禮》吉、凶、軍、賓、嘉五禮來進行排列,又附益通禮、曲禮及樂,形成共八門八十五卷的禮書彙編。其結構如下:

1. 嘉禮。包括:士冠禮、冠義、士昏禮、昏義、昏冠記、鄉飲酒禮、鄉飲酒義、燕禮、燕義、公食大夫禮、公食大夫義、饗食燕記、養老、鄉射禮、大射儀、三射記、射義、投壺、嘉事雜記。

2. 賓禮。包括:士相見禮、士相見義、聘禮、聘義、王朝邦國遣使禮、諸侯相朝禮、覲禮、朝事義、會同禮、巡禮。

3. 凶禮。包括:喪服、補服、喪服變除、喪服制度、喪服義、士喪禮、士虞禮、喪大記、卒哭祔練祥禫記、喪通禮、奔喪、喪變禮、吊禮、喪禮義、災變禮。

4. 吉禮。包括:祭法、天神、地示、百神、宗廟、特牲饋食禮、少牢饋食禮、天子諸侯廟享、諸侯遷廟、諸侯釁廟、祭通禮、因祭、祭物、祭義。

5. 軍禮。包括:兵制、武備、征伐、軍通禮、田役。

6. 通禮。包括:曆數、夏小正、周月、月令、制國、職官上、職官下、封建、內治、朝廷禮、政事、井田、財賦、學制、學記、大學中庸(存目)、教太子、書數、五宗、親屬記、名器、刑辟、蓍筮、禮記、禮樂記。

7. 曲禮。包括:曲禮、內則、孝經、少儀、弟子職、臣禮。

8. 樂篇。包括:樂制、鐘律、鐘律義、樂器、歌舞、樂記。

比較而言,朱子《儀禮經傳通解》的篇章設計體現出其經國思想,江永卻是要回歸古代禮儀,恢復禮經原貌,加上他在"通禮"典制的編撰上宗主《周禮》,客觀上造成回歸漢學原典的做法。儘管《禮書綱

---

① (清)李光地:《禮學四際約言序》,《榕村集》卷10,清刻《榕村全書》本。

目》在形式上同於一般的"五禮"類禮書,但在排序上與朱熹《通解》宗法《儀禮》的做法更接近,突出冠、昏、喪、祭的先後順序,江永用復古的外衣對朱熹禮書的體系進行了重新包裝。

《禮書綱目》不以地域和體系,而從類型上對《通解》進行重構。如《綱目・嘉禮》包括《通解・家禮》,也包括《通解・鄉禮》的"鄉飲酒禮""鄉射禮",及《邦國禮》的"燕禮""大射儀"。《綱目・賓禮》包括《通解・鄉禮》的"士相見禮"、《邦國禮》的"聘禮"、《王朝禮》的"覲禮"。不過在喪、祭禮上,江永禮書和《通解續》差別不大,主要將"祭祀鬼神類"放入到《通禮》。關於《樂記》,朱熹將其歸到"王制",而江永則單獨歸類,突顯其重要性。江氏仿照《禮記・曲禮》的安排,將無法歸類的禮類一并納入。在宗法朱子以《儀禮》爲經的基礎上,江氏在體例設計上進行了更多創新。

四、輯補增訂朱子禮書

在《儀禮》研究中,把雜亂的禮學資料編撰成系統化禮書,最重要的工作是統繁。朱子曾作過嘗試,他以爲《儀禮》難讀有兩大原因,一是缺乏善本,"鄭《注》、賈《疏》之外,先儒舊説多不復見,陸氏《釋文》亦甚疏略。近世永嘉張淳忠甫校定印本,又爲一書以識其誤,號爲精密,然亦不能無舛謬。"①一是不分章句,"前賢常患《儀禮》難讀,以今觀之,只是經不分章,記不隨經,而注、疏各爲一書,故使讀者不能遽曉。"②朱子采用分章別句的方法,較好地解決了《儀禮》章句問題。但由於朱子所編禮書於經傳注疏、子史百家資料無所不附,無法解決《儀禮》的繁難問題。朱子以後的學者繼有進展,如顧炎武以爲《儀禮》繁難的根源,在於其傳抄過程中的"魯魚亥豕"之誤,於是利用石經校勘《儀禮》,把研究推向前進。陳澧總結説:"《儀禮》難讀,昔人讀

① (宋)朱熹:《晦庵先生朱文公集》卷70《記永嘉儀禮誤字》,《朱子全書》第23册,第3390頁。
② (宋)朱熹:《晦庵先生朱文公文集》卷54《答應仁仲》,《朱子全書》第23册,第2550頁。

之之法,略有數端:一曰分節,二曰繪圖,三曰釋例。今人生古人後,得其法以讀之,通此經不難矣。"①面對禮書編撰的繁難,江永是如何進行統繁工作呢?

一、建立禮書結構,確定編撰體例。朱子《通解》於家、鄉、學、王朝禮外,再續喪、祭二禮,使用禮學材料的重復性較大。如《家禮》原則上應該包含祭祀,朱子在《邦國禮》中又設邦國祭祀之禮,最後又由楊復專門編撰《祭禮》,顯得紊亂。相比之下,江氏回歸《周禮》五禮結構,重編《儀禮》,但實際編撰又以冠昏喪祭的先後爲原則。這樣一方面最大限度避免禮學資料的重復,另一方面,編撰體系明晰,風格簡省,以此解決困擾《儀禮》的繁難問題。

二、設定處理具體材料的原則。禮書材料的處理決定了編撰成敗。江永對於材料的處理,以《儀禮》爲本經,《禮記》附記,在所補的禮中,又凸顯三禮的重要性,"其纂輯也,以古經爲主,經不足,補以傳、記,又不足,則旁證以諸家之説,巨細咸備,正變不遺,而缺者可補矣。"正因爲這種特點,"先王之全經雖不幸不得見於後世,而由是循類而求之,錯綜以通之,其節目之精密,規模之博大,猶可略見。"②

三、爲使本書綱舉目張,江永進行了兩項創新。一是對於所引材料進行簡化。《綱目》所引并非原文,而是根據編撰主旨進行省減,最明顯的是對《春秋》三傳的引用,江氏往往在《春秋》同一年下引用《三傳》及其注解,省却原書年月,有時甚至是經文。這樣的例子通書皆是,尤其是涉及典制問題的考證,江氏幾乎全引《春秋》經傳,兹不贅述。另外,江氏還以"見某章",或"某章通用"的方式,節約篇幅。"見某章"方式汲自黄榦《喪禮》,也爲歷史編撰學所慣用,特別適於篇幅浩繁的禮書編撰。江永的兩項創新,一方面充實了禮書內容,使其變得完整,另一方面避免了禮書編撰的冗繁和汗漫,使得江氏禮書的編撰呈現出高度的綱領性與注釋的簡潔性相融合的風格。

---

① (清)陳澧:《東塾讀書記(外一種)》,中西書局,2012年,第109頁。
② (清)汪廷珍:《禮書綱目序》,《叢書集成續編》本,第152頁。

最爲主要的是，《綱目》幾乎完全删去了注疏，這是統繁成功的關鍵。朱子《通解》保留了賈疏，但他保留的疏經過了裁剪和增飾。不過由於本書襲據明清以來的《儀禮》文本，朱子所保留的疏成爲清代學者校對《儀禮》的必用材料①。但由此帶來的弊病却是冗繁。江永删除了朱熹的釋文及訓詁，只保留了有限的鄭玄注，并且幾乎全部删除了賈疏，只在特別重要的地方以"今按"的方式加以保留。如卷十九"補齊衰三月"章，"爲所後者之祖父母若子"條，江氏注：案，注疏云："高祖齊衰三月。""心喪三年"條，江氏引《家語》："孔子葬于魯城北，弟子皆家于墓行心喪之禮。"下案：傳疏云："父在爲母杖期，心喪三年。"②卷四十二"薦熟"章，江氏引《禮運》"然後退而合亨"，此謂薦今世之食也。疏曰："前薦燗既未孰，……故云合亨。"③

江氏删削注疏的改動獲得意外成功。江永此舉本是缺少人手的無奈之舉，他在《綱目》序言中表示"若夫賈、孔諸家之疏，與後儒考正之說，文字繁多，力不能寫，且以俟諸异日"④。禮書原本繁瑣，注疏汗漫。如果在賈、孔疏基礎上續加諸儒學説，并且附上己見，要解決禮書冗繁的千古難題幾無可能。如同邑汪紱在聽聞江永欲俟來日增加疏解時，便指出："若及唐宋疏義與古今諸儒議論，搜羅太多，則議論恐不能無雜。三代而下代有禮書，如《開元禮》以及《大明》，其間禮制增損，多失先王之意，注疏家尤多紕繆。至有吕坤等'四禮'之疑，是不惟不足以治經，而反足以亂經，不增入焉正可以全經而不爲闕略也。"⑤

禮書編撰面臨的難題，是在統繁的同時，還必須補闕。儘管今文

---

① 彭林：《清人的〈儀禮〉研究》，《清代學術講論》，廣西師範大學出版社，2005年，第21—44頁。
② （清）江永：《禮書綱目》卷19，《叢書集成續編·經部》第11册，第367頁。
③ "今孰擬更薦尸"，《廣雅書局刊本》"今"作"令"，據阮刻本《禮記正義》改，阮元校刻：《十三經注疏》（清嘉慶刊本），中華書局，2009年，第3069頁。
④ （清）江永：《禮書綱目序》，《叢書集成續編》本，第153頁。
⑤ （清）汪紱：《雙池文集》卷3《與江慎修論學書》，清道光一經堂刻本。亦見（清）余龍光：《雙池先生年譜》，薛貞芳主編：《清代皖人年譜合刊》，黄山書社，2006年，第184頁。

學家認爲《儀禮》是孔子刪削而成的全書,但是經古文學家以爲今本《儀禮》是經過秦火之後的殘卷,才是符合歷史的叙述。同時,存於上古書中大量的禮儀文獻,證明《儀禮》的缺損,同時爲禮書編撰提供了具體文獻,使得後來學者可以探賾索隱,勾勒出完備的禮學體系,重編禮書。

朱熹《通解》在今本《儀禮》上增補了多種禮儀,其部分途徑是將《禮記》中的材料直接提升爲獨立禮類,如將《禮記》中《内則》《投壺》增補爲《家禮》《鄉禮》相關禮類。朱子以爲《内則》"必古者學校教民之書,宜以次於《昏禮》,故取以補經而附以傳記之説"①。又,《投壺禮》"其事與射爲類,於五禮宜屬嘉禮。今取《大戴》及《少儀》合之,以繼《士相見禮》之後"②。但《通解》更多的增補禮類來自三禮之外,如"家禮"中的《内治》《五宗》《親屬》,"鄉禮"中的《士相見義》,"學禮"中的《學制》《學義》《弟子職》,以及"邦國""王朝"及喪、祭禮等。如《士相見義》取劉敞補亡之篇,《弟子職》則取《管子》相關篇目,分章別句,參以衆説,補其注文③。

相較《通解》增加的禮儀篇目和篇幅,江氏禮書進行了更廣範圍的增補。除却"嘉禮"和"賓禮"根於今本《儀禮》禮儀外,其餘的"喪禮""祭禮""軍禮""通禮""曲禮"和"樂",幾乎全爲補輯。八十五卷的《禮書綱目》中,有七十七篇爲增補,包括存目的《大學》和《中庸》。其中僅二十七篇爲今本《儀禮》及《禮記》相關章節,未作結構上的調整。增補篇目占據整部禮書七成以上,重點是軍禮、曆法和樂的增補。

《綱目》首先進行了冠、昏、喪、祭禮的補輯和考證。如《士冠禮》

---

① (宋)朱熹:《篇第目録序題》,《儀禮經傳通解》,《朱子全書》第2册,第32頁。
② (宋)朱熹:《篇第目録序題》,《朱子全書》第2册,第34頁。
③ (宋)朱熹:《篇第目録序題》,《朱子全書》第2册,第27—39頁。對"踐阼"以下各篇内容及所取材料的簡要説明,見王啓發:《朱熹〈儀禮經傳通解〉的編纂及其禮學價值》,王俊義主編:《炎黄文化研究》第3輯,大象出版社,第118—132頁。

補充"女子笄禮",《士昏禮》中補充"祭行""奠菜""壻見婦之父母"等①,但本質上只是豐富了士禮內容,依然缺略士以外階層的禮用狀况。《綱目》以《通解》爲基礎,增輯天子、諸侯禮儀。江永補充《冠昏記》,位列《士冠禮》《士昏禮》及《冠昏義》之後,分"通論""天子諸侯冠禮""冠變禮""女子笄""嫁娶""不取同姓""天子諸侯大夫昏禮""庶民昏禮""昏變禮""不改嫁""歸寧""出妻"等十二章②,不僅對天子、諸侯的冠昏禮儀進行補輯,也對庶民禮用進行整理,同時對其中的變禮,如"同姓昏嫁""歸寧""出妻"等問題展開論述,豐富和完善了冠、昏禮書的編撰。

在《喪禮》方面,黄榦《喪禮》包括今本《儀禮》之"喪服""士喪禮""士虞禮",《小戴記》之"喪大記"。另外,黄氏補輯了"卒哭祔練祥禫""補服""喪服變除""喪服制度""喪服義""喪通禮""喪變禮""喪禮義",以及"喪服圖式"。《綱目》則在黄氏基礎上進行了順序調整,補入"奔喪""災變禮",而删去《喪服圖式目錄》。其中順序調整如"補服",二書同分其爲"補斬衰"等十二章,《綱目》僅於"補吊服加麻"章附注,較《通解續》多引《孔叢子》"秦莊子死,孟武伯問于孔子"一節③。而"奔喪""災變禮"的加入使得江永禮書的編撰更完整。江永的調整、補充,確較黄、楊更詳贍,更有倫次。

江氏對軍禮的補充,具有學術上的原創性。依《周禮·大宗伯》,軍禮是五禮之一,但是今本《儀禮》却没有軍禮。杜佑《通典》對於軍禮的編撰雖有開山之功,但缺點也顯而易見。不僅軍禮資料收録不全,而且他將鄉射、大射禮亦列入其中。嚴格來說,射禮由軍禮轉化而來,但軍禮是否包括鄉射和大射禮,其爭論由來已久。元代汪克寬便主張射禮屬於軍禮,而江永擯除了這一意見。他將軍禮單獨列出,在朱熹"王朝禮師田"篇的基礎上,構建起自己的軍禮體系。具體來

---

① 分見《儀禮經傳通解》卷1、2,《朱子全書》第2册,第70、111—115頁。
② (清)江永:《禮書綱目》卷3,《叢書集成續編》本,第228—237頁。
③ 《禮書綱目》卷19,《叢書集成續編》本,第368頁。

説,江永將軍禮分成"兵制""武備""征伐""軍通禮""田役"五個部分。每部分下又分若干細條①。江氏於各條之下再排陳材料,予以詳細説明。江永通過排比材料,將軍制的起源、發展、内容整理得井井有條。江氏軍禮補輯有兩個突出特點,一是將軍制的内容擴大,不僅在卷數上進行增加,内容上除却兵制,還包括武備和征伐,二是將田役也列入軍制。

朱熹將曆法放入王朝禮,次於覲禮後,顯示出對曆法的重視。朱熹曆法包括《曆法》本篇、《卜筮》,以及取自古書的《夏小正》《周月》《月令》等,其補輯材料還包括《史記》《堯典》《洪範》《周禮·馮相氏》《大戴禮記·夏小正》《逸周·書周月解》《禮記·月令》等。同時,朱熹利用《呂氏春秋》《淮南子·時則訓》《通典·唐月令》等材料進行了訂正和補充,體系上較爲完整,内容上比較豐富。但美中不足的是,其《曆法》一篇較爲含混,《卜筮》又闕略,一些常見材料亦有遺漏。江永則在朱子基礎上進行增訂,主要對朱子《曆法》一篇進行了分段整理,增訂更多材料,補入《占侯》和《壺漏》,彌補了朱熹《卜筮》的闕略,豐富了《曆法》的内容。

禮書編撰離不開對"樂"的處理,朱子《通解》將"樂"放入《學禮》,内容上包括"鐘律""鐘律義""詩樂""禮樂記"等。如《鐘律》②,朱熹説:"古無此篇。今以六藝次之,凡禮之通行者,以略見上諸篇矣。此後當繼以樂,而《樂經》久已亡逸,故取《周禮》鄭注、太史公、《淮南子》、前後《漢志》、杜佑《通典》之言律吕相生、長短均調之法,創爲此篇,以補其闕。"③即使有朱熹的補充,樂制内容依舊不完整。江永在朱子禮書的基礎上,於《鐘律》前補輯《樂制》,包括"樂歷代樂制"和"樂事"。"樂制"引《通典》《樂記》《尚書》等,并附《呂氏春秋·古樂》《白虎通》《論語》《樂記》《詩序》。"樂事"引《尚書》《春官》《王制》等,

---

① (清) 江永:《禮書綱目》卷48—52,《叢書集成續編》本,第617—662頁。
② 整理本《朱子全書》作"鐘律",廣雅書局本《禮書綱目》作"鐘律",本文引據保持原字。
③ (宋) 朱熹:《篇第目録》,《儀禮經傳通解》,《朱子全書》第2册,第37頁。

附《國語》《論語》,進行增删①。《鐘律》篇首在《通解》的基礎上引劉昭《續後漢志》"伏羲氏作《易》紀陽氣之初,以爲律法"②。江永以《樂記》爲主進行增補,材料翔實,且置"樂"於最後,實現禮樂會通,使得其禮學體系更完整,内容更豐富。

江氏的補闕還包括補《記》,不僅引用材料極多,而且對材料的排列極有次第。如所補的《冠昏記》先引《周禮》《穀梁傳》有關章節作《通論》,接下來續作《天子諸侯冠》,引《家語》《左傳》相關材料,構建起編撰框架。江氏特别是對其中"變禮"部分作了詳細分梳,如《冠變記》引《曾子問》《雜記》相關材料,"女子笄"引自《内則》《公羊》。關於"嫁娶",特别指出不娶同姓的方面,引材包括《晋語》《家語》《左傳》等,材料充分,考證精細。而關於《天子諸侯大夫昏禮》的補節,引書更多,包括《曲禮》《國語》《周禮·春官》《祭統》《曲禮》《説苑》等③。他極爲自信地表示:"凡三代以前禮樂制度散見經傳雜書者,搜羅略備,而篇章次第較《通解》尤詳密焉。"④

正是在禮書統繁和補闕上的關鍵突破,《禮書綱目》最終取得成功,其編撰的内容極其簡省,補闕極有體例,體系上綱舉目張,這也符合他給本書取名"綱目"的藴意。儘管江永《禮書綱目》只是清代衆多賡續朱子禮書的嘗試性禮書,但却獲得了極大的成功。四庫館臣指出,"蓋《通解》,朱子未成之書,不免小有出入。其間分合移易之處,亦尚未一一考證,使之融會貫通。永引據諸書,厘正發明,實足終朱子未竟之緒。視胡文炳輩務博,篤信朱子之名,不問其已定之説、未定之説,無不曲爲袒護者,識趣相去遠矣。"⑤其説至平。

---

① (清) 江永:《禮書綱目》卷 81,《叢書集成續編》本,第 949—956 頁。
② (清) 江永:《禮書綱目》卷 82,《叢書集成續編》本,第 957 頁。
③ (清) 江永:《禮書綱目》卷 3《冠昏記》,光緒廣雅書局刊本。
④ (清) 江永:《禮書綱目序》,《叢書集成續編》本,第 153 頁。
⑤ (清) 永瑢等撰:《四庫全書總目》卷 22,中華書局,1965 年,第 179 頁。

第七章 《禮書綱目》與《儀禮經傳通解》的"异"與"同"

朱子禮書以家禮、鄉禮、學禮、邦國禮、王朝禮、喪禮、祭禮爲序進行編撰，基本體現其"家齊國治"的理學體系，而江永《綱目》易以《周禮》五禮體系，體現出回歸漢學原典的趨勢，其禮書以嘉禮、賓禮、凶禮、吉禮、軍禮、通禮、曲禮、樂爲序進行增定，共計八十五卷，百單六篇。朱子禮書篇幅繁難，體系紊亂，材料闕略。江永增刪櫽括，編排精審。筆者比勘二書，以《通解》爲底本①，管窺江氏禮書的創新特徵和缺遺之處。

一、家禮

《儀禮經傳通解·家禮》包括《士冠禮》《冠義》《士昏禮》《昏義》《內則》《內治》《五宗》《親屬記》。其中《士冠禮》《士昏禮》取自《儀禮》，《冠義》《昏義》《內則》取自《禮記》，《親屬記》實爲《爾雅·釋親》，《內治》《五宗》爲朱子自編。江永將《士冠禮》《冠義》《士昏禮》《昏義》歸入"嘉禮"，將《內則》歸入"曲禮"，《內治》《五宗》《親屬記》歸入"通禮"。具體增訂如下：

《士冠禮》。首先是對目錄的處理，《通解》將《儀禮·鄭玄目錄》統歸《篇第目錄》之下，而《綱目》在每種禮儀後附節引自賈疏的《鄭玄目錄》"鄭曰……"，簡單解釋該種禮儀的名由、源流、歸類等。其次，

---

① 究竟以《通解》，還是《綱目》作爲底本，筆者反復思忖。從敘述邏輯上講，以《綱目》作爲底本更合宜。但以《通解》爲底本，更能够展現江永對朱子禮書增訂的源流和細節。

《通解·士冠禮》在經文篇前附《傳》,其實取自《禮記·昏義》:"夫禮始於冠,本於昏,重於喪、祭,尊於朝、聘,和於射、鄉,此禮之大體也。"《冠義》亦附《傳》,其實取自《禮記·郊特牲》:"禮之所尊,尊其義也。……天子之所以治天下也。"起着啓引經文的作用。《綱目》則一仍《儀禮》經文,未有附《傳》,顯得非常簡潔。段落的劃分上,《通解》分24節,分別是:筮日、戒賓、筮賓、宿賓、爲期、陳器服、即位、迎賓、始加、再加、三加、醴冠者、冠者見母、字冠者、賓出就次、冠者見兄弟及姑姊、奠摯於君及鄉大夫鄉先生、醴賓、醮、殺、孤子冠、庶子冠、母不在、女子笄。其中"女子笄"由《雜記》增補,同於男性冠禮,這擴大了冠禮的範圍,與《儀禮》經文不合,亦不符合《士冠禮》的名稱、内容。江永將其放入增補的《冠變禮》,非常正確。章節命名上,"冠者見兄弟及姑姊",《綱目》作"冠者見兄弟贊者及姑姊","殺"作"殺牲醮",揆諸經文有"見贊者,西面拜""特豚……再醮……三醮",江永的概況更完整,更勝一籌。材料增訂上,"筮日",《綱目》在章後附《曲禮》"凡卜筮日,旬之外曰遠某日,旬之内曰近某日,吉事先近日",《通解》無附。"子冠者"章,《綱目》在章後沿襲《通解》所附"字辭",還補充了《檀弓》"幼名冠字"條。"奠摯於君及鄉大夫鄉先生"章,《綱目》在章後附《晋語》"趙文子冠"例,引文有節略,注用韋昭,《通解》將之附《冠義》。"醴賓"章,《綱目》依《通解》分正、變禮,謂"此章以上,正禮已具,以下皆禮之變"。從段落劃分、章節命名、材料增訂看,江永後世轉精,但朱子開山之功不可没①。

《冠義》。二書同據《禮記·冠義》,但《通解》所引材料太過繁複,《綱目》删去其所引的《家語·冠頌》《玉藻》《雜記》《左傳》《國語》等例,僅保留《郊特牲》"禮之所尊,尊其義也"起引領作用,後面續之以《冠義》《士冠記》,簡引鄭注,用○號隔開。其中《國語》"趙文子冠"移

---

① (宋)朱熹:《儀禮經傳通解》卷1《士冠禮第一·家禮一之上》,《朱子全書》第2册,上海古籍出版社,2002年。(清)江永:《禮書綱目》卷1《士冠禮·嘉禮一》,《叢書集成續編·經部》第11册影印廣雅書局本。以下僅標卷數。

至《綱目·士冠禮》"奠摯於君及鄉大夫鄉先生"章後。江永的引文簡潔,不枝不蔓,結構清晰①。

《士昏禮》。在段落劃分上,《通解》分17節,分別是:納采、問名、醴賓、納吉、納徵、請期、陳器饌、親迎、婦至、婦見、醴婦、婦饋、饗婦、饗送者、祭行、奠菜、壻見婦之父母。其中後三節據《士昏禮·記》補。江永采用朱子的分節,將"奠菜"改稱"廟見",附"祭行"於後。朱子取名於"舅姑即没,則婦入三月乃奠菜",自有其意義。然而"婦廟見然後成婚",還是"成婚然後廟見",存在爭論。江永改稱"廟見",見對這一問題的關注。材料增訂上,"納徵"章,《綱目》據《通解》引本記、《雜記》外,還引《曲禮》《昏義》。"陳器饌"章,《通解》引本記、醮辭,《綱目》則删去醮辭,本章主要論述陳設器饌,江永的更正更合理。"親迎"章,《綱目》引《孟子》《昏義》,其標注的"詳見"编例,爲本書的簡潔編撰奠定了成功的基礎②。

《昏義》。二書同據《禮記·昏義》,引書順序略有差異。《通解》先引《禮記·郊特牲》"天地合而萬物興焉……",再引《昏義》"昏禮者,將合二性之好……所以成婦順也"。《綱目》先引《昏義》,再引《郊特牲》。《禮記·昏義》爲《士昏禮》義解,江永的做法突現出宗主《儀禮》的原則。值得注意的是,江永指出,《列女傳》"魯師春姜曰……",《齊風·鷄鳴》疏引此作"魯師齊姜",且引《白虎通》說明兩者小异,較爲注重考證③。

《内則》。二書同據《禮記·内則》,朱子以爲"此必古者學校教民之書,宜以次於《昏禮》,故取以補經而附以傳記之説"④。江永歸入"曲禮"。在段落劃分上,《通解》分9節,分別是:事親事長、飲食、男

---

① 《儀禮經傳通解》卷1《冠義第二·家禮一之下》。《禮書綱目》卷1《冠義·嘉禮二》。

② 《儀禮經傳通解》卷2《士昏禮第三·家禮二之上》。《禮書綱目》卷2《士昏禮·嘉禮三》。

③ 《儀禮經傳通解》卷2《昏義第四·家禮二之下》。《禮書綱目》卷2《昏義·嘉禮四》。

④ 《儀禮經傳通解·篇第目録》。

女之別、夫婦之別、御妻妾、胎教、生子、教子、冠笄嫁取。《綱目》刪去"飲食",將"冠笄嫁取"散入"男女之別"。材料增訂上,"事親事長"章,《通解》將《內則》"后王命冢宰降德於衆兆民"放入"經",以下用《禮記·曲禮》相關部分作"傳",《綱目》則將朱子所分"經傳"進行合并,并對"傳"進行調整,將《曲禮》"祭祀不爲尸"與《通解》隔開的"聽於無聲,視於無形"等部分重新結合,删除《通解》所引《祭儀》《大戴記》。"男女之別"章,在"經"的部分,《綱目》增入了《曲禮》《王制》相關材料,在"傳"的部分,《綱目》增補了《坊記》《孟子》《左傳》相關引文。"夫婦之別"章,《綱目》將《通解》"禮始于謹夫婦,男女不敢懸於夫之楎椸"改作"男女不同椸枷",這種輕率的改易經文并不太恰當。"教子"章,《通解》附記引《少儀》"婦人吉事",似與主題無關,《綱目》直接刪去,同時增補《列女傳》孟母三遷、允諾殺豕之事,補正更加準確。"生子"章,《綱目》删削《通解》引文;"凡接子之義",江永備注"接子之義見《內治》篇",對其進行調整。《綱目》對《通解》的删削處不少,承襲處亦多,如"胎教"章,《通解》"此之謂胎教"條下,賀本有小字注文《列女傳》三字,《綱目》據此補入。從《內則》的增删隳括,我們可以管窺江永對於朱子學術的承繼與新創①。

《內治》。朱子云:"古無此篇,今取《小戴·昏義》《哀公問》《文王世子》、《內則》篇及《周禮》《大戴禮》《春秋》內外傳、《孟子》、《書大傳》《新序》《列女傳》《前漢書》、賈誼《新書》《孔叢子》之言人君內治之法者,創爲此記,以補經闕。"②江永歸入"通禮"。段落劃分上,《通解》分8節,分別是:內職、謹始、后夫人侍君、胎教、生子、立世子、世子之記、齊家。《綱目》增補材料,分12節,分別是通論、王宮、內事、親蠶、命臣妻、愼始、后夫人侍君、胎教、生子、立世子、世子事君父、齊家。具體來説,二書同引《禮記·昏義》"古者天子立六宮",《綱目》立爲"通論",《通解》附內宰、九嬪,節爲"內職"。《綱目·

---

① 《儀禮經傳通解》卷3《內則第五·家禮三》。《禮書綱目》卷77《內則·曲禮二》。
② 《儀禮經傳通解·篇第目錄》,《朱子全書》第2冊,第32頁。

內事》包括《通解·內職》內宰、九嬪,也包括《天官》小臣、寺人、內豎、女史、女御、典婦功、縫人、染人,以及《月令》《魯語》相關材料。《綱目》將《通解·謹始》改名"慎始",前面補入"親醮""命臣妻",附傳刪除《通解》所引《哀公問》材料。"后夫人侍君"章,《綱目》將《列女傳》"《關雎》以爲詩首,重人道之始"的總評和"周宣姜后"隔開,把周宣姜后、宋伯姬、楚昭貞姜、齊孝孟姬合并爲"傳",這樣的更改貼切主題①。

《五宗》。《五宗》爲朱子創補,《通解》不分節,僅以"經傳"相別。《綱目》分6節,分別是:宗法、宗支服制、宗支祭法、親親、姓氏,材料增訂上也更勝一籌,如"宗支祭法"前加入"宗支服制",又引用《喪服傳》補缺朱子引文②。

《親屬記》。二書同據《爾雅·釋親》,幾無差异③。

二、鄉禮

《儀禮經傳通解·鄉禮》包括《士相見禮》《士相見義》《投壺禮》《鄉飲酒禮》《鄉飲酒義》《鄉射禮》《射義》。江永將《士相見禮》《士相見義》歸入"賓禮",《投壺禮》《鄉飲酒禮》《鄉飲酒義》《鄉射禮》《射義》歸入"嘉禮"。

《士相見禮》。二書同據《儀禮·士相見禮》,《通解》分9節,分別是:請見、復見、士見大夫、嘗爲臣、大夫相見、言、視、請退、長者請見。江永一仍其舊,僅改"嘗爲臣"作"嘗爲臣者見"。江永的材料增删較多,具體而言,"請見"章,《通解》先附本記再補記,《綱目》直接補記,删除《曲禮》引文,增加《少儀》"灑掃曰帚""其未有燭""請見不請退"。"士見大夫"章,《綱目》補入《玉藻》引文。"嘗爲臣"章,《綱目》附《曲禮》引文,《通解》無。"大夫相見"章,《綱目》合并《通解》"始見

---

① 《儀禮經傳通解》卷4《內治第六·家禮四》。《禮書綱目》卷60《內治·通禮九》。
② 《儀禮經傳通解》卷5《五宗第七·家禮五》。《禮書綱目》卷69《五宗·通禮二十一》。
③ 《儀禮經傳通解》卷5《親屬記第八·家禮六》。《禮書綱目》卷70《親屬記·通禮二十二》。

於君""庶人見於君""若他邦之人""燕見於君"爲"始見於君""若他邦之人""燕見於君"三條。"視"章,《通解》無附,《綱目》附《曲禮》《玉藻》《鄉黨》《少儀》引文。"長者請見"章,《綱目》附《玉藻》引文,删除《通解》所附《曲禮》"大夫士相見,雖貴賤不敵""男女相答拜也"兩條,備注:"右長者請見,本文此下有'非以君命使'一條,今入《通禮·名器上》篇,'凡執幣執玉'一條,今入《曲禮》篇。"①

《士相見義》。二書同據劉敞《補義》,朱子附《白虎通義》,江永則將朱子所附移至《通禮·名器下》。《綱目》附記增入《表記》"子曰:無辭不相接也",及《坊記》"子云:禮之先幣帛也"等章。江永的增訂,變化不大②。

《投壺禮》。二書據《禮記·投壺》增訂。朱子《篇第目録》云:"其事與射爲類,於五禮宜屬嘉禮。"江永歸入"嘉禮",但有疑惑,云:"此於《别録》屬吉禮,亦實《曲禮》之正篇。疏曰:投壺與射爲類,此於五禮宜屬嘉禮也。或云宜屬賓禮。"《通解》分7節,分别是:請投、就筵、請賓、作樂、請投視筭、卒投飲不勝者、三投慶多馬。江永分9節,增加"設壺中",分"請投視筭"爲"投""數筭"。《大戴禮記》中有投壺禮的記載,朱子據此進行了校勘,江永承接朱子,進行了更全面的校勘工作,取得了很好的成績③。

《鄉飲酒禮》。二書據《儀禮·鄉飲酒禮》,江永歸入"嘉禮",分篇目、謀賓介、陳器設席等23節,對《通解》部分標題進行了更正,材料進行了增訂。如"設席",《綱目》作"設席陳器","遵入"改作"有遵者"。"謀介賓"章,《綱目》附本記,《通解》無。"戒賓介"章,《綱目》省略《通解》所附記。"獻賓"章,《綱目》附記,備注"此條與某條與通

---

① 《儀禮經傳通解》卷6《士相見禮第九·鄉禮一之上》。《禮書綱目》卷13《士相見禮·賓禮一》。
② 《儀禮經傳通解》卷6《士相見義第十·鄉禮一之下》。《禮書綱目》卷13《士相見義·賓禮二》。
③ 《儀禮經傳通解》卷6《投壺第十一·鄉禮二》。《禮書綱目》卷12《投壺·嘉禮十八》。關於朱子和江永對《投壺》所進行的校勘工作的比較,詳見筆者第八章的相關分析。

用"。這種"某章通用"的編例,一方面擴大了禮書取材的範圍,另一方面控制和節約了禮書篇幅,避免了繁難的問題,是《禮書綱目》的編撰特色,也是其成功的關鍵因素①。

《鄉飲酒義》。二書同據《禮記·鄉飲酒義》,引文順序略有差異,江永增補的引文更多,包括《鄉飲酒義》《仲尼燕居》《經解》《家語》《白虎通》②。

《鄉射禮》。《綱目》歸入"嘉禮",分篇目、戒賓、設席陳器等,共38節,對《通解》部分標題進行了更正,材料進行了增訂。如"設位"改作"設席陳器","獻獲者"改作"獻獲者釋獲者"。"張侯"章,《綱目》附傳刪除《通解》引文。"速賓"章附記,《綱目》增補"及門人……北面答再拜"。"獻賓"章,《綱目》多采用"某章通用"原則,解決禮書編撰的繁複問題。"取矢"章,《綱目》附記,注曰"奉本作拳,朱子正作奉,今從之",表現出對於朱熹學術的服膺③。

《鄉射義》。朱子《篇第目錄》云:"此《小戴》第四十五篇,亦漢儒所造以釋鄉射之義者也。今取其言鄉党習射詢衆庶者爲此篇。"《綱目》無此篇,但有《射義》,内容基本一致,附《大射儀》後④。

三、學禮

朱子將學禮置於家、鄉禮之後,邦國、王朝禮之前,位置和類型均不恰當,向爲學者詬病。清代以來的學者對此多有更改,江永將其大部歸入"通禮",補輯了《書數》等闕篇。朱子學禮範圍廣泛,包括《中庸》《大學》,補輯有《學制》《學義》《鐘律義》等,體現出禮樂會通的思

---

① 《儀禮經傳通解》卷7《鄉飲酒禮第十二·鄉禮三之上》。《禮書綱目》卷4《鄉飲酒禮·嘉禮六》。

② 《儀禮經傳通解》卷7《鄉飲酒義第十三·鄉禮三之下》。《禮書綱目》卷4《鄉飲酒義·嘉禮七》。

③ 《儀禮經傳通解》卷7《鄉射禮第十四·鄉禮四之上》。《禮書綱目》卷9《鄉射禮·嘉禮十四》。

④ 《儀禮經傳通解》卷7《鄉射義第十五·鄉禮四之下》。《禮書綱目》卷11《射義·嘉禮十七》。

想,具有學術價值①。

《學制》。古無此篇,朱子集諸經傳創立此篇,江永歸入"通禮"。二書材料順序排列不同,《通解》依次分爲:法制名號、教民之法、教弟子之法、教學之通法。《綱目》分爲:設學、國學之教、釋奠釋菜、鄉學之教、選舉,將學校與選舉結合起來論述,較《通解》爲優②。

《學義》。古無此篇,朱子所補,主旨爲"明人倫之義""禮樂之義""教學之序"③,但江永《綱目》刪去了《學義》。

《弟子職》。朱子《篇第目錄》云:"此《管子》之全篇,言童子入學受業事師之法。今分章句,參以衆説,補其注文,以附於經。"江永歸入"曲禮"。二書同據《管子》,《綱目》"退習"章附《檀弓》"事師無犯無隱"、《曲禮》"宦學事師",較《通解》稍詳④。

《少儀》。二書同據《禮記·少儀》,《綱目》歸入"曲禮",兩者幾無差異⑤。

《曲禮》。此《禮記·曲禮》,《綱目》一仍其名,大量引據孔疏及朱子本説,同時轉引朱子所引吕大臨説,爲江永後來的《禮記》學研究奠下基礎⑥。

《臣禮》。朱子《篇第目錄》云:"事親事長、隆師親友、治家居室之法各有成篇,獨臣事君三綱之大,其法尤嚴,乃獨無所聚而散出於諸書,學者無所考焉。今掇其語,創爲此篇。"江永歸入"曲禮"。二書排序稍有不同,《通解》依次爲:將朝、始見、朝禮、侍坐賜食、恭敬、諫

---

① 關於朱子學禮的研究,參閲林美惠:《朱子〈學禮〉研究》,林慶彰主編:《中國學術思想研究輯刊初編》第 12 册,花木蘭文化出版社,2008 年。林文成於 1986 年,其研究的朱子學禮,包括《通解》的學禮部分,也包括《朱子文集》《語類》《小學書》等有關學禮部分。
② 《儀禮經傳通解》卷 9《學制第十六·學禮一之上》。《禮書綱目》卷 66《學制·通禮十五》。
③ 《儀禮經傳通解》卷 9《學義第十七·學禮一之下》。
④ 《儀禮經傳通解》卷 10《弟子職第十八·學禮二》。《禮書綱目》卷 79《弟子職·曲禮五》。
⑤ 《儀禮經傳通解》卷 10《少儀第十九·學禮三》。《禮書綱目》卷 79《少儀·曲禮四》。
⑥ 《儀禮經傳通解》卷 11《曲禮第二十·學禮四》。《禮書綱目》卷 76《曲禮·曲禮一》。

諍、死節、復仇,《綱目》調整爲:通論、始見、朝君、侍坐侍食獻賜侍疾、恭敬、諫諍、去國、死節、復仇,主要增加"去國"一節。通論說明了江永對《臣禮》的意見,引用《曲禮》《檀弓》,附益包括《表記》《論語》《孟子》,展現出先"經"後"傳"的原則。"始見"章附記據《通解》引用《白虎通》,增補《表記》《孟子》,較《通解》尤詳①。

《書數》。《通解》篇闕,但朱子云:"古無此篇,今案六藝之射已略見上《鄉射》及下《大射》篇,御法則廢不可考矣。唯書數日用所須,不可不講,故取許氏《説文解字》序説及《九章算術》爲此篇,以補其闕,然亦不能詳也。"江永法其意,以《説文解字》《九章算術》補作,卒朱子未竟之緒②。

《鐘律》。朱子《篇第目録》云:"古無此篇。……故取《周禮》鄭注、太史公、《淮南子》、前後《漢志》、杜佑《通典》之言律吕相生、長短均調之法,創爲此篇,以補其闕。"江永歸入"樂",通篇進行了刪削,在所補《鐘律義》中,不録朱熹律寸之法,顯示出對於朱子樂律學的新創③。

學禮的其他改動包括,江永將《詩樂》被歸入"樂",《學記》歸入"通禮",材料增詳。同時將《大學》《中庸》存目,而不録《保傅》《踐阼》《五學》等篇,體現出江永的學術思考和獨立精神。

四、邦國禮

《儀禮經傳通解·邦國禮》包括《燕禮》《燕義》《大射儀》《大射義》《聘禮》《聘義》《公食大夫禮》《公食大夫義》《諸侯相朝禮》《諸侯相朝義》。其中《諸侯相朝禮》及《義》爲增補。江永將《燕禮》《燕義》《大射儀》《大射義》《公食大夫禮》《公食大夫義》歸入"嘉禮",《聘禮》《聘義》

---

① 《儀禮經傳通解》卷12《臣禮第二十一·學禮五》。《禮書綱目》卷80《臣禮·曲禮六》。
② 《禮書綱目》卷68《書數·通禮二十》。
③ 《儀禮經傳通解》卷12《鐘律第二十二·學禮六之上》《鐘律義第二十三·學禮六之下》。《禮書綱目》卷82《鐘律·樂二》《鐘律義·樂三》。

《諸侯相朝禮》《諸侯相朝義》歸入"賓禮"。

《燕禮》。二書同據《儀禮·燕禮》，江永歸入"嘉禮"，分戒群臣、陳饌器、即位命賓及執事者共28節，對《通解》部分標題進行了更正，材料進行了增訂。如"即位"章，《綱目》改作"即位命賓及執事者"，"樂賓升歌獻工"簡作"樂賓升歌"。爲簡化篇幅，江永使用"詳見某章"編例，如"射"章"詳見三射記"。"賓出"章，《綱目》附注"此後有'公與客燕'一章，及'記與四方之賓燕'二條，見《饗食燕記》篇"①。

《燕義》。二書同據《禮記·燕義》，《綱目》篇末備注："'古者周天子之官有庶子官'至'春合諸學，秋合諸射，以考其藝而進退之'，本在《燕義》篇首，今依《通解》移置篇末。"②

《大射儀》。二書同據《儀禮·大射儀》，江永歸入"嘉禮"，分戒百官、張侯、設樂共45節，在《通解》基礎上進行材料增刪，段意提煉。如"張侯""設樂"，《通解》合作一章，并引《周禮·射人》附記，《綱目》將二者各自分章，删去朱子所附記。"陳器設位具饌"，《綱目》改爲"陳設器席"；"即位""請立賓及執事者"合作"即位請立賓及執事者"，等等。由於《大射儀》和《鄉射禮》多有雷同，《綱目》附記集中於《鄉射禮》，本篇章節均不附記③。

《大射義》。江永在《大射儀》之後，《射義》之前，增補了《三射記》。《通解》僅取材於記，《綱目》增補《論語》《白虎通》相關材料④。

《聘禮》。二書同據《儀禮·聘禮》，江永歸入"賓禮"，分篇目、圖事命使介、具贄幣共45節，在《通解》基礎上進行材料增刪，段意提煉、順序調整。如"圖事命使介"章，《綱目》增附《玉藻》引文。"具贄

---

① 《儀禮經傳通解》卷20《燕禮第三十三·邦國禮一之上》。《禮書綱目》卷5《燕禮·嘉禮八》。

② 《儀禮經傳通解》卷20《燕義第三十四·邦國禮一之下》。《禮書綱目》卷5《燕義·嘉禮九》。

③ 《儀禮經傳通解》卷21《大射儀第三十五·邦國禮二之上》。《禮書綱目》卷11《大射儀·嘉禮十五》。

④ 《儀禮經傳通解》卷21《大射義第三十六·邦國禮二之下》。《禮書綱目》卷11《三射記·嘉禮十六》《射義·嘉禮十七》。

幣"章，《綱目》刪除《通解》的《周禮·小行人》引文。"受命于朝"章，《通解》附記先後引《周禮·司常》《典瑞》《玉人》，《綱目》刪此數條，僅附本經記。"公送賓問君勞介賓"，《綱目》作"公送賓問勞"，"還玉報享"簡作"還玉賄禮"，等等①。

《聘義》。二書同據《禮記·聘義》，《通解》增附《國語》單襄公預言陳滅、《左傳》子產壞晉館垣和哀公伐吳詢聘義事三則，《綱目》僅附《經解》②。

《公食大夫禮》。二書同據《儀禮·公食大夫禮》，江永歸入"嘉禮"，分戒賓賓從、陳器饌、迎賓即位共16節，在《通解》基礎上進行段意提煉，材料增刪。如"鼎俎入"章，《綱目》作"舉鼎載俎"。"不親食"章，《綱目》附注："此後有大夫相食一章，見《饗食燕記》篇。"這樣可以縮減禮書篇幅③。

《公食大夫義》。二書同據劉敞補記，江永歸入"嘉禮"④。

《諸侯相朝禮》。二書同為補記，江永歸入"賓禮"。《通解》不分章節，《綱目》分相朝、會遇二章，全據《通解》，增引包括《玉藻》《典瑞》《秋官》《禮器》《禮器》《穀梁傳》《左傳》《曲禮》《家語》等相關材料，較《通解》豐贍。但《綱目》刪除了《通解》所附《諸侯相朝義》⑤。

五、王朝禮

《通解·覲禮》至《王制》共十四卷，為《王朝禮》，舊名《儀禮集傳集注》。朱子王朝禮包括諸侯朝見天子的覲禮，也包括曆法、禮樂和

---

① 《儀禮經傳通解》卷22《聘禮第三十七·邦國禮三之上》。《禮書綱目》卷14《聘禮·賓禮三》。

② 《儀禮經傳通解》卷22《聘義第三十八·邦國禮三之下》。《禮書綱目》卷14《聘義·賓禮四》。

③ 《儀禮經傳通解》卷23《公食大夫禮第三十九·邦國禮四之上》。《綱目》卷6《公食大夫禮·嘉禮十》。

④ 《儀禮經傳通解》卷23《公食大夫義第四十·邦國禮四之下》。《綱目》卷6《公食大夫義·嘉禮十一》。

⑤ 《儀禮經傳通解》卷23《諸侯相朝禮第四十一·邦國禮五之上》《諸侯相朝義第四十二·邦國禮五之下》。《禮書綱目》卷15《諸侯相朝禮·賓禮六》。

王朝制度,如《曆數》《夏小正》《月令》《樂制》《樂記》《王制》。其中《王制》分爲分土、制國、王體、王事、設官、建侯、名器、師田、刑辟,但《通解·卜筮》闕略。江永將《覲禮》歸入"賓禮",其餘王朝禮歸入"通禮",補闕朱子《卜筮》。

《覲禮》。二書同據《儀禮·覲禮》,江永歸入"嘉禮",分篇目、至郊、郊勞共 14 節,在《通解》基礎上進行材料增刪。如"郊勞"章,《通解》附《大行人》《小行人》,《綱目》刪除《大行人》,補《考工記》引文,江永的增補更合理。"賜舍"章,《通解》附記引《曲禮》,《綱目》增補《小行人》《司隸》《宰夫》,保留《掌訝》《訝士》引文。"賜車服"章,二者幾乎全異,《通解》附《王制》《典命》《小宗伯》,《綱目》附《內府》《小宗伯》《校人》《囿人》《樂記》《小雅·采菽》《大雅·韓奕》,二書僅《小宗伯》引文一致。"饗禮"章,《綱目》備注"詳見嘉禮饗食燕記篇,饗餼等經不具附見於下"。二書結尾不同,《通解》以"諸侯覲于天子"爲"經","記"用《大宗伯》《典瑞》《司盟》,《綱目》以"乃歸"爲"經","記"附《尚書大傳》《訝士》《環人》①。

《朝事義》。江永歸入"賓禮",《通解》僅用《大戴禮》補"記",《綱目》增補《經解》《樂記》《中庸》《魯語》《左傳》《白虎通》引文。對於附記,《綱目》先總設篇目,接着對《通解》附記進行增删,包括標題、次序的更定,材料的補充等,較《通解》更全面,也更有倫次②。

《曆數》。江永歸入"通禮",《通解》引文包括《史記》《堯典》《洪範》,《綱目》分爲治曆、占候、壺漏三節,其中"治曆"以《通解》所引爲主,增補《春官·馮相氏》《月令·孟春》,附記《周易·象傳》。"占候"以《洪範》爲"經",《左傳》附記,補附《國語》引文。"壺漏"引《夏官·挈壺氏》《春官·雞人》爲"經",附記《齊風序》爲"傳"③。

---

① 《儀禮集傳集注》卷 24《覲禮第四十三·王朝禮一之上》。《禮書綱目》卷 16《覲禮·賓禮七》。
② 《儀禮集傳集注》卷 24《朝事義第四十四·王朝禮一之下》。《禮書綱目》卷 16《朝事義·賓禮八》。
③ 《儀禮集傳集注》卷 25《曆數·王朝禮二之上》。《禮書綱目》卷 53《曆數·通禮一》。

《卜筮》。《通解》篇闕,江永歸入"通禮",分卜筮、筮法、占夢三節,引據材料非常豐富,包括《洪範》《春官》諸官,《玉藻》《月令》《曲禮》《表記》《少儀》《禮器》《祭義》《左傳》《國語・晋語》《周語》《繫辭傳》《易學啓蒙》《小雅・無羊》,幾乎無一罅漏,補足朱子未竟,功不可没①。

《夏小正》。《夏小正》補自《大戴禮記》,《通解》分爲"經""傳"部分,篇末附《周月》,引據《汲冢周書》《國語》《孔叢子》。江永歸入"通禮",增補《尚書大傳》《白虎通》《甘誓》《論語》,篇末材料的引用亦有删削②。

《周月》。《通解》附於《夏小正・十二月・傳》後,用○號隔開,江永歸入"通禮"。朱子《周月》標明出自《汲冢周書》,備注"《汲冢周書》,雖出近世所偽作,然其所論亦會集經傳之文,無悖理者,今姑存之。"江永標出《逸周書》,實爲一書,全引《周禮》有關曆法、月令的官員,如《小宰》《庖人》等③。

《月令》。江永歸入"通禮",以《通解》附《吕氏春秋・十二紀》《淮南子時・則訓》《通典唐・月令》進行校勘,幾乎全依《通解》,僅删除其訓詁部分,見出江永校勘對於朱子學術的承繼和服膺④。

《樂制》。江永歸入"樂",體現其禮樂并重的思想。具體增訂上,《通解・樂制》先引《周禮・大宗伯》,次引樂舞、樂事,最後引《周禮》《左傳》《荀子》相關材料。《綱目》分歷代樂制、樂事兩個部分。"樂制"引《通典》《樂記》《尚書》,附《吕氏春秋・古樂》《白虎通》《論語》《樂記》《詩序》;"樂事"引《尚書》《春官》《王制》,附《國語》《論語》。《綱目》的段落劃分更詳細,增補材料更充分,江永的輯補更好地展現

---

① 《禮書綱目》卷 73《卜筮・通禮二十六》。
② 《儀禮集傳集注》卷 26《夏小正・王朝禮三之上》。《禮書綱目》卷 54《夏小正・通禮二》。
③ 《儀禮集傳集注》卷 26《夏小正附》。《禮書綱目》卷 54《周月・通禮三》。
④ 《儀禮集傳集注》卷 26《月令・王朝禮三之下》。《禮書綱目》卷 55《月令・通禮四》。

了古代樂制的發展軌迹①。

《樂記》。江永歸入"樂",二書均先引《禮記·樂記》,再引其他材料進行補充。相對來說,《通解》所引材料更多,《綱目》取捨更恰當。朱子將《樂記》放至《樂制》後,江氏則移至書末,表現出對《樂記》的重視②。

《分土》《制國》。江永歸入《通禮·制國》,表現出對國家制度的理想建構。在材料增删上,"分土"引文包括《禹貢》《左傳》《職方氏》《周語》《公羊》《左傳》等。《綱目》將分土、建國、遷國合作《制國》,其中"遷國"爲江永所補,材料較《通解》詳密有序。江永還對《王朝禮·王禮》《王事》進行增訂,另外,《設官》《建侯》被江永歸入《職官》,屬於"通禮"。朱、江二書均按上古、唐虞、周制順叙,并附侯國之官、大夫之官、爵禄、任官。對於《名器》《刑辟》,《綱目》保持名稱不變,但劃分更細縝。如《綱目·名器》分爲名號、衣服、宮室、車旗、玉器,《刑辟》分爲刑制、聽斷、赦宥八議、順時令、約劑、復仇等細目。這種改變反映着《綱目》對《通解》增定的通行做法③。

六、喪禮

《儀禮經傳通解釋·喪禮》《祭禮》爲黃榦、楊復續編,以《儀禮經傳通解續》名之,朱子曾參與設計工作。從卷數上看,《喪》《祭》二禮只有二十九卷,相較朱子《通解》《集傳集注》共三十七卷爲少,但篇幅却倍甚之。黃榦《喪禮》極有條理,爲江永式法。黃榦《喪禮》包括《儀禮·喪服》《士喪禮》《士虞禮》,《禮記·喪大記》,補輯"卒哭祔練祥禫""補服""喪服變除""喪服制度""喪服義""喪通禮""喪變禮""喪禮義""喪服圖式"。江永增删隸括,調整補入"奔喪""災變禮",內容更詳細。

---

① 《儀禮集傳集注》卷27《樂制·王朝禮四之上》。《禮書綱目》卷81《樂制·樂一》。
② 《儀禮集傳集注》卷27《樂記·王朝禮四之下》。《禮書綱目》卷85《樂制·樂六》。
③ 《儀禮集傳集注》卷28—37《王制》,《禮書綱目》卷56—75《制國》《職官》等。

《喪服》。江永將黃榦《喪禮》歸入"凶禮"。江永的補輯工作主要是材料損益，比較而言，江永對黃榦的承繼多於刪削，如《綱目》"齊衰三年章，父卒爲母齊衰杖期章，父在爲母通用"承自《通解續》。黃榦根據朱子體例，先列訓詁，次引鄭注，最後節引疏解，間作説明，而江永刪削疏解和訓詁，成書更簡潔①。

《士虞禮》。二書同據《儀禮·士虞禮》，不贅述。

《士喪禮》。二書同據《儀禮·士喪禮》，差別不大，主要是標題更正，材料增刪。如"尸謖降"更作"尸出降"，《綱目·始死》附記刪去《通解續》"始死，三日弗怠"和《左傳·哀十五年》"衛太子蒯聵迫孔悝"引文②。

《喪大記》。"復"章，《綱目》增附《孔叢子》引文，"陳小斂衣奠"章增附《檀弓》引文，"陳大斂衣及殯奠之具"章附記增入"凡諸侯薨"一節，且加備注，增補《家語》引文，刪除《通解續》所引《喪禮義》孟子、魯平公③。

《卒哭祔練祥禫記》。江永增附"吉祭忌日"，刪除《通解續》按語"喪禮但至虞禮而止，卒哭、祔、練、祥、禫之禮，……故列於《喪大記》之後"④。

《補服》。《綱目》放入《喪服》之後，補引黃榦注："補服有五有：見本經傳記者，有見它記者，有見注疏者，又有心喪，有吊服，悉類而分之，以補經文之缺"，但刪除了黃榦的舉例。《綱目》所補"吊服加麻"附注較《通解續》多引《孔叢子》"秦莊子死，孟武伯問于孔子"一節⑤。

---

① 《儀禮經傳通解續》卷1《喪服·喪禮一》。《禮書綱目》卷18《喪服·凶禮一》。
② 《儀禮經傳通解續》卷2、3《士喪禮·喪禮二》。《禮書綱目》卷23、24《士喪禮上下·凶禮六、七》。
③ 《儀禮經傳通解續》卷5、6《喪大記·喪禮四》。《禮書綱目》卷26、27《喪大記上下·凶禮九、十》。
④ 《儀禮經傳通解續》卷7《卒哭祔練祥禫記·喪禮五》。《禮書綱目》卷28《卒哭祔練祥禫記·凶禮十一》。
⑤ 《儀禮經傳通解續》卷8《補服·喪禮六》。《禮書綱目》卷19《補服·凶禮二》。

《喪服變除》。《通解續》每條細目均有詳細考證和注釋,多引戴德、崔氏《變除》,《綱目》則全部刪除。此外,《綱目》刪除《通解續》"禫易服"章附記《説命》"王宅憂,亮陰三祀"引文。《通解續》"受吊變服"引《雜記》《喪大記》作"經",《左傳》《檀弓》作記,《綱目》刪去此條①。

《喪服制度》。此篇爲黄榦所補,分章皆有按語,説明所補緣由,如"總論"補云:"按:喪禮各有制度,設官掌之,不如者禁之。朝廷之制既然,則鄉黨亦自有制,以故衣服不貳而風俗同。後世漫無法度,是以异政殊俗。此禮者所深歎也,故設爲此篇,以補其闕。"《綱目》全部刪除,僅留條目②。

《喪服義》。二者幾乎全同,不贅述。

《喪通禮》。此篇爲黄榦所補,黄氏云:"喪禮有可以先後次第見者,如《士喪禮》至《卒哭祔練祥禫》六篇是也。亦有終喪通用而不可以次第見者,各隨其事析爲門目,補爲此篇。"《綱目》增補較少,僅刪削疏解,略增材料,如"名位"附記,增入《左傳·僖九年》:"宋桓公卒,未葬。"③

《喪變禮》。《綱目》細分此篇爲《奔喪》及《喪變禮》。《通解續》"篇目"下無按語,《綱目》據《鄭玄目録》補云:"名曰奔喪者,以其居他國,聞喪奔赴之禮。此於別録屬喪服之禮,實《逸曲禮》之正篇也。漢興後得古文而禮家又貪其説,因合於禮記耳,奔喪禮屬凶禮也。"《通解續·奔喪》未分章節,《綱目》依次細分爲:奔親喪、奔齊衰以下喪、奔母喪、奔親喪不及殯、奔齊衰以下喪不及殯、聞親喪不得奔、除喪後奔喪、齊衰以下爲位、哭無服、臣哭君。對於"聞喪",《通解續》將其與《奔喪》并列,《綱目》則將"聞喪"補記附後。《綱目·喪變禮》承襲《通

---

① 《儀禮經傳通解續》卷9《喪服變除·喪禮七》。《禮書綱目》卷20《喪服變除·凶禮三》。

② 《儀禮經傳通解續》卷10《喪服制度·喪禮八》。《禮書綱目》卷21《喪服制度·凶禮四》。

③ 《儀禮經傳通解續》卷12《喪通禮·喪禮十》。《禮書綱目》卷29《喪通禮·凶禮十二》。

解續》,分并有喪、道有喪、因吉而凶、因凶而吉諸節①。

《弔禮》。《綱目》引《宰夫》以啓全文,《通解續》則無。《通解續》"會葬"附記《春秋》"文公元年",《綱目》改爲"文公九年",揆之史載,江氏爲勝。"哀有喪"附記,《綱目》較《通解續》增加《左傳·襄二十三年》"杞平公卒"、《檀弓》"季武子之喪,曾點倚其門而歌"二條②。

《喪禮義》,二書相同,不具述。《通解續》將《喪服圖式目錄》系爲外卷,《綱目》没有采入。

七、祭禮

《通解續·祭禮》由楊復完成,内容包括《儀禮·特牲饋食禮》《少牢饋食禮》《有司徹》,也包括所補的《諸侯遷廟》《諸侯釁廟》《祭法》《天神》《地示》《百神》《宗廟》《因事之祭》《祭統》《祭義》。江永將楊復《祭禮》歸入"吉禮",順序上進行了調整,先天地而後人倫,先君王而後諸侯臣民③。

《特牲饋食禮》。二書同據《儀禮·特牲饋食禮》,《通解續》列爲《祭禮》第一,《綱目》列爲《吉禮》第六。江永在楊復的基礎上,主要進行材料增删、段落劃分和標題更定。如"筮日"章,《綱目》附記增引《曲禮》引文,"迎尸正祭"章後增加"主人酳尸"一節,"主婦亞獻尸"章增附本經記。分段上,從"夙興"至"中庭",《通解續》標題爲"祭日夙興主人主婦陳設拜賓即位",《綱目》分爲"視殺"和"陳設即位"兩部分。"利洗散"一段,《綱目》分作兩部分。段意的重新概括,如"陳鼎拜賓視牲告期"章,《綱目》更作"視濯視牲告期","主人主婦及祝佐食陳設陰厭"簡作"設陰厭",等等④。

---

① 《儀禮經傳通解續》卷13《喪變禮·喪禮十一》。《禮書綱目》卷30《喪變禮·凶禮十四》。
② 《儀禮經傳通解續》卷14《弔禮·喪禮十二》。《禮書綱目》卷31《弔禮·凶禮十五》。
③ 《禮書綱目·吉禮》依次爲:祭法、天神、地示、百神、宗廟、特牲饋食禮、少牢饋食禮上下、天子諸侯廟享、諸侯遷廟、諸侯釁廟、祭通禮、因祭、祭物、祭義。
④ 《儀禮經傳通解續》卷17《特牲饋食禮·祭禮一》。《禮書綱目》卷39《特牲饋食禮·吉禮六》。

《少牢饋食禮》。二書同據《儀禮·少牢饋食禮》,差別不大。《綱目》主要進行段意的重新概括,如"卿大夫祭前十日先筮日"章,《綱目》簡作"筮日","宗人請祭期"更作"爲期","實鼎及豆籩盤匜"簡作"陳設","舉鼎匕載""迎尸之前先爲陰厭"合作"舉鼎載俎設陰厭",等等①。

《有司徹》。本篇實爲《少牢饋食禮》下篇,今本《儀禮》以篇幅較長,分作兩篇,《綱目》仍其原名,題作《少牢饋食禮下》。二書差別不大,《綱目》主要進行段意的重新概括。《通解續》"主人獻尸主婦獻豆籩",《綱目》分作"主人授尸幾"和"主人獻尸","司馬司士載俎"省作"載俎","主人獻尸"作"尸卒爵","主人酬尸設羞"分作"主人酬尸""設羞",等等。總結來説,楊復所擬標題太過繁複,江氏的重新劃分和概括,顯得綱舉目張②。

《諸侯遷廟》《諸侯釁廟》。《諸侯遷廟》據《大戴禮》補,江永細分爲將遷廟、殯宫告遷、奉主人新廟、祭告、事畢五步驟,將遷廟過程細化,同時保留更多史料。《諸侯釁廟》亦出《大戴禮》,《綱目》附記增補《雜記》引文③。

《祭法》。《綱目》放入吉禮首篇,表見重視。《綱目》在"大宗伯"前先引"有虞氏"一節,凸顯江氏禮書編撰的時間和邏輯順序④。

《天神》。《綱目》首引《曲禮》,主要進行了材料順序的調整。《通解續》分别爲昊天天神之祀、五帝上帝之祀、郊祀、配帝記帝臣、日月星辰、祀司中司命飌師雨師。《綱目》調整爲祀天、祀五帝及五人帝五人臣、祀日月、祀星辰、祀司中司命飌師雨師,先天地而後人事,排序更合理。《通解續》引據疏解數量多,但《綱目》更爲精審,這是後出轉

---

① 《儀禮經傳解續》卷18《少牢饋食禮·祭禮二》。《禮書綱目》卷40《少牢饋食禮上·吉禮七》。

② 《儀禮經傳解續》卷19《有司徹·祭禮三》。《禮書綱目》卷41《少牢饋食禮下·吉禮八》。

③ 《儀禮經傳解續》卷20《諸侯遷廟·祭禮四》《諸侯釁廟》。《禮書綱目》卷43《諸侯遷廟·吉禮十》《諸侯釁廟·吉禮十一》。

④ 《儀禮經傳解續》卷21《祭法·祭禮五》。《禮書綱目》卷34《祭法·吉禮一》。

精的緣故①。

《地示》。二書卷首同引《曲禮》，但接下來在標題和材料上的處理略微不同，《通解續》依次爲地示之祭、社稷、立祀、四望、山川，《綱目》調整爲祭地、祭社稷、祭五祀、祀四望、祭山川，見出他對於"祭"和"祀"的區分②。

《百神》。兩者排列次序不同，《綱目》較《通解續》更爲合理有序③。

《百神》以下，《宗廟》《因事之祭》《祭統》《祭物》《祭義》等篇，楊復所附材料極多，但顯得冗繁。江永直陳楊氏"議論詳瞻，而編類亦有未精者"④。"詳而未精"是楊氏《祭禮》的最大弊病，江永的增删檃括，使得《禮書綱目》成爲一部簡潔而且系統的禮書，最終獲得編撰的成功⑤。

八、結論

筆者以《儀禮經傳通解》及其續編爲底本，探究了江永《禮書綱目》對朱子禮書的增訂和重編。朱子《通解》冗繁，保留了大量節引的注疏，江永删削疏解，只在較重要的地方，以按語形式節引，有效控制了篇幅。但江永的決定出乎意外。按最初設計，他欲編一部比肩《通解》、融匯歷代諸儒研究心得的禮書。他説："若夫賈孔諸家之疏，與後儒考正之説，文字繁多，力不能寫，且以俟諸異日。"⑥但由於精力、資源有限，《綱目》實爲江氏心中的未成之書。《綱目》的這一缺陷竟獲意外成功。同邑汪紱指出，如果增加疏解及諸儒禮説，"是不惟不

---

① 《儀禮經傳通解續》卷22《天神・祭禮六》。《禮書綱目》卷35《天神・吉禮二》。
② 《儀禮經傳通解續》卷23《地示・祭禮七》。《禮書綱目》卷36《地示・吉禮三》。
③ 《儀禮經傳通解續》卷24《百神・祭禮八》。《禮書綱目》卷37《百神・吉禮四》。
④ 《禮書綱目序》，《叢書集成續編》本，第153頁。
⑤ 另外，江永《綱目》增補了不少類禮，嘉禮增補了《冠昏記》《饗食燕記》《養老》《嘉事雜記》等，賓禮增補了《會同禮》《巡守》等，喪禮增補了《奔喪》《災變禮》，吉禮增補了《天子諸侯廟享》《因祭》等。其軍禮、曆法、樂的增補尤多，見第六章的論述。
⑥ 《禮書綱目序》，第153頁。

足以治經,而反足以亂經。"①《讀禮通考》和《五禮通考》,均因增加疏解及諸儒禮説,結果較《通解》更爲冗繁,其影響力不及江氏一己之力而成的這部禮書。

在編撰上,江氏使用"某見某章"的節文方式,只在重要處引用疏解時以"今按"的方式節引賈疏,不減少禮書内容,却減少了篇幅。對於補充及增附材料的處理,江氏禮書明顯地呈現出綱、目的區分和經、傳的區别。具體來説,對於每類禮儀的編撰,《禮書綱目》的一般做法是,先引《儀禮》以外的材料,或《鄭玄目録》,或《周禮》《禮記》有關章節,引出該禮儀類别,然後分附《儀禮》本文,同時分章别句,對於《儀禮》本文下附鄭玄注,在每段落下又附《禮記》相關篇目,或經史相關材料。對於所補的禮儀,《綱目》常以《周禮》《禮記》爲"經",充當《儀禮》的地位,然後依次附經傳、史籍、諸子爲"傳",并在所節引材料下又附漢唐古注,極有次第。汪廷珍序云:"其篹輯也,以古經爲主,經不足,補以傳、記,又不足,則旁證以諸家之説,巨細咸備,正變不遺,而缺者可補矣。"②江氏禮書獨特的編撰設計,具有重要學術價值。

---

① (清)汪紱:《雙池文集》卷3《與江慎修論學書》,清道光一經堂刻本。
② (清)汪廷珍:《禮書綱目序》,作於乾隆十五年,第152頁。

第八章 《禮書綱目》校勘管窺
——以《大戴禮記》爲中心

禮書編撰講究體系構建和材料排陳。江永《禮書綱目》在朱子《通解》的基礎上進行增訂,完成了對朱子禮學體系的重塑,即由朱子"内聖外王"的理學體系,向《周禮》吉、凶、軍、賓、嘉的古禮體系轉變。在這一體系的構建工作完成後,其剩餘的首要工作便是對所需禮學材料的甄別、裁選和使用。由於古書轉鈔流傳日久,發生"魯魚豕亥"的錯誤不可避免。爲保證所編禮書"藉古禮以資考核"目的的實現,需要對入選材料進行甄別,尤其是那些在流傳過程中發生殘缺、與傳統記載相近却略異,且有衆多版本行世的古書,如《大戴禮記》《月令》《孔子家語》等。對這些書籍相關入選材料進行校勘,是禮書編撰的核心內容,它決定着所編禮書的學術價值和編撰成敗。本文試以《大戴禮記》爲中心,附以《孔子家語》《月令》,管窺江永禮書編撰的校勘成就。

現存《大戴禮記》共十三卷三十九篇,其所保存的先秦至漢代禮學資料,是研究儒家禮樂文化的重要文獻,也是校勘存世儒家經典的有力證據,因而受到學者廣泛歡迎。朱熹就是其中之一。雖然朱子認爲"《大戴禮》本文多錯,注尤舛誤",又"冗雜,其好處已被小戴采摘來做《禮記》了",但堅持"然尚有零碎好處在"[①]。其好處之一便是可用作編撰禮書的材料。這與朱熹的禮書編撰思想有

---

① (宋)黎靖德編:《朱子語類》卷88,《朱子全書》第17册,上海古籍出版社,2002年,第2995頁。

關。朱子認爲禮書編撰應該"以《儀禮》爲經,而取《禮記》及諸經史雜書所載有及於禮者,皆附本經之下,具列注疏、諸儒之説"①。《大戴禮記》便是所謂"經史雜書"之一。在朱子禮書的前期設計中,他和門人商討有關《儀禮附記》編纂事宜,便提出:"《大戴禮》亦合收入,可附《儀禮》者附之,不可者分入五類。"②而在最後的成書中,《通解》較完整地選用了《大戴禮記》中《夏小正》《保傅》《曾子事父母》《武王踐阼》《明堂》《投壺》《公冠》七篇,其間或用《大戴禮記》原本或用他本,或整篇引用或割裂截取,或有注或無注,或全用盧注或自作注,進行了整理③。其後,黄榦《通解續》引用了《大戴禮記》之《諸侯遷廟》和《諸侯釁廟》,但全依盧注。楊簡、吴澄也都措意過《大戴禮記》研究④。但這些只是序幕。《大戴禮記》的研究在清代達到全盛,戴震、盧文弨對錯誤百出的《大戴禮》經文進行了校勘,孔廣森、王聘珍對單傳的盧注進行了增補,但江永對《大戴禮記》的校勘成績却常常被忽略。

江永《大戴禮記》校勘見存於《禮書綱目》,主要對《公冠》《投壺》《保傅》《夏小正》等四篇進行校勘。相較朱子禮書,江氏不僅對經文進行了校勘,亦對注釋進行了校理,還補校了朱子未備之處。兹論如下。

一、《公冠》

《公冠》爲通行本《大戴禮記》第十三卷,清代以前刻多作"公符",

---

① 《儀禮經傳通解》卷首《乞修三禮札子》,《朱子全書》第2册,第25頁。
② 《晦庵先生朱文公文集》卷50《答潘恭叔》,《朱子全書》第22册,第2313頁。
③ 朱熹《儀禮經傳通解》對《大戴禮記》的具體校勘工作,見孫顯軍:《朱熹的〈大戴禮記〉研究》,《蘇州大學學報》(哲學社會科學版)2009年第1期,第70—72頁。
④ 楊氏《大戴禮記》研究主要體現在《先聖大訓》中,其突出特點是將《大戴禮記》放到儒家思想特別是心性思想的語境中加以關注,提升了《大戴禮記》的思想意義。孫顯軍:《楊簡的〈大戴禮記〉研究》,《徐州師範大學學報》(哲學社會科學版)2009年第4期,第63—66頁。吴澄撰有《踐阼篇集節》,另收入《投壺》《公冠》《遷廟》《釁廟》《朝事》五篇爲《儀禮逸經》,還有《校正大戴禮記》三十四卷,可惜不傳。引自《大戴禮記補注》,中華書局,2013年,《校點説明》第3頁。

爲刊刻之誤①。《禮書綱目》卷三《冠昏記》補記"天子諸侯冠禮",采選《大戴禮記・公冠》及盧辨注,但江永沿襲朱子之誤,以爲鄭玄注。本篇以通行本《大戴禮記・公冠》篇作爲底本,對勘《孔子家語・冠頌》"孔子答懿子問諸侯之冠"部分,一共進行了十四處校釋,兹列於下②。

  1. "公冠自爲主",《家語》作"公冠",則以卿爲賓,無介,公自爲主。

  2. "迎賓,揖升自阼,立于席",《家語》席下有"北"字。

  3. "既醴,降自阼",《家語》此句上有"其醴也,則如士,饗之以三獻之禮"字。

  4. "其餘自爲主者,其降也自西階以异",《家語》作"諸侯非公而自爲主者,其所以异,皆降自西階"③。

  5. "其餘皆公同也",《家語》無此句。

  6. "公玄端與皮弁皆韠",《家語》無"公""皆韠"字,下有"异"字,疑是"韠"字之誤。

  7. "公冠四加玄冕",盧注:"四"當爲"三","玄"當爲"袞"字之誤。江校:《家語》"冕"下有"祭"字。

  8. "饗之以三獻之禮",《家語》屬上文。

  9. "無介",《家語》在"卿爲賓"之下。

  10. "無樂",盧注:亦饗時也。冠者成人代父,始宜盡孝子之感,不可以歡樂取之。孔子曰:"取婦之家,三日不舉樂,思嗣親也。"然則冠禮一舉樂可也。《春秋左氏傳》曰:"以金石之樂節

---

  ① 通行本《大戴禮記》錯誤嚴重,不僅"公冠"作"公符",其注釋亦有問題,如"迎賓揖升自阼立于席",盧辨注本爲"公堂深异於士",而宋本《大戴禮記》作"入堂深异於上",是明顯的"魯魚豕亥"之誤。參閱《大戴禮記》卷13《公符》,1頁A面,《四部叢刊》影印無錫孫氏小綠天藏明袁氏嘉趣堂刊本。

  ② (清)江永:《禮書綱目》卷3,《叢書集成續編・經部》第11册,第228頁。

  ③《孔子家語》標點參閱楊曉芬等整理本,《傳世藏書》子庫《諸子》第1册,海南國際新聞出版中心,1996年,第633頁。

之",謂之冠時爲節也。① 江永以爲注"一"下疑脱"日不"二字。

11. "皆玄端",《家語》無"無樂皆玄端"字。

12. "其酬幣朱錦采,四馬,其慶也同。"《家語》作"其酬幣於賓,則束帛乘馬",無"其慶也"字。

13. "天子儗焉,太子與庶子,其冠皆自爲主。"盧注:王侯自主之,重言天子,誤也。江校:"天子"以下《家語》作"王太子庶子之冠擬焉,皆天子自爲主。"按鄭注,"重言天子"恐皆下本有"天子"字,一本作"重言太子"。

14. "其禮與士同,其饗賓也皆同。"②《家禮》作"其禮與士無變","饗"下有"食"字。

從以上校釋可以看出,江永校勘的突出特點,是以對勘方式對《大戴禮記》原文進行補脱,還對《大戴》《家語》二書相關内容進行了比勘,并且對"鄭玄注"(實爲盧辨注)進行削減和校注。如《大戴》經文"公玄端與皮弁皆韠",盧注:"玄端緇布冠及玄冠之服也",且引《玉藻》"始冠緇布之冠"條進行詮釋③。江永則直接删去了《玉藻》引文及其詮釋。清代《大戴禮記》校注者們多承其意,如王聘珍《釋詁》亦節略盧辨注④。江永對《大戴禮記》注文進行的校對,采用理校方式,體現着對《通解》校勘的繼承。如第十條,江永疑注"一"下疑脱"日不"二字。江永的觀察承朱子而來,同例還有《通解》在《昏義》章下附《孔子家語‧冠頌》:"邾隱公既即位將冠"章,朱熹以爲"'其禮如世子之冠'下本有'冠於阼'以下四句,與上章同而有誤字,又與上下文無

---

① 標點參閱(清)王聘珍:《大戴禮記解詁》,中華書局,1983年,第248頁。王聘珍節略盧辨注,并未對"一"字下是否缺略作考究。

② "其饗賓也皆同",《四庫全書》抄本爲"饗賓也皆同",缺略"其"字。

③ 《大戴禮記》卷13《公符》,1頁A—B面,《四部叢刊》影印無錫孫氏小緑天藏明袁氏嘉趣堂刊本。此書《玉藻》引文較通行本《禮記》微异,阮元仿宋刻本作"始冠緇布冠,自諸侯下達,冠而敝之可也"。《禮記正義》卷29,(清)阮元校刻:《十三經注疏》(清嘉慶刊本),中華書局,2009年,第3199頁。

④ (清)王聘珍:《大戴禮記解詁》,中華書局,1983年。

所屬,疑記者妄附益之。"①朱子校勘結論亦多爲江永承繼。如《家語》"升自阼,立于席北",朱熹按:《大戴禮》無北字。又"其醴也,則如士,饗之以三獻之禮",朱子按:《大戴禮》無"其醴也"三字②。江氏均承其説。此外,《通解》常在引注疏後,對异義處以"今按"的方式闡述己見。江永對盧辨注的處理亦復如是。儘管江永《公冠》篇的校勘上承繼朱子爲多,但他亦有創新處。這主要表現在補朱熹校勘之未備上。如《家語》"玄端與皮弁",朱子按:《大戴》作"公玄端與皮弁皆韡",而將"异"字屬下篇③。而江永以爲"公玄端與皮弁皆韡",《家語》無"公""皆韡"字,下有"异"字,疑是"韡"字之誤。④

二、《投壺》

《投壺》記載於《禮記》,爲今本《儀禮》所無,蓋從《逸禮》遷録而來,因抄録有删節,與《大戴禮記》所記互有詳略,文字亦多歧异處。投壺禮有文字的記載,是爲數不多的可以大體被瞭解的逸禮之一,因而在禮書編撰中受到廣泛使用。它被朱子收入《通解·鄉禮》"以繼《士相見禮》之後"⑤,被江永歸入《綱目·嘉禮》。江永以通行本《禮記》作底本,用《大戴禮記》作校本,在朱子校勘的基礎上,對《投壺》篇進行了深入研究,共有十五條校記,茲列如下⑥。

1. "主人請曰:'某有枉矢哨壺,請以樂賓。'賓曰:'子有旨酒嘉肴,某既賜矣,又重以樂,敢辭。'"《大戴禮·投壺篇》曰"請樂賓",無"以"字,又無"某既賜矣","哨"皆作"𥳑"。

---

① 《儀禮經傳通解》卷1,《朱子全書》第2册,第72—73頁。
② 《儀禮經傳通解》卷1,《朱子全書》第2册,第74頁。
③ 《儀禮經傳通解》卷1,《朱子全書》第2册,第74頁。
④ (清)江永:《禮書綱目》卷3,《叢書集成續編》本,第228頁。
⑤ (宋)朱熹:《篇第目録序題》,《儀禮經傳通解》,《朱子全書》第2册,第34頁。
⑥ (清)江永:《禮書綱目》卷12,《叢書集成續編》本,第301—302頁,其中第1—10條見301頁,第11—15條見302頁。《大戴禮記》見《四部叢刊》影印明刊本,卷12 7頁A面。

2."主人曰:'枉矢哨壺,不足辭也,敢固以請。'賓曰:'某既賜矣,又重以樂,敢固辭。'"《大戴》無上"固"字。"某既賜矣"作"某賜旨酒嘉肴"。

3."主人曰:'枉矢哨壺,不足辭也,敢固以請。'賓曰:'某固辭不得命,敢不敬從。'"《大戴》作"賓對曰"。

4."賓再拜受,主人般還曰:'辟。'"《大戴》"辟"皆作"避"。

5."籌室中五扶,堂上七扶,庭中九扶。"《大戴》云"籌八分,堂上七扶,堂中五扶,庭下九扶。"

6."矢以柘若棘,毋去其皮。"《大戴》"毋"作"無","皮"下有"大七分"字。①

7."司射進度壺,間以二矢半,反位,設中,東面,執八算,興。"《大戴》無"間以二矢半"五字,又無"東面"及"興"字。

8."算多少視其坐。"《大戴》"算"上有"既算"字。

9."請賓曰:'順投爲入,比投不釋,勝飲不勝者。正爵既行,請爲勝者立馬,一馬從二馬,三馬既立,請慶多馬。'請主人亦如之。"《大戴》"請"下有"於"字,"曰"下"有奏投壺之令曰"字,"釋"下有"算"字,"不勝"下無"者"字,"立馬"下"無一馬從二馬"字,"慶"上無"請"字。

10."魯令弟子辭曰:'毋憮,毋敖,毋偝立,毋踰言。偝立踰言有常爵。'薛令弟子辭曰:'毋憮,毋敖,毋偝立,毋踰言,若是者浮。'"《大戴》魯命弟子辭曰:"無荒,無慠,無倨立,無踰言。若是者,有常爵",無"薛令弟子"以下。

11."司射、庭長,及冠士立者,皆屬賓黨;樂人,及使者、童子,皆屬主黨。"《大戴》"司射"上有"堂下司正"字,"使者"在"童子"之下。

12."命酌曰:'請行觴。'酌者曰:'諾。'"《大戴》無"命酌"至

---

① (清)江永:《禮書綱目》卷12,《叢書集成續編》本,第301頁。此條與朱子校勘同,朱子曰:"皮"下有"大七分"字,見《儀禮經傳通解》卷6,《朱子全書》第2冊,第255頁。

"行觴"六字,別云"舉手曰:諸勝者之弟子爲不勝者酌。"

13. "當飲者皆跪奉觴,曰:'賜灌。'勝者跪曰:'敬養。'"《大戴》"當"上有"以酌皆請舉酒"六字,"觴"作"觚"。

14. "正爵既行,請立馬,馬各直其算,一馬從二馬,以慶。慶禮曰:'三馬既備,請慶多馬。'賓主人皆曰:'諾。'"《大戴》"正"上有"司正曰"字,"請"下有"爲勝者"字,"備"作"立"。

15. "正爵既行,請徹馬。"《大戴》此下有"周則複始"字。

而朱子《通解》亦據《禮記·投壺》,引《大戴禮記》作了校勘,一共五條校記,另引《大戴禮記》原文一條,分列如下①。

1. "請投"附《記》:"降揖,其阼階及樂事,皆與射同節。"自注:引自《大戴禮記》。

2. "矢以柘若棘,毋去其皮。"朱熹注:"皮"下《大戴》有"大七分"字。

3. 卒投,司射執餘算曰:"左右卒投,請數。"二算爲純,一純以取,一算爲奇,遂以奇算告曰:"某黨賢於某黨若干純。"奇則曰奇,鈞則曰左右鈞。朱注:《大戴》有"餘"字。"遂以奇算告",一本此句上更有"有勝者司射"五字,誤。

4. "命酌曰:'請行觴。'酌者曰:'諾。'"朱注:《大戴》無"命酌"至"行觴"六字,別云"舉手曰請諸勝者之弟子爲不勝者酌。"

5. "當飲者皆跪奉觴,奉觴曰:'賜灌。'勝者跪曰:'敬養。'"朱注:《大戴》此上有"以酌皆請舉酒"六字。

6. "正爵既行,請立馬,馬各直其算,一馬從二馬,以慶。慶禮曰:'三馬既備,請慶多馬。'賓主人皆曰:'諾。'"朱注:《大戴》"正"上有"司正曰"字,"請"下有"爲勝者"字。

---

① 《儀禮經傳通解》卷6,《朱子全書》第2冊,第254—259頁。

比較朱熹、江永二人校勘,江校顯然比朱子更加詳細。江永幾乎對《投壺》逐段作了校勘,因此數量上較朱熹多出九條。從所校勘的内容上看,朱子所校五條中,爲江永吸收者有四條,其中近于完全相同者二條,分別是江氏第 6 條與朱熹第 2 條,江氏 12 條與朱熹第 4 條,江氏第 12 條所引"諸勝者之弟子爲不勝者酌"較朱子所引少一"請"字。揆之明代通行本《大戴禮記》,江氏爲勝①。另外,江氏校勘第 13 條較朱熹第 5 條多"觶"作"觚"一例,第 14 條較朱熹第 7 條多"備"作"立"一條。這些都是江氏後出轉精的證據。值得注意的是,朱子校勘的第 3 條"《大戴》有餘字"。朱子此處指代不明,但他指出"一本此句上更有'有勝者司射'",雖然未被江永采用,却提供給我們更多參考,具有學術價值。總之,江永對《投壺》篇的校勘,在朱熹原校的基礎上,幾乎全篇、逐段地進行了校勘,爲後來學者的校注奠定下堅實的基礎,應予肯定。

三、《夏小正》

《夏小正》是存世的古老曆書,被收入《大戴禮記》第四十七篇。儘管它只有傳文,但却是時令類著述的濫觴。《隋書·經籍志》記載"《夏小正》一卷,戴德撰。"②至宋代傅崧卿以四時分四卷編校此書,經文後附戴德傳文,定名《夏小正戴氏傳》。《宋志》記載"《夏小正戴氏傳》四卷,傅崧卿注"③,即爲是本。朱熹編撰禮書時,便以通行本《夏小正》編入"王朝禮"中,并用傅本、通行本、《大戴禮記》本進行了校正④。江永《綱目》幾乎全采朱校,歸入"通禮"曆法一類。其依據朱子所作校勘如下:

---

① 筆者所據版本爲《四部叢刊》影印無錫孫氏小綠天藏明袁氏嘉趣堂刊本,代表了明代刊本錯舛百出的弊病,只能作不同版本的比照,因無宋代刊本的參照,所以不作朱、江二人所引孰優孰劣的評判。
② (唐)魏徵等撰:《隋書》卷 32《經籍一》,中華書局,1973 年,第 922 頁。
③ (元)脱脱等撰:《宋史》卷 205《藝文四》,中華書局,1977 年,第 5023 頁。
④ 關於朱子校正《夏小正》的简短介紹,見孫顯軍:《朱熹的〈大戴禮記〉研究》,《蘇州大學學報》(哲學社會科學版)2009 年第 1 期,第 71 頁。

1. 正月:"獺祭魚",傳本"獺"下有"獸"字。"其必與之獻","與"疑作"謂","獻"傳作"獸"。"獺祭魚謂之獻",傳作"獸祭"①。

2. 二月:"喜羔羊之爲生也",(喜),傳本作"善"。"或曰夏有煑祭",(夏),《大戴》作"憂"。"堇,采也",《大戴》作"采色"。"摻泥而就家,人人内也",(前"人"),《大戴》作"入"。

3. 三月:"伏者,非亡之辭也",(亡),《大戴》作"忘"。"委楊",(委),一作"萎"。"言自卑事者始也",傳本云:"事自卑者始",或無"也"字。

4. 五月:"乃瓜",傳本"瓜"上有"衣"字。"乃者,急瓜之辭也",(乃),傳云一本(上)有"衣"字;"瓜",傳云一作"衣"②。"頒馬,分夫婦之駒也",(分夫婦),一作"大夫卿"。

5. 六月:"蓑桃。桃也者,杝桃也。杝桃也者,山桃也,蓑以爲豆實也",傳本"杝"作"柂"。……"譁煞之辭也",傳本有"言"字。

6. 七月:"漢案户。漢也者,河也",大戴無此三字③。"葦未秀爲蘆",傳本"秀"皆作"莠"。

7. 八月:"離群而善而之",傳本無此(後)"而"字,"或曰:人從人從也者",《大戴》無此(前)"從"字。

8. 九月:"榮鞠,樹麥。"《大戴》無"樹麥"字。傳云:"或曰:傳文也。"④"辰系於日",傳本注無此字,疑八月"辰則伏"之類,

---

① (清)江永:《禮書綱目》卷54,《叢書集成續編》本,第672頁。"傳"、《綱目》(四庫抄本及廣雅書局本)均作"傳",《通解》四庫本時作"傳",時作"傳"(下有"云"字時),《朱子全書》整理本全作"傳"。由於朱熹據單行本《夏小正》爲底本,採用傳本的可能性最大,但兩者區別不大,傳本可視爲傳本之一。

② (清)江永:《禮書綱目》卷54,《叢書集成續編》本,第673頁。"傳云"當"傳云",《儀禮經傳通解》卷26,《朱子全書》第3册,第910頁。

③ 即"漢案户,漢也。"《大戴禮記》卷2《夏小正》,8頁B面,《四部叢刊》影印明刊本。

④ (清)江永:《禮書綱目》卷54,《叢書集成續編》本,第674頁。"傳云"當爲"傳云"。

寫時脱也。

9. 十月:"若日之長也玄",張氏云:"若夏日之長"。(玄),傳本注無"玄"字,傳作云,疑屬上則然,亦非也。

江永對於《夏小正》的校勘,選擇單行本作底本,用《大戴禮記》作比勘。比較江永和朱子的校注,可以看出《綱目》并非以原本進行勘驗,而是在《通解》校勘的基礎上,有所繼承和挹揚。儘管江永所校條目襲自《通解》,但他并非盲從,而是有所增删、取捨。如"五月"條,"乃者,急瓜之辭也",朱注:"瓜",《詩》云一作"衣"①,爲江永所不取。"九月"條,"熊羆、貊貉、鼬鼪則穴",朱注"《大戴》'穴'作'大',非"②,江永不取此説。此外,江永增輯了更多資料,有功於《大戴禮記》校勘研究,如"十月"條,江氏校注:"若日之長也玄",張氏云:"若夏日之長"。儘管《綱目》幾乎通篇采用《通解》的校勘,但江永還是進行了仔細的審查和對校,并不盲從。這種細緻的比勘工作,是江氏禮書編撰取得成功的重要保障。

四、《保傅》

《保傅》爲今本《大戴禮記》第四十八篇,主要取自賈誼《新書》,但内容上進行了擴展③。朱子將其收入《學禮》,江永禮書則取材《漢書·賈誼傳》,置於"通禮"類,并對勘《大戴禮記·保傅》及盧辨注(江氏誤隨朱熹以爲鄭玄注)、《漢書》顏師古注、朱子《通解》等,作了二十四條校記④。

江氏校勘以《漢書·賈誼傳》爲底本,以《大戴禮記》作校本,進行有關誤字、脱字、衍字的勘驗。誤字如"賈誼曰:古之王者太子乃生,

---

① 《儀禮經傳通解》卷 26,《朱子全書》第 3 册,第 910 頁。
② 《儀禮經傳通解》卷 26,《朱子全書》第 3 册,第 913 頁。
③ 余嘉錫説:"《大戴禮記》取《新書·保傅》《傅職》《胎教》《容經》四篇,合爲《保傅篇》。"余嘉錫:《四庫提要辨證》卷 10《子部一》,雲南人民出版社,2004 年,第 464 頁。
④ 24 條校注見江永:《禮書綱目》卷 68,《叢書集成續編》本,第 821—822 頁。

因舉以禮",江氏引《大戴禮·保傅篇》"迺"作"乃",後同,"以"作"之"①。"孝子之道也,故自爲赤子而教固已行矣",江氏引《大戴》"而"作"時","已"作"以"。"師導之教訓",江氏引《大戴》"訓"作"順"等。脱字如"故乃孩提有識,三公、三少固明孝仁禮義以導習之",江氏引《大戴》證無"乃""有識"三字,"之"下有"也"子等。衍字如"夫習與正人居之,不能毋正,猶生長于齊,不能不齊言也",江氏以爲《大戴》"居"下無"之"字等②。

此外,江氏還引"鄭玄"注(實爲盧辨注)和朱子校勘進行對校。如"有司齊肅端冕,見之南郊,見於天也",江氏引《大戴》"齊肅"作"參夙興"。鄭曰:參職謂三月朝也。朱子曰:參乃齊字之誤,其下當脱"一"字,而注文"職"字亦誤。"進善之旌",江氏引《大戴》"旌"作"斾",又引鄭玄"堯置之令,進善者立於斾下也"。江氏的對校,提高了校勘的準確性③。

比較《綱目》與《通解》關於《保傅》的校勘,我們發現,江氏校記幾乎全部襲自《通解》。僅"化與心成,故中道若性"和"夫三代之所以長久者,以其輔翼太子有此具也"兩條,江永分别增入"《漢書》《大戴》皆有'三代之禮'一段,今見《朝廷禮篇》""又《漢書》《大戴》皆有'及秦不然'一段,今删去"④。即使如此,筆者以爲江永此篇的校勘,仍有兩個特色值得注意。第一是底本的選用。江永追隨朱子禮書,選擇《漢書·賈誼傳》而不是《大戴禮記·保傅》來作爲底本,在校勘學上有重要意義。校勘版本的選擇一般爲最古版本,這樣可以從源溯流,理清材料的順序。《大戴禮記·保傅》抄自賈誼《新書》,在《漢書》本傳中保存了大量的原始文獻。選擇《漢書》本傳作爲底本,而用《大戴禮

---

① (清)江永:《禮書綱目》卷68,《叢書集成續編》本,第821頁。另外需指出,"因舉以禮",《大戴禮記》、《漢書·賈誼傳》《通解》、《四庫全書》本《禮書綱目》均作"固舉以禮",廣雅書局刻本爲誤。

② 以上均見江永:《禮書綱目》卷68,《叢書集成續編》本,第821頁。

③ (清)江永:《禮書綱目》卷68,《叢書集成續編》本,第821頁。

④ (清)江永:《禮書綱目》卷68,《叢書集成續編》本,第821頁。

記》作校勘,可以理清材料時間上的先後順序,開掘和補充現有的文獻材料,從而豐富《大戴禮記》的研究。第二,江永將《漢書》顏師古注、《大戴禮記》"鄭玄"注(實爲盧辨注)、朱子按語連綴排列。如"士傳民語,習與智長,故切而不媿"條,江氏相繼引據"《大戴》'媿'作'攘'。鄭曰:量知受業,故雖勞能授也。《漢書》作'媿',顏曰:每被切磋,故無大過可恥媿之事。朱子曰:此文《漢書》爲是,而顏説亦非其意。但謂習聞規誨,與智俱長,故諫之雖切,亦能受之而不媿恨也"①。這種表面上的案而不斷,實際上爲後來學者的進一步研究提供了廣泛材料,具有非常高的學術價值。

五、《孔子家語》《月令》

《禮書綱目》對《孔子家語》的校勘,主要附録在《冠昏記》中。江永對《家語·冠頌》作了十三處校訂,其中附録一條。值得注意的是,江永采用《大戴禮記·公冠》作底本,以《孔子家語·冠頌》作校本。這一做法改變了朱熹以《家語》爲底本,以《大戴禮記》爲較本,而造成源流不分的狀況。前已俱述,江永的校勘,有字詞的分辨,有字句連屬的判別,還有與衆多其他版本的比對,爲清代以後學者的《大戴禮記》校勘工作,打下了堅實的基礎。

《月令》見於今本《禮記》,在《吕氏春秋》《淮南子·時則訓》,以及後來的時令類書籍中被反復徵引。因此,對編入禮書的《月令》的校勘,《吕氏春秋》《淮南子》和《唐典》中的相關材料是絶好的校本。朱熹便是利用這些材料,在《月令》校勘中取得了突出成就。江永禮書關於《月令》的校勘幾乎完全襲用朱熹《通解》,并進行了逐一校正,幾乎一字未改②。江永在本篇的校勘中反復引朱子之語表示其一貫態度,如"命太尉贊桀俊,遂賢良,舉長大",引朱子曰:"後章'養壯佼'字

---

① (清)江永:《禮書綱目》卷68,《叢書集成續編》本,第821頁。
② 筆者比較了朱熹和江永關於《月令》的校勘,發現江永校勘幾乎全部襲自朱子,文長不具引。參閲(宋)朱熹:《儀禮經傳通解》卷26,《朱子全書》第3册,第917—963頁。(清)江永:《禮書綱目》卷55,《叢書集成續編》本,第680—693頁。

當屬此,'長大'之下蓋簡錯也。"①又"止聲色,毋或進。"引朱子曰:"止聲色,蓋亦處必掩身毋躁之義。若以止樂言,則拘矣。《月令》之說固多有未安,而此難以爲非也,注文蓋失其指矣。"②從中我們亦可看出朱子《月令》校勘成績的卓著。

六、結論

　　江永對於《大戴禮記》《家語》《月令》等篇所作的校勘,相較《綱目》龐大的篇幅,所占比例很少。江永的校勘理念和實踐,如其用不同書目的相關材料進行對校,不僅於經文本身進行校勘,還對經文注釋加以關注,指摘其錯誤,并加改正,都源自朱子禮書的實踐,因襲朱校的地方非常多。但是難能可貴的是,江永并非單純地抄謄《通解》,而是對於朱子禮書的幾乎每條校正重新進行勘驗,并補其未備。江氏校勘最大的學術意義,是對所補"冠禮"底本的選擇。他以先出的《大戴禮記・公冠》爲底本,用《家語・冠頌》作校本,將朱子顛倒的源流關係反正。江氏在朱熹校勘、注釋的細節中進行補正,表現出他并非一味盲從,而是有所增删和取捨的態度。如前舉校勘《家語》的例子,對於經文"玄端與皮弁",朱子以爲《大戴》作"公玄端與皮弁皆韠",而將"弁"字屬下篇,而江永以爲《家語》"弁"字疑是"韠"字之誤③。在幾乎全部襲自《通解》的《夏小正》校勘中,朱熹"瓜,《詩》云一作衣"的注解爲江永所不取④。可以説,無論校勘的理論性,還是實踐性,江永都展現出承學朱子而不盲從的特色。

---

① 《儀禮經傳通解》卷 26,《朱子全書》第 3 册,第 932 頁。
② 《儀禮經傳通解》卷 26,《朱子全書》第 3 册,第 936 頁。
③ (清)江永:《禮書綱目》卷 3,《叢書集成續編》本,第 228 頁。
④ 《儀禮經傳通解》卷 26,《朱子全書》第 3 册,第 910 頁。

第九章 《禮書綱目》的考證特色

《禮書綱目》是江永的早期著述,兼具禮書編撰和禮學考證的雙重屬性,被四庫館臣及清代學者多所褒獎,以爲考證精詳①。但實事求是地講,《禮書綱目》及江氏後期理學、科舉用書,包括江氏對朱熹《近思録》所作的集注,本質上不過是"考證性的資料彙編"②。因爲本書意在"卒朱子之志,成禮樂之完書"③,實爲朱子《儀禮經傳通解》的續編和改編,因而在性質上同於《通解》,是"資考核"的禮書。這使得本書實以編撰,而非考證見長,但其考證亦有特色。江永禮書的考證特色如何,學源何在,影響何及,這都是值得研究者措意的問題。由於本書向被認爲是禮書,學者多關注其體系構建,對於其中的考證特色,多集中於顯見的案語④。有

---

① 見四庫館臣對《禮書綱目》所作的提要和考證舉例,《四庫全書總目》卷22,中華書局,1965年,第179頁。以及曾國藩對本書漢宋兼采特色的推崇,見《曾文正公書札》卷13《覆夏弢夫》,清光緒二年傳忠書局刻本。
② 徐道彬先生説:"江永雖然有幾部理學著作,但嚴格地説來,《近思録集注》《禮書綱目》也都只是考證性的資料彙編。"《善餘堂文集辨僞》,載《中國典籍與文化》2010年第4期,第48頁。《禮書綱目》是否屬於理學著述,有可商榷之處,但徐先生對於本書"考證性的資料彙編"的總體評價,非常準確。
③ (清)江永:《禮書綱目序》,《叢書集成續編·經部》第11册影印廣雅書局本,上海書店,1994年,第153頁。
④ 關於《禮書綱目》案語的研究,見徐到穩:《江永禮學研究》,清華大學博士論文,2013年,第42—49頁。另有學者注意到,"江永的禮學研究,其考據方法主要表現在三個方面:第一是校注。對經書和經傳進行逐字注疏,解釋難懂的文字,訂正傳抄、翻刻中的錯誤。第二是辨僞,考證一些僞書、有誤之書。第三是輯佚。收集一些在流傳中亡失的書籍、資料。江永對《周禮》《儀禮》《禮記》的研究,對古代的名物、典章、制度以至文字、聲韻、訓詁都作了一番考證的功夫。其態度嚴謹認真,令人欽佩。關於《周禮》的研究,江永的成就主要表現在對《考工記》的考據上。"吳長庚主編:《朱熹與江西理學》,江西高校出版社,2007年,第367頁。但這種特色是江永後期禮學考證的特徵,而非江氏《禮書綱目》的考據特色。

鑒於此,筆者不揣譾陋,就江永禮書的考證特色略作探究,以期有補於江永及是書的研究。

一、編纂體例的考據雛形

明清以來,流行宇內的《朱子家禮》在文本和實踐方面遭遇困境。它在實行中出現違情問題,以及本身真僞存在爭議。所以,清代以來的學術反思,學者傾向於據朱子《儀禮經傳通解》進行禮書編撰,以資考核。江永《禮書綱目》是這一背景的產物。江永禮書的編撰,實際上是對於《儀禮經傳通解》的續編和改編。本書主要解決的問題,一是統繁,解決朱子禮書繁難的弊病,尤其是黃榦、楊復主編的喪、祭禮部分。一是補缺,輯補朱子禮書的未備,尤其是"樂"的部分,以成完書。他採取的體例,主要是追隨朱熹,進行"分章別句"和"分經附記"。

"分章別句"是傳統文獻研究的常用方法,即對經文進行句讀,漸至段落劃分,朱熹主要用此解決《儀禮》文本的繁難問題,恢復《儀禮》在禮學研究中的宗主地位。"分經附記"主要將《禮記》及相關材料附記《儀禮》,凸顯《儀禮》的正經地位,同時完善禮書材料的收集和整理①。

這種"分經附記"的編撰,是在每一禮儀的正文和附錄部分劃分出經傳關係。如該種禮儀爲今本《儀禮》所有,便附原文爲經,與後面對該禮儀的闡釋之間形成類似經傳關係。如《冠義》附《士冠禮》後,《昏義》附《士昏禮》後。這種經傳風格亦體現在今本《禮記》闕略的禮義中,如今本《禮記》并無《公食大夫義》,江永接受朱子做法,采附劉敞《公食大夫義》,形成類似經傳關係②。如該種禮儀爲《儀禮》所無,則以《周禮》《禮記》所載材料附麗爲經,後附史傳材料,形成類似經傳

---

① 關於江永禮書與朱子《通解》及其續編的承繼關係,包括江永對朱熹"分章別句"和"分經附記"編撰體例的繼承和創新,筆者在前面有專章論述,此處僅舉要點。

② (清)江永:《禮書綱目》卷6《公食大夫禮》《公食大夫義》,《叢書集成續編》本,第253—257頁。

關係。如江永將《禮記》記載之《投壺禮》獨立爲經①。江氏所補典制，如一些爲今本《儀禮》《禮記》俱無，如通禮部分的《制國》《職官》，則取《周禮》記載，附麗爲經，其經史諸子材料爲傳。

江氏禮書編撰的"分章別句"和"分經附記"，體現着擬選主題與材料間類似經傳的關係。這種關係包含着禮學考據的萌芽。如《綱目》對於軍禮的整理，江永在擁有大量材料的基礎上，以"以上某國軍制"予以明確總結，然後排列各國軍制②。儘管他沒有明確地表示結論，但史料鋪陳背後暗含的軍制考證意圖非常明顯。在祭禮部分，江氏附麗的資料不僅涵蓋私人祭祀規範，也包括國家、社會祭祀。這些相關材料的收集，爲江氏後期禮學考證提供了基礎和保障。

儘管江永"分章別句"和"分經附記"的編撰體例，在形式上較爲粗糙，有時僅爲材料的排比，如《冠昏記》"天子諸侯大夫昏禮"章，江氏引《左傳·成九年》"晉人來媵，禮也"，附注"同姓故"，然後又指出"明年齊人來媵，注：异性來媵，非禮也"③。這種史料排陳所構建的簡單考據，既不能和乾嘉學者的專門考據相較，也無法和江氏後期禮學考證比肩，但由於編撰體例中主題和材料間的詮釋關係，它萌發着禮學考證的雛形。

這種考據形式的影響不宜高估，經文下的小字注釋是古代學者書著的常見形式。但江永本書編撰學源朱子，朱子《通解》每篇首列經文，下附音韵、訓詁，再引鄭注、賈疏，并諸儒之説斷以己意。這種做法使得清季主張漢宋調和的陳澧以爲"朱子《通解》之書，純是漢唐注疏之學"④，至少有着形式上的證據。由於江永本書對朱子禮書進行了大量删削，這使得江著的考據，在形式上比朱子禮書更加突出，因此值得注意。

---

① （清）江永：《禮書綱目》卷12，《叢書集成續編》本，第301—305頁。
② （清）江永：《禮書綱目》卷48，《叢書集成續編》本，第617—625頁。
③ （清）江永：《禮書綱目》卷3，《叢書集成續編》本，第234頁。
④ （清）陳澧：《東塾讀書記（外一種）》，三聯書店，1998年，第151頁。

二、江氏案語的考證特色

儒家經書具有絕對權威，經師學者表達己見，只能"爲經作傳"，或者"爲傳作疏"，或者以"箋"名案下己見①，對於經文及注疏有不同意見，往往羅列材料并加案語。禮書編撰亦如此。如朱子《通解》不僅參考前賢自定訓詁，還幾乎完整引用鄭玄注解，同時節引賈疏，其學術貢獻主要以"今按"方式表達己見②。朱子禮書的案語形式被江氏承繼。《綱目》爲解決禮書編撰的冗繁問題，刪削了唐、宋疏解。如此一來，江氏的案語更值得注意。

相較《禮書綱目》的浩繁篇幅，其案語數量很少。據徐到穩博士的統計，《通解》和《綱目》各有一千多條案語。江氏案語一般放置於章節後，説明禮書編撰體例，或指陳前賢錯誤并加辨正，同時對相關典制進行梳理和考證。

《綱目》對於今本《儀禮》文本的處理，常將本經後附之"記"提至正文後，并以○號標明。如卷一《士冠禮》"陳器服"章，江氏將本經《記》"屨，夏用葛。……不屨繐屨"放入相應經文。但是爲了表示經、記區别，江永以案語形式加以説明："此三屨，本在辭後記前，今從舊移附此，加圈以隔之。"③有時文本的調整，江氏亦加○號説明。如"始加"章，江氏將經後記前的字辭"祝曰：令月吉日……介爾景福"，放入經文之後，且以○號别出④。這種改變，江永説是從舊例，其實就是從朱熹《通解》的編例⑤。

---

① 鄭玄《詩》箋"即下己見，使可識别"，《毛詩正義》卷1，阮元校刻：《十三經注疏》第1册，中華書局，2009年，第562頁。
② 關於朱子"今按"方式所進行的考據研究的簡單梳理，見鄧聲國：《〈儀禮經傳通解〉"今按"之文獻學面面觀——朱熹整理〈儀禮〉及〈注疏〉之檢討》，《齊魯文化研究》第8輯，第74—89頁。
③ （清）江永：《禮書綱目》卷1，《叢書集成續編》本，第214頁。
④ （清）江永：《禮書綱目》卷1，《叢書集成續編》本，第215頁。
⑤ 江永在《士冠禮》"戒賓"章之後說："諸辭本總見經後，舊例悉分附本章之左，以從簡便，今從之。"見《禮書綱目》卷1，《叢書集成續編》本，第213頁。

爲節省篇幅，又不缺略内容，江氏使用"詳某章""某章通用"編例，并在篇章末以案語表出。如《士冠禮》"孤子冠"章，江永在記後附《曾子問》"父没而冠"節，并以案語"詳見冠昏記"標明①。這種"詳某章""某章通用"的編例，江永在喪、祭二禮中使用最多。這是出於解决於喪、祭二禮過於繁瑣的弊病，也是避免重蹈黄、楊案而不斷的覆轍。儘管黄、楊在編撰中亦采取了"某章通用"的方式，如《通解續·喪服一》小記"爲父母喪"章，黄榦亦以〇號標明"齊衰三年章通父卒爲母通用"②。相較下，由於江氏删削了疏解，使得所編禮書綱舉目張，效果顯著。以最繁複的《喪服》爲例，在"女子在室我父"章後，江氏用〇號表示"齊衰三年章父卒爲母，齊衰杖期章父在爲母通用"；又"子嫁反在父之室爲父三年"章後，江氏表示"齊衰三年章父卒爲母通用"③。這種改變使得《綱目》喪服章的編撰，經傳分明，章節清晰，且不失完整性。

此外，江永案語還指導研習者"當互考"。如《鄉飲酒禮》"獻賓"章附《記》"凡舉爵三作而不徒爵"，江氏案："此條後'樂賓'章獻上及'有遵者章'通用，當互考。"④這種"當互考"的編例，與"詳某章""某章通用"的方式一起，爲《禮書綱目》成功解决朱子禮書的繁難問題，提供了基礎和保障，也是禮書編撰的一種創新，值得借鑒。

對於儒家經傳注疏的案語，代表作者的獨斷，具有非常高的學術價值。江氏案語主要集中於編例，體現其禮學體系的構建。但他以案語形式對禮學争議問題及典制所作的考證，亦有相當的成績。下面試舉例分析。

《冠昏記》"天子諸侯冠禮"章引《大戴禮記》："天子儀焉，太子與

---

① （清）江永：《禮書綱目》卷1，《叢書集成續編》本，第217頁。
② 《儀禮經傳通解續》卷1，《朱子全書》第3册，第1231—1232頁。
③ （清）江永：《禮書綱目》卷18，《叢書集成續編》本，第353—354頁。
④ （清）江永：《禮書綱目》卷4，《叢書集成續編》本，第239頁。這種"當互考"的例子很多，如《士喪禮》"君使人襚"章，江氏按："凡主人之出己見君使人吊章當互考"，同卷"陳大斂衣奠及殯具"章，亦提及"當互考"，分見《禮書綱目》卷23，《叢書集成續編》本，第390、396頁。類例繁多，兹不贅舉。

庶子其冠皆自爲主。"盧辨注:"王侯自主之,重言天子,誤也。"江永比較了《孔子家語》文本,《家語》"天子以下"作"王太子庶子之冠擬焉皆天子自爲主"。他由此認爲鄭注(實爲盧辨注)重言天子,恐皆下本有"天子"字,一本作重言"太子"①。這指出了盧辨注以爲"重言天子"爲誤的原因,在於文本的差異,側面展示出文獻校勘在引用古書材料中的重要性。

《投壺》"命奏樂"章,江氏引今本《禮記》:"命弦者曰:請奏《貍首》,間若一。大師曰:諾。"鄭玄注:弦,鼓瑟者也。《貍首》,詩篇名也,今逸。《射義》所云"詩曰曾孫侯氏"是也。間若一者,投壺當以爲志取節焉②。江永引《大戴禮》曾孫侯氏詠詩,曰:"今日泰射,四正具舉。大夫君子,凡以庶士,小大莫處,御於君所。以燕以射,則燕則譽。質參既設,執旌既戴。大侯既亢,中獲既置",且將其與《詩經》"弓既平張,四侯且良。……御車之旌,既獲卒莫。"兩相對照,江永疑此即《貍首》詩,并認爲其文頗有缺誤③。

《覲禮》"覲"章,經文:"昔者周公朝諸侯于明堂之位,天子負斧,依南鄉而立。"鄭玄注:"負之言背也,斧扆爲斧文,屏風於户牖之間。"江永以爲:"按注以天子爲周公,其説差異,今削之。"④

《祭義》引《喪服·子夏傳》"禽獸知母而不知父"條,鄭玄注:"都邑之士則知尊禰,近政化也。大祖始封之君始祖者,感神靈而生若稷契也。自,由也。及始祖之所由出,謂祭天也。上猶遠也,下猶近也。"江永以爲,"天子及其始祖之所自出,謂若虞、夏禘黃帝,殷、周禘帝嚳是也,注説非是。"⑤

江氏的考證例子很多,尤以卷四十二"天子諸侯廟享"案語最多。

---

① (清)江永:《禮書綱目》卷3,《叢書集成續編》本,第228頁。
② 斷句參閱《儀禮正義》卷58,北京大學出版社,1999年,第1569頁。
③ (清)江永:《禮書綱目》卷12,《叢書集成續編》本,第301—302頁。斷句參閱《大戴禮記》卷12《投壺》,《傳世藏書》經庫《經學史》第1冊,海南國際新聞出版中心,1996年,第171頁。
④ (清)江永:《禮書綱目》卷16,《叢書集成續編》本,第339頁。
⑤ (清)江永:《禮書綱目》卷47,《叢書集成續編》本,第605頁。

如"禘"章,他引《司尊彝》鄭玄集注,以爲"追享朝享,先鄭説是"。又,《國語·楚語》"郊禘不過繭栗",韋昭注"角如繭栗,郊禘祭天也",江永以爲"注説非是"①。

《綱目》還以案語形式進行注釋。如《列女傳》"魯師春姜"章,江永案:"《齊風·雞鳴》篇《疏》引此作魯師春姜。"②江著還有一種案語,並非專爲考證,也非編撰體例的説明,只是介紹文本的節略。如《士相見禮》"長者請見"章,江氏指出本文此下有"非以君命大使"一條,今入《通禮·名器上》篇。"凡執幣執玉"一條,今入《曲禮》篇③。

江氏禮書還有一種無案語形式,只是材料的羅列,表面上的案而不斷,包含着材料異同的對比,暗含着江氏的學術判斷。茲舉例如下:

《綱目》卷二《昏義》,江永引《列女傳》:"魯師春姜曰:夫婦人以順從爲務,貞愨爲首,故婦人事夫有五:平旦纚笄而朝,則有君臣之嚴;沃盥饋食,則有父子之敬;報反而行,則有兄弟之道;受期必誠,則有朋友之信;寢席之交,而後有夫婦之際。"此章下引《白虎通》:"婦人學事舅姑不學事夫,漱櫛縰笄總而朝,君臣之道也。惻隱之恩,父子之道也。會計有無,兄弟之道也。閨閫之内,衽席之上,朋友之道也。"以非案語的形式指出兩者小异④。

《喪大記上》"卜宅"章,江氏引《書序》"周公在豐,將没,欲葬成周。公薨,成王葬于畢",下附《尚書大傳》進一步解釋:"周公生欲事宗廟,死欲聚骨于畢。畢者,文王之墓地,故周公死,成王不葬于周,而葬之于畢。"⑤表面上未用案語,其實已將事件背景和經過全盤托出。

---

① (清)江永:《禮書綱目》卷42,《叢書集成續編》本,第545頁。
② (清)江永:《禮書綱目》卷2《昏義》,《叢書集成續編》本,第227頁。文淵閣《四庫全書》本無此"按語",此僅見於《廣雅書局》刊本,蓋爲江氏成書後的增訂。
③ (清)江永:《禮書綱目》卷13,《叢書集成續編》本,第309頁。
④ (清)江永:《禮書綱目》卷2,《叢書集成續編》本,第227頁。
⑤ (清)江永:《禮書綱目》卷26,《叢書集成續編》本,第427頁。

另外還有兩則文本排較的例子。卷三十二《喪禮義》，江氏引《檀弓》云："子夏既除喪而見，予之琴，和之而不和，彈之而不成聲，作而曰：哀未忘也，先王制禮而弗敢過也。子張既除喪而見，予之琴，和之而和，彈之而成聲，作而曰：先王制禮，不敢不至焉。"後附《家語》相關文本①，旨在提醒研習者注意文獻的差异，可以進行深入研究。

此外，《綱目》卷四十七《祭義》，江氏引《郊特牲》"郊之祭也"至"報本反始也"一節闡釋"郊祭"意義，同時在《禮記》本文及鄭玄注解之下，又引《孔子家語·郊問》相關資料及王肅注進行對比。如江氏在《郊特牲》"郊之祭也，迎長日之至也"下，附鄭玄注"《易説》曰：三王之郊一，用夏正，夏正建寅之月也，此言迎長日者，建卯而晝夜分，而日長也"，同時引《家語》王肅注"周人始以日至之月，冬日至而日長"，以作補充②。衆所周知，先秦古籍引書未爲規範，江永比較引用的《家語》和《禮記》文本，案而不斷，保留了更多史料，這對於我們進一步研究古代禮學，具有資料性的基礎貢獻。

三、保留疏解的考證補充

禮書編撰需要物力、人力支撐，但江氏家資、精力有限，爲完成禮書編撰，解決禮書編撰的繁複弊病，他在保留漢、魏古注的基礎上，删削了大部分唐、宋注疏。如此一來，在《綱目》的簡潔風格中，其所引用的少量疏解中的考證，便顯得尤其注目。下面試舉例分析。

《綱目》在卷一《冠義》的編撰中，江永先後引《禮記·冠義》及《郊特牲》關於冠義的闡釋。但他在引《郊特牲》經文後，并未以慣常方式附鄭玄注，而是節略孔穎達的疏解進行補充，然後以"記注"形式將鄭玄注附至末尾，且用〇號別出。如《郊特牲》："大古冠布，齊則緇之。其緌也，孔子曰：吾未之聞也。"江氏先節略孔疏大意，但出於編撰需

---

① （清）江永：《禮書綱目》卷 32，《叢書集成續編》本，第 482 頁。
② （清）江永：《禮書綱目》卷 47，《叢書集成續編》本，第 601 頁。更多引《家語》本文及王肅注，用以比照《郊特牲》及鄭玄注的相關文獻，見同卷，第 601—602 頁。

要,去掉了孔氏汙漫的引書,然後以己意概之:"大古,唐、虞以上。
緌,纓飾,未之聞。大古質,無飾。重古始冠,冠其齊冠。白布冠,今
之喪冠是也。"最後附鄭玄注解,"記注:太古無飾,非時人緌
也。……唐虞以上曰太古也。"①

儘管鄭玄禮注精妙獨絕,但在關鍵地方有所缺略,而孔、賈注疏
進行過補證。所以江撰禮書對於冗繁的孔、賈疏解,必須適當保留,
且以"疏曰"表示區別。如《綱目》卷十七《會同禮》節引《夏官·小司
馬》"小會同掌其事,如大司馬之濾",因鄭玄并未注釋此節,但賈疏解
作了補充。江永於是附賈疏於後,"疏曰:謂諸侯使卿大夫來聘,王
使卿大夫與之會同,掌事如大司馬之法,亦如大司馬羞魚牲,授其祭
之等也。"②但隨節引文本的需要,江永省略了孔氏關於小司馬"饗
射""師田""喪紀"之職的介紹。

江永對於疏解大多采用節引,若節引經文,則注、疏均據文本節
略。儘管如此,江永對疏解的補證,保留更多原始資料,且以無案語
形式表述己見,作爲一種考證性的資料補充,給我們的進一步研究提
供了條件。

四、遵從補輯朱子考證

《禮書綱目》初名《存羊編》,繼名《增訂儀禮經傳》,主以朱子《儀
禮經傳通解》進行增訂。其書承繼朱子宗法《儀禮》,采用黃氏較有倫
次的編撰方法,刪削疏解,大獲成功。儘管江氏對朱子禮書的增訂刪
削了釋文、訓詁,也去掉了朱子所節略的孔、賈疏解,甚至節略掉朱子
的多數案語,但在關鍵禮學問題的編撰上,還是以"朱子曰"的形式加
以適當保留。這種"朱子曰"的遵朱形式,不僅包括有關《大戴禮記》
《月令》《孔子家語》等的校勘,還包括遵從朱子對經注文本的遷移,以

---

① (清)江永:《禮書綱目》卷1,《叢書集成續編》本,第217頁。其餘10例"節略"孔
疏附鄭玄"記注"的例子,見同卷,第218頁。

② (清)江永:《禮書綱目》卷17,《叢書集成續編》本,第348頁。

及朱熹的一些考證結論的贊引。下面分述之。

對朱熹考證結論的支持，江永在對《大戴禮記》《月令》《家語》等的校勘中就已表明其態度。此外，江永在許多禮儀分節處，或者引文末尾，常以案語形式對朱子結論表示支持，或直書"今從之"。如《冠昏記》"天子諸侯冠禮"章，江氏引《家語·冠頌》"親賢而任能"章後，直接引朱子曰："衮，天子之盛服，衮職謂天子之職業也，是字本闕，今補，或曰當作一心。"①《鄉飲酒禮》"獻賓"章，江氏引本經記"賓俎：脊、脅、肩、肺，主人俎：脊、脅、臂、肺，介俎：脊、脅、胳、肺。肺皆離，皆右體，進腠。"同時以案語的形式注明，"印本胳上有肫字，朱子據音疏删去，今從之。"②《鄉射禮》"取矢"章附《記》"楅髤橫而奉之，南面坐而奠之，南北當洗"，江永注："奉"本作"拳"，朱子正作"奉"，今從之③。

有時江氏對朱子并不表示"從之"，而是直接羅列其觀點，暗許支持。如《天神》"祀天"章，江氏引《詩序》"噫嘻，春夏祈谷於上帝也，朱子曰：序誤。"④江氏引據朱子意見的陳列，代表着默許。卷三十五《天神》"祀星辰"章，江氏經文引《左傳·昭元年》："遷閼伯于商邱，主辰，商人是因。遷實沈于大夏，主參，唐人是因。"同時按："《通典》云：周制，仲秋之月祭靈星于國之東南，秋分日享壽星于南郊，此皆不見於經典，又《絲衣》詩序引高子曰靈星之尸也，朱子謂高子尤誤，今附載於此。"⑤《綱目》卷六十《內治》"慎始"章引《大戴禮》："《易》曰：正其本，萬物理，失之毫厘，差之千里，故君子慎始也。《春秋》之元，《詩》之《關雎》，《禮》之《冠》《婚》，《易》之《乾》《巛》，皆慎始敬終云爾。素誠繁成。朱子曰：四字未詳，恐有闕誤。賈誼《新書》無'誠繁'二

---

① （清）江永：《禮書綱目》卷3，《叢書集成續編》本，第229頁。
② （清）江永：《禮書綱目》卷4，《叢書集成續編》本，第239頁。
③ （清）江永：《禮書綱目》卷9，《叢書集成續編》本，第276頁。
④ （清）江永：《禮書綱目》卷35，《叢書集成續編》本，第498頁。
⑤ （清）江永：《禮書綱目》卷35，《叢書集成續編》本，第504頁。

字。"①這表示江氏變相承認對"素誠繁成"持有异議。

江永對朱子的遵從,還表現在對禮書文本段落的劃分,以及對朱子學術的認同。《綱目》"分經附記"的編例源於《通解》,其文本分合亦如是。如《燕義》經文的劃分,江氏明確表示"古者(即《燕義》古者周天子之官有庶子官)以下本在篇首,今依《通解》移置篇末。"②而對《孝經》文本的使用,江永全依朱子《孝經刊誤》。他説:"右經一章,舊本今文分作六章,古文作七章。朱子曰:此一節夫子曾子問答之言,而曾氏門人之所記也。疑所謂《孝經》者,其本文止如此,其下則或者雜引傳記以釋經文,乃孝經之傳也。"③江永對朱熹學術體系,尤其是理學體系的認同,體現在對《學記》《曲禮》等文本中朱熹注解的引用,如"朱子曰:注疏振動奇拜褒拜之義,未詳是否","朱子曰:夔猶言有所枝柱,不利屈伸也","朱子曰:注疏以舒字絶句,陸佃曰:容彌蹙同唯武則舒然,則讀武字絶句矣,其説近是。"④而在《大學》《中庸》的注解上,江氏便僅存其目,這使得《綱目》避免了一般禮書編撰引據注疏的繁複弊病。

江氏禮書以《通解》爲主進行增訂。在朱子親定的三十七卷成書中,不僅缺少《喪》《祭》二禮,且親筆刊削的家、鄉、學、邦國禮中,亦有《書數》闕而未補。另外《大射禮》《聘禮》等八篇未脱稿,又有名曰《集傳集注》的未暇删改之王朝禮十四卷。江氏禮書編撰需要進行補缺處理。江永選擇以《周禮》五禮體系進行編撰,旁收窮集經傳史集,成書內容完整,且不乏考證特色。

先説冠昏禮。江氏對諸侯冠禮所作資料補充,其間不僅有字句校勘,文本考證,而且內含取捨態度。如《天子諸侯冠禮》,江氏首引《禮記·玉藻》有關天子、諸侯冠禮的記載,同時采用《大戴禮·公冠》

---

① (清)江永:《禮書綱目》卷60,《叢書集成續編》本,第742頁。
② (清)江永:《禮書綱目》卷5,《叢書集成續編》本,第348頁。
③ (清)江永:《禮書綱目》卷78,《叢書集成續編》本,第931頁。
④ (清)江永:《禮書綱目》卷76,《叢書集成續編》本,第913、914頁。更多關於引用朱熹的注釋見《綱目》卷66《學制》,卷76《曲禮》。

文本對冠禮過程進行清理，且用《孔子家語·冠頌》相關部分作訂正。所附《記》中亦用《冠頌》"孔子答懿子問天子諸侯之冠"，詳細說明了天子諸侯冠禮從無到有的歷史①。

這種取捨態度還見於資料排陳。如"天子諸侯昏禮"，江永引《禮記·曲禮》"天子有后，有夫人，有世婦，有嬪，有妻，有妾；公侯有夫人，有世婦，有妻，有妾"。即使不作説明，排陳所含天子、公侯在婚姻家室問題上的區別非常明顯。在所附之《記》中，江氏全采《春秋》經傳材料，并按照《左傳》《公羊》《穀梁》三傳及其古注排序②。這種排陳包含着禮學考證的資料準備。

軍禮考證。江氏對於軍禮的補充具有學術原創性，而且考證精核。他通過排比材料，將軍制的起源、發展、内容分梳得十分清楚。他認爲軍制是沿着"邱井之法"而來，但又不敢確信，因此使用了推測語氣的"蓋"字，表現其嚴謹的考證態度。同時，江氏利用《春秋》《國語》中的相關材料，將齊、晉、楚、鄭、吴、越等國的兵制詳細分呈，我們據此知曉各國兵制大體情况。江永軍禮的部分考證，表現出他對於朱熹的尊崇。如本章引《公劉》"其軍三單"條，其中關於"三單"的解釋，毛《傳》説："三單，相襲也。"箋云："邰，後稷上公之封。大國之制三軍，以其餘卒爲羨。今公劉遷於豳，民始從之，丁夫適滿三軍之數。單者，無羨卒也。"③鄭玄的解釋很清楚，但朱熹不信鄭説。江永此處并不取鄭説，而選擇朱熹的"未詳"④。

曆算的增訂和校正。朱熹將"曆法"放入王朝禮，次於"觀禮"後，江永在朱子禮書基礎上，對引文時有節略，并進行了校對。如《治曆》篇首引《史記·五帝本紀》及三家注，與《大戴禮記》對校。

---

① （清）江永：《禮書綱目》卷3《冠昏記》"天子諸侯冠禮"條，《叢書集成續編》本，第228—229頁。

② （清）江永：《禮書綱目》卷3《冠昏記》"天子諸侯昏禮"條，《叢書集成續編》本，第230—235頁。

③ 《毛詩正義》卷17-3，阮元校刻：《十三經注疏》第1册，中華書局，2009年，第1170頁。

④ （清）江永：《禮書綱目》卷48，《叢書集成續編》本，第618頁。

江永指出,其中"旁羅日月星辰",《大戴禮記》"旁羅"作"曆離",且按文意需要對本文作了節引①。又"治曆"章,經文引《左傳·昭十七年》,原文爲:"我高祖少皞摯之立也,鳳鳥適至,故紀於鳥,爲鳥師而鳥名:鳳鳥氏,曆正也;玄鳥氏,司分者也;伯趙氏,司至者也;青鳥氏,司啓者也;丹鳥氏,司閉者也。"江氏按照文意需要改成"少皞氏以鳥名官",後接分司四職之官②。江氏的節引不遺餘力收集材料,其中《占候》章引《周禮》《左傳》相關材料最多,計引《左傳》二十一條等史料,巨細必備,幾無遺漏,爲後來研究準備了材料,有很高的學術價值。

補輯樂書及其考證。江永據朱子禮書,在《鐘律》前補輯了《樂制》,進行了資料增删。而對《鐘律》的增補,朱子禮書將鄭玄之說,司馬遷的相關記載,以及其他人的說法以表格形式加以展現。江永則去掉朱熹"律呂相生圖",將鄭玄的樂律觀念和朱子、蔡元定的樂律說法相對照,以文字的形式加以排陳,并間下案語。江永主以《漢書·律曆志》《春官·大師》《月令》《史記·律書》《通典》,《國語》及韋昭注、《律呂新書》等材料,分成"造律""十二律長圍徑之數""黃鐘十一律之實"等十五部分,較《通解》分類更細亦更完備③。江永用文字代替圖像減輕了編撰的難度,也使得論述可以更爲深入。他同時利用《管子·地員》《孟子》《續後漢志》等資料增補《鐘律義》,使得《鐘律》的編撰和全書編例一致。

值得注意的是,江永將《樂記》放作結尾,闡釋"樂"的意義。一方面,這是例行以經傳方式貫穿全書的處理。另一方面,江氏將《樂記》放本書後,而不理會朱熹放至《樂制》之後的做法,表徵他對《樂記》的重視④。他將朱熹王朝禮中的"樂制"獨立出來,以《樂記》

---

① (清)江永:《禮書綱目》卷53,《叢書集成續編》本,第663頁。
② (清)江永:《禮書綱目》卷53,《叢書集成續編》本,第663頁。
③ (清)江永:《禮書綱目》卷82,《叢書集成續編》本,第957—963頁。
④ (清)江永:《禮書綱目》卷85,《叢書集成續編》本,第986—990頁。

爲主進行增補,使他"欲卒朱子之志,成禮樂之完書"①的夙願得以實現。

五、結論

文章考察了江永《禮書綱目》在構建中所呈現的考據特色,但《綱目》以《通解》爲基礎進行增訂。考慮到朱子禮書富含考據,而江永又學源朱子。如此一來,如何評價江永禮書的考證研究,以及江氏考證與朱子禮書的關係,包括其考證是否爲原創的問題,成爲江永禮學研究的焦點。

在禮學考證中,江氏從形式到内容表現出對於朱熹的尊從。他采用"分章別句"和"分經附記"編例,本爲承繼《通解》。他删削注疏所保留的案語,其中引據朱子不少,且以"朱子曰"自承其學術淵源。儘管朱子《通解》出自衆手,很多篇章未爲删削,但朱子此書保留了自注音訓、釋文,也節引事實上重新詮釋了《儀禮》賈疏。在單行本《儀禮疏》未發現前,清代學者對於《儀禮》賈疏的研習必須轉引《通解》,這是《通解》的優勢,他書無法比擬。相形之下,《綱目》由於删削了注疏,儘管在重要地方保留很多案語,但其數量相比篇幅,實在太少。以内容和形式而言,江永考證在總體上并沒有超越朱熹《通解》,也無法取代朱熹《通解》在清代以來《儀禮》研究及禮書編撰中的主導地位。

以禮學研究言,江氏學源自朱熹,殆無異議。但江氏對於朱子禮學并未盲從。具體而言,江氏承繼朱子"分章別句"和"分經附記"的編撰體例成爲江永禮學考證的雛形,也爲其後的禮學考證奠下基礎。《綱目》在較爲重要的禮學問題和典制考證中以按語形式加以總結,其間或闡述己見,或補充考證孔、賈,或承繼朱子表明遵從,均是其考據特色的體現。江氏最終增擴朱子冠、昏、喪、祭禮,補充朱子缺略的軍禮、曆算和樂律,使得"禮樂會通"的夙願變成現實,且這些增補部

---

① (清)江永:《禮書綱目序》,《叢書集成續編》本,第153頁。

分亦有相當的考據特色。江氏自叙:"其纂輯也,以古經爲主。經不足,補以傳、記。又不足,則旁證以諸家之説,巨細咸備,正變不遺。"①彭林先生説:"江永長於聲音訓詁之學,《禮書綱目》對於名物制度、文字錯舛等的考訂尤稱精核。"②這一評價至爲公允。

---

① （清）汪廷珍:《禮書綱目序》,《叢書集成續編》本,第152頁。
② 彭林:《三禮研究入門》,復旦大學出版社,2012年,第27頁。

第十章 《禮書綱目》的引書及其學術史意義

禮書編撰的成功取決於體系和材料的某種平衡①，其先務是禮學資料的收集。儘管已有《周禮》《儀禮》《禮記》三部經典和注疏，以及歷朝學者的相關研究可資借鑒，但禮學資料的收集還有進步的空間，尤其是那些保存於上古墳典中的大量禮儀記載，證明着逸禮的存在。但是開掘這些寶藏却頗費周章，因爲古書流傳隨時間變遷會發生古今懸隔等問題，於是不斷有新注解的出現。這些注解的不斷增積，極易造成禮書編撰過於冗繁，杜佑《通典》、陳祥道《禮書》，以及朱熹《儀禮經傳通解》，尤其是黃榦、楊復續編的《喪禮》《祭禮》部分，未能有效解決體系和材料的矛盾，受到四庫館臣的批評。江永通過删削注疏，保留古注的辦法，意外地解決了體系和材料的矛盾。在材料的使用上，由於漢、宋學術的差別，不同注疏代表不同觀點，江永選擇性地引用書注，表徵着他的學術態度。通過考察江氏引書注的具體情況，可窺觀清代前中期學風。

一、引書概況：對朱子禮書的承繼和創新

《禮書綱目》參稽衆籍，據四庫館臣統計，《綱目》共引書 48 種，其中經部 13 種、附經 4 種、雜書 8 種、子書 5 種、兵書 5 種、史書 4 種、類書 1

---

① 徐到穩博士指出，在體系禮書的編撰中，"體系的建構會影響到材料的搜集、編纂，而材料的搜集、編纂也會影響到體系的建構。高明的體系禮學著作必須儘量緩解兩者之間的矛盾，儘量在兩者之間取得某種平衡，這是非常不容易做到的。"《江永禮學研究》，清華大學博士論文，2013 年，第 47 頁。

種、字書算書各1種、宋儒集6種，加上注解，共93種①。分別如下：

經部十三種：1.《儀禮》，鄭康成《注》、賈公彥《疏》。2.《周禮》，鄭康成《注》、賈公彥《疏》。3.《禮記》，鄭康成《注》、孔穎達《疏》。4.《易》，程子《傳》、朱子《本義》。5.《書》，孔安國《傳》、孔穎達《疏》、蔡沈(沉)《集傳》。6.《詩》，毛萇《傳》、鄭康成《箋》、朱子《集傳》。7.《春秋左氏傳》，杜預《注》、孔穎達《疏》。8.《春秋公羊傳》，何休《注》、長孫無忌《疏》。9.《春秋穀梁傳》，范寧《注》、楊世勛《疏》。10.《論語》，何晏《集解》、邢昺《疏》、朱子《集注》。11.《孝經》，唐明皇《注》、邢昺《疏》、朱子《刊誤》。12.《孟子》，趙岐《注》、孫奭《疏》、朱子《集注》。13.《爾雅》，郭璞《注》、邢昺《疏》。

附經四種：1.《大戴禮記》，鄭康成注。2.《國語》，韋昭注。3.《孔子家語》，王肅注。4. 伏生《尚書大傳》，鄭康成注。

雜書八種：1.《汲冢周書》，孔晁注。2.《呂氏春秋》，高誘注。3. 賈誼《新書》。4. 劉向《說苑》。5. 劉向《新序》。6. 劉向《列女傳》。7. 劉向《世本》。8. 班固《白虎通》。

子書五種：1.《管子》，房玄齡注。2.《莊子》，郭象注。3.《荀子》，楊倞注。4.《淮南子》，高誘注。5.《孔叢子》。

兵書五種：1.《握機經》。2.《三略》。3.《六韜》。4.《司馬法》。5.《李靖對》。

史書四種：1.《史記》，司馬貞《索隱》。2.《漢書》，顏師古注。3.《後漢書》。4.《資治通鑒》。

類書：杜氏《通典》。

字書算書各一種：1. 許慎《說文解字》。2.《九章算術》。

宋儒集六種：1.《儀禮經傳通解》，朱子編、勉齋黃氏續編。

---

① 《禮書綱目采輯群書目》，(清) 江永：《禮書綱目》，臺灣商務印書館影印文淵閣《四庫全書》本，第133冊，第1—3頁。

2.《朱子文集》。3.《朱子語類》。4. 朱子《易學啓蒙》。5. 陳祥道《禮書》。6. 蔡氏《律吕新書》。

按編撰計劃,《禮書綱目》缺少疏解和諸儒議論。汪紱指出"若及唐宋疏義與古今諸儒議論,搜羅太多,則議論恐不能無雜。……不增入焉,正可以全經而不爲闕略也"①。相較於朱子《通解》,《綱目》僅保留古注,幾乎完全删削了注疏,僅在必要時以按語的形式出現。這樣的背景下,高達93種的各類引書,證明着江永學術視野的廣闊。表面上看,江永引書涵蓋經、史、子、集而無子遺,尤以對兵書、字書、算書的引用,在補充資料的同時,含有輯佚的性質,爲後世學者的相關研究提供了幫助,爲清代輯佚學的繁興起到了推進作用②。但覆按引書,則發現其主據三《禮》,對兵書、字書等的引用,頻率較低,其中引《三略》《六韜》《李靖對》《九章算術》均1次。綜合來看,江永的引書主要在《通解》的基礎上進行,有時并未覆核原書,如據《通解》轉引《握機經》1次,據《通解》引《通鑒》3次。這説明《禮書綱目》在材料上的擇選上并未有突破,其主要的調整是結構的更定和體系的構建。

江永禮書以朱子《儀禮經傳通解》爲基礎進行增訂,引書的突出特點,一是删除疏解,二是節引經注。江永删削了朱子《通解》的釋文、訓詁、疏解,但保留了古注。一方面,删削疏解可以使所編禮書更簡潔;另一方面,保留魏晉古注,以及在關鍵問題上保留部分疏解,不會降低所編禮書的學術價值。

對於魏、晉古注的保留,體現出江永對朱熹學術的承繼與超越。如對禮學文本的引用,江永在注疏上遵從朱熹采納鄭注,在异議處以按語形式徵引疏解。對鄭注的采納值得注意,因爲清初《儀禮》學深

---

① (清)汪紱:《雙池文集》卷3《與江慎修論學書》,(清)余龍光:《雙池先生年譜》,薛貞芳主編:《清代徽人年譜合刊》,黄山書社,2006年,第184頁。

② 禮書的"資考核"作用有功於古書的輯佚工作,如陳壽祺《尚書大傳輯校》得益於朱子《儀禮經傳通解》及其續編。孫致文:《朱熹〈儀禮經傳通解〉研究》,臺灣"中央"大學博士論文,2003年,第210—222頁。江氏《禮書綱目》亦具有此類作用。

受敖繼公《儀禮集説》的影響,《禮記》學—尊陳澔《禮記集説》,鄭注并未被學者廣泛接受。此種背景下,江永選擇在异議處保留鄭注和孔、賈疏解,表現出對於朱熹學術的認同。

《綱目》對所甄選的材料,往往采取節引的形式,這種形式亦承自朱子禮書。朱子《通解》往往節引禮學材料,外表上看似完整,如不覆按原文,常常讓人產生誤解。如朱熹禮書的編撰實際上節引《儀禮》鄭注、賈疏,但因爲自宋、元以來,《儀禮》的研究不受重視,學者對於《儀禮》的研究往往依賴於《通解》所保留的經文和鄭注、賈疏。由於朱子對鄭注進行節略,形式上看似完整,甚至讓精於校勘的阮元產生誤解,以爲全引了鄭注。這種情況一直延續到嘉慶時黃丕烈發現《儀禮》單疏本,朱熹對鄭注、賈疏的節引才被發現[1]。

《禮書綱目》并非全文引據禮書材料,而是根據需要進行省減。如所補《冠昏記》"諸侯天子昏禮",江永在《春秋》引文同一年度、同一經文下,分引《春秋》三傳注解,每《傳》之前并不標注年月,甚至節引相關經文,只保留傳注[2]。有時甚至據需要對行文進行改寫,如《曆數》"治曆"章,經文引《左傳・昭十七年》,江氏按文意改成"少暤氏以鳥名官",後接分司四職之官[3]。江永對諸子、史傳等材料的處理亦是如此,如《冠禮》"奠摯於君及鄉大夫鄉先生",《綱目》附《晋語》"趙文子冠",節引《國語》相關引文,韋昭注亦隨之省略[4]。江永禮書在《通解》基礎上進行增訂,對材料進行節引,行文簡潔,綱舉目張。

二、正文引書:回歸《周禮》和漢學考據的萌芽

江永禮書的編撰,正文的引據以《三禮》和《三傳》爲主。《三禮》

---

[1] 孫致文:《〈儀禮經傳通解〉研究》,臺灣"中央"大學博士論文,2003年,第55—58頁"《通解》并未全錄鄭《注》"。

[2] (清)江永:《禮書綱目》卷3,《叢書集成續編・經部》第11冊,上海書店出版社,1994年,第231—235頁。《綱目》凡引三傳處均删略年月及相關經文,不具述。

[3] (清)江永:《禮書綱目》卷53,《叢書集成續編》本,第663頁。

[4] 《禮書綱目》卷1,《叢書集成續編》本,第216頁。

是禮學研究的正宗,江永對這些材料的處理,是宗法朱子,以《儀禮》爲經,《禮記》附記,以此編撰禮書。具體來説,《綱目》仿效朱子,在每種禮儀後附記,作爲該禮儀的闡發。如《士冠禮》附《冠義》,《士昏禮》附《昏義》,《燕禮》附《燕義》。這些"義"大多存於今本《禮記》,若《禮記》所無,則以相關資料補輯,如《公食大夫禮》後附劉敞所補《公食大夫義》。《諸侯相朝禮》附《諸侯相朝義》,輯編自《大戴禮記》。朱子還把《儀禮》本經記附至經文相關各處,如《士冠禮》"戒賓"後附"戒辭","宿賓"後附語辭,"三加"及"子冠者"後均附本經記字辭①。江永一一承繼,如《綱目·士冠禮》"戒賓"承朱子《通解》附本經記"戒辭",并注明"諸辭本總見經後,舊例悉分附本章之左,以從簡便,今仍之"②。江永去掉了朱熹的釋文、訓詁,也删削了孔穎達、賈公彦的疏解,只在較爲重要的地方以"按語"形式加以説明。

值得注意的是,《通解》和《綱目》對於《周禮》的引據不盡一致。《通解》以家、鄉、邦國、王朝爲範圍來劃分禮儀,有着修、齊、治、平的理學旨趣,但將喪、祭禮附於王朝禮之後,有畫蛇添足的嫌疑,加上學禮置於家、鄉與邦國、王朝禮之間,前後體例不一。江永回歸《周禮》五禮體系,表現在篇目的分類上,即在今本《儀禮》十五種儀禮之外,另設軍禮、通禮,進行典制考證,體現出宗主《周禮》的傾向。在具體的章節分段中,亦以《周禮》爲"經",《禮記》和附引材料爲"傳",其中"經文"甚至細分到《周禮》相應職官,如《軍禮·田役》"概論"引《春官·大宗伯》《天官·小宰》《宰夫》,《秋官·士師》職官爲"經"③。江永極爲自信地表示其書"篇章次第較《通解》尤詳密焉"④。

江永放弃朱子禮書的理學體系,轉向《周禮》五禮係統,這與清代學風的轉變一致。我們知道,清代理學由官方刻意提倡,但影響不及民間漸興的考證學術,理學向漢學的轉變正是這一趨勢的結果。值

---

① 《儀禮經傳通解》卷1,《朱子全書》第2册,第46、48、58、59、61頁。
② (清)江永:《禮書綱目》卷1,第213頁。
③ (清)江永:《禮書綱目》卷52,第653頁。
④ (清)江永:《禮書綱目序》,第153頁。

得注意的是,明清《儀禮》研究宗主敖繼公《儀禮集説》,《禮記》研究一遵陳澔《禮記集説》,但江永禮書未有涉及二書,這與該書以《通解》爲基礎進行增訂有關,《綱目》沿襲《通解》對於鄭、孔、賈注疏的引用,其中多引"朱子曰"便是明證。

《春秋》字句短少,但經由三《傳》的補充,呈現出先秦時期的衆多社會史料,其中以《左傳》包含的禮制最多。《左傳》常以"禮也""非禮也"的論斷代替經義的判定,《公羊》《穀梁》對於義理的闡發,有助於幫我們理解《春秋》經文的旨趣,包括禮制情況。《春秋》三傳是絕好的禮書編撰材料,朱熹、江永的禮書引據它。相校朱子禮書,《綱目》對三《傳》的使用更嚴謹,節略更多。

《綱目》往往排陳《春秋》三《傳》,統一經文年月,節引漢唐注疏。以《冠昏記》"天子諸侯昏禮"爲例,《綱目》引《春秋》三傳多條,先引《左傳》"桓公八年,冬祭公,來遂逆王后于紀",繼之《公羊》《穀梁》;接着引《公羊傳·桓九年》關於經文"紀季姜歸於京師"的解釋,和《穀梁》的説法;續引"周靈王求后於齊,齊侯據晏桓子引先王禮辭而許昏""官師劉夏從單靖公逆王后于齊""公子遂如齊納幣"等例子,統一經文年月。在節引和改寫方面,最著如《曆數》"治曆"章,江永改《左傳·昭十七年》冗長原文爲"少暤氏以鳥名官"①。這種統一經文年月和節引的做法,爲禮書的簡潔編撰提供了條件。

三、引用注疏:尊崇程朱,漢宋兼采

江永所引書目共93種,其中經部13種,含注疏共44種,所引書注包括漢魏古注、唐宋注疏,也包括宋代以後的重疏,如程子《易傳》,朱子《本義》,蔡沈《尚書集傳》,朱子《論語孟子集注》《孝經刊誤》等②。由於儒家經書的不同注解代表不同觀點和學術派別,長久以

---

① (清)江永:《禮書綱目》卷53,第663頁。
② 《禮書綱目采輯群書目》,臺灣商務印書館影印文淵閣《四庫全書》本,第133冊,第1—2頁。

來形成漢學和宋學相互對峙的局面，漢學以漢唐注疏爲代表，宋學以宋元經注爲代表。對於經書，尤其是經文注疏的引用，可以窺觀學者取徑。以下依經書次第考察江氏引書，及其對漢宋學術的態度，以及這種引書趨勢和當時學風的關係①。

《周易》。《周易》爲群經之首，在經書中具有重要地位，其經文中包含很多古老的禮儀，多爲學者利用。鄭玄以禮注詮釋《周易》，可惜其書不存，只能據清人輯佚略窺一斑。《易》學研究歷經象數、義解等所謂"二派六宗"的歷史，至宋代程頤依然保持着義解特色，朱熹則補充了程氏未備的象數，還原其原本卜筮的事實。明清以來，具有濃厚河洛色彩的朱子《本義》被欽定爲官方義解，爲功令所尊。清初李光地奉勅修纂《周易折中》，以程、朱易解爲鵠的，詳加衆說，進行折中。此種背景下，江氏對於《易經》的引用，復以程、朱爲主。

《綱目》引《周易》經注主要有四處，分別爲《天神》"祀天"引《豫·象》，復引《本義》"雷出地奮，和之至也。先王作樂，既象其聲，又取其義。殷，盛也"②。《朝廷禮》"號令復逆"，引《姤·象》"天下有風，姤。後以施命誥四方"③。《刑辟》"聽斷"，引《豐》《旅》《澤》象傳，注引《本義》④。《樂制》"樂事"，引《豫·象》和《本義》，雖與"祀天"同，但二者側重點不一致，"祀天"側重"殷薦上帝"，"樂事"強調"作樂崇德"⑤。另外，《卜筮》"筮法"引據《易學啓蒙》關於占卜方法的記載⑥。這一占卜方法通載於《本義》卷端，是《周易》入門的必備啓蒙。總的來説，《綱目》引《周易》經注數量較少，主要受到《周易》經文比較簡潔的限制，同時也與江氏補充的祭祀、朝廷禮、樂制等禮制比較莊嚴、隆重有關。江永選用程朱義解，一方面是服膺朱子學術的體現，另一方面代

---

① 江永對正文的引書主據三《禮》、三《傳》，采用古注，兹不再論。
② （清）江永：《禮書綱目》卷35，《叢書集成續編》本，第498頁。
③ （清）江永：《禮書綱目》卷61，第755頁。
④ （清）江永：《禮書綱目》卷72，第877頁。
⑤ （清）江永：《禮書綱目》卷81，第955頁。
⑥ （清）江永：《禮書綱目》卷73，第890—891頁。

表着當時《周易》研究以程朱爲矩矱的局面。

《尚書》。《尚書》記載着上古至殷周的典章制度,是禮書編撰的上選材料。江永對《尚書》的引用,包括《尚書》經文、孔安國《注》、孔穎達《疏》、蔡沈《集傳》,其中蔡沈《集注》依朱子旨趣,以宋儒"二帝三王心法"爲主旨,爲明清以來功令所遵。此種背景下,江永引據漢、宋兼采,難能可貴。

《綱目》引《尚書》經文多條,如"陳寶器"引《顧命》《康王之誥》《伊訓》喪服、托孤的記載①,"衛兵"引《立政》《顧命》②,"誓禁"引《大禹謨》《甘誓》《湯誓》《泰誓》《牧誓》③,"兵柄"引《甘誓》《胤征》,"職官"引《甘誓》《皋陶謨》等,數量很多,不勝枚舉。

在《尚書》注解的引用方面,江氏一般於經文後附孔安國注,如《百神》"六宗"引《舜典》"禋于六宗",下附孔注:"精意以享謂之禋。宗,尊也。所尊祭者,其祀有六,謂四時也,寒暑也,日也,月也,星也,星也古本星下有辰字水旱也,祭亦以攝告。"④同時兼有引蔡沈《集傳》的情況。如《刑辟》"刑制"引《舜典》"帝曰:皋陶,蠻夷猾夏……惟明克允",下引蔡氏《集傳》"猾,亂。夏,明而大也……大概當略近之"⑤。覆按原文,江永對《集傳》的引文實爲節引,這是出於編撰簡省的需要。

江永不僅引據《尚書》,還有《尚書大傳》。相傳爲伏生所傳的這本書問題繁多,"其文或説《尚書》,或不説《尚書》……與《經》義在離合之間","古訓舊典,往往而在"⑥。作爲第一部闡釋《尚書》的作品,其中包含着漢代的衆多政治社會材料,爲禮書編撰所取材。《綱目》

---

① (清)江永:《禮書綱目》卷26,第424—425頁。
② (清)江永:《禮書綱目》卷48,第623頁。
③ (清)江永:《禮書綱目》卷50,第641—642頁。
④ (清)江永:《禮書綱目》卷37,第511頁。
⑤ (清)江永:《禮書綱目》卷72,第862頁。
⑥ (清)永瑢等撰:《四庫全書總目》卷12《尚書大傳提要》,中華書局,1965年,第105頁。四庫館臣以爲"《尚書大傳》於經文之外掇拾遺文,推衍旁義,蓋即古之緯書。諸史著録於《尚書》家,究與訓詁諸書不從其類。今亦從《易緯》之例,附諸經解之末"。

引《大傳》主要有兩種形式。其一是直接引用,豐富禮書的材料來源。其二是用作材料補充、校正,保證禮書材料的正確性。如《喪大祭》"卜宅",江氏先引《書序》"周公在豐致政,老歸將沒,欲葬成周,公薨成王葬于畢",再引《尚書大傳》曰:"周公生欲事宗廟,死欲聚葬于畢。畢者,文王之墓地,故周公死,成王不葬于周而葬之于畢"①,説明了周公葬于畢的緣由。《地示》"祭山川",江永引《王制》"天子祭天下名山大川,五嶽視三公,四瀆視諸侯",下附鄭玄注:"視,視其牲器之數",然後引《尚書大傳》"五嶽視三公,四瀆視諸侯,其餘山川視伯,小者視子男",且附注云:"謂其牲幣、粢盛、籩豆、爵獻之數,非謂尊卑",作進一步的補充解釋②。《天子諸侯廟享》"祼"引《王制》"諸侯賜圭瓚"條,下附注,又引《尚書大傳》云:"諸侯之有德者三,命以秬鬯,不得賜鬯者,資於天子然後祭。"③值得注意的是,本章所引《王制》,江氏爲行文需要進行了節略。

江永還利用《尚書大傳》和其他記載比勘,提高應用材料的準確性。如"祀日月"引《尚書大傳》"迎日之辭曰:維某年月上日……某敬拜迎日東郊"作比較,指出"《大戴》禮亦有此辭"④。

《詩經》。《詩經》是名物訓詁的絶好資料,也是禮書編撰的上佳材料。傳統的《詩經》研究,除却《大序》的爭論外,重心都在名物制度。《詩經》的衆多訓注,豐富了典制材料的擇選。在衆多訓注中,《毛傳》《鄭箋》《孔疏》,以及朱熹《集傳》最具影響。《綱目》引《詩》很多,包括《詩經》文本、小序,注疏兼用,漢宋兼采,但删削了《孔疏》,更加簡潔。

《綱目》對於《詩經》的引用,其特點有三。一是經文用《毛傳》,注解用《集傳》。如《冠昏記》"天子諸侯昏禮"引《召南·何彼穠矣》,用《毛傳》"美王姬"之説⑤;"不改嫁"引《柏舟序》,"歸寧"引《泉水序》,

---

① (清)江永:《禮書綱目》卷26,第427頁。
② (清)江永:《禮書綱目》卷36,第510頁。
③ (清)江永:《禮書綱目》卷42,第552頁。
④ (清)江永:《禮書綱目》卷35,第504頁。
⑤ (清)江永:《禮書綱目》卷3,第231頁。

均用《毛傳》①。《會同禮》"會同盟約"引《小雅·車攻》,用毛《序》②。《巡禮》引《周頌·時邁》及《般》之《詩序》,亦以毛《序》爲宗,如:"《時邁》,巡守告祭柴望也。《般》,巡守而祀四嶽河海也。"③但注解采用《集傳》,如《柏舟》"泛彼柏舟……不諒人只",下引朱注:"興也,中河,中於河也。……不及父者,疑時獨母在,或非父意耳。"④《車攻》"駕彼四牡",下注:"奕奕,連絡布散之貌。……此章言諸侯來會朝於東都也。"⑤均用《集傳》。

二是節引《毛傳》《鄭箋》。如《吊禮》"哀有喪"引《邶風·谷風》"凡民有喪,匍匐救之",采用《鄭箋》。《天神》"祀天"引《大雅·生民》"卬盛於豆",下注:"木曰豆,瓦曰登。豆,薦菹醢也。於登,薦大羹也。《箋》云:祀天用瓦豆,陶器質也"⑥,省略了毛《傳》"卬,我",及鄭《箋》"胡之言何也。……何芳臭之誠得其時乎,美之也。"⑦

三是涉及軍禮、通禮制度時引《詩》相證。如《軍禮·武備》引證《鄘風》《大雅·皇矣》《秦風·小戎》有關軍制的記載,論及馬制引《定之方中》采《毛傳》"美衛文公"之説⑧。"命將出征"引《詩經·六月》《采芑》《江漢》,"田役"引《車攻》序傳,説明先秦軍制情況。在通禮中,"曆數"引《齊風序》,"制國"引《大雅·公劉》《緜》《文王有聲》,"職官"引《商頌·長發》,"政事"引《周頌·臣工》《噫嘻》,"財賦"引《大雅·公劉》《小雅·甫田》,"學制"引《大雅·靈台》《文王有聲》《魯頌·泮水》,"名器"引《曹風·鳲鳩》《大雅·公劉》《小雅·采菽》,"卜筮"引《小雅·無羊》,説明相關制度。這同時説明,儒家經書的逸禮

---

① (清)江永:《禮書綱目》卷3,第236頁。
② (清)江永:《禮書綱目》卷17,第348頁。
③ (清)江永:《禮書綱目》卷17,第350頁。
④ (清)江永:《禮書綱目》卷3,第236頁。
⑤ (清)江永:《禮書綱目》卷17,第348頁。
⑥ (清)江永:《禮書綱目》卷35,第496頁。
⑦ 《毛詩正義》卷17-1,(清)阮元校刻:《十三經注疏》,中華書局,2009年,第1146頁。
⑧ (清)江永:《禮書綱目》卷49,第627頁。

和典制記載,可以爲禮書編撰提供幫助。也説明在清季以前,對於《詩經》闡釋,重點在經學的名物制度,而不是文學藝術上的表現。

對於《詩經》及傳注的引用,展現出《禮書綱目》引書的基本特點:漢宋兼采,不分門户。我們知道,朱子務反《毛序》,在兩者觀點發生衝突時,江永往往注明標出。對於經文的訓釋,他擇善而從,不分軒輊。同時,出於編撰需要,江永節引《毛傳》《鄭箋》,這些措施保證了其禮書編撰能夠取得成功。

《論語》《孟子》。《論語》《孟子》中有大量的禮制材料,二書由朱子集注,爲明清制舉所欽定,禮書編纂離不開對《論語》《孟子》材料的引用。在注釋方面,除却朱熹《集注》以外,何晏《論語集解》和趙岐《孟子注》也是禮書編撰的常選對象。江永對於《論語》的引用主要使用朱熹《集注》,這是《綱目》引用《論語》的特點之一。另一個特點是利用《論語》的禮制記載來校正其他典籍的正誤,備一家之説。

如《冠昏記》"不取同姓"引《論語·述而》"陳司敗問:昭公知禮乎?……人必知之",指出魯、吳同爲姬姓,不能結爲婚姻,昭公此舉不知禮,而孔子知錯即改,令人敬仰。江氏在每條引文附引朱熹《集注》,如《饗食燕記》引《八佾》"邦君爲兩君之好,有反坫",下引《集注》"好,謂好會。坫,在兩楹之間,獻酬飲畢,則反爵於其上"①。江氏節引所取經文,同時省略朱子按語②。《射義》同引《八佾》"子曰:射不主皮,爲力不同科,古之道也",下附朱注:"'射不主皮',《鄉射禮》文。'爲力不同科',孔子解禮之意如此也。……周衰禮廢,列國兵争,復尚貫革,故孔子歎之③。"江氏引注省却朱熹所引楊氏注語④。

《綱目》對《孟子》的引用亦復如是。如《士昏禮》"親迎"引《滕文

---

① (清)江永:《禮書綱目》卷7,第260頁。
② 朱熹的闡釋蓋由鄭玄而來,何晏《論語集解》引鄭玄説:"反坫,反爵之坫,在兩楹之間,人君别内外於門,樹屏以蔽之。與鄰國爲好會,其獻酢之禮更酌,酌畢,則各反爵於坫上。"《論語注疏》卷3,(清)阮元校刻:《十三經注疏》,中華書局,2009年,第5360頁。
③ (清)江永:《禮書綱目》卷11,第299頁。
④ (宋)朱熹:《四書章句集注》,中華書局,1983年,第65—66頁。

公》"女子之嫁也,母命之,往送之門,戒之曰:往之女家,必敬必戒,無違夫子",下注:"女家,夫家也。婦人内夫家,以嫁爲歸也。夫子,夫也。"①江氏此處節引朱子《集注》,省略了朱熹"女家之女,音汝"的音釋,也删去了朱子"女子從人,以順爲正道也"的總結,以及後面的段意概括②。《巡守》引《梁惠王》"晏子曰:天子適諸侯曰巡狩。巡狩者,巡所守也",下附朱注:"巡所守,巡行諸侯所守之土也。"③《喪禮義》全引《孟子·滕文公上》論三年之喪,"自天子達於庶人,三代共之"的材料,也全引朱熹《集注》,包括朱子所引林氏注解④。這種全引的情況非常少見。江氏所引《孟子》原意有時,并非所願,則截取其需。如《鐘律義》引《離婁上》"孟子曰:師曠之聰,不以六律,不能正五音。聖人既竭耳力焉,繼之以六律,正五音不可勝用也"⑤,孟子意在説明"不以規矩,不能成方圓"的道理,并非爲樂律考證。

江永一尊朱注,有着現實考慮。由《大學》《中庸》《論語》《孟子》構成的四書,在明清時的影響已經超過五經,朱子《集注》也成爲科舉考試的標準解釋。在這樣的背景下,《綱目》對於《通禮·學制》的編撰,采取《大學》《中庸》存目的方式,明確表示"自有朱子章句,今止存其篇目"⑥。

江永對《論語》《孟子》的引據還有一種情形,將對其他注解的引用排陳於材料中,用作對校,帶有考證的意味。如《補服》"補吊服加麻"引《喪服·記》"朋友麻",下附鄭玄注:"《論語》曰緇衣羔裘,又曰羔裘玄冠,不以吊何朝服之有乎?"⑦"補吊服"章引《春官·司服》經文"凡吊事,弁絰服",下引鄭玄注:"弁絰者,如爵弁而素加環絰。《論語》曰:'羔裘玄冠不以吊。'絰大如緦之絰。其服錫衰、緦衰、疑衰。

---

① (清)江永:《禮書綱目》卷12,第221頁。
② (宋)朱熹:《四書章句集注》,第265頁。
③ (清)江永:《禮書綱目》卷17,第350頁。
④ (清)江永:《禮書綱目》卷22,第384—385頁。
⑤ (清)江永:《禮書綱目》卷82,第966頁。
⑥ (清)江永:《禮書綱目》卷67,第819頁。
⑦ (清)江永:《禮書綱目》卷19,第368頁。

諸侯及卿大夫亦以錫衰爲吊服。"①鄭玄用《論語》引證自己的闡釋，且加比照，江氏的摘引，表示認同鄭玄的做法。類似例子還有《喪大記・下》對《春官・大祝》的引據②。

《綱目》引《孟子》作校勘，亦如《論語》的引據。如《士昏禮》"婦至"引本經"御衽於奧，媵衽良席在東，皆有枕，北止"，下附鄭玄注："衽，卧席也。婦人稱夫曰良。《孟子》曰：'將覘良人之所之。'止，足也。古文止作趾。"③《兵制》"衛兵"，江永指出《書序》"虎賁三百人"，《孟子》作"虎賁三千人"。④《朝廷禮》"師保"，江氏引《尚書・胤征》"每歲孟春，遒人以木鐸徇于路，官師相規，工執藝事以諫，其或不恭，邦有常刑"，節引蔡沈《書經集傳》，其中包括《孟子》，"遒人，司令之官。……孟子曰：'責難於君謂之恭。'"⑤

江氏轉錄注疏的節引亦涉及《論語》《孟子》，文多不具述。儘管江氏禮書對《論語》《孟子》相關注疏的引用屬於轉引，但亦代表江氏的學術態度，應視爲其對《語》《孟》略帶考證性的評判。

《孝經》。《孝經》在十三經中篇幅最短，"其在經學上論難之繁，亦不亞於他經。"⑥江永將《孝經》置於曲禮，其引據主要據朱熹《孝經刊誤》分經一章，傳四十章，注解上一仍李隆基注，段末以"按語"的形式列出朱子意見。

江永據朱子《刊誤》分"仲尼居，曾子侍"至"自天子至於庶人，孝無始終，而患不及者，未之有也"爲"經"⑦，自此以下分"子曰"共十四章爲"傳"，分論"至德以順天下""要道""順天下""民用和睦上下無怨""孝德之本""教之所由生""始於事親及不敢毀傷""不孝之禍""事

---

① （清）江永：《禮書綱目》卷19，第368頁。
② （清）江永：《禮書綱目》卷27，第431頁。
③ （清）江永：《禮書綱目》卷2，第431頁。
④ （清）江永：《禮書綱目》卷48，第623頁。
⑤ （清）江永：《禮書綱目》卷61，第750頁。
⑥ 周予同：《朱熹》第四章《朱熹之經學》，朱維錚編：《周予同經學史論著選集》（增訂版），上海人民出版社，1983年，第165頁。
⑦ （清）江永：《禮書綱目》卷78，第930頁。

君""天子之孝""立身揚名及士之孝""閨門之内孝道",最後兩章,朱子以爲"不解經而别發一義"①。

《綱目》在每"傳"之下附李隆基注。如"仲尼居,曾子侍。子曰:先王有至德要道,以順天下,民用和睦,上下無怨",江永節引李注:"孝者,德之至,道之要也。言先代聖德之王,能順天下人心,行此至要之化,則上下臣人和睦無怨。"②但注明舊本和朱子《刊誤》的不同及章旨。如首章注云:"舊本第十三章。朱子曰:此一節解釋至德以順天下之意,當爲傳之首章,然所論至德語意亦疏,如上章之失云。"③江永對《孝經》采取轉引的形式,如《喪大記·上》"筮宅"引本經"命曰:哀子某爲其父某甫筮宅,度兹幽宅兆基,無有後艱",下據鄭玄注轉引《孝經》"卜其宅兆而安厝之。"④此類孔多,不贅述。

四、結論

江氏《綱目》對儒家經注的引用,展現出漢宋兼采的學術特徵,尤其是在争議較多的《易經》《書經》《詩經》《論語》《孟子》的引據。江氏於《易經》幾乎全部采用《程傳》和《本義》,《尚書》以蔡沈《集傳》爲主,不排斥古注,《詩經》采用朱熹《集傳》,并積極調解《詩序》解釋的衆多矛盾。江永僅於三《禮》和三《傳》全用漢唐注疏。江永在三《禮》的編撰和引據上,摒弃了明清較爲流行的敖繼公《儀禮集説》和陳澔《禮記集説》,這是由於其禮書以朱子《通解》爲底本,同時對晚近諸儒"俟諸異日"的結果。江氏引書以宋儒,尤以朱子爲宗,同時兼采古注。江永的禮書編撰尊崇程朱,亦注重漢魏考證,這種兼收并蓄的引書態度,代表着清代學術由漢而宋的歷史進程。

---

① (清)江永:《禮書綱目》卷78,第930—933頁。
② (清)江永:《禮書綱目》卷78,第930頁。
③ (清)江永:《禮書綱目》卷78,第931頁。
④ (清)江永:《禮書綱目》卷23,第399頁。

第十一章 《禮書綱目》與江永學術

江永的研究領域涉及至廣，戴震説他"讀書好深思，長於比勘，步算、鐘律、聲韵尤明。"①從時間上看，江永著述集中於後期，尤其是晚年，約有十數種之多，包括對早年著述的增訂和改撰。其前期著述主要是《禮書綱目》一書。該書卷帙浩繁，含篇首總計八十八卷。長期以來，限於學科分類和領域制約，關於江永學術的討論，畛域分明。他的禮學、曆算、樂律、音韵、制舉等學問之間，其早晚著述之間，是否存在聯繫，學術體系如何構建，等等。這些都是值得措意的問題。單就《禮書綱目》而言，本書對江永自身及清代學術影響至大，江氏傳記及文獻目録均有提及，却罕見詳論②。筆者不揣譾陋，擬就《禮書綱目》一書與江永學術的關係及影響等，略作分析，以補正於江永禮學研究。

一、推尊朱子與重注《近思録》

《禮書綱目》是江永禮學研究的重要著述，亦是其學術研究的最大著述。本書撰成於康熙六十年(1721)，江永四十一歲。該書大篇

---

① （清）戴震：《江慎修先生事略狀》，《戴震文集》卷12，中華書局，1980年，第178頁。

② 江永傳記提及是書，一從戴震所作行狀，以爲"使三代禮儀之盛，大綱細目，并然可睹"。四庫館臣指出，本書"引據諸書，厘正發明，實足終朱子未竟之緒"。關於《禮書綱目》對江永學術的影響，筆者僅見徐到穩博士指出，天子宗廟九獻之禮以案語形式備考於《綱目》，數十年後定稿于《周禮疑義舉要》，説明江氏體系禮學和考證禮學有着密切關係。徐到穩：《江永禮學研究》，清華大學博士論文，2013年，第44頁。

長什，體大思精，清代學者提及江永學術，均稱頌是書。如江永《群經補義》和《鄉黨圖考》向被認為考核精詳，但阮元認為二書相對《禮書綱目》"皆吉光片羽，非其絕詣"①。而阮序代工者張鑒更誇張地用"《群經補義》《鄉黨圖考》，譬諸九鼎一臠"來相比"卷帙煩重，人間轉抄希少"的《禮書綱目》②。這一評價雖有溢美之嫌，但亦可見清代學者對江氏禮書的推尊。

《禮書綱目》據朱子《儀禮經傳通解》增訂而成。朱熹《通解》以《儀禮》為宗，藉古禮以資考核，其書編撰有兩個特點：體系上以家、鄉、邦國、王朝為範圍分類，與《大學》"修齊治平"模式相同，有着鮮明的"經世致用"旨趣；在材料處理上，《通解》每篇首列經文，下附音韻訓詁，再引鄭注賈疏，并諸儒之說，斷以己意。這種做法使得清季主張漢宋調和的陳澧以為："朱子《通解》之書，純是漢唐注疏之學。"③

江永對於朱子禮書的增訂和重編，體現出宗朱傾向。如在體例設計上，《綱目》表面上突破朱子禮書"家齊、國治"模式，而回歸古代禮儀，宗主《周禮》，但在具體編撰上接近朱子禮書，以冠、昏、喪、祭排序，用復古外衣對朱子體系進行重構。在材料處理上，本書宗法朱子，進行"分章別句"和"分經附記"，同時删削了注疏，但在异議處仍以按語形式表達己見，以內容和形式而言，其考證總體上未能超越朱子禮書。

江永是書編撰完成後，在很長時間內，并未有新的著述面世。不過這期間，他一邊授徒講學，一邊完成學術規劃，其禮學、律呂、曆算、制舉、理學等著述，都萌生於這一時期④。在蟄伏近二十年之後，乾隆七年(1742)，時年六十二的江永完成了對朱子學的進一步探究，

---

① （清）阮元：《禮書綱目序》，《叢書集成續編·經部》第 11 冊影印廣雅書局刊本，第 151 頁。
② （清）張鑒：《冬青館集》乙集卷 5 文 5，民國《吳興叢書》本。
③ （清）陳澧：《東塾讀書記》，三聯書店，1998 年，第 151 頁。
④ （清）余龍光：《雙池先生年譜》"乾隆三年"條，薛貞芳主編：《清代徽人年譜合刊》，黃山書社，2006 年，第 176—183 頁。

《近思錄集注》一書殺青。

對《近思錄》的重注,有着時代和學術因素。《近思錄》雖爲理學入門書籍,但重要性不言而喻,朱熹説:"《近思錄》好看。四子、六經之階梯;《近思錄》,四子之階梯。"①由於該書涉及高深的理論體系、專門的理學術語,初學者以此入門,似易而實難,對於此書的訓注應運而生,其中最重要者是葉采的《集解》。葉氏"悉本朱子舊注,參以升堂記聞,及諸儒辨論,擇其精純,刊除繁複,以次編入,有闕略者,乃出臆説"②,其書在元、明風行。此外流行的還有明代周公恕《分類經進近思録集解》,周氏擅改葉采《集解》,抄襲葉氏又隨意改動篇章,後來刻本相仍,幾不可讀③。江永"以其貽誤後學,因仍原本次第,爲之集注"④。

清代《近思録》注本較多,江注前流行的是茅星來和張伯行注本。茅星來以葉采《集解》粗率膚淺,了無發明,解所不必解,字句舛訛等由,重注《近思録》。儘管茅氏言稱"名物訓詁,雖非本書所重"⑤,但其書實以材料考證見長。張伯行《集解》成書於康熙四十九年(1710),其長在義理闡發。

江永未曾明確表示見閲二書,但江氏《集注》較好地融合了茅、張注釋優點,其書最大的特點是"以朱子之語注朱子之意"。他"沉潛反復有年"閲讀《朱子遺書》,"因仍原本次第,裒輯朱子之言有關此録者,悉采入注,朱子説未備,乃采平巖及他氏説補之,間亦竊附鄙説,盡其餘藴。"⑥四庫館臣給予此書極高評價,認爲"引據頗爲詳

---

① (宋)黎靖德編:《朱子語類》卷105,《朱子全書》第17册,上海古籍出版社,2002年,第3450頁。

② (宋)葉采:《近思録集解序》,元刻明修本,2頁A面。

③ (清)江永:《近思録集注》,華東師範大學出版社,2014年,《近思録集注序》,第1頁。

④ (清)永瑢等撰:《四庫全書總目》卷92,中華書局,1965年,第781頁。

⑤ (清)茅星來:《近思録集注序》,臺灣商務印書館影印文淵閣《四庫全書》本,第699册第129頁。

⑥ (清)江永:《近思録集注》,華東師範大學出版社,2014年,《近思録集注序》,第2頁。

洽。……雖以餘力爲此書,亦具有體例。"①
以卷一"道體"爲例,朱、吕輯論程頤"中和"。

> 伊川先生曰:"喜怒哀樂之未發,謂之中。"中也者,言"寂然不動"者也,故曰"天下之大本"。"發而皆中節謂之和",和也者,言"感而遂通"者也,故曰"天下之達道"。

關於這段話,茅注重材料考辨,指出"寂然不動,感而遂通"來自《繫辭》,末又説明"此條今見《遺書》暢潛道本,列《文集》,誤"②。張注重義理闡發,指出程子引《易傳》與《中庸》相發明,示人之意切③。
而江注兼具二者之長。儘管江永認爲"是書非爲幼學設,不必一一訓詁"④,但仍重視材料的窮盡,次序的排陳。對程子所論"中和",江注以非標注形式,先引《中庸章句》逐字解釋"喜""怒""哀""樂""大本""達道"等概念,再引《文集》論述朱子所謂"中""和",最後引《語類》《或問》,由辭通道地對"中和"概念進行升華闡釋⑤。江氏以朱子之語集注伊川,層層遞進,幫助讀者理解程子語録,同時窺觀朱子思想堂奥。
如有不同意朱子意見,或需補充説明,江氏便以按語形式表達己見,或引黄榦及葉采諸説。如"道體"章引伊川《程氏易傳》釋"革上六",論及"自暴""自弃"與"小人革面"之關係,江氏先引朱熹論孟子與程頤關於"下愚不移"的差異,又據朱子論孔子"不移"之説相證,且意猶未盡,又補以葉氏論紂之説,證明愚昧程度取決於性的善惡,而非智力差距⑥。

---

① (清)永瑢等撰:《四庫全書總目》卷92,中華書局,1965年,第781頁。
② (清)茅星來:《近思録集注》卷1,臺灣商務印書館影印文淵閣《四庫全書》本,第699册第170頁。
③ (清)張伯行:《近思録集解》卷1,4頁B—5頁A面,清同治五年正誼書院刊本。
④ (清)江永:《近思録集注》,華東師範大學出版社,2014年,"凡例"第2頁。
⑤ (清)江永:《近思録集注》卷1,華東師範大學出版社,2014年,第5—6頁。
⑥ (清)江永:《近思録集注》卷1,華東師範大學出版社,2014年,第13—15頁。

《近思録》所輯語録，朱子闡釋時有闕焉，江氏則自注己見。如"道體"章，"伊川先生曰：公則一，私則萬殊。人心不同面，只是私心。"永按："義理之正，人心所同，故公則一人。"①此外，江氏較多引據黄榦之説，尤其是卷二"爲學大要"章，如"横渠問于明道先生曰：定性未能不動，猶累於外物，何如"一段，江永引黄氏曰："此書分七段讀，此首段，定性字當作定心看。若以心有内外，不惟未可語定，亦且不識心矣。"②

江注《近思録》的編撰，實際上是《禮書綱目》編纂原則和體例的繼續，甚至包括引據材料的邏輯關係。儘管"《近思録集注》實擷宋學之精"③，但説到底，"不過是考證性的資料彙編"④。江氏注引朱熹語録，如朱説未備，則復采他注，時下己意，這正是《綱目》"以古經爲主，經不足，補以傳、記，又不足，則旁證以諸家之説"⑤編撰原則的繼續。

《禮書綱目》宗法朱子，江注《近思録》亦是尊朱。我們知道，《近思録》輯録北宋四子之書，包括周敦頤、程頤、程顥和張載。江永"以朱子之語注朱子之意"，事實上變"四子之書"爲"五子之書"。這種做法并非原創，鄉賢汪佑便"每篇增入朱子之言，爲《五子近思録》"，後施璜又采入明儒語録，卒至衍説泛濫。有鑒於此，江永《集注》僅取朱説，表現出他對朱子學術的推尊。這種尊崇亦表現在《集注》對《近思録》篇章綱目的完全承繼上。

《近思録》初出之時并無篇目，"各卷之中，惟以所引之書爲先後，而不及標立篇目"⑥，但據《朱子語類》吴振記載，朱熹曾標立逐篇綱目："一道體；二爲學大要；三格物窮理；四存養；五改過遷善，克己復禮；六齊家之道；七出處進退辭受之義；八治國平天下之道；九制度，

---

① （清）江永：《近思録集注》卷1，華東師範大學出版社，2014年，第27頁。
② （清）江永：《近思録集注》卷2，華東師範大學出版社，2014年，第47頁。
③ 夏鑾評語，載胡培翬《夏先生墓志銘》，引自徐世昌：《清儒學案》卷59《慎修學案下》，河北人民出版社，2008年，第2093頁。
④ 徐道彬：《〈善餘堂文集〉辨僞》，《中國典籍與文化》2010年第4期，第48頁。
⑤ （清）汪廷珍：《禮書綱目序》，《叢書集成續編·經部》第11册，第152頁。
⑥ （清）永瑢等撰：《四庫全書總目》卷92，中華書局，1965年，第781頁。

十君子處事之方;十一教學之道;十二改過及人心疵病;十三异端之學;十四聖賢氣象。"①葉采《集解》和茅星來《集注》均變异朱子篇名,如卷二原作"爲學大要",葉氏更作"爲學",卷五原作"改過遷善,克己復禮",茅氏更作"省察克治",只有江氏《集注》徑取朱子"逐篇綱目"原説命名篇目②。

江氏《集注》承繼《綱目》,推尊朱子理學體系,材料上巨細必備,邏輯上層級遞進,這使得江氏《集注》成爲清代《近思録》研究的重要作品,取代了葉采《集解》的主導地位。後世翻引、覆刻、抄寫且流傳至今的江注《近思録》不少於二十七種,足見江氏《集注》的巨大影響③。

二、考據體例與四書編撰

江永一生蟄伏鄉曲,以鍵户授徒和編撰制舉爲生,同時從事學術研究。在《綱目》編撰前,他參編了汪基《三禮約編》,分撰其中《周禮》《儀禮》部分。儘管江氏意識到"雖隨行逐隊不免從事舉業,亦不過頭巾茶飯,若聖賢茶飯,所以果腹而潤身者,畢竟不在此"④,但受經濟條件的限制,授徒之餘,江氏也編撰制舉用書,輔之以營生,其中包括《四書典林》《四書古人典林》《鄉党文擇雅正編》《鄉黨圖考》等。乾隆五十一年,江南鄉試以《鄉黨》命題,士子主江永之説者皆得中式⑤。

《四書典林》成書于雍正十二年(1734),江永時年五十四歲,該書"爲初學備作文之資糧",共三十卷,分天文、時令、地理、人倫、性情、身體、人事、人品、王侯、國邑、官職、庶民、政事、文學、禮制、祭祀、衣服、飲食、宫室、器用、樂律、武備、表紀、珍寶、庶物、雜語諸部。每部

---

① (宋)黎靖德編:《朱子語類》卷105,《朱子全書》第17册,第3450頁。
② 嚴佐之:《朱子近思録導讀》,《朱子近思録》,上海古籍出版社,2000年,第13頁。
③ 程水龍:《江永〈近思録集注〉版本源流考》,《文獻》2007年第1期,第113頁。
④ (清)余龍光:《雙池先生年譜》"乾隆三年"條,《清代徽人年譜合刊》,黄山書社,第177頁。
⑤ (清)江藩:《漢學師承記》卷5《江永傳》,中華書局,1983年,第78頁。

下分若干條目,每條目下分若干詞條,如"天文"部下分"日""月""天地"等目。"天地"下分"太極""太初"等條。每條後引文獻詳闡,備舉子作文之用,如"日"下之"離",注用《離》卦"日月麗乎天"。

《四書古人典林》爲《四書典林》續編,共十二卷,主要收錄人名典故,分帝王、古臣、古賢、聖賢、諸侯、大夫和雜人七部,彙聚四書涉及之神農、堯、舜至周幽、厲等帝王,后稷、皋陶等大臣,伯夷、叔齊、柳下惠等古賢,孔、孟等聖賢及孔門弟子,齊桓、晉文等諸侯,管仲、晏嬰等大臣,雜人部收錄共工、驩兜、揚朱等,最後附列女,包括杞梁妻、南子和齊女。

江氏二部制舉用書的編撰是對當時學風的一種糾偏。因爲士子研習舉業具有很強的功利性,很少研習古經注疏,而徑取朝廷規定之《四書大全》《欽定四書文》等,弋取功名。是時制舉大多沿襲薛應旗《四書人物備考》,事無提要,既不便學者觀考,又排纂無法。相較而言,江氏二書收集材料比較完備,應用材料準確,引據原文、注疏,并附案語,踵肩《禮書綱目》,取得編撰成功。

二書編撰特色有三。第一,編例簡潔。類書編撰需要豐富取材,簡潔表述。江氏徑取《綱目》經驗,采取"某見某章"和"節引"編例。在《四書典林·凡例》中,江氏提出"同一事辭,彼此皆當載者,或并載之,或詳略互見,或注云詳某。同類中當迭出者,注云見前見後"。同時,江氏提出"注釋有不可省者,略釋一二,或用古注,或用先儒說,或以己意融貫"①。

《四書古人典林》編撰亦如此。如卷一"帝王部上·神農"下有"始爲蜡"條,此條出《郊特牲》,江氏先引《禮記》原文,後附節略疏解②。"堯"下有"放勛""平章百姓""命羲和""咨登庸""咨若采""試鯀"諸條,皆引自《堯典》,江氏除"放勛"條注明自《堯典》外,其餘均用"又"表示,以便簡省。本書條目及訓釋多爲節引,如"平章協和"條引《堯典》及訓釋:"平,均。章,明也。于,談美辭。變,變惡爲善。時,

---

① (清)江永:《四書典林凡例》,復旦大學圖書館藏清光緒十八年鴻寶齋石印本。
② (清)江永:《四書古人典林》,徐道彬點校,安徽大學出版社,2011年,第1—2頁。

是也。雝,和也。"①訓釋并不見於孔安國《注》,及陸德明《釋文》,而據孔穎達《疏》簡作。此外,本書編撰較多使用"詳某章"編例,如"咨登庸"條引《堯典》原文,標明"注詳丹朱",同樣編例見"咨若采""如天如神""就日望雲"等條。

第二,考證精核。以《四書古人典林》爲例,卷一"舜"下"顓頊之裔"條,江氏先引《史記》載舜世系,後以按語形式引《左傳》《國語》相關記載,認爲《史記》闕略"幕"一代,同時批評"賈逵、韋昭以幕爲虞思,誤矣"②。我們知道,《禮書綱目》采取"分章別句"和"分經附記"方式,體現着擬選主題與材料間類似經傳的關係,這種關係包含着禮學考據的萌芽。江氏制舉編撰受此影響。如卷五"聖賢部上·孔子"條,條目之"始生""父卒""合葬於防""學琴""適周訪禮樂""聞韶""相夾谷""齊都""厄陳蔡間""修詩書禮樂""讀易""獲麟"等,將孔子出生、家庭、學習、爲相、流亡、修書、授徒的人生經歷,極其詳細地展示開來,其條目與主題間形成嚴密的邏輯結構。

這種文獻排陳所體現的考證特色涉及多數條目,其中以"孔子"條最著。以"始生"爲例,江氏先後引《家語·本姓解》《穀梁傳》《公羊傳》《論語》《括地志》《史記正義》《孔庭纂要》《魯語》、《詩序》及鄭玄注、《檀弓》,材料豐富,且嚴加辨正。如他認爲《家語》"防叔避華氏之禍而奔魯"記載有誤,并據《春秋經傳》改正③。尤其值得稱道的是他對孔子"出生年月"的考證,《穀梁傳》以爲孔子生於襄公二十一年"十月庚子",《公羊傳》以爲生於"十有一月庚子",司馬遷謂其生於襄公二十二年。江永據《春秋》經書"十月庚辰朔,日食。則庚子者十月二十一日也",確定孔子生年以二《傳》(《公羊》《穀梁》)爲正,月、日以《穀梁》爲正④。江氏還對孔子出生地和尊諱進行了考證。這種學術

---

① (清)江永:《四書古人典林》,安徽大學出版社,第2—3頁。
② (清)江永:《四書古人典林》,安徽大學出版社,第5頁。
③ (清)江永:《四書古人典林》,安徽大學出版社,第81頁。
④ 關於孔子生於襄公二十一年還是二十二年,爭論不斷,具體考釋見錢穆《先秦諸子系年》卷1《孔子生年考》,《錢賓四先生全集》第5册,聯經出版事業公司,1998年,第1—2頁。

性考證,提升了制舉用書的價值,使得江著避免了類似書籍湮没不彰的命運。

第三,與《綱目》相似,《典林》二書引書數量衆多。據統計,江氏《綱目》引書93種,而《典林》二書引書160餘部,其中史部31部,子部48部,緯書3部,總集4部,别集13部,政書、類書4部,小學類2部①。與《綱目》類同,其引據經部漢宋兼采。如《四書典林》,于《易經》引據《程傳》《本義》,《尚書》引據《孔傳》《孔疏》和蔡沈《集傳》,《詩經》用《毛傳》《鄭箋》和朱熹《集傳》,《春秋》三傳采引漢魏古注和胡安國《春秋傳》,《左傳》主引《孔疏》。三禮據鄭注及孔、賈注疏,也引宋、元注解,如《周禮》引王安石《周禮注》,《儀禮》采朱熹《通解》,《禮記》賅括陳澔《集説》。

江氏《典林》二書在編例上的轉引、節略,材料上的考證,引書上的漢宋兼采等,受到《禮書綱目》的影響。但其所受影響限度不能高估,因爲類書編撰對材料數量和品質的要求,受到編撰本身的限制。江氏《典林》二書注重制舉用書的實用性,同時兼具學術性,成爲類書編撰個中的翹楚,具有學術價值。

三、江氏禮書與律吕、曆算

江永學術領域廣泛,長於步算、鐘律、聲韵、禮制考證。其律吕、曆算成就何如,和江氏其他學問的關係,以及是否受到江氏禮書編撰的影響,值得討論。

江永律吕著作有《律吕管見》《律吕新論》《律吕新義》《律吕闡微》等書。其中《管見》已佚,據余龍光《雙池先生年譜》載,乾隆三年(1738),江永覆書汪紱,謂附入《禮書綱目》之《律吕管見》二卷,以合九十一卷之數。而《新論》二卷實同四庫本《禮書綱目》所附律吕書,則《管見》《新論》實爲一書。《新義》四卷作於乾隆十一年(1746),其

---

① 丁之涵:《明清〈四書〉專題類書研究——以江永〈四書典林〉、〈四書古人典林〉爲例》,華東師範大學碩士論文,2011年,第25頁。

書《皇言定聲》居首,《管》《呂》要言爲《稽古》第二,旁通廣證爲《象數》第三,造律制樂爲《餘論》第四,後附《鳧氏注疏考誤》。《闡微》一書以《新義》爲基礎,成於乾隆二十二年(1757),全書共十卷,"其作書大旨,則以明鄭世子載堉爲宗。惟方圓周徑用密率起算,則與之微異"①,爲江永律呂研究之大成。

江永曆算研究承繼律呂之後,認爲"律與曆通"②,"天有十二月,律有十二管,律曆自然相應"③,其曆算著作主要有《曆學全書》和《推步法解》。《曆學全書》成於乾隆五年(1740),本書初名《翼梅》,戴震訂爲《數學》,四庫館臣改作《算學》,共八卷,附《續曆學》一卷,意在羽翼梅文鼎說,亦不乏批評之見。《推步法解》成於乾隆十八年(1753),共四卷七篇,末附《推步鈴》一卷,本書於日月之躔離交食,五星之遲疾伏見,及恒星六曜之行,皆具密法,其書主要內容被戴震錄入秦蕙田主編之《五禮通考》"觀象授時"部分。

江氏自叙其律呂研究受到蔡元定影響,通過結交王蘭生,窺觀李光地學術,并參通朱載堉《樂律全書》而萌生增訂之意④。其曆學研究,"少好天官家言,始讀《尚書》'閏月''璿璣'兩注,即學布算。弱冠後見黃石齋《答袁坤儀書》,始知地圓,又得游子六《天經或問》,已詫爲奇書。三十在金陵,有倪氏者,家有《崇禎曆書》,乞假一觀,永爲曆學,是年驟進。"⑤他瞭解西洋曆法,又私淑梅氏,著《翼梅》正梅氏"歲實消長"之說,成一家之言。

江永沒有特別說明其律呂、曆算著述與《禮書綱目》有關,但其相

---

① (清)永瑢等撰:《四庫全書總目》卷38,中華書局,1965年,第329頁。
② (清)余龍光:《雙池先生年譜》"乾隆三年"條,《清代徽人年譜合刊》,黃山書社,第181頁。
③ (清)江永:《律呂新論·論律生於曆》,臺灣商務印書館影印文淵閣《四庫全書》本,第220冊,第517頁。
④ (清)江永:《律呂新義序言》,《續修四庫全書》影印清光緒間崇文書局刻正覺樓叢刻本,第114冊,第594頁。
⑤ (清)江永:《翼梅序》,《善餘堂文集》,"中央"研究院文哲研究所,2013年,第120頁。

關研究受益《綱目》處甚多。朱子《通解》將"樂"放入學禮,江永則在朱子禮書基礎上,于《鐘律》前補輯《樂制》,并增補"樂制""樂事"及"鐘律"。他以《樂記》爲主增補樂書,且置於卷末,實現禮樂會通。《綱目》禮樂合璧的結構和對樂律的清理,爲江氏的律呂研究準備了條件。同時,朱熹將曆法放入王朝禮類,但其編纂較爲含混,許多篇目闕略。江永在朱子基礎上進行增訂,將曆算調至"通禮",并對《曆數》《夏小正》《周月》《月令》等篇作了校勘,對朱子《曆法》進行分段整理和重新審讀。表面上,《綱目》編撰與其律呂、曆算研究并不相涉,實際上,《綱目》對於律曆的重新整理,爲其相關研究奠定了堅實的基礎。

值得注意的是,江永在律呂、曆算研究中展現出的獨立學術精神,以及對朱子學術的批判繼承。比如《四庫全書》本《禮書綱目》後所附論律呂書(即《管見》),其中批評蔡元定律書,有三條札記。我們知道,號稱西山先生的蔡元定是朱熹學生,"其書實與朱子商榷(權)而成,蔡氏之書,即朱子之書也",其"律呂本原、辯證二篇,固爲朱子所極取"。但江永以爲其書"猶有未盡善者","執蔡氏之書而求合於管弦,無異按圖而索馬,刻舟而求劍也"。在江氏看來,"從來天下事,是非當否,當以理爲斷,不當以人爲斷。當以目前有據者爲定,不當以古說久遠者爲定"①,表達出其徵實態度。這種批判繼承的態度,見諸江永《禮書綱目》編撰中,在繼承宗法朱子禮書,以《儀禮》爲主進行編撰的同時,在體系上更定,材料增删,批評地繼承和批判朱子學術,正如汪廷珍所說,江永"承朱子之學,而不苟同于朱子"②。

汪廷珍同時指出,"先生(江永)於學無所不窺,而大旨歸於實事求是。……其於樂律也,大旨主朱載堉而起,算則依密率"。我們知道,《律呂闡微》是江永最重要的定論性律學著作,對朱載堉樂律理論

---

① 以上引文見《四庫全書》本《禮書綱目》附錄卷上"論蔡氏律書三條",臺灣商務印書館影印文淵閣本,1983年,第134册,第579、579頁。
② (清)汪廷珍:《禮書綱目序》,《叢書集成續編·經部》第11册,第152頁。

有所發展,而朱氏爲前明皇裔,其學術爲盛清皇權遮蔽,江氏爲之發微闡幽,體現出實事求是的學術追求。在曆算研究中,江氏能够突破傳統"西學中源"説,堅持從事實出發。他對梅氏"西學中源"説的糾偏,受到清代學者的廣泛批評。因爲"西學中源"不僅是一個學術問題,也是一個政治問題①,從中亦可見出江永學術的實事求是。這種獨立,同樣見於《禮書綱目》承繼朱子禮書進行賡續和增訂的進程,其中尤以對於朱熹禮書材料的辨析爲要,計有一千多條按語,展現出江氏的徵實態度。

如果説江永的理學、制舉用書的編撰,有着致用屬性,那麽,他由禮書編撰轉向律吕、曆算的著述,展現出學術重心的轉變。一是學術研究的内容,從禮書編撰的理學體系,轉向律吕、曆算的考據實證研究,表現出清代中期學術由理學轉向漢學的歷史進程。二是專門研究的盛行,不僅是律吕、曆算諸作,包括江氏後期的禮學考證,以及音韻、史地等著述的撰作,如江氏《古韻標準》以音韻爲切入點,深入《詩經》研究,其《春秋》研究而轉向地理考證,代表着清代學術的新趨向,即專門研究的盛行,這成爲乾嘉學術的表徵之一。

四、從禮書編撰到禮學考證

江永的律吕、曆算研究,代表着學術重心轉向專門考據,同樣的轉變出現在禮學研究中。我們知道,《禮書綱目》未爲完書,江永一再表示,"賈、孔諸家之疏,與後儒考正之説,文字繁多,力不能寫,且以俟諸異日"②,在與汪紱的通信中亦提及"苦無力,乏人抄寫,有志未逮"③。受外部環境的影響、自身精力和經濟條件的限制,加上學術興趣的轉移等,他停止修撰此書,儘管此後仍有《昏禮從宜》類的家禮書編撰,但江氏學術的重心,開始轉向於禮學考證研究。

---

① 徐道彬:《論江永與西學》,《史學集刊》2012 年第 1 期,第 54—63 頁。
② (清)江永:《禮書綱目序》,《叢書集成續編·經部》第 11 册,第 153 頁。
③ (清)余龍光:《雙池先生年譜》"乾隆三年"條,《清代徽人年譜合刊》,黄山書社,第 178 頁。

江永的禮學考證著作，按照成書先後，以及禮學類型劃分，主要有《深衣考誤》《周禮疑義舉要》《儀禮釋例》《儀禮釋宮增注》《禮記訓義擇言》《鄉黨圖考》等。這些考證著述的突出特點，是對於朱熹禮學的揚棄，和鄭玄注解的重視。由"朱學"向"鄭學"的遷移，映照着清代學術變遷的影子。

江永最早的考證禮學著作是《深衣考誤》，該書作於乾隆二年（1737）前後，主要考辨《禮記深衣》中的"衽當旁"和"續衽鉤邊"問題。江永的考證有兩點值得注意，一是對於鄭玄注的尊崇，一是對於朱熹說的批評。

江永以爲"深衣之義，鄭注孔疏皆得之，獨其裳衽之制，裁布之法與續衽鉤邊之文，鄭氏本不誤，而疏家皇氏熊氏孔氏皆不能細繹鄭說，遂失其制度，後儒承訛習舛，或以臆爲之，考辯愈詳而誤愈甚"①。争論的根源"皆由六幅皆交解之說誤之耳"②。關於"衽當旁"，江永申論鄭說。鄭云"衽謂裳幅所交裂也"，江氏以爲"明其惟在裳旁而名衽者交裂，其餘幅不交裂也"。鄭云"凡衽者，或殺而下，或殺而上"，江氏以爲"此廣解凡裳之衽也"，并引《喪服篇》加以證明。鄭云"是以小要取名焉"者，江氏謂棺上合縫之木亦名爲衽也，并引《喪大記》以申其說。江永贊成鄭玄"屬裳則縫之，以合前後"的說法，認爲："疏家忽之，并失小要之義。"③關於"續衽鉤邊"，鄭玄注："續猶屬也，衽在裳旁者也。屬連之，不殊裳前後也。鉤讀如烏喙必鉤之鉤。鉤邊，若今曲裾也。"永按："續衽，謂裳之左旁縫合其衽也"，而且認爲："鄭氏不言左續衽右鉤邊者，衣裳自左掩右，左可連，右不可連，其事易明，故不必言左右也。"④總之，江永將深衣研究出現的問題歸咎於後世疏注對於鄭玄注的錯誤理解。

同時，江永批評《家禮》所記深衣制度謬不可及，逐一批評《家禮》

---

① （清）江永：《深衣考誤》，《四庫全書》本，第134册，第612頁。
② （清）江永：《深衣考誤》，《四庫全書》本，第134册，第613頁。
③ （清）江永：《深衣考誤》，《四庫全書》本，第134册，第613—614頁。
④ （清）江永：《深衣考誤》，《四庫全書》本，第134册，第615頁。

裁前右外襟圖、深衣前圖、深衣後圖、著深衣前兩襟相掩圖等不可通。他以爲朱子錯誤源自承襲注疏及司馬光《書儀》①。他還對楊復的辯護提出批評，指出："續衽與鈎邊是二事，鄭注分言之，而楊氏即以續衽當鈎邊，是誤讀鄭注耳。"②他認爲楊氏"以鄭注破疏家之謬"原則上是正確的，但未細繹經文，造成"疏説本不誤者以爲誤，而其真誤如孔氏所謂裳幅皆交解者反忽之"③。

江氏推尊朱子學術，但并非盲從，其對朱子學説的細節修正，體現出學術的新創和獨立。江氏宗主鄭玄的做法，表現着清代漢學的復興趨勢，揭開了清代禮學由"宗朱"轉向"宗鄭"的序幕。四庫館臣以爲"永説求之訓詁諸書，雖有合有不合，而衷諸《經》文，其義最當"，"其説亦考證精核，勝前人多矣。"④

《深衣考誤》僅止一卷，儘管考證精核，但難以盡窺江氏禮學全貌。同樣，江永的其他禮學考證著述，《儀禮釋例》僅有衣冠體例，《儀禮釋宫增注》只涉及宫室，《禮記訓義擇言》至《少儀》爲止。相較之下，《周禮疑義舉要》雖間或因所疑而札記，但因涵蓋六官，篇幅完整，考證深邃，可窺觀江氏學風。

《周禮疑義舉要》萌生于江氏前往京師訪學，編修吴紱置以《周禮》諸問，經累年札記成書。本書共七卷，解決了《周禮》研究諸多問題，如三農、四望、軍賦、車制、文字訓詁等，并對《考工記》研究影響深遠。四庫館臣謂"是書融會鄭注，參以新説，於經義多所闡發。其解《考工記》二卷，尤爲精核"⑤。

《舉要》主要措意於典制。以衆説紛紜的三農、四望爲例。三農，先鄭云平地、山、澤，後鄭云原、隰、平地，江永以爲皆未當，他認同惠

---

① （清）江永：《深衣考誤》，《四庫全書》本，第134册，第616—618頁。
② （清）江永：《深衣考誤》，《四庫全書》本，第134册，第619頁。
③ （清）江永：《深衣考誤》，《四庫全書》本，第134册，第619—620頁。
④ （清）永瑢等撰：《四庫全書總目》卷21，中華書局，1965年，第174頁。
⑤ （清）永瑢等撰：《四庫全書總目》卷21，中華書局，1965年，第257—258頁。

士奇《禮說》上農、中農、下農的説法，并引《管子・揆度篇》加以確證①。"四望"出自《春官・大宗伯》"國有大故則旅上帝及四望"，本爲祭祀名山大川之禮，而賈公彦疏曰："言四望者，不可一往就祭，當四向望而爲壇遥祭之，故云四望也"②，這顯然是臆説。江氏考察諸家之説，以爲鄭興"日月星海"之説近之，并證引《大司樂》《司服》，何注《公羊傳》、杜注《左傳》等③，證明"四望亦有遠近"，并引據注疏證之。一條札記考證，引據充分，論證嚴密，結論新穎。

該書進行的校勘、异文等處理，解決了一些研究難題。如《周禮》典制多與《孟子》《王制》不合，江永認爲原因在："《周禮》就其虚寬者言之，《孟子》《王制》惟舉土田實對耳。"④在文本方面，一般認爲石經較文獻可靠，但江永認爲應具體而論，石經有衍文，疏注可參考⑤。對於鄭注，江永亦指出其可商權，甚至錯誤處，如他認爲鄭注"以脂羸羽分五大獸"爲非⑥；又説"鄭玄以駢剛解九㞙，十二分野解十二壤未確"⑦，表現出獨立的思考和學術判斷。

《周禮疑義舉要》針對鄭注，探賾索隱，考證精詳，結論可信。許作屏作序，謂："康成爲《周官》功臣，賈公彦爲康成功臣，而先生（江永）又爲鄭賈之功臣也。"⑧江永的《周禮》研究，以札記形式，宗

---

① （清）江永：《周禮疑義舉要》卷1，《四庫全書》本，第101册，第718頁。
② 《周禮注疏》卷18，阮元校刻：《十三經注疏》（清嘉慶刊本），中華書局，2009年，第1648頁。
③ （清）江永：《周禮疑義舉要》卷4，《四庫全書》本，第101册第750—751頁。
④ （清）江永：《周禮疑義舉要》卷2，《四庫全書》本，第101册第726頁。
⑤ （清）江永：《周禮疑義舉要》卷2，《四庫全書》本，第101册第730頁。
⑥ （清）江永：《周禮疑義舉要》卷2，《四庫全書》本，第101册第725頁。
⑦ （清）江永：《周禮疑義舉要》卷2，《四庫全書》本，第101册第725頁。
⑧ （清）許作屏：《周禮疑義舉要序》，中華書局，1985年，第1頁。翁方綱《跋周禮疑義舉要》"以爲本書儘管有臆斷者，但足資考證。"江氏《周禮疑義舉要》七卷，今年夏從二雲秘校借抄者，時予於役沈陽，屬門人魯生肇光、嗣光，王生聘珍爲校勘之。其秋，予從沈陽歸，王生極爲予言江氏臆説多所不合，予匆匆未加審正，留其本。又兩月，至十月下旬，予卧病數日，始取其書以王生之言核之，蓋王生墨守鄭學故云爾，而江氏亦實有臆斷者。甚矣，疑義相析之難，而闕疑之爲要也，然其書頗足以備考證。十月廿日，方綱記。"引自沈津輯：《翁方綱題跋手札集録》，廣西師範大學出版社，2002年，第7頁。

法和補苴鄭注，擺脫了朱熹學術影響，代表着清代鄭學復興的濫觴。

江氏《儀禮》研究，主要是《儀禮釋例》和《儀禮釋宮增注》，二書年代無考，均草創待定之作。康熙五十八年(1719)，江永參編的《儀禮約編》完成後，汪基便提道："叄齋更擬仿杜預《春秋釋例》條爲《儀禮釋例》一卷，成書當爲補入。"①但最後成書的《儀禮釋例》實止釋服一類，又寥寥數頁，實爲未成之書。

該書"釋服"共分"天子冕服""諸侯冕服""大夫冕服""爵弁服""皮弁服""韋弁服"六類，每類先引經文，下附注疏，廣引衆說，斷以己見，考證精詳，且多新說②。本書爲未成之作，瑕疵較多。如江永認爲《周禮》之韋弁即爵弁"，四庫館臣批評"其說過新，不可信"③；錢熙祚考證指出，兩者材質不同，色彩不同，式樣亦不同④。

江永以"釋例"方式研究《儀禮》，獲得廣泛贊譽。如杭世駿認同江氏，"以爲《春秋》可以無例，而《禮》則非例不能貫也。"⑤凌廷堪《禮經釋禮》亦以《釋例》爲端緒。凌氏成績無需贅述，江氏開山之功亦不可没。

《儀禮釋宮增注》係誤對"朱子"《儀禮釋宮》進行增訂。《儀禮釋宮》作者本爲李如圭，因誤收入《朱子文集》，被視作朱子禮書。這個錯誤一直到清代中期編修《四庫全書》時才被發現。江永將"朱子"《釋宮》冠諸《禮書綱目》卷端，爲之補苴詳注，而成《增注》一書，可見其對朱熹學術的推重。

《增注》成書時間無考，江永《鄉黨圖考》卷四"宮室"亦對"朱子"

---

① (清)汪基：《儀禮約編例言》，《三禮約編》，《四庫全書存目叢書》影印濟南圖書館藏清康熙乾隆間汪氏敬堂刻本，齊魯書社，1997年，第108冊，第661頁。
② (清)永瑢等撰：《四庫全書總目》卷23，中華書局，1965年，第191頁。
③ (清)永瑢等撰：《四庫全書總目》卷23，第191頁。
④ (清)錢熙祚：《儀禮釋例跋》，《續修四庫全書》影印道光二十四年錢氏《守山閣叢書》本，上海古籍出版社，2002年，第88冊，第371頁。
⑤ (清)杭世駿：《道古堂文集》卷4《禮例序》，《續修四庫全書》影印清乾隆四十一年刻光緒十四年汪曾唯增修本，上海古籍出版社，2002年，第1426冊，第235頁。

《儀禮釋宮》進行考證。兩相對照，"宮室考"將江永按語附於每條之後，《增注》則散入其間，則"宮室考"爲《增注》之增訂。四庫館臣以爲江永"多所發明補正，其稍有出入者，僅一二條，而考證精密者，居十之九。其辨訂俱有根據"①。具體來說，江氏考證"東夾、西夾不當稱夾室"，引《雜記》《大戴禮》，以爲"夾室"二字乃指"夾"與"室"言之，本各一處，《注》《疏》連讀之，故相沿而誤。江氏又謂"門屏之間曰寧，乃路門之外，屏樹之内"，邢《疏》李巡《爾雅注》均誤，此皆爲江氏精審之處。

江氏考證亦有瑕疵。如鄭《注》謂大夫、士無左右房，朱子疑大夫、士亦有西房而未決，永乃謂："賓坐户牖間，主人自阼階上望之，若在西北，故云坐賓於西北。其實在北而正中。"揆諸《鄉飲酒義》，殊有難通。又《詩》"南東其畝"，永謂或南其畝，或東其畝，與此"西南其户"語勢正同，亦無所據②。

儘管如此，江永采取"釋例"的方式，突破了朱熹《儀禮經傳通解》以來宗法《儀禮》的苑囿，標志着江氏《儀禮》研究的新創。他的考證，其主旨在於承繼朱熹學術，進行宫室的增訂，但在實行中，更多取材先秦典籍，代表着清代前中期《儀禮》研究由取徑宋、明到宗法漢、唐的轉變。

江永《禮記》研究代表作是《禮記訓義擇言》一書。是書成於乾隆二十五年（1760），江永時年八十歲，但乾隆四年前書稿已具，名曰《禮記擇言》③。至乾隆十五年（1750），江氏七十大壽，戴震撰壽序稱所讀江氏書中有《禮記擇言》，則江氏又歷經十年打磨，方成是書。江永自叙因吴澄禮書"多割裂竄易，失其本義……高安朱文端公因其書《禮記》多裒聚諸家之説也，遂撰《禮記纂言》而附己説於後，以示折中焉。永昔在休寧程太史恂處，常以此書置案頭，隨筆簽識，僅得一十

---

① （清）永瑢等撰：《四庫全書總目》卷20，中華書局，1965年，第166頁。
② （清）永瑢等撰：《四庫全書總目》卷20，中華書局，1965，第166—167頁。
③ （清）余龍光：《雙池先生年譜》"乾隆四年四十八歲條"，《清代徽人年譜合刊》，黄山書社，2006年，第179頁。

五篇，程爲論次録一本，今學徒往往傳録而全書未能卒業，因年力已衰，非復曩時之精鋭故也①。則是書非《禮記》全本，僅自《檀弓》至《雜記》，于注家異同之說，擇其一是，爲之折中。

本書主要批評陳澔《集説》及吴澄《纂言》，考證精核，四庫館臣已指出數例，如《檀弓》"殷練而祔，周卒哭而祔"，吕氏謂祔祭即以其主祔藏于祖廟，既除喪而後遷於新廟。永據《左氏傳》"特祀於主，烝嘗禘於廟"，謂祔後主反殯宫，至喪畢乃遷新廟，又引《大戴禮·諸侯遷廟禮》"奉衣服由廟而遷於新廟"，則此廟實爲殯宫。永說有據，可以解程、張諸儒之异同②。

此外，本書校勘成績顯著。如對"釁室"的考訂，鄭注"禮，浴於適室"，孔疏極力爲鄭注辯護，江永以爲"曾子易簀當在適室，喪事由近即遠，安有遷尸而浴於他室者？此必有誤字。疑是'奥室'之訛。'室'當爲衍字。又或本作'室奥'，因'奥'訛'釁'，故遂改作'釁室'耳"③。又，《喪服小記》"而立四廟"前後闕文，江氏以爲"亦當缺疑，未可輒改經文也"④。

江氏考證亦有疏忽，四庫館臣以爲《喪服小記》"生不及祖父母諸父昆弟"條，永宗王肅之説，謂言"弟"者，因昆連及之，則其說臆度⑤。錢熙祚指出，《曲禮》"禮不辭費"，鄭注"爲傷信，君子先行其言，而後從之"，《釋文》謂"言而不行爲辭費"，最合鄭旨。朱子謂"辭達則止，不貴於多"，是誤以辭爲修辭之辭，江氏申朱子意，歷引冠禮祝辭昏禮戒女及主賓祝之辭，皆不尚多爲證，尤迂闊。又論其文本錯誤，如《喪服小記》論"麻同兼服"，汲古閣本作"麻葛兼服"，江氏據此謂注疏本作"麻葛"，而《儀禮經傳通解》諸本皆作"麻同"。毛刻注疏往往隨意

---

① （清）江永：《禮記訓義擇言引》，臺灣商務印書館影印文淵閣《四庫全書》本，第128册，第289—290頁。
② （清）江永：《禮記訓義擇言》卷3，《四庫全書》本，第128册第322頁。
③ （清）江永：《禮記訓義擇言》卷2，《四庫全書》本，第128册第310頁。
④ （清）江永：《禮記訓義擇言》卷6，《四庫全書》本，第128册第359頁。
⑤ （清）永瑢等撰：《四庫全書總目》卷21，中華書局，1965年，第174頁。

改易字句,江氏據爲定本,而反以諸本爲誤①。儘管江氏考證不免缺陷,但"全書持義多允,非深于古義者不能也",其中若辨程大昌"袒爲免冠",及皇氏"髽衰爲露紒髽"之誤,尤爲精鑿不磨②。

江氏《禮記》研究步武陳澔《集説》、吴澄《纂言》,他聚焦材料考辨和校勘研究,相較宋、明《禮記》研究注重義理闡發,代表着清代《禮記》研究的新趨向。

江永在康熙六十年(1721)編撰完成《禮書綱目》後,旋即轉向禮學考證研究。從最早《深衣考誤》附《禮書綱目》編撰之後,至乾隆二十五年(1760),江氏八十歲,其考禮諸作,包括《周禮疑義舉要》《禮記訓義擇言》等皆撰成,江氏對於禮學的研究,也由禮書編撰轉向了考證研究。這種轉向,包括江氏對於律吕、曆算、音韻的研究,代表着清代學術由宋而漢,由博轉精的歷程。

表面上,江永後期禮學研究轉向考證研究,似乎與禮書編撰無關。實際上,從禮書編撰轉向考證,有着内在邏輯。首先,大型禮書編撰非個人精力可以完成。朱子《儀禮經傳通解》及其續編,本擬通過朝廷書局進行修撰,未果後,由朱熹發凡起例,門人合纂續編完成。江永的禮書編撰,未能具備朱子的條件,只好删削注疏,却因簡潔而獲得意外成功。但在江永心中,《禮書綱目》是未成之書。江氏停止續撰此書,轉向禮學考證,是受制於自身精力限制的必然結果。

其次,江永禮書的編撰爲禮學考證研究奠下基礎。比如,《深衣考誤》以朱子《家禮·深衣》爲指摘對象,朱子《家禮》及其材料亦被分煉進《綱目》編撰中。《儀禮釋宫增注》也是江永對於《禮書綱目》篇首卷下引據"朱子"釋宫,而進行增訂。江永的禮學考證在内容上,多爲其禮書編撰的延伸。在具體考證上,江氏的一些結論萌發於禮書編撰時的思考,如天子宗廟九獻之禮已在《禮書綱目》中提及,又在《周

---

① 錢氏指瑕見《禮記訓義擇言跋》,清道光二十四年金山錢氏據墨海金壺刊版重編增刊本。
② (清)永瑢等撰:《四庫全書總目》卷21,第174頁。

禮》研究中得到精細考證，形成定論①。

乾嘉禮書編撰的式微和禮學考證研究的盛行，以及江氏考證影響所及，說明禮書編撰向禮學考證的轉變符合學術潮流。《禮書綱目》編撰完成後，只在有限的範圍内流傳，以致乾隆初，同邑汪紱還不知曉具體書名，謂爲《三禮合參》②。《禮書綱目》被三禮館徵集，而後四庫館繼徵，但清代的禮書編撰中并不見其影響。秦蕙田主編《五禮通考》，也僅通過戴震瞭解該書概况。曾國藩對此書較爲看重，以爲"可以通漢宋二家之結，而熄頓漸諸説之争"③。但亦限本書融合考據和義理的特色，爲其致用。清代前期經禮書編撰較多，除江永外，還有盛世佐、任啓運、梁萬方等，而後期則漸次凋零。相反，清代後期，無論禮學新疏，還是學者考證，以及禮書編撰，均呈現出濃厚的考證興味，且引據江永考證較多。如孫詒讓的《周禮正義》、胡培翬的《燕寢考》、朱彬《禮記訓纂》、孫希旦《禮記集解》，以及金榜、程瑶田的專門考證等。即使禮書的編撰，如黄以周《禮書通故》，亦放棄傳統注疏形式，以專題考據作爲重點，將江永以來的禮書編撰和禮學考證推向新高度。一定程度上講，江永的禮學考證是禮書編撰的繼續和升華，儘管兩者形式上异趣。

從清代學術背景看，乾隆初期的學術研究依然崇朱，清代禮學考證的繁盛出現在乾隆後期及嘉、道時。儘管大部分學者研究大多受益于朱子學術影響，但在實際的研究中，他們由"朱學"而"鄭學"，從"尊敖"（敖繼公）到"尊鄭"（鄭玄）漸進。我們知道，敖氏《集説》離异鄭注，具有濃郁的疑經風氣，影響及于清初禮學研究，如萬斯大《儀禮商》、姚繼恒《儀禮通論》、方苞《儀禮析疑》等。乾隆初修撰《儀禮義疏》，在章節方面一準朱熹《通解》，但闡釋仍以敖注爲主。學者在參與修訂中參閲鄭注，反復對勘，漸有批敖申鄭之説，其中尤以吴廷華、

---

① 徐到穩：《江永禮學研究》，清華大學博士論文，2013年，第44頁。
② （清）余龍光：《雙池先生年譜》，《清代徽人年譜合刊》，黄山書社，第171—172頁。
③ （清）曾國藩：《曾文正公書札》卷13《覆夏弢夫》，清光緒二年傳忠書局刻增修本。

褚寅亮、凌廷勘最著,從而漸起對於鄭注三禮的研究和禮學考證的盛行①。江永禮學考證批朱崇鄭的特色,正是時代學風的先聲。

五、結論

本章旨在考察著名學者前期著述對其整體學術的影響,力爭探賾索隱,實事求是。以江永個案而言,按照編撰計劃,《禮書綱目》還缺疏解及諸儒之說,這種缺陷避免了冗繁的弊病,并因"尊朱"與"考據"特色,對清代學術影響至深。是書未容翦裁,起着資料收集和保存作用。據四庫館臣統計,《綱目》引書48種,并注解93種②。這些材料的剪裁和使用,爲江氏後期學術奠下基礎。

總結來說,《禮書綱目》編撰對江永重注《近思錄》和制舉編撰起着先導作用,其《近思錄集注》《四書古人典林》等書,其編撰原則的確定,編例的轉引、節略,以及對材料的考證等,明顯受到《綱目》影響。同時,《綱目》編撰爲江氏學術積累了資料。以律呂、曆法研究言,《綱目》重視樂的輯軼,爲其律呂研究奠下基礎。《綱目》對曆算材料的整理,爲其曆法研究創造了條件。江永禮學考證亦受惠於《綱目》編撰。如深衣考證、兵農分合的觀點,得益於《綱目》對服制和軍制的研究。其《周禮》研究受惠於《綱目》偏重《周禮》五禮的體系架構。其宮室考證,以"朱子"研究爲出發點,無疑受到《綱目》尊朱影響。

江永轉向禮學考證,彌補了禮書編撰未竟的遺憾,且將研究導向深入。其《周禮》《禮記》研究采取札記形式,進行專題研究,其《儀禮》研究以"釋例"和專題爲主,開闢了學術研究的新路徑;其《古韻標準》摒棄了傳統訓詁,以音韻研究爲切入點,深入《詩經》研究;其《春秋》研究不復以傳統訓詁和義理探索爲主,而轉向地理考證,代表着清代學術的新趨向。這對江氏學術,對乾嘉考證,及清代學術意義重大。

---

① 關於清代《儀禮》研究回歸鄭注及敖繼公《集說》的地位問題,見彭林:《清人的〈儀禮〉研究》,《清代學術講論》,廣西師範大學出版社,2005年,第38—41頁。
② 《禮書綱目采輯群書目》,臺灣商務印書館影印文淵閣《四庫全書》本,第133冊,第1—3頁。

第十二章　江永禮學研究的學術影響

　　江永的禮學研究由禮書編撰和禮學考證內容構成，代表作分別是《禮書綱目》和《深衣考誤》《周禮疑義舉要》等，二者間有着密切學術聯繫。清代學者以禮學研究著稱，其中禮學考證著作主要集中於乾隆後期和嘉、道時期，且多受朱熹學術的影響。作爲乾嘉學人的先驅，承繼創新朱熹學術的江永，其禮學研究對於清代的禮書編撰和禮學考證研究起着怎樣的先導作用，似乎缺少較爲深入的討論①。筆者不揣譾陋，擬作嘗試，以期有補於江永學術研究。

一、《禮書綱目》與清代禮書編撰

　　清代的禮學研究享譽盛名，但收入二《經解》的多爲考證著作，限於篇幅、體例和學術旨趣，理學家的相關著述和清代學者的禮書編撰著作，未能收錄。但在乾隆初三禮館開館前，尤其是康熙時的禮學研究，主要基於實際改革和施行禮制而進行，其禮學著作幾乎都是環繞朱熹《朱子家禮》《儀禮經傳通解》而提出進一步的增修研究、批評或

---

　　① 徐到穩：《略論江永在清代禮學史上的地位》，《安徽文學》2014 年第 2 期，第 152—153 頁。文章爲作者博士論文結論部分，提綱挈領，論證稍疏。作者在博士論文的禮學考證部分，分校勘、名物、典制等例，對相關學術史脈絡作了梳理，事實上對江氏禮學考證的學術影響進行了部分研究。武勇的論文指出，江永《禮書綱目》主要在體例、分節等方面，對秦蕙田、黃以周等有很大影響。作者對江、秦二書的"會同禮"進行比較，說明兩者間的學術聯繫，但考慮到江書的流傳限制，二書事實上未有交鋒的機會，其結論值得商榷。作者同時對江氏禮學于朱彬、孫詒讓著述的影響作了論述，但並不深入。武勇：《江永的三禮學研究》，華中師範大學博士論文，2016 年。

者辯護，或者用朱熹的禮學著作爲基礎，繼續編纂有關禮制的書①。因此，討論清代，尤其是乾隆中葉以前的禮學研究，必須論及禮書編撰及其影響。江永的禮書編撰就是其中之一。

江永的禮學研究包括前期禮書編撰和後期禮學考證諸作。在禮書編撰方面，他既有經禮書的編撰，也有家禮書的編撰。《禮書綱目》屬於經禮書的編撰，一直以來，影響廣泛。但江永的家禮書的編撰却鮮爲人知，《昏禮從宜》一書不見於常用文獻目録，甚至引起僞作的質疑②，這也側面説明該書的隱没不彰。論及江氏禮書編撰的學術影響，主要是《禮書綱目》一書。

《禮書綱目》成書於康熙六十年（1721），是江永禮書編撰和禮學研究的重要著述。是書篇幅浩繁，共計"禮樂"八門八十五卷，而且還是未成之書。按照江氏計劃，他"更欲增入唐宋義疏與古今諸儒議論。苦無力，乏人抄寫，有志未逮"③。缺少人手和精力的江氏，删削注疏，竟獲意外成功。

但本書在成書十數年後，仍未付梓，只有極少量抄本流傳，影響有限。乾隆元年（1736），同邑汪紱致書江永，詢問所著書大旨，還不知曉具體書名，誤謂書名爲《三禮合參》。但本書賡續朱子禮書，有一定影響，戴震所作《江慎修先生事略狀》謂"值朝廷開館定《三禮義疏》，纂修諸臣聞先生是書，檄下郡縣，録送以備參訂，知者亦稍稍傳寫"④。究竟哪位纂修聞聽舉薦江氏是書，不得而知，但亦可見江氏禮學稍具影響，不僅及於鄉邦，且達京城學術圈。

三禮館的開設，是弘曆親政後即行的文化舉措，意在賡續康熙朝已經完成的《易》《書》《詩》《春秋》四經彙纂⑤。同時，《禮經》切於人

---

① 周啓榮：《儒家禮教思潮的興起與清代考證學》，《南京師大學報》（社會科學版）2011年第3期。
② 徐道彬：《〈昏禮從宜〉辨僞》，《中國典籍與文化》2013年第4期。
③ （清）余龍光：《雙池先生年譜》"乾隆三年四十七歲"條，《清代徽人年譜合刊》，第178頁。
④ （清）戴震：《江慎修先生事略狀》，《戴震文集》卷12，中華書局，1980年，第178頁。
⑤ （清）江藩：《國朝漢學師承記序》，中華書局，1983年，第4—5頁。

倫日用，有利改變士子的功利性追求。《義疏》主要利用《永樂大典》及内府藏書，以及各省徵書進行編撰，其中《禮書綱目》被徵集。清内閣文檔《收到書目檔》記載，乾隆二年"安撫趙咨送《三禮合纂》二套，計十二本"①。此蓋爲江永《禮書綱目》。據《江慎修先生年譜》記載，"乾隆元年，撫院趙檄取《禮經綱目》。"撫院趙，即趙國麟，山東泰山人，時任巡撫安慶都察院右副都御史。"二年丁巳，是年三禮館檄取《禮書綱目》。三年戊午十一月，禮部檄取《禮書綱目》。"②《三禮合纂》蓋據書目内容改名呈送，所以被同邑汪紱誤聞爲《三禮合參》。此書始爲十二册，後增訂至十九册，江永曾記載，有人"承訪及《儀禮》一書，今易名《禮書綱目》，原有八十五卷，并且録共一十九册，不止十二册也"③。

《禮書綱目》與《三禮義疏》均擬賡續朱子未成之《儀禮經傳通解》，但修撰方法各異。《綱目》在朱子禮書基礎上增删檃括，幾乎删削全部注疏而成，綱舉目張，風格簡省。江氏絶無意識的删削工作，最終以一己之力賡續完成朱熹禮書。《三禮義疏》則舉國之力，采取分撰方式完成，二者殊途同歸。

值得注意的是，《三禮義疏》擬效法朱子《儀禮經傳通解》，成一部禮經彙編。但《三禮》纂修非常困難，"欲從《大全》之例，則無一人之説爲之宗；欲如《折衷》《彙纂》，但依時代編次群言，則漫無統紀，學者茫茫莫知其指要。"④最後以每書分纂方式進行，編例上采納方苞的建議，分"正義""辨正""通論""餘論""存疑""存异""總論"等，進行編撰。《義疏》由"彙纂"變成"分疏"，説明禮書編撰的困難。乾隆後期，考證禮學興盛，江永由禮書編撰轉向禮學考證，體現着學風遷變的

---

① 林存陽：《三禮館：清代學術與政治互動的鏈環》，社會科學文獻出版社，2008年，第45頁。
② 《江慎修先生年譜》相關各條，《戴震文集》卷12，中華書局，1980年。
③ （清）江永：《答程悈也太史書》，《善餘堂文集》，上海圖書館藏抄本。
④ （清）方苞：《擬定纂修三禮條例札子》，《方苞集集外文》卷2，上海古籍出版社，2008年，第564—565頁。

先聲。

儘管《綱目》稿本被徵集，但一直未有刊本。由於卷帙浩繁，《綱目》寫成後束之高閣，即使偶有傳抄，也罕有全本。戴震《壽序》謂"前大中丞趙公暨禮館所抄者特其梗概"，便是其例。直到乾隆二十七年（1762）江永去世，《禮書綱目》仍未刊刻，這直接影響本書的播衍。

在未付梓的情況下，江永是書及其學術，有賴於戴震的紹介和傳播。作爲清學史上最具影響力的人物，年輕的戴震避難進京，迎來學術爆發。他對江永學術的傳播，尤其是禮書綱目的紹介，擴大了此書影響。這就是秦蕙田主編的《五禮通考》對《禮書綱目》的吸收和借鑒。

和江氏禮書一樣，秦蕙田《五禮通考》意在賡續朱熹《通解》①，其直接的編撰契機，則是秦氏丁憂期間讀禮，見徐乾學《讀禮通考》未爲完書，而決定補輯②。本書自雍正二年（1724）始纂，歷經三十八年，至乾隆二十六年（1761）書竣，時年秦氏六十矣。最後成書凡七十五門類，二百六十二卷。

秦蕙田是書無疑是承繼徐乾學禮書，但秦氏亦聽聞江氏禮書，其中介是戴震。乾隆二十年（1755），戴震脫身攜策入都，以學問名一時，名公卿爭相交焉。公卿中便有秦蕙田，"金匱秦文恭公聞其善步算，即日命駕，延主其邸，朝夕講論《五禮通考》中觀象授時一門，以爲聞所未聞也。文恭全載先生（戴震）《句股割圜記》三篇，爲《古今演算法大全》之范，其全書往往采先生説。"③

戴震在秦蕙田幕府説明修撰《五禮通考》，與秦氏的學術交流自然提及江永學術。戴震向秦蕙田介紹了江永的曆算、音韵和《禮書綱目》一書。戴震記載："嘗入都，秦尚書蕙田客之，見書笥中有先生曆學數篇，奇其書。戴震因爲言先生。尚書撰《五禮通考》，摭先生説入

---

① （清）秦蕙田：《五禮通考自序》，《四庫全書》本，第135册，第60頁。
② （清）秦蕙田：《五禮通考自序》，第61頁。
③ （清）段玉裁：《戴東原先生年譜》，《戴震文集》附録，中華書局，1980年，第221頁。

觀象授時一類,而《推步法解》則取全書載入,憾不獲見先生《禮經綱目》也"。①

據戴震與秦蕙田交往,江氏《禮書綱目》大體結構爲秦氏知悉。從現存二書的體例及裁剪來看,《五禮通考》以"吉禮"爲首,亦以"吉禮"篇幅最多,共一百二十七卷,占全書一半左右。接下來依次爲"嘉禮"九十二卷、"賓禮"十三卷、"軍禮"十三卷,最後以"祭禮十七卷"結束。在內容上,秦氏將"律吕"歸入"吉禮",將"曆法""官制"歸入"嘉禮",將"會同""覲禮"歸入"賓禮",均與江氏不同。江氏於五禮之外,另設"通禮"賅括曆法、官制,設"樂"包含律吕,還設"曲禮"包羅其他禮學材料。四庫館臣批評秦氏"不免有炫博之意"②,蓋秦氏拘囿於《周禮·大宗伯》五禮體系,太過墨守。

江、秦二書内容有所不同。江氏禮書以《儀禮》冠、昏、喪、祭爲主,突出個人禮儀,而在所增通禮中以曆法、典制爲主。而秦氏禮書整體偏重典制,具有史書性質,個人禮儀被擯除在外。秦氏禮書保留了相當多的注疏,包括史傳材料,并以下注方式引據相關研究。這不可避免地陷入朱子《通解》繁難的弊病。相較而言,《綱目》刪削注疏,十分簡潔,便於傳抄,秦氏禮書無法比擬。

江永以後具有里程碑意義的禮書編撰,是清季黄以周的《禮書通故》。是書草創于庚申,告蔵於戊寅,即從一八六〇年到一八七八年,歷時十九年完稿。它分四十九目,外加叙目共五十目,一百零二卷,分别對禮書、宫室、衣服、卜筮、冠禮、昏禮等展開論述,最後以叙目作結,説明每篇考證的緣由。

黄氏著述的旨趣,不在於資料的彙集編纂,而着眼於辨析是非,很好地解决了禮書編撰和禮學考證的相容問題,將江永以來的禮書編撰和禮學研究推向新高度。是書學術地位極高,俞樾以爲本書"視秦氏《五禮通考》博或不及,精則過之。向使文正得見此書,必大嗟

---

① (清)戴震:《江慎修先生事略狀》,《戴震文集》卷12,第181頁。
② (清)永瑢等撰:《四庫全書總目》卷22,中華書局,1965年,第179頁。

歟,謂秦氏之後又有此作,可益三通而五矣"①。梁啓超也説:"這部書可謂爲集清代禮學之大成。"②這些并非虛譽。

本書的考證,對江永的引用極多,批評也不少。如《衣服通故》關於"冕"的尺寸、形狀,黄氏引《説文》,又據江永,從大小夏侯説,以爲"江説是也"③。《軍制》"正卒""余羨",黄氏亦引江氏之説④。在軍旗的使用上,黄氏以旗旗旟旐證龍虎鳥蛇四旗,以爲"江慎修已有斯説,甚通"⑤。此外,黄氏在"卜筮"的考證中,亦引江説,批評韋昭⑥。

但他不同意江永關於春秋時兵農已分的觀點,以爲"本難據信",又批評"朱仲鈞申江説……説更無稽"⑦。他批評江氏"推士禮致天子之説"爲誤⑧。即使精深如深衣考證,江永以爲前後襟當有五幅,如後世之袍制,《家禮圖》之"兩襟相掩"可能爲朱子未定之説。黄氏贊揚江氏懷疑朱子未定之説,同時引任氏《釋例》,以爲"深衣前後當有六幅,内外皆有襟"⑨,剪裁上亦與江氏相異。黄氏以爲江永的錯誤在於"誤信孔疏,自生支節",且"裳十二幅,象十二月,又有鉤邊,其象閏與"的説法有杜撰嫌疑⑩。

《通故》引證并非全出自《綱目》,多數來自江氏後期的禮學考證諸作。黄氏的編撰和考證,新見迭出,將《綱目》所具有的簡潔性和條理性,以及所缺失的注疏及諸儒禮説有效結合起來,不僅很好地處理禮書編撰的冗繁弊病,而且在考證的專精化上取得突破,實現了江氏未竟之緒,在禮書編撰和禮學研究上具有劃時代意義。梁啓超謂:

---

① (清)俞樾:《禮書通故序》,王文錦點校:《禮書通故》,中華書局,2007年,第1—2頁。
② 梁啓超:《清代學者整理舊學之總成績》,《梁啓超論清學史二種》,第311頁。
③ (清)黄以周:《禮書通故》卷3《衣服通故》,中華書局,2007年,第78頁。
④ (清)黄以周:《禮書通故》卷40《軍禮通故》,第1623頁。
⑤ (清)黄以周:《禮書通故》卷40《軍禮通故》,第1643頁。
⑥ (清)黄以周:《禮書通故》卷4《卜筮通故》,第222頁。
⑦ (清)黄以周:《禮書通故》卷40《軍禮通故》,第1627頁。
⑧ (清)黄以周:《禮書通故》卷1,第8—9頁。
⑨ (清)黄以周:《禮書通故》卷3《衣服通故》,第155頁。
⑩ (清)黄以周:《禮書通故》卷3《衣服通故》,第159頁。

"《禮書綱目》的體例,爲後來的秦、黄兩家所本,雖後起者勝,而前人之功萬不容没。"①洵爲至論。

黄氏的禮書編撰,代表着清代後期學風的轉變。一是禮書編撰逐漸式微,考證禮學興起。這從二《經解》收録的禮學著作可以見出。二是,即使禮書的編撰,也注重禮學考證和體系編撰的結合,而不再一味追隨朱子,進行理學體系的構建。江永的禮學研究,後期轉向考證,這合乎學術趨勢。儘管江氏禮書得到很高評價,如阮元盛贊此書,以爲相比之下,江氏考核精詳的《群經補義》和《鄉黨圖考》二書"皆吉光片羽,非其絶詣"②,汪廷珍説他"承朱子之學,而不苟同于朱子"③,曾國藩更以爲本書可以消弭漢宋争論。但實事求是地説,本書是一本學術質量上乘的考證性彙編著作,但影響有限。這側面説明禮書編撰的困難,同時證明着清代學者的思想性在減弱,學術性在增强。

另外還有姜兆錫《儀禮經傳内外編》、梁萬方《重刊朱子儀禮經傳通解》。《儀禮經傳内外編》分《内編》二十三卷、《外編》五卷,《内編》按嘉禮、軍禮、賓禮、凶禮、吉禮排列,《外編》爲喪服及圖考,多因襲前人,發明最少,四庫館臣謂其"欲補正《儀禮經傳通解》,然不及原書遠矣"④。梁萬方有《重刊朱子儀禮經傳通解》六十九卷,此本名爲"重刊",實則改修,四庫館臣謂其書間有考證,但失之蕪雜,"如所補《學禮書》數篇,朱子原《序》本云取許氏《説文·序説》及《九章算經》爲此篇。萬方乃曼衍及五百四十部之首,附以周伯琦之《字原》。非略非詳,已無裁制。……掩其書名而觀之,殆莫能知爲《儀禮經傳通解》之文也。"⑤二書無論是結構,還是體例,都亦步亦趨,未能擺脱朱熹禮書編撰的窠臼,無法與江氏禮書相提并論,四庫編撰將其存目,宜然也。

---

① 梁啓超:《清代學者整理舊學之總成績》,《梁啓超論清學史二種》,第 311 頁。
② (清)阮元:《禮書綱目序》,《叢書集成續編·經部》第 11 册,第 151 頁。
③ (清)汪廷珍:《禮書綱目序》,《叢書集成續編》本,第 152 頁。
④ (清)永瑢等撰:《四庫全書總目》卷 25,中華書局,1965 年,第 206 頁。
⑤ (清)永瑢等撰:《四庫全書總目》卷 25,第 206 頁。梁萬方:《重刊朱子儀禮經傳通解六十九卷目録一卷》,《四庫全書存目叢書》影印北京圖書館藏清乾隆刻本,齊魯書社,1997 年,第 112—114 册。

二、江永禮學考證的傳承與影響

《禮書綱目》未爲完書,受自身經濟條件的限制,學術興趣的轉移等,江氏停止修撰此書,轉向禮學考證研究,著有《深衣考誤》《周禮疑義舉要》《儀禮釋例》《儀禮釋宮增注》《禮記訓義擇言》《鄉黨圖考》等。筆者前已指出,這些考證著述的突出特點,是對於朱熹禮學的揚棄,和對鄭玄注解的重視。由"朱學"向"鄭學"的遷移,映照着清代學術的變遷,代表着清代學術由宋而漢,由博轉精的歷程。乾嘉以來,江氏禮學考證的影響甚大,有必要予以專門的討論。

首先是江永禮學的傳承。江永一生蟄伏鄉間,却桃李滿天下。在就館汪梧鳳不疏園之時,前來相與研學的青年才俊較著者共七人,人稱"江門七子",其中戴震、金榜、程瑤田三人出類拔萃,在禮學研究,尤其是名物制度的考證上成就卓著,建立起皖派學術的特色。

戴震與江永的學術關係,向受爭議。但戴震禮學承繼江永,幾成定讞。戴震的成名作是《考工記圖》,初稿作於乾隆十一年(1746),乾隆二十一年(1756)由紀昀資助刊行。戴震的原稿只有器物圖像和部分研究心得,他在刊行前據紀昀的建議增加了先後鄭注,并作了補注,引用包括江永的研究。其中明引有三處,暗合處很多,如"戟"圖下附注,注中全引江説①,書中在序言和《釋車》部分有兩處對於"軔""軌""軹""軝"四字的辨析,同時戴震在《文集》又對這一問題續行考證②。但戴震的這一發現承繼江永。江永早已指出,"軔、軌、軹三字轉寫易訛,軹又作軝,尤易訛爲軌。……軌本軹字之訛。"③同時,戴震的深衣考釋承自江永,他的衣料的分配,

---

① (清)戴震:《考工記圖》卷上,閲微草堂刊本,36頁B面。
② 分見《考工記圖》卷上,4頁B面、25頁B面。《辨正詩禮注軔軌軹軝四字》,《戴震文集》第50—51頁。
③ (清)江永:《禮記訓義擇言》卷7《少儀》"祭左右軌範乃飲"條,臺灣商務印書館影印文淵閣《四庫全書》本,第128册,第377頁。

衣、裳、袵的裁剪，以及位置、功能，均與江永一致，但未提及江永的影響①。這令人疑惑。

　　金榜著有《禮箋》，仿鄭玄箋《詩》之意，宗法鄭玄，進行專精研究。《禮箋》在形式上仿效江永《周禮疑義舉要》，於有疑處擇出經文，下附鄭注，最後以箋名案下己見。其專精專題研究，體現出乾嘉禮學的考證趨勢。如論"《司馬法》有正卒、羨卒之分"，先引戴震之說，結合文獻記載，論及《司馬法》、劉劭《爵制》、李衛公《問對》、《周禮·大司馬》，又比較孫武、管子、班固和《魯頌》的說法，指出《司馬法》中的軍賦難題，癥結在儒者弃經任傳，雜引《管子》，弃引《周官》②。金榜自叙"受學于先師江慎修先生，遂窺禮堂論贊之緒"③。江藩《漢學師承記》將金榜列於江永之後，其直接江氏學術亦可見矣。

　　程瑶田與戴震、金榜同學于江永。程氏學問博通，篤志治經，戴震自言遜其精密。程氏著有《通藝錄》共十九種四十二卷，除卷首的《論學小記》《論學外編》等少數幾篇義理篇章外，其餘多為考證性作品，包括《儀禮喪服文足徵記》《九穀考》《宗法小記》《考工創物小紀》《禹貢三江考》等。贊揚者說他"長於旁搜曲證，不屑依傍傳注，而融會貫通，確有心得"④，批評者說他"尋章摘句，連篇累牘，以致為使文獻記載前後相通而自改其說，以致不通"⑤。

　　程瑶田擅長典制考證，學長專精，深受江永學術的影響。如其《釋草小記》，收有《釋藜》《釋蓬》《釋荼》《釋萑葦》《釋芸》《釋荔》《芄蘭疏證》等，每篇廣搜材料，叙述清晰，間有圖示，極有根底⑥。其《釋蟲小記》所收的《螟蛉蜾蠃异聞記》《蜜蜂記略》《鷦鷯吐雛辨》《蛞蝓蝸牛

---

① （清）戴震：《記深衣》，《戴震文集》，第 34 頁。
② （清）金榜：《禮箋》卷 1《周官軍賦》，清乾隆五十九年方起泰胡國輔刻後印本。
③ （清）金榜：《禮箋序》，清乾隆五十九年方起泰胡國輔刻後印本。
④ 徐世昌編：《清儒學案》卷 82《讓堂學案》，河北人民出版社，第 2 册總第 2868 頁。
⑤ 楊向奎：《清儒學案新編》第 5 卷，齊魯書社，1994 年，第 47 頁。
⑥ （清）程瑶田：《釋草小記》，《續修四庫全書》影印上海師大圖書館藏清嘉慶刻《通藝錄》本，第 191 册第 497—516 頁。

本草正訛記》《改正爾雅瀚殺牝牡轉寫互訛記》《馬齒記》等,引據確鑿,糾正了不少文獻積誤。將文獻與實物相結合,成爲程氏名物考證的特色。如《小宛》"螟蛉有子,蜾蠃負之",《毛傳》據《爾雅》以桑蟲釋螟蛉,以蒲盧釋蜾蠃,負則以持釋之,《鄭箋》增成其說,但陶弘景注《本草經》進行了訂正,程氏并不盲從。他實地考察果蜾蠃捕蟲喂子的全過程,寫成《螟蛉蜾蠃異聞記》,證成其說。他的《考工創物小記》,采取古器物和銘文相結合的研究方式,對古代鐘、磬、鎛、車、幹、戈、戟、戚、削、匕首的相關考察,開拓了用實物考證研究古代制度的新途徑。

江永對程瑤田的學術影響,不是考證的結論,而是原則、方法,尤其是江氏禮學考證中展現的專精化特色。相較江永,程氏考證博或不及,精則過之。相比其他學者,亦洵無愧焉。程氏考證後出轉精,但江氏開創之功不可沒。

其次,江永考證在乾嘉以來禮學研究中備受推崇。江永學術由其弟子的再傳,其風被及,影響及於凌廷堪、三胡、任大椿、盧文弨、孔廣森、段玉裁、王念孫等,章太炎、梁啓超的清學史名著均已述及。乾隆三十七年(1772),朝廷開四庫館,采入江永著作十三部,其中考證居多,包括《周禮疑義舉要》《儀禮釋宮譜增注》《禮記訓義擇言》《深衣考誤》《群經補義》《鄉黨圖考》等。乾隆五十一年(1786),江南鄉試以《鄉黨》篇命題,士子主江永說者皆得中式,由是海內益重其學。具體來說,江氏考證的書札形式成爲相關研究的典範,其專精研究原則在禮經新疏出現前廣受借鑒。

清代學者的學術研究和學術交流多采取筆札形式。儘管這種形式不始于江永,南宋學者王應麟的《困學紀聞》已開經史考證的先河,與江永同時的沈彤、任啓運等亦在進行類似研究,但江永是其中的典型學者。例如關於宮室的考證,江永既有《儀禮釋宮增注》進行專題研究,又復將其訂正進《鄉黨圖考》。又如,他"以相反卦論卦變",初稿收於《群經補義·周易補義》,後又增訂改寫進《河洛精蘊》,這一觀點成爲卦變研究最有影響的說法。書札考證普遍流行於清代學人中間,如金榜氏曾采札記十數條送閱大興朱珪請序①,戴震亦揀采書札以邀譽②。可見書札性考證普遍流行於清代學人中。考慮到江氏的禮學考證被乾嘉以來的研究者轉相引用,其書札形式的影響不言而喻。

從清代禮學的研究歷程來看,乾隆中後期以後,在經書新疏出現之前,專精專題研究占據主流。相較宋、元、明禮學研究的衰落,清代禮學研究的轉變是重新凸顯《儀禮》的正經地位,以及對於《周禮》典章制度的專題探究,并在此基礎上實現對於禮經的重新疏證,其集大成的著作是孫詒讓《周禮正義》和胡培翬《儀禮正義》,而唐、宋以來一度凌駕《儀禮》之上的《禮記》,其研究稍顯落寞。

清廷在科試上一尊朱注,清初學術研究亦附於宋學之下。清初萬斯大《周官辨非》力攻《周禮》爲僞,方苞《周官析疑》《周官辨》,力詆經文及鄭《注》,皆宋學疑經之餘緒。直到惠士奇《禮說》的出現,惠氏主張從文字訓詁而入典章制度,且宗學鄭玄,四庫館臣以爲他"持論最有根底"③。此後,清代《考工記》研究的盛行和相關名物制度的考證,帶動清代禮學專題研究的勃興。如任啟運《田賦考》、沈彤《周官祿田考》、王鳴盛《周禮軍賦說》對於古代賦稅的研究;江永《周禮疑義舉要》關於《考工》的研究開啟了清代名物制度的先河,其後戴震《考工記圖》、程瑤田《考工創物小記》、錢坫《車制考》、阮元《考工記車制圖解》,將專題專精研究推向高潮。最後,孫詒讓《周禮正義》集清代《周禮》研究之大成,廣引衆說,注釋經意詳略得當,被梁啟超譽爲"惟一的《周禮》專家",其書被贊爲"清代經學家的最後一部書,也是最好的一部書"④。

清代《儀禮》學的研究亦經歷了由"家禮"漸至"經禮",由宗敖繼公《集說》而回歸鄭注,由文字校勘而專題深入,最後總結而致新疏產

---

① (清)朱珪:《禮箋序》,清乾隆五十九年方起泰胡國輔刻後印本。
② (清)戴震:《與王內翰鳳喈書》等篇,《戴震文集》,第46頁。
③ (清)永瑢等撰:《四庫全書總目》卷19,中華書局,1965年,第156—157頁。
④ 梁啟超:《中國近三百年學術史》,《梁啟超論清學史二種》,第308頁。

生的過程。朱子《通解》在清初《儀禮》研究中占據重要地位,隨後,黃宗羲、江永、戴震對於深衣的研究,江永、任啓運對於宮室的考證,毛奇齡、任啓運關於祭祀問題的深掘,還有江永、杭世駿、凌廷堪、張惠言等爲解決《儀禮》難讀所進行的諸多嘗試,都極大地豐富了《儀禮》研究。清代《儀禮》研究集大成的著作是胡培翬《儀禮正義》,胡氏本書承四十年功力成書四十卷,自稱其有"補注""申注""附注""訂注"四例,以補正鄭注,爲清代極佳新疏之一。

清代《禮記》學研究不如《周禮》《儀禮》興盛,反映出清代學者重視考據,輕視義理的現狀。江永《禮記訓義擇言》"持論多爲精核",但是書僅自《檀弓》至《雜記》,未爲完書。朱彬《禮記訓纂》相較孫氏、胡氏之《周禮》《儀禮正義》,又太簡約。清末康有爲、廖平、皮錫瑞又多取短篇論説微言大義,乖失本真。清代《禮記》學始終未能興盛,但這并不影響江氏《禮記訓義擇言》的學術性,尤其是在札記體形式和專題性研究上。

乾嘉以來的禮學考證無不受到江氏學術的影響。相對於乾嘉學者博引江氏結論,江氏的禮學考證在原則、方法上影響更大。江氏考證廣徵博引,參稽衆家而後定。清代學術的研究中,惠棟爲代表的吳派宗法漢學,注重文獻排陳但又案而不斷,相形之下,江氏"綜形名,任裁斷",此其所異也。這種博引古人而斷以己見的態度,表徵着學術的生命力。江氏《群經補義》從《春秋》微言中考證出"魯僖郊禘自僖公始"便是一例。江氏説:"嘗疑魯僖郊禘,自僖公始……僖郊爲大惡,不可書,故《春秋》於僖三十一年卜郊不從始書之。"[1]馬瑞辰重箋《詩經》,作注《魯頌·閟宮》便引江氏之説,更引《公羊》《穀梁》相關史料進行申説[2]。這種影響而至現代,如周予同、朱維錚二先生編撰之《中國歷史文選》,在選注《閟宮》時亦引江永此説[3]。江氏考證創見

---

[1] (清)江永:《群經補義》卷1,《四庫全書》本,第194册,第19—20頁。
[2] (清)馬瑞辰撰,陳金生點校:《毛詩傳箋通釋》卷31《閟宮》,中華書局,1989年,第1142—1143頁。
[3] 周予同主編:《中國歷史文選》上册,上海古籍出版社,2002年,第28頁注釋24。

甚多，有關《周禮》《禮記》的現代注釋多取其説①。但是這種判斷力需要湛厚學力的支撑，清代學者的考證追求專題專精原則，博考衆籍，下以己斷，留下豐厚的學術遺産。

江氏的禮學考證，不僅結論廣被引據，其專精專題研究形式，和考證的原則、方法，影響亦深。説到具體影響，我們可以列舉清代三禮研究的主要著作，一窺究竟。我們知道，江氏《周禮》研究的代表作是《周禮疑義舉要》，《群經補義》亦有少許相關考證②。江永是書《考工記》研究成績突出，是清代《考工記》研究的必備參考書籍。同時，是書在軍制、賦税等方面對於清代典制考證影響較大，金榜《禮箋》、王鳴盛《周禮軍賦説》，均明顯受到江永學術的啓發。

在清代的《周禮》研究中，孫詒讓《周禮正義》是集大成著作，其中引據《舉要》甚多，分析這些引據，亦可窺觀江氏考證影響。孫詒讓《周禮正義》對江氏考證的引據，認爲可取處，均全引用，數量非常多，如《正義·天官·大宰》條引江氏之説二十例，《正義·地官·大司徒》條引江氏十條。江氏《考工記》共札記一百二十三條，爲孫氏《正義》所取者超過九十餘條。

《正義》引據江氏考證，不僅注重結論，而且強調材料的豐富和論證的嚴密。孫氏大段全引江氏考證，如《天官·鹽人》，孫氏不僅引據江氏"鹽人惟掌鹽之用，而地官虞衡之後，不設掌鹽，蓋王畿内鹽非所産也"的結論，也引用江氏材料，包括鹽産地，鹽官設置，以及鹽業國營的歷史③。孫氏認同江永考證處較多，如《天官·大宰》"以九職任萬民"，孫氏引據江永考證，以爲"江説是也"④；《地官·司徒·遺人》，孫氏引江永結論，以爲"江説是也"⑤；《大宰》條，孫氏引據江氏，

---

① 楊天宇先生《周禮譯注》多引江氏《周禮疑義舉要》，上海古籍出版社，2004年。
② 《周禮疑義舉要》七卷與《群經補義》五卷合爲《讀書隨筆》，《舉要》爲《周禮》部分札記，《群經補義》卷五爲"雜説"，包括少許條《周禮》考證，見《四庫全書》本，第194册第55—59頁。
③ （清）孫詒讓：《周禮正義》卷1《天官·叙官》，中華書局，1987年，第37頁。
④ （清）孫詒讓：《周禮正義》卷2《天官·大宰》，第81頁。
⑤ （清）孫詒讓：《周禮正義》卷25，第987頁。

以爲"江說是也，注義未晐"①。孫氏亦附引衆說，明其异同，如《司徒·叙官·縣師》條，孫氏考證江永、姜兆錫、林喬蔭說同②。

孫氏引據注重學術原創性。如江氏"三農"之說別有新意，但主要引據惠士奇《禮說》，孫氏便回溯其源，并下按語，以爲"惠說亦通。"③值得注意的是，《正義》考證并不全據《舉要》，其《秋官》多取《鄉黨圖考》之說。如《小司寇》之職，孫氏引江氏之語，出自《鄉黨圖考》，其後所引江永所云僖十五年、定八年二條，亦出自該書④。《周禮正義》被譽爲清代經師殿後的名著，其對於江氏禮學考證的引據與疑義，證明着江永考證的學術影響。

江氏《儀禮》研究主要有《儀禮釋宮增注》《鄉黨圖考·宮室考》。此外，他的《深衣考誤》和《儀禮釋例》，從不同角度嘗試對《儀禮》進行深入研究。江氏研究的最大貢獻，開啓了《儀禮》專題專精研究的序幕，尤其是宮室考證。清代學者涉及宮室制度，必據江氏研究，胡培翬是其中之一。

胡培翬畢生研治《儀禮》，重視宮室制度。其《上羅椒生學使書》詳述自己全面研治《儀禮》之計劃，其中之一即爲考訂宮室制度。他欲撰《儀禮宮室提綱》，書成擬冠於《正義》之首。胡氏宮室考證主要見《燕寢考》《儀禮正義》相關經注和《研六室文抄》，其中以《燕寢考》爲代表之作⑤。

《燕寢考》共三卷，卷首論"東方西室疑問"，卷上論"自天子至諸侯、大夫、皆有燕寢，其配偶皆有寢"，"父子异宮"及"正寢的用處"，卷下考證"堂階"、注疏有關"東房西室"的錯誤，及廟寢、庶人之寢室。在"東方西室疑問"中，胡氏據《内則》，同意江氏《釋宮增注》謂"此經

---

① （清）孫詒讓：《周禮正義》卷2，第74頁。
② （清）孫詒讓：《周禮正義》卷17，第657頁。
③ （清）孫詒讓：《周禮正義》卷2，第84頁。
④ （清）江永：《鄉黨圖考》卷4《外朝考》，學苑出版社，1993年。
⑤ 關於胡培翬宮室的考證，可以參閱張文：《胡培翬禮學研究——以〈儀禮正義〉爲中心》第5章第1節《胡培翬宮室研究考論》，北京大學博士論文，2013年，第196—212頁。

爲燕寢之制"①。胡氏據《曲禮》,以爲"凡居奥必東面,《儀禮》每云'席於奥,東面',鄭注解當户爲向明,江氏《鄉黨圖考》已辨之,但未明此爲言寢之制耳"②。胡氏在卷下"燕寢房室户牖堂階考"引《玉藻》經文,以"按語"形式申説,"江氏謂室中以奥爲尊位,甚是。而疑居恒當户之説,恐不然。由未明燕寢之室户在東,而此經所居爲燕寢故也。"③可見胡氏對江氏考據并不盲從,其于《曲禮》《檀弓》《玉藻》之文皆能融會貫穿,與《儀禮》經文亦皆相合,較江説通達。

胡氏《正義》不僅引據江永宫室考證,同時引據其服制、飲食、祭祀之説,但主據《鄉黨圖考》。服制考證,如卷一引江永《鄉黨圖考》云:古未有棉花,布以麻爲之。布幅闊二尺二寸十五升一千二百縷,麻布之極細者也,云衣不言色者,衣與冠同也者。今案經不云裳,統於服中,鄭知素裳者,固以素韡推而知之,然亦有所本④。《正義》卷十六引《鄉黨圖考》云"今人服裘或以毛向外,古人正是如此。故有虞人反裘而負薪之喻",胡氏引《新序》表之⑤。飲食考證,如《正義》卷四"若君賜之食,則君祭先飯,徧嘗膳,飲而俟,君命之食然後食",胡氏以爲《鄉黨圖考》常駁之,恐非蓋論⑥。

梁啓超論清代學術師承,以爲"戴震受學于江永,亦事棟以先輩禮。震之在鄉里,衍其學者,有金榜、程瑶田、凌廷堪、三胡——匡衷、培翬、春喬——等"⑦,則胡培翬之學乃江、戴之遺風也。從胡氏師承凌廷堪,且禮學著述對宫室、服制等的考證多引據江氏,從中見江氏

---

① 胡氏自注,此引《增注》内容僅"見《釋宫增注》單行本,《鄉黨圖考》内無此注",説明胡氏仔細閱讀且細繹了江氏二書。(清)胡培翬:《燕寢考》,《續修四庫全書》影印上海辭書出版社圖書館藏清道光二十五年錢氏刻指海本,第110册第553頁。
② (清)胡培翬:《燕寢考》,第554頁。
③ (清)胡培翬:《燕寢考》,第568頁。
④ (清)胡培翬:《儀禮正義》卷1,《續修四庫全書》影印南京圖書館藏清木犀香館刻本,第91册第596頁。
⑤ (清)胡培翬:《儀禮正義》卷16,第92册第254—255頁。
⑥ (清)胡培翬:《儀禮正義》卷4,第92册第9—10頁。
⑦ 梁啓超:《清代學術概論》,朱維錚先生校注:《梁啓超論清學史二種》,第4頁。

學術之影響。胡氏對於江氏考證的不盲從,其對江氏學術的批評與承繼,亦可見清代禮學的傳承與創新。

相比起學者如火如荼地進行對於《周禮》典章的考證,對《儀禮》名物禮儀的訂正,清代的《禮記》研究顯得落寞。儘管《禮記》的研究有乾隆初官方編訂的《禮記義疏》,其他有納喇性德《陳氏集說補正》、李光坡《禮記述注》、方苞《禮記析疑》、朱軾《禮記纂言》等,但影響最大的除了元、明以來通行的陳澔《集說》外,便是孫希旦《禮記集解》和朱彬《禮記訓纂》二書。

孫希旦曾參修《四庫全書》,《禮記集解》爲其代表作。孫氏"易簀時,年未逾五十,於是書已三易稿"①。本書多引宋、元理學家義解,如陳祥道、朱子、黃幹、陳澔等,名物制度的研究較少。本書寫作時,江永《禮記訓義擇言》已選入四庫館,但并未遠播。孫氏本書并無徵引江氏之作,未免留下遺憾。論及江氏《禮記》研究的影響,必須提及稍後朱彬的《禮記訓纂》一書。

朱彬《禮記訓纂》共四十九卷,彙集歷代對《禮記》的相關訓釋,其中引據江永考證一百二十條②。《曲禮上》"立如齋"條,朱氏引江永曰:"齋,嚴敬貌。如齋者,正立自定,不跛不倚,《儀禮》所謂疑立,是也。"③《文王世子》條,朱氏引江永曰:"管者,袍竹之總名,以管奏《象》舞,吹籥秉翟而舞。《仲尼燕居》云:'下管《象》《武》,《夏》籥序興',是也。大合衆以事,事即奏《象》舞《武》之事。"④朱彬善於從江氏看似矛盾却一脉相承的論述去徵引,肯定江氏對原典的闡釋,又徵引其對原典的新看法,如《文王世子》條,江氏注曰:"大樂正、小樂正

---

① (清)孫鏗鳴:《禮記解解序》,(清)孫希旦:《禮記集解》,中華書局,1989年,第2頁。

② 王文忠:《朱彬〈禮記訓纂〉的學術繼承》,安徽大學碩士論文,2011年,第12頁。徐道彬先生指出,朱彬《禮記訓纂》傳承江永學術,主要表現爲注重文字訓詁和典章制度的研究。徐道彬:《皖派學術與傳承》下篇第6章《〈禮記訓纂〉:朱彬傳承江永的禮制之學》,黃山書社,2012年,第476—492頁。

③ (清)朱彬:《禮記訓纂》卷1,中華書局,1996年,第3頁。

④ (清)朱彬:《禮記訓纂》卷8,第328頁。

所教者,儀文器數,別設大司成一官,專講説義理,故下文有侍坐于大司成,函丈問答之事。此經官名官制,不必盡與《周禮》合。"①

朱彬對江永的批評處也極多,多以"非也""不然""皆非之""誤矣""亦非也""得之""是也""當矣"等評語述之。如《曲禮上》"夫禮者,自卑而尊人,雖負販者,必有尊也,而況富貴乎"條,朱彬不同意江永的説法,云:"彬謂負販,當如《鄉黨》'式負版者'之版,雖至賤者亦不可忽。鄭《注》'負販者,尤輕桃志利。宜若無禮',非也。"②《禮器》"孔子曰:'我戰則克,祭則受福,蓋得其道矣"條,云:"彬謂此孔子自任之事。鄭《注》'我,我知禮也',孔《疏》遂言'君子務在謙光,不應自言祭祀受福之事',非也。"③王文忠研究認爲,"朱氏引據經典,但不迷信經典,而善於批判創新,這與江永的治學理路具有相通性。"④這一看法非常正確。

江氏《論語》研究代表作爲《鄉黨圖考》,本書以《論語·鄉黨》爲切入點,從禮制考證的角度打破了傳統《論語》研究注重考證和義理的藩籬。本書寫作意在爲所編《鄉党文》作注,爲《論語·鄉黨》尋源,具有學術性和實用性。

清代的《論語》研究,劉寶楠《論語正義》爲集大成者。本書的詳博超於舊疏,囊括清代幾乎所有《論語》研究著述,包括毛奇齡《論語稽求篇》《四書賸言》、劉台拱《論語駢枝》、劉寶樹《經義説略》、方觀旭《論語偶記》、錢坫《論語後錄》、包慎言《論語温故錄》、焦循《論語補疏》、黃式三《論語後案》等,其中也包括江永《鄉黨圖考》。劉寶楠注釋《論語》,直接引用江永多達四十七處,如《鄉黨第十》"孔子於鄉黨,恂恂如也,似不能言者",首引江永之説,云:"江氏永《鄉黨圖考》'諸侯五十里内爲三鄉,亦如天子之制。鄉者,舉其大名。黨者,舉其中

---

① (清)朱彬:《禮記訓纂》卷8,第316頁。王文忠:《朱彬〈禮記訓纂〉的學術繼承》,第14—15頁。
② (清)朱彬:《禮記訓纂》卷1,第7—8頁。
③ (清)朱彬:《禮記訓纂》卷10,第369頁。
④ 王文忠:《朱彬〈禮記訓纂〉的學術繼承》,第15—16頁。

所屬之一地。孔子雖居國都,亦曰鄉黨,對朝廷言之也。'"①

劉氏引書亦不限於江永《鄉黨圖考》,也包括《周禮疑義舉要》《春秋地理考實》《深衣考誤》等,其中多條引據出自《群經補義》。如《學而》"道千乘之國",《雍也》"原思爲之宰",《鄉黨》"趨進,翼如也"等,《季氏》《微子》亦多引據《群經補義》。《群經補義》是江永的讀書筆札,包含着思想的火花,新說迭見,論證嚴密,向受乾嘉學者的關注,值得研究者注意。

此外,程樹德《論語集釋》撰於20世紀40年代,其中多引江氏結論。程氏《凡例》說:"自閻若璩撰《四書釋地》,江永著《鄉黨圖考》以後,世人漸知考證名物之重要。"②本書引據江永《春秋地理考實》《群經補義》最多,如《公冶長》"甯武子邦有道則知,邦無道則愚。其知可及也,其愚不可及也",引江永《考實》考證河南衛輝府獲嘉縣西即古甯邑③。《雍也》"季氏使閔子騫爲費宰",引《考實》以爲"費伯帥師城郎,郎亦在魚臺縣。故城在今費縣西北二十里,今之費縣治祊城。"④《泰伯》"惡衣服而致美乎黻冕",引江氏《鄉黨圖考》"按黻與韍不同,黻是裳上之章,以青與黑之文綉作兩己相背之形。韍是韋蔽膝,左傳'袞冕黻珽',當作'韍',乃與下'火龍黼黻'之黻同,作'黻',蓋轉寫之誤耳。"⑤《鄉黨》"孔子於鄉黨,恂恂如也,似不能言者",引《圖考》指出"陬邑者,孔子父所治邑,《論語》作'鄹',《左傳》作'郰',後或作'鄒'。"⑥

從乾嘉後學三禮研究名作對於江永學術的引用來看,他們贊同、

---

① 徐道彬先生對江永禮學與劉氏《正義》之影響有詳細考證,見《皖派學術與傳承》下篇第7章《〈論語正義〉:劉寶楠對江永學術的繼承》,第493—511頁,統計和引文見第500頁。
② 程樹德:《論語集釋·凡例》,程俊英、蔣見元點校:《論語集釋》,中華書局,1990年,第1頁。
③ 程樹德:《論語集釋》卷10《公冶長下》,第341頁。
④ 程樹德:《論語集釋》卷11《雍也上》,第381頁。
⑤ 程樹德:《論語集釋》卷16《泰伯下》,第561頁。
⑥ 程樹德:《論語集釋》卷19《鄉黨上》,第635頁。

引據江永的考證結論，注重江永禮學研究在方法、觀念、原則上的創新和啓發。他們對於江永考證的批判繼承，將清代學術研究導向深入，亦見傳承與創新。

三、結論

江永的禮學研究包括禮書編撰和禮學考證諸作，其學術影響亦在此間展開。其禮書編撰主要是《禮書綱目》一書。該書融合理學體系和漢學考據，廣受推崇，但受限於禮書編撰的困難，而實際影響有限。江永後期轉向考證，主以札記形式，進行專題專精研究，内容廣泛，考證精深。江永的考證通過弟子的傳承，刊本的播遷，影響巨大。這種影響，表現在他的考證結論被競相引據，考證思維、原則和方法被承認、繼承。清代後期學者對江永考證的批判繼承，顯示出專精化趨勢。清代禮書編撰在中後期逐漸式微，而考證禮學興起，表徵着清初理學轉向漢學的歷程。江永禮學研究由禮書編撰轉向考證，體現着學風遷變的先聲。

結　　論

　　本文以江永《禮書綱目》爲研究對象，旨在梳理江氏的禮學成就，同時展開對清初學術由宋而漢歷程的探討。江永《禮書綱目》是對朱熹《儀禮經傳通解》的增訂和改編，最終形成自己綱舉目張的簡潔風格，成爲清代首屈一指的禮書編撰作品。因此，對江永爲什麽要重編朱子禮書，怎樣編撰此書，編撰形式和内容上與朱熹禮書的同異，以及該書的影響等問題的深入考察，正是本文的預設目標。

　　首先，筆者考察認爲江永《禮書綱目》的編撰是明、清間賡續朱子《儀禮經傳通解》高潮的産物。這主要源於朱子禮書的内在缺陷：體系不合理，又是未成之作，清初《儀禮》的疏解文本必須依賴它。學者們賡續朱子禮書受到時風影響。具體來說，明中葉以來盛行的陽明心學所帶來的空疏，以及其與禪宗結合所孕育出的逃禪温床，對正統儒學的發展和國家安危帶來危害。爲純潔儒家傳統，學者們回歸儒家禮儀的習用和研究，開啓清代禮學研究的序幕。清代禮學研究的復盛和禮書編撰的興起有着自己的理路：明清之際的學者在日常禮制的使用上發現了宋、明以來家禮的諸多矛盾，志意回歸古禮，開始由"實踐禮學"向"文本考證"轉進，同時由宗法宋明經注逐步轉向宗經鄭注，帶動禮書編撰和《儀禮》研究的全面興盛。這構成和催生江永《禮書綱目》寫作的學術背景。

　　但是禮書編撰异常困難，時賢均未能克竣，江永獨能成就其事，這除却徽州的理學文化背景和民用禮書編撰爲江氏禮書的撰寫提供了條件以外，還得益於他的塾師閲歷和學術基礎。江氏作爲塾師教授舉業，在滿足其生計的同時，提供給他學術研究的條件，使得他有更多餘暇和機會深入研究朱子學術。而對朱子學術的深入了解,使得他能夠對程朱理學進行批判繼承,這將江氏與其他衛道者區別開來。江永通過增删櫽括,完成《綱目》一書的編撰,但其過程一點也不輕鬆,本書的刊刻與流傳亦無比艱難。

筆者對江氏如何重編朱子禮書作了結構和内容上的剖析。在整書框架上,江永找準了朱子禮書繁複和缺略的弊病,同時找到了解決的辦法。一方面,他對朱子"分章別句"和"禮記附記"以凸出《儀禮》正經地位的做法表示贊賞;另一方面,他在體例上"式法黄氏",借鑒黄氏條分縷析的體例。之後,江永大刀闊斧地在具體材料上對於朱熹禮書進行增删櫽括,幾乎删去所有注疏,只在關鍵處以節略或者按語形式加以保留,最終完成了"統繁"和"補缺"的雙重任務。《禮書綱目》最具創新的之處是重構朱子《通解》由家而國的"内聖外王"體系,并試圖解決黄榦、楊復添足加入的喪、祭二禮,回歸《周禮》五禮體系。江并未意識到,這種體系上的更改和回歸已經包含着漢學考據的萌芽。

其次,江永在校勘和禮學考證上均以朱子禮書爲基礎進行增訂,因爲朱子《通解》保留了自注的音訓、釋文,也節引且事實上重新詮釋了《儀禮》賈疏。相比之下,《綱目》删削了注疏,儘管在重要的地方保留了不少按語,但其數量相比其本身的篇幅,顯得實在太少。以内容和形式而言,江永的考證在總體上并没有超越朱熹《通解》,也無法取代《通解》在清代以來《儀禮》研究及禮書編撰中的魁首地位。但江永《禮書綱目》在朱子《儀禮經傳通解》的基礎上進行增删櫽括,對結構進行更定,對材料進行增訂,對於名物制度、文字錯舛進行考釋,引書上注重漢宋兼采,開啓了其禮學考證的全新研究。

由於江氏禮書的影響主要集中於對清代禮書的編撰,以及該書漢宋兼采的特點,受到清代中後期漢宋學術的一致推尊。而江氏的其他學術研究,無論是理學史的梳理、科舉書的編撰、律吕、曆算書籍的編訂,還是他後期禮學考證的進行,都明顯地以此書爲繼續出發的起點。江氏的禮書編撰和禮學考證共同構成江氏禮學研究的内容,所以筆者對於江永禮學研究的學術影響的討論，主要從禮書編撰和禮學考證兩方面進行。從分析來看，江永在《綱目》編撰完成後，他又以相同體例續編《近思錄集注》《四書典林》《四書古人典林》等，以考據彙編的形式清理理學遺產。這種理學研究的考據形式代表着清初學術的轉變，開始重視證據。江永後期集矢於禮學考證，於《三禮》皆有成書，這在一定程度上彌補了他在禮書編撰中删削注疏及闕略歷代諸儒論説的遺憾。江氏從禮書編撰轉向禮學考證的研究，既是學理上的必然，也表徵着清代學術由宋而漢的轉進歷程。

具體來説，從康熙季年到乾隆時期，學界開始越來越偏向於從理學到考據的轉變。江氏的禮學研究肇始於康熙季年濃厚的理學氛圍中，江永《禮書綱目》注重漢宋兼采，同閻若璩《尚書古文疏證》、陳啓源《毛詩稽古編》等一起，代表着這一時期學風轉變的前奏。但到了乾隆時期，學界的崇尚出現了偏轉，傾向於重視考據，這和江永後期學術轉向禮學考證的實踐相一致。江永嘗試從專題和札記方式進行專題研究，展現出的清代學術由博轉精的特色，代表着清初學術的轉變。江永有着自己宏偉的學術體系構建，這種構建從他的《讀書隨筆》出發，分別展開對於專經的研究。如在《易》學研究上，他著有《河洛精蘊》，其旨趣明顯與傳統的義解相反，凸顯象數特色；在《詩經》學研究上，他的《古韻標準》通過音韻分部來研究《詩經》，突破了傳統《詩經》研究只重視訓詁和詩旨的做法；在《春秋》學研究中，他放棄傳統的《公》《穀》義理和《左傳》式考證，轉而從地理角度來研究《春秋》，這些都具有開創性。

從清代禮學研究的角度關照乾嘉漢學的起源，我們可以發現，乾隆初期的學術研究依然崇朱，清代禮學考證的繁盛出現在乾隆後期及嘉、道時，而且學者的研究大多受益於朱子學術的影響。這是因爲朱熹學術，尤其是禮書編撰和禮學研究，兼含義理和考據之學，這使得朱熹學術成爲清代漢宋研究者共同的學術資源。一定程度上講，清初學術的轉變過程就是走出朱熹學術影響的過程。從清初學術的轉變來看，最明顯的變化無疑由惠棟、戴震領銜。但在惠、戴之前，一般的研究，尤其是錢穆的研究，以爲戴震的轉向時受到惠棟漢學的影響。但深入習讀江氏著述，發現江永對於朱熹的態度令人疑惑，他一方面是羽翼朱熹的功臣，完成許多朱子未竟之緒。另一方面，江氏對朱熹的批評絲毫不留情面，包括他對朱子禮書體系的更定、服飾典制等的細節考證的批評等。因此，有關戴震對於程朱的反對源自惠棟漢學的説法值得進一步探究，江氏學術源自程朱但并不墨守的創新精神，及其對於戴震的影響亦須考慮在内。

江永的個案研究具有典型意義。在惠、戴之前的學者幾乎都有着濃厚的理學背景，如見排於江藩的顧、黃二先生，還有被乾嘉學者廣尊爲漢學開山的閻若璩等，甚至惠、戴二人及乾嘉以降學者亦不例外。這樣一來，研究學者如何走出朱子學術影響，對於我們揭示清初學術的源起和轉變有着重要意義。以朱子《通解》而言，其宗旨和體系充滿理學色彩，但材料上却是考證性的。如何創新發展朱子的禮學體系，走出其考證藩籬，成爲橫亘在清代禮書編撰者面前的一座難以逾越的高峰，最終江永憑藉一己之力達到了峰頂。

此外，本文分析認爲，清代初期禮學研究主要是習禮、考禮，主要針對民間禮用，有着現實意義，并非脱離現實的純粹考證，也非受到文字獄的影響。由於《朱子家禮》及其改編本禮書脱離經典的問題，導致考證禮學和重編禮書的興起。本文的研究爲清代學術的"内在理路"説提供了具體例證，證明了清初學術經世傳統的持續存在。但本文對乾嘉學術的起源過程所作的探究，證明着學術研究在内在理路之外，有時候也存在着意外。江氏絕無意識地删削注疏，竟獲得意外的成功，他宗法朱子的編旨趣，但要定朱子禮書的體系，事實上改變了朱子禮書的原旨取向，影響着清代學術的發展。

江永年譜簡補

【説明】 關於江永的生平事迹，主要有戴震《江慎修先生事略狀》和汪世重、江錦波編撰之《江慎修先生年譜》。其後，諸家傳記及史傳，均以《事略狀》和《年譜》爲藍本。《江慎修先生事略狀》主以江氏學術著述提要爲主，全文不足兩千三百字，爲江永卒後兩月，戴震整理其遺書，事畢"狀私于執事"。《江慎修先生年譜》爲江永裔孫江錦波、門人汪世重共同編撰，成於乾隆四十年（1775），改定於嘉慶十四年（1809）。此《年譜》清代未有刊本，民國十二年江氏後裔江謙將《年譜》與《江善人傳》合刊入《放生殺生現報録》中，由上海佛學推行社鉛印出版。是譜記述簡略，正譜兩千五百字左右，僅存行迹，且中間脱去乾隆二十五、二十六、二十七年之事，實不足展現江永學術風貌，唯其述永成書時間及内容簡介，尚可資考證。2005年，華東師範大學黄曦的碩士論文《江慎修先生年譜證補》，收集了江永有關著述、家譜、交游等資料，以康熙、雍正、乾隆三時期各自爲編，前有世譜考證，後附録江永著書收録情况，交游人物傳記，及碑傳資料等，頗有功於江永研究。但《證補》依然缺乏江永前期資料，一些考證，如江、戴面晤時間等，有可商榷之處，所録序跋割裂頗多，不利於江氏學術的研究。有鑒於此，筆者擬以《年譜》和《事略狀》爲主，在《證補》的基礎上，吸取學界有關江永研究的具體成果，進一步補出其文獻來源，并完整加入其主要著述之序跋。但2013年臺灣"中央"研究院文哲研究所林勝彩、鍾彩鈞《善餘堂文集》整理本的出現，有關江氏的文集、序跋、逸文，以及諸家文評，包括著述提要幾乎已經收録殆盡。其《文集》後所附《〈江慎修先生年譜〉增補》，采用上海圖書館藏民國油印本《江慎修先生年譜》爲底本,在黄曦《證補》基礎上進行了增補,行文簡略,且參酌錢穆《中國近三百年學術史‧附表》及陳祖武等編《乾嘉學術編年》,對江永所處時代之學術背景進行了補充。同時,近來《中國學術編年‧清代卷》(華東師範大學出版社,2013年)的出版,使得筆者擬補充内容基本克竣。所以本年譜的重編,筆者旨在原有資料長編的基礎上盡量從簡,以鉛印本《年譜》爲底本,參酌油印本《年譜》,并據相關研究,補充爲此《江永年譜簡補》,以期爲江永及其學術研究貢獻綿薄之力。

先生諱永,字慎修,號慎齊。望出蘭陵,蕭相國何之後。唐宰相蕭遘之子,江南節度使禎,渡江,家于歙之黄墩,因易姓爲江。二世祖董,始遷婺源皋徑。八世祖進賢縣尉敵,始遷江灣,時宋神宗元豐二年己未,至今世居江灣。自始祖禎至先生三十世。先生之曾祖名國鼎,有善行,人皆稱爲"江善人"。祖人英。父期,寄籍江寧,縣學庠生,淹通經史,爲當世知名士。

康熙二十年辛酉(1681),七月十七日辰時,先生生。

二十五年丙寅(1686),六歲。庭受父訓,日記數千言,父奇其敏,以遠大之器期之。因以《十三經注疏》口授先生。自是精心數十年,融會貫通,以著述爲己任。

二十九年庚午(1690),十歲。
[補訂]戴震《江慎修先生事略狀》云:"少就外傅時,與里中童子治世俗學。一日,見明丘氏《大學衍義補》之書,内徵引《周禮》,奇之,求諸積書家,得寫《周禮》正文,朝夕諷誦,自是遂精心於前人所合集《十三經注疏》者,而于《三禮》尤功深。"

三十七年戊寅(1698),十八歲。
[補訂]案:余龍光《雙池先生年譜》"乾隆三年(戊午)四十七歲

條",江永復書汪紱,謂:"弟昔爲學,未知向方。十八九歲讀《大學》,熟玩儒先之言,知入手功夫在格物。程子所謂'今日格一物,明日格一物,久則自然貫通'者,深信其必然。雖隨行逐隊不免從事舉業,亦不過頭巾茶飯,若聖賢茶飯,所以果腹而潤身者,畢竟不在此。"

三十八年己卯(1699),十九歲。受學於㫋坑江亞如先生①。

［補訂］油印本《年譜》將三十六年丁丑至三十九年庚辰總一條之下,後附"受學於㫋坑江亞如先生"。此外,江氏亦受學於江啓賢,《善餘堂文集·恬修江先生傳》云"先生諱啓賢,字愚我,婺之㫋源人。……乾隆癸亥嘉平旦朔,受業族子永百拜撰。"

三十九年庚辰(1700),二十歲。

［補訂］江氏《善餘堂文集·別紙開述》自叙"某自弱冠後讀朱子《儀禮經傳通解》,疑其未備,即有重編之志。"

四十年辛巳(1701),二十一歲。出就張學院歲試,補婺源學弟子員。

四十一年壬午(1702),二十二歲。是年長子逢聖生。

四十六年丁亥(1707),二十七歲。館於碧雲庵。同族昌潤、一鴻、魁鼎、僖、篤貞及汪起占從學。

［補訂］江氏是年始得館職務,束脩所入,盡以購書。案:江藩《師承記》誤係江永授徒事於二十一歲前,謂"閉户授徒,束脩所入,盡以購書,遂通經藝",此數語采自錢大昕《潛研堂文集》卷三九《江永傳》,錢氏略言之,而江藩隸其事於二十一歲前,則誤耳。

---

① 林勝彩點校,鍾彩鈞校訂本《年譜》"受業於㫋江亞如先生"下漏一"坑"字,《善餘堂文集》,臺北:中研院文哲所,2013年,第306頁。

四十七年戊子(1708),二十八歲。館于點石庵,昌潤、一鴻、魁鼎、篤貞、汪起占從學。
十一月丁母汪氏憂。

四十八年己丑(1709),二十九歲。父往江寧歲試,隨侍江寧,因館於同族義文家。

四十九歲庚寅(1710),三十歲。館如前。
[補訂]是年在金陵,乞假俫氏家藏《崇禎曆書》,其爲曆學,是年驟進。又漸疑蔡氏元定之律呂著述。案:《曆學全書》江氏自叙:"少好天官家言,始讀《尚書》'閏月''璿璣'兩注,即學布算。弱冠後見黄石齋《答袁坤儀書》,始知地圓,又得游子六《天經或問》,已詫爲奇書。三十在金陵,有俫氏者,家有《崇禎曆書》,乞假一觀,永爲曆學,是年驟進。"又,《律吕新義》序云:"西山蔡氏之書,永少而服膺,年三十而漸疑。"

五十年辛卯(1711),三十一歲。二月,自江寧侍父歸里,旋丁父憂。

五十二年癸巳(1713),三十三歲。八月,館于大畈外舅王昭侯家。

五十三年甲午(1714),三十四歲。館如前。是年補廩膳生。
[補訂]案:江氏補廩膳生,諸家傳記并同此年,唯江藩《師承記》記載爲二十四歲時,蓋筆誤。

五十四年乙未(1715),三十五歲。館如前。仲子逢辰生。

五十八年己亥(1719),三十九歲。

〔補訂〕汪基、江永共撰之《儀禮約編》成，是年四月上旬，汪基爲該書作序。《儀禮約編引》云："《儀禮》一書，事密而文繁，句瑣而辭奧，雖好古如韓文公，猶病其難讀……康熙己亥清和上浣，莘田汪基題於江上之敬堂。"

五十九年庚子(1720)，四十歲。

〔補訂〕是年十月，江永參訂之《周禮約編》成，汪基作序。《周禮約編引》云："成周六典，聖人治天下之大經大法也，而一代之禮制存焉……康熙庚子小春初吉，莘田汪基題於江上之敬堂。"

六十年辛酉(1721)，四十一歲。婺城汪勳敦請館於西郊宜園，門人汪世望、汪作求從學。《禮記綱目》八十五卷成。

朱子晚年考定《三禮》，爲《儀禮經傳通解》，書未就。雖黃氏、楊氏相繼輯續，猶多闕漏。其書非完，先生爲之廣摭博討，一從《周官經》大宗伯吉、凶、軍、兵、嘉舊項，使三代禮儀之盛，大綱細目，井然可覩。

六十一年壬寅(1722)，四十二歲。館如前。《兩儀玄覽》成。

〔補訂〕《兩儀玄覽》諸家傳記未見，據油印本《年譜》補。

雍正元年癸卯(1723)，四十三歲。館如前。

二年甲辰(1724)，四十四歲，館如前。《論語鎖言》一卷成。

〔補訂〕《論語鎖言》諸家傳記未見，據油印本《年譜》補。是年《學庸圖説》成，正月十五日，江永爲書作序。《序》云："先君子肄業時，年甫弱冠，即能鋭志理學，盡力于四子書，閉關靜坐終日研窮，著爲《四書條理集》，藏之於笥。慎修謹受讀且從而增釋之……雍正二年正月望日，後學江慎修書於讀經書屋。"

三年乙巳(1725)，四十五歲。館如前。是年長子逢聖卒。《星命指迷》一卷成。

［補訂］《星命指迷》諸家傳記未見，據油印本《年譜》補。

四年丙午(1726)，四十六歲。館如前，汪世封、汪世奎從學。

五年丁未(1727)，四十七歲。館如前。三月，原配汪氏卒。《曆數全書》成，《測算義例》成。

［補訂］《曆數全書》《測算義例》二書諸家傳記未見，據油印本《年譜》補。

六年戊申(1728)，四十八歲。館如前。是年學院李舉優行詳部。

七年己酉(1729)，四十九歲。館如前。

八年庚戌(1730)，五十歲。館如前。門人德興董天照從學。是年學院王橃升太學，因家計維艱未赴。《勾股算法》一卷成。

［補訂］《勾股算法》諸家傳記未見，據油印本《年譜》補。是年王蘭生視學徽郡，召永至署，縱言論樂，因成《律呂管見》二卷。據余龍光《雙池先生年譜》"乾隆四年己未四十八歲條"江慎修先生再答汪先生書，云："《律呂管見》二卷，實因昔年交河王學臺按臨召講律學，命愚為之。蘊之於心者雖有年，而成書僅十餘日，在弟亦不敢固信。"

九年辛亥(1731)，五十一歲。館如前。王嵩、王衡、汪世重從學。《三事管見》成。

［補訂］《三事管見》諸家傳記未見，據油印本《年譜》補。

十年壬子(1732)，五十二歲。館如前。《校正易經集解》成。

［補訂］《校正易經集解》諸家傳記未見，據油印本《年譜》補。是

年十月,《禮記約編》成,汪基作序。《禮記約編引言》云:"《禮記》一書,漢時謂之《曲臺雜記》,后蒼所傳,戴聖所録,其典則精粹者多出於聖門,亦有秦漢之士傅會成書者,純駁固不一也。……雍正壬子年良月之吉,江上敬堂汪基書。"

十一年癸丑(1733),五十三歲。館如前。是年學院姚舉優行詳部。

[補訂]汪基《三禮約編》請序於永,二月,永爲作總序。《序》云:"群經浩淼,禮學尤繁。……今幸得是編觀成,讀之者既讀其精要,更取《三禮》全經,降心卒業,毋以簡約,自畫是亦敬堂先生之志也夫。雍正癸丑二月丙子,蓉麓江永拜序。"

十二年甲寅(1734),五十四歲。館如前。《四書典林》三十卷成。

十三年乙卯(1735),五十五歲。館如前。從堂姪飛及汪煒從學。是年爲族倡立義倉,凶年賴以賑饑。

乾隆元年丙辰(1736),五十六歲。館如前。是年撫院趙橓取《禮書綱目》。

[補訂]是年冬,汪紱致書江永,詢問所作江著及《禮書綱目》大旨,以"振興末俗"共勉。據余龍光《雙池先生年譜》卷二"汪紱與江永書",云:"聞慎修名,紱雖未挹芝眉,而私心不勝渴慕……側聞《三禮合參》之著,紱未得睹其書,然禮家言人人殊,竊願一聞大指……又聞此書未經付梓,而別有《四書名物考》之刻。夫名物之考,務博洽耳,於禮經孰緩孰急……慎修不鄙斯言,其必當有以示我。"

二年丁巳(1737),五十七歲。館如前。朱世澤、董昌茂、詹依、江鋭從學。是年三禮館橓取《禮書綱目》。

[補訂]是年冬,汪紱再度致書江永,就聖賢事業、世道人心問題

相質,因傳聞之辭,對江永學風頗有誤會。據余龍光《雙池先生年譜》卷三"汪紱再與江永書",云:"慎修足下:名譽日遠,斯文幸甚!鄉邦幸甚!但今人之所以稱慎修,與慎修之所爲表見拜上於世者,紱恐非慎修本志,且不足以盡慎修,而徒以掩乎慎修之爲慎修。又以聲氣雖通,未獲面晤,則未知慎修之所以覃思嘿會,悦心研慮者,果其在此在彼?此聖賢事業、世道人心所共關繫,故敢再以書質。……舊冬曾以長牘奉瀆,至今未蒙下報,其意志不同與?抑鄙其言爲不足答邪?并此遥候,望惠金玉無吝,非惟解紱之疑,抑慎修之有以自白於天下也。"

三年戊午(1738),五十八歲。館如前。是年朝廷開禮書館。十一月,禮部檄取《禮書綱目》。

[補訂]是年春,江永復書汪紱,彰明立身及爲學旨趣,紹介《禮書綱目》大要。九月九日,汪紱第三次致書江永,就治禮樂及學風等闡發己見。案:至此是年,江永《深衣考誤》一卷、《律吕管見》二卷已成,且附入《禮書綱目》中,總九十一卷。《四書典林》三十卷,《四書古人典林》十二卷刻本已成。此外,别有《演禮私議》,蓋未成之書,又有《曆法管見》一卷,《翼梅》數卷,羽翼宣城梅氏,且計劃將隨筆就寫之《管見》以《一粟》名集,并以朱子之言注釋《近思録》。

汪基《三禮約編》請序於江奐源和程恂,二序作於是年。

四年己未(1739),五十九歲。是年學院開舉優行詳部。九月,郡守楊敦請校刻朱子《經濟文衡》。

五年庚申(1740),六十歲。休寧山門程太史恂敦請館於其家。《金水二星發微》成、《七政衍》成、《冬至權度》成、《恒氣注曆辨》成、《歲實消長辨》成、《曆學補論》成、《中西合法擬草》成。曆學書凡七卷,所以正宣城梅氏之見歧未定者,秦尚書蕙田采入《五禮通考》。八月,同程太史入都,三館總裁方苞、編修吴公紱殷勤問難。光禄梅公毅成、學士熊公暉吉、編修杭公世俊、部郎胡公蛟齡俱就講學焉。

［補訂］是年江氏反復《管》《吕》之書，又讀文貞公奏札，乃知雍正八年與王蘭生論樂，其律吕之説非爲創説。案：《律吕新義序》云："至五十，得交河王公論樂有'琴大弦是徵聲'之説，遲之十年，反復《管》《吕》之書，乃始豁然有悟，因讀文貞公奏札，乃知王公得之親侍燕閒。天語指授，非王公創爲是説也。"

六年辛酉(1741)，六十一歲。八月，自都歸里。

［補訂］是年在都，録得《紀元年表》一册，携回此書，後以《歷代紀元部表》爲名，付梓廣傳。

七年壬戌(1742)，六十二歲。是年歲貢，《近思録集注》成。附考《朱子世家》成。九月，郡守朱敦請紫陽書院講書。十月，江西學政金公德瑛敦請閲卷。

［補訂］附考《朱子世家》據油印本《年譜》補。是年，戴震首見江永。江永、戴震首次相見的時間，洪榜《戴先生行狀》未有確切記載，段玉裁《戴東原先生年譜》繫於乾隆七年，此後多有爭論，主要有許承堯、余英時"乾隆十五年説"，楊應芹"乾隆十八年説"。筆者據蔡錦芳考證，以爲段玉裁"乾隆七年"之記載不誤，見《戴震生平與著作考論》，第3—16頁。

八年癸亥(1743)，六十三歲。五月，自江西歸里。七月，郡守朱復請紫陽書院講書，有故未赴。《卜易圓機》三卷成。

［補訂］《卜易圓機》諸家傳記未見，據油印本《年譜》補。

九年甲子(1744)，六十四歲。程太史恂復請館于休寧五城。

［補訂］至遲是年，戴震與江永有往來書信論小學。據段玉裁《戴東原先生年譜》二十三歲條記載，"是年孟冬，成《六書論》三卷……江先生得其書，謂衆説紛紜，得此論定，誠無以易。按先生此

書作於何年未可詳,而《六書論》成於乙丑,則此書當附見於乙丑。"

十年乙丑(1745),六十五歲。館山斗程太史恂家①。

十一年丙寅(1746),六十六歲。館如前。《蘭陵蕭氏二書》三卷成。三月,赴郡紫陽書院講書。
［補訂］《蘭陵蕭氏二書》三卷據油印本《年譜》補。《蘭陵蕭氏二書序》云:"《蘭陵蕭氏二書》,一曰《本宗世系考》,一曰《保世滋大錄》……梁昭明太子四十二世裔孫永所編……乾隆丙寅孟秋月朔,婺源江灣派裔孫永謹序"。

十二年丁卯(1747),六十七歲。館如前。

十三年戊辰(1748),六十八歲。婺城汪勳弟陞敦請館於七里亭,門人汪麟書從學。

十四年己巳(1749),六十九歲。館婺城汪陞家。《古人四書典林》十二卷成。

十五年庚午(1750),七十歲。館如前。《奕光錄》三卷批注成。
［補訂］《奕光錄》諸家傳記未見,據油印本《年譜》補。是年七月,江永七十大壽,戴震撰壽序。同年,江永辭謝經學舉薦。戴震《江慎修先生事略狀》記載:"值上方崇獎實學,命大臣舉經術之儒。時婺源縣知縣陳公有子在朝為貴官,欲為先生進其書,來起先生。先生自顧頹然就老,謂無復可用,又昔至京師,所與游皆無在者,愈益感愴,乃辭謝。而與戴震書曰:'馳逐名場非素心。'卒不能強起。"據《清實錄》乾隆十四年十一月初四,下詔獎崇實學,各地方督撫舉薦,當在乾

---

① 油印本《年譜》"山斗"誤為"三斗"。

隆十五年，故繫於此。

十六年辛未(1751)，七十一歲。館於詞源。

［補訂］是年七月，《鄉党文擇雅正編》成，更欲於《鄉黨》中彙考經傳，名爲《鄉黨圖考》，與是集相輔而行。案：《鄉党文擇雅正編序》云：“余素不敢言時文，歲辛未，年已過七十，與汪泰瞻兄弟講業于蚺城之鋤經處，泰瞻向留意《鄉黨》，欲多以《鄉党》題文爲課藝。既數月，復請命余……於將題累數長短單合約三百有奇，又出家所有坊刻二百餘部，披沙揀金，不能滿百，降格求之，略可備數者，又多疵類，刪潤完善，姑爲充選。其餘二百餘題，則以暮年朽鈍之筆補之，總新舊文三百五十有奇，題亦略備當，以太史公擇言尤雅之意名爲《擇雅集》……又語泰瞻曰‘尤未也，時文如草木花朵，其萼必着於枝條，胎於根荄，經籍注則時文之根荄枝條也，苟無是，花萼將安傳。更欲於鄉黨中彙考經傳，俱錄注疏，諸儒之説核其同异，是非明辨之，有須圖像始顯者則繪圖明之，約其目可十卷，名爲《鄉黨圖考》，與是集相輔而行……乾隆十六年孟秋月，婺源江永慎修氏書於蛾城鋤經齋。”

十七年壬申(1752)，七十二歲。館啓經堂，課孫朝陽。同族龍光、如松來學。《放生殺生現報錄》成。

［補訂］同族龍光、如松來學，及《放生殺生現報錄》成，據油印本《年譜》補。

十八年癸酉(1753)，七十三歲。館歙邑西溪，歙門人方矩、金榜、汪梧鳳、吳紹澤從學。休寧鄭牧、戴震，歙汪肇龍、程瑤田，前已拜門下問業。是年殷勤問難，必候口講指畫，數日而後去。

聖祖仁皇帝《推步法解》成。

《推步法解》七篇，日月之躔離交食，五星之遲疾伏見，及恒星六曜之行，皆具密法精算。視前志所載，超越不可數計，爲萬世隨時測驗之準。惟是奧義未易遽明。伏讀精思爲解釋，疏立法之意，詳步算之方。厘七編爲四卷,并附《推步鈴》一卷於後。

十九年甲戌(1754),七十四歲。館潛德堂,族鴻緒綺、德求元、機有焆、仁秀鏞、龍光從學。婺源縣令俞敦請修縣志。

［補訂］諸生從學之事,據油印本《年譜》補。此外,油印本《年譜》誤抄"《蘭陵蕭氏二書》二卷成"入是年,抄本自加括號,疑自不定。

二十年乙亥(1755),七十五歲。在婺城公局修志書。《歷代紀元部表》成。

［補訂］《歷代紀元部表》據油印本《年譜》補。此表非江氏作,其《序》云:"乾隆辛酉,余自京師傳錄得《紀元年表》一册,無序例,亦無歲月名氏……甲戌修《婺源志》,資此表以檢查各朝之世次,年號甚便……爰付梓以廣其傳。乙亥仲秋,江永序。"

二十一年丙子(1756),七十六歲。館於詞源。四月,繼室汪氏卒,《鄉黨圖考》(十卷)成。

證據《三禮》,因以廣言制度,於宮室、衣服、飲食諸門尤詳。

二十二年丁丑(1757),七十七歲。館歙靈山方矩家,從學者如癸酉歲。《律呂闡微》成。

先生于《管子》書徵、羽、宮、商、角之叙,及《呂氏春秋》稱(伶)倫作律①,先爲黄鐘之宮,次制十二筒以別十二律,據以正《淮南·天文訓》及《漢書·律曆志》之謬。

二十三年戊寅(1758),七十八歲,家居課孫朝陽、錦波,《春秋地理考實》四卷成。

---

① 本書原脱,據《吕氏春秋》補。

二十四年己卯(1759),七十九歲。虹鍾坦洪遇昆敦請館於其家。① 《古韵標準》四卷成、《河洛精蘊》成。

古韵之書起于吴才老,而精于顧寧人。先生以顧氏考古之功多,審音之功淺,主三百篇以正顧氏分十部之疏,而分平上去三聲皆十三部,入聲八部,以爲用韵之準。

《四聲切韵表》四卷成,《音學辨微》一卷成。

原抄本此後脱去庚辰、辛巳、壬午三年事。按:先生壬午三月十三日卒,未卒前二年著書事迹,俟覓得他本補識之。(裔孫謙謹識)

二十五年庚辰(1760),八十歲。《周禮疑義舉要》七卷成,《禮記訓義擇言》八卷成,《儀禮釋宫譜增注》一卷成,《深衣考誤》一卷成,《讀書隨筆》十二卷成。

[補訂] 此條據油印本《年譜》補。案:《儀禮釋宫譜增注》和《深衣考誤》二書成書時間較早,《增注》爲《鄉黨圖考·宫室》考訂之原稿,而《深衣考誤》在乾隆元年前已附《禮書綱目》後。

二十七年壬午(1762),八十二歲。三月十三日丑時卒于家。子二:長逢聖,次逢辰。女二。逢聖早卒,紹朝宗爲嗣。逢辰子三,長朝陽,次朝紳,三錦波。朝宗子長廷駿,次廷元,三廷瑞。朝紳子廷珍,錦波子廷福。

[補訂] 是年戴震舉鄉試。江氏卒後,戴震於其家整理遺著,作《江慎修先生事略》,狀次其治經要略、著書卷數。據余廷燦《江慎修永傳》:"乾隆壬午三月卒,年七(八)十二。其同志戴震恐久就墜失,次其治經事略,并整齊遺書二十餘種,藏於其家。"

二十八年癸未(1763),十月初十日,奉上諭,現在修輯韵書,聞安徽婺源縣有已故生員江永,曾著《四聲切韵表》及《音學辨微》二書,稿

---

① 虹鍾坦爲地名,在婺源縣境内。

本已成，未經刊刻。著傳諭該撫，即飭該縣，就其家購覓。如因一時抄謄不及，竟將原本隨奏摺之便，附封送京，以備采擇。書竣，即行發還。欽此。

三十一年（原文誤爲二十一年）丙戌（1766），國史館移取經明學粹之士，查明詳情列傳。

三十二年丁亥（1767），婺源縣令言將先生書十三部詳撫院馮，咨送國史館并禮部。
〔補訂〕"并禮部"據油印本《年譜》補入。

三十七年壬辰（1772），朝廷開《四庫全書》館，博采遺書。撫、學二院檄縣及學，婺源縣令張將先生書詳撫院裴，教諭王將先生書詳學院朱，各咨送四庫館。是年四庫館采入《周禮疑義舉要》七卷、《儀禮釋宮譜增注》一卷、《禮記訓義擇言》八卷、《深衣考誤》一卷、《禮書綱目》八十五卷、《春秋地理考實》四卷、《群經補義》五卷、《鄉黨圖考》十卷、《律呂新論》二卷、《律呂闡微》一卷、《近思錄集注》十四卷、《算學》九卷、《古韻標準》四卷。

三十八年癸巳（1773），學院朱檄郡守張，奉先生木主入郡紫陽書院，從祠朱子祠。七月郡守躬率合屬官員紳士，迎主入祠，從祠朱子。

乾隆四十年歲次乙未（1775），春正月，門人汪世重、孫男錦波同百拜謹識。

（志年譜後）按：《年譜》作於乾隆乙未，時祖父生後之名，久已聞於京師。所著諸書，獲蒙采入《欽定四庫全書》。嘉慶乙丑，本學路先老師景舒，嚮慕祖父品學，復加采訪，以致合邑紳士，吁請入祠鄉賢。由學牒縣，申詳府司，轉撫、督、學三院。丙寅歲，三院會同合詞具題。

丁卯歲十二月十六日,禮部以經術湛深,士林望重,核實具題,本月十八日奉上諭准入祠鄉賢。戊辰歲三月二十一日,入祠縣學鄉賢祠供奉。五月初一日,入祠府學鄉賢祠供奉。受恩深重,世世勿忘。當知我祖父生前之品學,閉門潛修,未及聞達。朝廷事後之表彰,馨香俎豆,已足顯榮焉。嘉慶十四年歲次己巳,秋九月,孫男錦波,曾孫柏森、廷駿同百拜敬識。

參考文獻

【説明】

　一、參考文獻按以下四部分類。（一）清代及以前著述（含古籍刊本）；（二）今人及漢譯著述；（三）期刊和學位論文；（四）外文論著。

　二、清代及以前著述依經、史、子、集分類，各部略仿四庫總目分類，各類下略依作者時代先後銓次。今人及漢譯著述以作者姓氏音序排列，同一音序及作者下按書目出版時間先後排序。期刊論文以發表時間先後排列。

一、清代及以前著述（含古籍刊本）

經部

（魏）王弼、韓康伯注，（唐）孔穎達等正義：《周易正義》，中華書局影印阮刻本，2009年

（宋）程頤：《伊川易傳》，臺灣商務印書館影印文淵閣《四庫全書》第9冊，1983年

（宋）朱熹：《周易本義》（四書五經本），中國書店影印世界書局本，1985年

（漢）孔安國傳，（唐）孔穎達等正義：《尚書正義》，中華書局影印阮刻本，2009年

（宋）蔡沈：《書經集傳》（四書五經本），中國書店影印世界書局本，1985年

（漢）毛公傳、鄭玄箋，（唐）孔穎達等正義：《毛詩正義》，中華書局影

印阮刻本,2009 年
(宋) 朱熹:《詩經集傳》(四書五經本),中國書店影印世界書局本,1985 年
(清) 陳奐:《詩毛氏傳疏》(《續四庫》經部詩類第 70 冊),上海古籍出版社,影印道光二十七年陳氏掃葉山莊刻本,2002 年
(清) 馬瑞辰:《毛詩傳箋通釋》,中華書局,1989 年
(漢) 鄭玄注,(唐) 賈公彥疏:《周禮注疏》,中華書局影印阮刻本,2009 年
《欽定周官義疏》,臺灣商務印書館影印文淵閣《四庫全書》第 98—99 冊
(清) 方苞:《周官集注》,臺灣商務印書館影印文淵閣《四庫全書》第 101 冊
(清) 惠士奇:《禮說》,臺灣商務印書館影印文淵閣《四庫全書》第 101 冊
(清) 沈彤:《周官禄田考》,臺灣商務印書館影印文淵閣《四庫全書》第 101 冊
(清) 江永:《周禮疑義舉要》,臺灣商務印書館影印文淵閣《四庫全書》第 101 冊
(清) 戴震:《考工記圖》,乾隆紀昀閱微草堂刻本
(清) 金榜:《禮箋》,清乾隆五十九年方起泰胡國輔刻後印本
(清) 孫詒讓:《周禮正義》,中華書局,1987 年
(漢) 鄭玄注,(唐) 賈公彥疏:《儀禮注疏》,中華書局影印阮刻本,2009 年
(宋) 張淳:《儀禮識誤》,臺灣商務印書館影印文淵閣《四庫全書》第 103 冊
(宋) 李如圭:《儀禮釋宮》,臺灣商務印書館影印文淵閣《四庫全書》第 103 冊
(元) 吳澄:《儀禮逸經傳》,臺灣商務印書館影印文淵閣《四庫全書》第 105 冊

（元）敖繼公：《儀禮集説》，臺灣商務印書館影印文淵閣《四庫全書》第 105 册

（元）汪克寬：《經禮補逸》，臺灣商務印書館影印文淵閣《四庫全書》第 105 册

《欽定儀禮義疏》，臺灣商務印書館影印文淵閣《四庫全書》第 106—107 册

（清）張爾岐：《儀禮鄭注句讀》附《監本正誤》《石經正誤》，臺灣商務印書館影印文淵閣《四庫全書》第 108 册

（清）毛奇齡：《昏禮辨正》，《喪禮吾説篇》(《續四庫》經部禮類第 95 册)，上海古籍出版社，影印清康熙刻《西河合集》本，2002 年

（清）萬斯大：《儀禮商》，臺灣商務印書館影印文淵閣《四庫全書》第 108 册

（清）方苞：《儀禮析疑》，臺灣商務印書館影印文淵閣《四庫全書》第 109 册

（清）吳廷華：《儀禮章句》，臺灣商務印書館影印文淵閣《四庫全書》第 109 册

（清）蔡德晋：《禮經本義》，臺灣商務印書館影印文淵閣《四庫全書》第 109 册

（清）任啓運：《宮室考》，臺灣商務印書館影印文淵閣《四庫全書》第 109 册

（清）任啓運：《肆獻祼饋食禮》，臺灣商務印書館影印文淵閣《四庫全書》第 109 册

（清）盛世佐：《儀禮集編》，臺灣商務印書館影印文淵閣《四庫全書》第 110—111 册

（清）江永：《儀禮釋宮增注》，臺灣商務印書館影印文淵閣《四庫全書》第 109 册

（清）江永：《儀禮釋例》(《續四庫》經部禮類第 88 册)，上海古籍出版社，影印清道光二十四年刻錢氏守山閣叢書本，2002 年

（清）江永：《昏禮從宜》，安徽省圖書館藏清抄本

（清）程瑤田：《儀禮喪服文足徵記》《九穀考》《考工創物小記》《釋宮小記》《禹貢三江記》《釋草小記》《釋蟲小記》，上海書店，影印《清經解》本第三冊，1988年

（清）程瑤田：《儀禮喪服文足徵記》（《續四庫》經部禮類第95冊），上海古籍出版社，影印上海師大圖書館藏清嘉慶刻《通藝錄》本，2002年

（清）凌廷堪：《禮經釋例》（《續四庫》經部禮類第90冊），上海古籍出版社，影印北京圖書館藏清嘉慶十四年阮氏文選樓刻本，2002年

（清）胡培翬撰，楊大堉補：《儀禮正義》（《續四庫》經部禮類第91—92冊），上海古籍出版社，影印南京圖書館藏清木犀香館刻本，2002年

（清）胡培翬：《燕寢考》（《續四庫》經部禮類第110冊），上海古籍出版社，影印上海辭書出版社圖書館藏清道光二十五年錢氏刻指海本，2002年

（清）邵懿辰：《禮經通論》，復旦大學圖書館藏國學扶輪社鉛印本，1911年

（漢）鄭玄注，（唐）孔穎達等正義：《禮記正義》，中華書局影印阮刻本，2009年

（宋）衛湜：《禮記集說》，臺灣商務印書館影印文淵閣《四庫全書》第117—120冊

（元）吳澄：《禮記纂言》，臺灣商務印書館影印文淵閣《四庫全書》第121冊

（元）陳澔：《陳氏禮記集說》，臺灣商務印書館影印文淵閣《四庫全書》第121冊

《欽定禮記疏》，臺灣商務印書館影印文淵閣《四庫全書》第124—126冊

（清）黃宗羲：《深衣考》，臺灣商務印書館影印文淵閣《四庫全書》第127冊

（清）江永：《深衣考誤》，臺灣商務印書館影印文淵閣《四庫全書》第128冊

（清）江永：《禮記訓義擇言》，臺灣商務印書館影印文淵閣《四庫全書》第128冊

（清）孫希旦：《禮記集解》，中華書局，1989年

（清）朱彬：《禮記訓纂》，中華書局（饒欽農點校本），1996年

（北周）盧辯注：《大戴禮記》商務印書館，《四部叢刊》影印上海涵芬樓借無錫孫氏小綠天藏明袁氏嘉趣堂刊本

（清）王聘珍：《大戴禮記解詁》，中華書局，1983年

（清）孔廣森：《大戴禮記補注》，中華書局，2013年

（宋）聶崇義：《三禮圖集注》，臺灣商務印書館影印文淵閣《四庫全書》第129冊

（宋）陳祥道：《禮書》，臺灣商務印書館影印文淵閣《四庫全書》第130冊

（宋）朱熹：《儀禮經傳通解》，黃榦、楊復：《儀禮經傳通解續》，臺灣商務印書館影印文淵閣《四庫全書》第131—132冊

（宋）朱熹著，黃榦等編：《儀禮經傳通解》，《朱子全書》第2—5冊，上海古籍出版社，2002年

（宋）朱熹等：《儀禮經傳通解正續編》，北京大學出版社，影印東京大學東洋研究所藏宋刻本，2012年

（宋）司馬光：《書儀》，臺灣商務印書館影印文淵閣《四庫全書》第142冊

（宋）朱熹：《家禮》，臺灣商務印書館影印文淵閣《四庫全書》第142冊

（宋）朱熹：《家禮》，《朱子全書》本第7冊，上海古籍出版社，2002年

（清）徐乾學：《讀禮通考》，臺灣商務印書館影印文淵閣《四庫全書》第112—114冊

（清）李光地：《朱子禮纂》，臺灣商務印書館影印文淵閣《四庫全書》第142冊

（清）汪基：《三禮约编》(《四庫存目叢書》經部禮類第 108 册），齊魯書社，影印濟南市圖書館藏清康熙乾隆間汪氏敬堂刻本，1997 年

（清）江永：《禮書綱目》附《論律吕》《深衣考誤》，臺灣商務印書館影印文淵閣《四庫全書》第 133—134 册

（清）江永：《禮書綱目》，復旦大學藏清嘉慶十五年鏤恩堂刻本

（清）秦蕙田：《五禮通考》，臺灣商務印書館影印文淵閣《四庫全書》第 135—142 册

（清）黄以周：《禮書通故》，中華書局，2007 年

（晋）杜預注，（唐）孔穎達等正義：《春秋左傳正義》，中華書局影印阮刻本

（漢）何休注，（唐）徐彦疏：《春秋公羊傳注疏》，中華書局影印阮刻本，2009 年

（晋）范寧注，（唐）楊士勛疏：《春秋穀梁傳》，中華書局影印阮刻本，2009 年

（清）江永：《春秋地理考實》，臺灣商務印書館影印文淵閣《四庫全書》第 181 册

（唐）陸德明：《經典釋文》，上海古籍出版社，影印北京圖書館藏宋刻宋元遞修本，1984 年

（清）江永：《讀書隨筆》，復旦大學圖書館藏清乾隆五十七年原刻本

（清）江永：《群經補義》，臺灣商務印書館影印文淵閣《四庫全書》第 194 册

（清）皮錫瑞：《經學通論》，中華書局，1954 年

（漢）趙岐注，（宋）孫奭疏：《孟子注疏》，中華書局影印阮刻本，2009 年

（魏）何晏等注，（宋）邢昺疏：《論語注疏》，中華書局影印阮刻本，2009 年

（宋）朱熹：《四書章句集注》，中華書局，1983 年

（清）江永：《學庸圖説》，安徽省圖書館藏嘉慶六年刊本

（清）江永：《四書典林》，復旦大學圖書館藏清末石印本
（清）江永：《四書典林》《四書古人典林》，復旦大學圖書館藏清光緒十八年鴻寶齋石印本
（清）江永：《四書古人典林》(《續四庫》經部四書類第 166 冊)，上海古籍出版社，影印中國科學院圖書館藏清乾隆三十九年集道堂刻本，2002 年
（清）江永：《四書按稿》(《續四庫》經部四書類第 166 冊)，上海古籍出版社，影印復旦大學圖書館藏清乾隆十五年抄本，2002 年
（清）江永：《鄉黨圖考》，清乾隆五十八年金閶書業堂刻本
（清）江永：《鄉黨圖考》，學苑出版社影印乾隆五十二年致和堂重鐫本，1993 年
（清）焦循：《孟子正義》，中華書局，1987 年
（清）劉寶楠：《論語正義》，中華書局，1990 年
（清）江永：《律呂新義》(《續四庫》經部樂類第 114 冊)，上海古籍出版社，影印華東師大圖書館藏清光緒間崇文書局刻正覺樓叢刻本，2002 年
（清）江永：《律呂闡微》，臺灣商務印書館影印文淵閣《四庫全書》第 220 冊
（清）江永：《律呂新論》，臺灣商務印書館影印文淵閣《四庫全書》第 220 冊
（晋）郭璞注，（宋）邢昺疏：《爾雅注疏》，中華書局影印阮刻本，2009 年
（清）段玉裁：《説文解字注》，上海古籍出版社影嘉慶二十年經韵樓本，1988 年
（清）顧炎武：《音學五書》，中華書局，影印觀稼樓仿刻本，1982 年
（清）江永：《四聲切韵表》(《續四庫》經部小學類第 253 冊)，上海古籍出版社，影印浙江圖書館藏乾隆三十六年恩平縣衙刻本，2002 年
（清）江永：《古韵標準》，臺灣商務印書館影印文淵閣《四庫全書》第

242 册

（清）江永：《音學辨微》（《續四庫》經部小學類第 253 册），上海古籍出版社，影印湖北省圖書館藏清乾隆二十四年刻本，2002 年

史部

（漢）司馬遷：《史記》，中華書局，1959 年

（漢）班固：《漢書》，中華書局，1962 年

（唐）魏徵等：《隋書》，中華書局，1973 年

（清）張廷玉等：《明史》，中華書局，1974 年

（清）趙爾巽等：《清史稿》，中華書局，1977 年

（吳）韋昭注，（清）董增齡正義：《國語正義》（《續四庫》史部雜史類第 422 册），上海古籍出版社，影印光緒庚辰會稽章氏式訓堂刊本，2002 年

（漢）高誘注：《戰國策》（《叢書集成初編》史地類第 3684—3687 册），商務印書館，據士禮居影宋本排印，1937 年

（清）永瑢等：《四庫全書總目》，中華書局影印浙江杭州刊本，1965 年

（清）朱彝尊、許維萍等點校：《點校補正經義考》（全八册），臺灣"中央"研究院文哲研究所籌備處，1997 年

（清）錢大昕：《廿二史考異》（《續四庫》史部史評類第 454 册），上海古籍出版社，影印清乾隆四十五年刻本，2002 年

（清）江永：《推步法解》（《續四庫》子部天文算法類第 1032 册），上海古籍出版社，影印道光二十四年錢氏刻守山閣叢書本，2002 年

（清）江錦波、江世重：《江慎修先生年譜》，民國十二年鉛印本，收入《北京圖書館藏珍本年譜叢刊》第 92 册，北京圖書館出版社，1999 年

（清）阮元：《儒林傳稿》，（《續四庫》史部傳記類第 537 册），上海古籍出版社，影印南京圖書館藏清嘉慶間刻本，2002 年

（清）阮元撰，（清）羅士琳續補：《疇人傳》（《續四庫》史部傳記類第

516 冊），上海古籍出版社，影印清嘉慶道光間阮氏琅嬛仙館刻本，2002 年
（清）李元度：《國朝先正事略》(《續四庫》史部傳記類第 538 冊)，上海古籍出版社，影印北京大學圖書館藏清同治八年循陔草堂刻本，2002 年
（清）唐鑑：《學案小識》(《續四庫》史部傳記類第 539 冊)，上海古籍出版社，影印中國科學院圖書館藏清道光二十六年四砭齋刻本，2002 年
（清）錢林：《文獻徵存錄》(《續四庫》史部傳記類第 540 冊)，上海古籍出版社，影印清咸豐八年有嘉樹軒刻本，2002 年
（清）江永：《蘭陵蕭氏二書》，乾隆十一年永思堂刻本
（清）江永：《歷代紀元部表》，乾隆四十二年旌德劉茂吉重輯刻本
（清）江永：《考訂朱子世家》(《四庫存目叢書》史部第 87 冊)，齊魯書社，影印清同治五年望三益齋刻本，1997 年
（清）江永：《翼梅》，復旦大學圖書館藏清光緒七年刻本
（清）江永：《數學》，臺灣商務印書館影印文淵閣《四庫全書》第 796 冊
（清）趙吉士等：《徽州府志》，康熙三十八年刊本
（清）何應松等：《休寧縣志》，成文出版社有限公司影印清刻本，1985 年
（民國）葛韵芬等：《重修婺源縣志》，民國十四年刻本
（清）蔣良騏：《東華錄》，中華書局，1980 年
（清）黄宗羲：《明儒學案》，中華書局，2008 年
（清）江藩：《國朝漢學師承記》，中華書局，1983 年
（清）方東樹：《漢學商兑》(《續四庫》子部儒家類第 951 冊)，上海古籍出版社，影印復旦大學圖書館藏清道光十一年刻本，2002 年
（清）邵懿辰撰，邵章續錄：《增訂四庫簡明目錄標注》，上海古籍出版社，1979 年
（清）皮錫瑞著，周予同注釋：《經學歷史》，中華書局，2004 年

（清）徐世昌主編，陳祖武點校：《清儒學案》，河北教育出版社，2008 年
《清實錄》，中華書局影印本，2008 年 2 版

子部

（唐）楊倞注，（清）王先謙集解：《荀子集解》，上海書店影印諸子集成本，1986 年

（清）王先謙集解：《韓非子集解》，上海書店，影印諸子集成本，1986 年

（清）孫詒讓撰：《墨子閒詁》，上海書店，影印諸子集成本，1986 年

（漢）高誘注：《呂氏春秋》，上海書店，影印諸子集成本，1986 年

（漢）劉安著，高誘注：《淮南子》，上海書店，影印諸子集成本，1986 年

（漢）班固撰，（清）陳立疏證：《白虎通疏證》(《續四庫》子部雜家類第 1124 冊)，上海古籍出版社，影印光緒元年春淮南書局刊本，2002 年

（宋）黎靖德編：《朱子語類》(《朱子全書》第 14—18 冊)，上海古籍出版社，2002 年

（宋）王應麟撰，（清）翁元圻注：《困學紀聞注》(《續四庫》子部雜家類第 1142—1143 冊)，上海古籍出版社，影印道光乙酉年餘姚守福堂刊本，2002 年

（清）王鳴盛撰，迮鶴壽參校：《蛾術編》(《續四庫》子部雜家類第 1150—1151 冊)，上海古籍出版社，影印道光二十一年世楷堂刻本，2002 年

（清）錢大昕撰：《十駕齋養新錄》(《續四庫》子部雜家類第 1151 冊)，上海古籍出版社，影印清嘉慶間刻本，2002 年

（清）顧炎武著，（清）黃汝成集釋：《日知錄集釋》，上海古籍出版社，2006 年

（清）王夫之：《張子正蒙注》，中華書局，1975 年

（清）江永集注：《近思錄》，復旦大學圖書館藏清同治四年刻本
（清）茅星來集注：《近思錄集注》，臺灣商務印書館影印文淵閣《四庫全書》第699冊，1983年
（清）張伯行撰：《近思錄集解》，清同治五年正誼堂叢書本
（清）章學誠著，葉瑛校注：《文史通義校注》，中華書局，1985年

集部
（清）陳確：《陳確集》，中華書局，1974年
（清）孫奇逢：《孫奇逢集》，中州古籍出版社，2003年
（清）湯斌：《湯斌集》，中州古籍出版社，2003年
（清）顏元：《顏元集》，中華書局，1987年
（清）魏象樞：《寒松堂全集》，中華書局，1996年
（清）顧炎武：《顧亭林詩文集》，中華書局，1983年
（清）閻若璩：《潛丘札記》，臺灣商務印書館影印文淵閣《四庫全書》第854冊
（清）雍正編纂：《大義覺迷錄》，中國城市出版社，1999年
（清）江永撰：《放生殺生現報錄》，佛學推行社，民國十二年鉛印本
（清）江永撰：《善餘堂文集》，上海圖書館藏民國吳縣潘氏寶山樓抄本
（清）江永撰，林勝彩、鍾彩鈞整理：《善餘堂文集》，"中央"研究院文哲研究所，2013年
（清）汪紱：《雙池文集》，清道光一經堂刻本
（清）戴震：《戴震文集》，中華書局（趙玉新點校本），1980年
（清）王昶：《春融堂集》（《續四庫》集部別集類第1438冊），上海古籍出版社，影印上海辭書出版社圖書館藏清嘉慶十二年塾南書舍刻本，2002年
（清）錢大昕：《潛研堂集》（《續四庫》集部別集類第1439冊），上海古籍出版社，影印清嘉慶十一年刻本，2002年
（清）余廷燦：《存吾文稿》（《續四庫》集部別集類第1456冊），上海古

籍出版社,影印上海圖書館藏清咸豐五年雲香書屋刻本,
　　2002年
(清)劉大櫆:《海峰文集》(《續四庫》集部別集類第1427冊),上海古
　　籍出版社,影印天津圖書館藏清刻本,2002年
(清)全祖望:《全祖望集彙校集注》,上海古籍出版社,2000年
(清)杭世駿:《道古堂文集》,(《續四庫》集部別集類第1426—1427
　　冊),上海古籍出版社,影印清乾隆四十一年刻光緒十四年汪曾
　　唯增修本,2002年
(清)盧文弨:《抱經堂文集》,中華書局,1990年
(清)陳澧:《東塾讀書記》,生活·讀書·新知三聯書店,1998年
(清)昭槤:《嘯亭雜錄》,中華書局,1980年
《清代詩文集彙編》,上海古籍出版社影印本,2010年

二、今人及漢譯著述

[美]艾爾曼:《從理學到樸學》,江蘇人民出版社,1995年
[美]艾爾曼:《經學政治和宗族:中華帝國晚期常州今文學派研
　　究》,江蘇人民出版社,1998年
[日]本田成之:《中國經學史》,上海書店出版社,2001年
程樹德:《論語集釋》,中華書局,1990年
陳垣:《明季滇黔佛教考》,河北教育出版社,2000年
陳榮捷:《王陽明〈傳習錄〉詳注集評》,華東師範大學出版社,2009年
陳祖武:《清初學術思辨錄》,中國社會科學出版社,1992年
陳祖武:《清儒學術拾零》,湖南人民出版社,1999年
陳祖武等撰:《乾嘉學派研究》,河北人民出版社,2005年
陳祖武、朱彤窗等編:《乾嘉學術編年》,河北人民出版社,2005年
蔡尚思:《中國禮教思想史》,中華書局,1991年
蔡錦芳:《戴震生平與作品考論》,廣西師範大學出版社,2006年
戴逸:《乾隆帝及其時代》,中國人民大學出版社,1992年
戴逸:《繁霜集》,中國社會科學出版社,1997年

鄧志峰:《王學與晚明的師道復興運動》,社會科學文獻出版社,
　　2004年
鄧聲國:《清代"五服"文獻概論》,北京大學出版社,2005年
鄧聲國:《清代〈儀禮〉文獻研究》,上海古籍出版社,2006年
馮友蘭:《中國哲學史》,中華書局,1961年
方利山:《徽州學散論續集》,中國戲劇出版社,2009年
郭成康、林鐵鈞:《清朝文字獄》,群衆出版社,1990年
龔書鐸主編:《清代理學史》,北京師範大學出版社,2007年
葛兆光:《中國思想史》,復旦大學出版社,2011年
顧誠:《南明史》,光明日報出版社,2011年
黄宗羲:《黄宗羲全集》,浙江古籍出版社,2005年
侯外廬:《中國思想通史》,人民出版社,1956年
胡楚生:《清代學術史研究》,臺灣學生書局,1988年
胡奇光:《中國文禍史》,上海人民出版社,1993年
黄裳:《筆禍史談叢》,北京出版社,2004年
黄進興:《李紱與清代陸王學派》,江蘇教育出版社,2010年
金性堯:《清代筆禍》,紫禁城出版社,2010年
梁啓超著,朱維錚校注:《梁啓超論清學史二種》,復旦大學出版社,
　　1985年
吕思勉:《吕著中國通史》,華東師範大學出版社,1992年
陸寶千:《清代思想史》,華東師範大學出版社,2009年
林慶彰主編:《乾嘉學術研究論著目録(1900—1993)》,"中央"研究
　　院文哲研究所,1995年
林慶彰:《明代考據學研究》,臺灣學生書局,1983年
林慶彰:《清初的群經辨僞學》,華東師範大學出版社,2011年
李開:《戴震評傳》,南京大學出版社,2002年
李安宅:《〈儀禮〉與〈禮記〉之社會學的研究》,上海人民出版社,
　　2005年
李孝悌:《戀戀紅塵:中國的城市、欲望和生活》,上海人民出版社,

2007 年
李紅：《朱熹〈儀禮經傳通解〉語音研究》，廈門大學出版社，2011 年
劉墨：《乾嘉學術十論》，三聯書店，2006 年
賴玉芹：《博學鴻儒與清初學術轉變》，中國社會科學出版社，2011 年
林存陽：《清初三禮學》，社會科學文獻出版社，2002 年
林存陽：《三禮館：清代學術與政治互動的鏈環》，社會科學文獻出版社，2008 年
孟森：《心史叢刊》，中華書局，2006 年
孟森：《明清史講義》，中華書局，2011 年
馬積高：《清代學術思想的變遷與文學》，湖南人民出版社，2002 年
彭林：《〈周禮〉主體思想與成書年代研究》，中國社會科學出版社，1991 年
彭林編：《清代學術講論》，廣西師範大學出版社，2005 年
彭林：《三禮研究入門》，復旦大學出版社，2012 年
錢穆：《中國近三百年學術史》，商務印書館，1997 年
錢穆：《孔子傳》，三聯書店，2002 年
錢穆：《朱子新學案》，《錢賓四先生全集》，聯經出版事業公司，1998 年
錢玄：《三禮通論》，南京師範大學出版社，1996 年
錢玄：《三禮辭典》，江蘇古籍出版社，1998 年
漆永祥：《乾嘉考據學研究》，中國社會科學出版社，1998 年
漆永祥：《漢學師承記箋釋》，上海古籍出版社，2006 年
商衍鎏：《清代科舉考試述錄》，三聯書店，1958 年
沈文倬：《宗周禮樂文明考論》，杭州大學出版社，1999 年
上海圖書館編：《中國叢書綜錄》，上海古籍出版社，2007 年
王鍾翰點校：《清史列傳》，中華書局，1987 年
王鍔：《三禮研究論著提要》，甘肅教育出版社，2001 年
王汎森：《中國近代思想與學術譜系》，河北教育出版社，2001 年
王汎森：《晚明清初思想十論》，復旦大學出版社，2004 年
王俊義：《清代學術探研錄》，中國社會科學出版社，2002 年

汪學群：《清初易學》，商務印書館，2004年
[日]吾妻重二，吳震譯：《朱熹〈家禮〉實證研究》，華東師範大學出版社，2012年
蕭一山：《清代通史》，華東師範大學出版社，2006年
薛貞芳主編：《清代徽人年譜合刊》，黃山書社，2006年
徐道彬整理：《四書古人典林》，安徽大學出版社，2011年
徐道彬：《皖派學術與傳承》，黃山書社，2012年
余英時：《論戴震與章學誠》，三聯書店，2000年
楊向奎編：《清儒學案新編》全八卷，齊魯書社，1985，1988，1994年
楊天宇：《經學探研錄》，上海古籍出版社，2004年
楊志剛：《中國禮儀制度研究》，華東師範大學出版社，2001年
閻步克：《服周之冕：〈周禮〉六冕禮制的興衰變異》，中華書局，2009年
周予同著，朱維錚先生編：《周予同經學史論著選集》（增訂版），上海人民出版社，1996年
朱維錚先生點校：《章太炎全集》第三冊，上海人民出版社，1984年
朱維錚先生：《走出中世紀》，上海人民出版社，1987年
朱維錚先生：《求索真文明：晚清學術史論》，上海古籍出版社，1996年
朱維錚先生：《中國經學史十講》，復旦大學出版社，2002年
張麗珠：《清代義理學新貌》，里仁書局，1999年
張麗珠：《清代新義理學：傳統與現代的交會》，里仁書局，2003年
張麗珠：《清代的義理學轉型》，里仁書局，2006年
張壽安：《以禮代理：凌廷堪與清代中葉儒學思想的轉變》，河北教育出版社，2001年
張壽安：《十八世紀禮學考證的思想活力：禮教爭論與禮秩重省》，北京大學出版社，2005年
曾軍：《義理與考據：清中期〈禮記〉詮釋的兩種策略》，岳麓書社，2009年
趙克生：《明代國家禮制與社會生活》，中華書局，2012年
中國科學院圖書館整理：《續修四庫全書總目提要·經部》，中華書

局,1993年

三、期刊和學位論文

(一) 期刊論文

沈文倬:《略論禮典的實行和〈儀禮〉書本的撰作》,《文史》第15、16輯

楊學琛:《略論清代滿漢關係的發展與變化》,《民族研究》1981年第6期

黃克武:《清代考證學的淵源——民初以來研究成果之評價》,《近代中國史研究通訊》第11期,1991年

王俊義:《評價乾嘉學派應消除歷史成見》,《社會科學戰綫》1992年第3期

楊志剛:《〈司馬氏書儀〉和〈朱子家禮〉研究》,《浙江學刊》1993年第1期

楊應芹:《戴震與江永》,《安徽大學學報》1995第4期

黃愛平:《論清代乾嘉時期的經世思潮》,《中國哲學史》1997年第4期

夏金華:《明末封建士大夫逃禪原因初探》,《學術月刊》1998年第2期

袁建平:《中國古代服飾中的深衣研究》,《求索》2000年第2期

敖光旭:《20世紀的乾嘉考據學成因研究及存在的問題》,《中山大學學報》(社會科學版)2001年第1期

林存陽:《張爾岐與〈儀禮鄭注句讀〉》,《齊魯學刊》2001年第1期

陳居淵:《論乾嘉漢學的更新運動》,《中國史研究》2002年第4期

雷平:《近十年來大陸乾嘉考據學研究綜述》,《學術月刊》2004年第1期

徐梓:《傳統學塾中塾師的辛酸苦痛》,《中國典籍與文化》2004年第4期

陳徽:《戴震與江永關係的再探討》,《安徽農業大學學報》(社會科學

版)2004第6期
周積明、雷平:《清代學術研究若干領域的新進展及其述評》,《清史研究》2005年第3期
郭世榮:《梅瑴成對江永:〈翼梅〉引起的中西天文學之爭》,《自然辯證法通訊》2005年第5期
林勝彩:《新發現戴震佚文與江、戴師生關係重探》,《文與哲》2005年第6期
徐梓:《明清時期塾師的收入》,《中國經濟史研究》2006年第2期
張言夢:《略論戴震〈考工記圖〉的編繪及其影響》,《新美術》2006年第6期
張學智:《明代三禮學概述》,《中國哲學史》2007年第1期
程水龍:《江永〈近思錄集注〉版本源流考》,《文獻》2007年第1期
黃愛平:《百年來清代漢學思想性問題研究述評》,《清史研究》2007年第4期
張循:《清代漢、宋學關係研究中若干問題的反思》,《四川大學學報》(哲學社會科學版)2007年第4期
邱春林:《〈禮記〉的深衣制度與設計》,《東南文化》2007年第4期
李曉明:《江永著述考述》,吳長庚、周國林主編:《上饒歷史文化研究》,黃山書社,2007年
劉伯山:《清代徽州塾師的束修:以〈徽州文書〉第二輯資料爲中心》,《安徽大學學報》(哲學社會科學版)2008年第1期
孔定芳:《論明遺民之出處》,《歷史檔案》2009年第1期
孫顯軍:《朱熹的〈大戴禮記〉研究》,《蘇州大學學報》(哲學社會科學版)2009年第1期
陳居淵:《十八世紀漢學的建構與轉型》,《學術月刊》2009年第2期
王惠榮:《江永與戴震關係難定原因考》,《歷史檔案》2009年第1期
張循:《漢學的內在緊張:清代思想史上"漢宋之爭"的一個新解釋》,《"中央"研究院近代史研究所集刊》,2009年3月第63期
喬宗方:《試論江永河洛變先後天八卦圖式思想》,《周易研究》2010

年第 1 期

張兵、張毓洲：《清代文字獄研究述評》，《西北師範大學學報》（社會科學版）2010 年第 3 期

張循：《不讀漢宋書，也爭漢宋學：清代漢宋之爭風氣的形成》，《中華文史論叢》2010 年第 4 期

林存陽：《汪紱與江永之書信往還》，《徽學》第 6 卷，安徽大學出版社，2010 年

徐道彬：《〈善餘堂文集〉辨僞》，《中國典籍與文化》2010 年第 4 期

徐道彬：《〈四書按稿〉非江永所作考論》，《文獻》2011 年第 1 期

周啓榮：《儒家禮教思潮的興起與清代考證學》，《南京師大學報》（社會科學版）2011 年第 3 期

徐道彬：《論江永與西學》，《史學集刊》2012 年第 1 期

丁進：《江永〈周禮疑義舉要〉初探》，《安徽農業大學學報》（社會科學版）2013 年第 1 期

邱亮：《江永〈禮記訓義擇言〉校讀札記》，《文教資料》2013 年第 31 期

顧遷：《敖繼公〈儀禮集説〉與清代禮學》，《史林》2012 年第 3 期

鄧聲國：《試論張爾岐的〈儀禮〉詮釋特色及其成就》，《江西科技師範學院學報》2012 年第 4 期

彭林：《朱子作〈家禮〉説考辨》，《文史》2012 年第 3 輯

徐道彬：《〈放生殺生現報録〉考辨》，《中國典籍與文化》2013 年第 1 期

徐道彬：《〈昏禮從宜〉辨僞》，《中國典籍與文化》2013 年第 4 期

桂濤：《以"甲申"爲原點的明清之際：清初河南、河北士人與江南士人對清朝的認識差异》，《史林》2013 年第 2 期

桂濤：《"元初—清初"的歷史想象與清初北方士人對清朝入主的認識——以孫奇逢爲中心的考察》，《清史研究》2013 年第 3 期

徐到穩：《江永反朱思想及其對戴震的影響——基於新見文獻〈昏禮從宜〉的研究》，《雲南大學學報》（社會科學版）2013 年第 3 期

徐到穩：《略論江永之理校》，《徽學》第八卷，黃山書社，2013 年

嚴佐之：《〈近思録〉後續著述及其思想學術史意義》，《文史哲》2014年第1期

楊念群：《影響18世紀禮儀轉折的若干因素》，《華東師範大學學報》（哲學社會科學版）2014年第3期

(二) 學位論文

梁勇：《萬斯大及其禮學研究》，中國社科院研究生院碩士學位論文，2001年

孫致文：《〈儀禮經傳通解〉研究》，臺灣"中央"大學博士學位論文，2003年

黄曦：《〈江慎修先生年譜〉證補》，華東師範大學碩士學位論文，2005年

張言夢：《漢至清代〈考工記〉研究和注釋史述論稿》，南京師範大學博士學位論文，2005年

黄理紅：《江永古音學述評》，陝西師範大學碩士學位論文，2007年

張祺：《清代學者對西方天文曆法的闡釋與發揮——江永〈翼梅〉研究》，内蒙古師範大學碩士學位論文，2006年

章慶福：《江永及其三禮學研究》，高雄師範大學碩士學位論文，2008年

李一俊：《江永〈律吕闡微〉整理與研究》，中國藝術研究院碩士學位論文，2009年

殷慧：《朱子禮學思想研究》，湖南大學博士學位論文，2009年

喬宗方：《江永易學思想研究》，山東大學博士學位論文，2010年

丁之涵：《明清〈四書〉專題類書研究——以江永〈四書典林〉〈四書古人典林〉爲例》，華東師範大學碩士學位論文，2011年

王文忠：《朱彬〈禮記訓纂〉的學術繼承》，安徽大學碩士學位論文，2011年

吳小晶：《〈鄉黨圖考〉研究》，魯東大學碩士學位論文，2013年

張文：《胡培翬禮學研究：以〈儀禮正義〉爲中心》，北京大學博士學位

論文,2013年

徐到穩:《江永禮學研究》,清華大學博士學位論文,2013年

武勇:《江永的三禮學研究》,華中師範大學博士學位論文,2016年

四、外文論著

Bingdi He, *The Ladder of Success in Imperial China: Aspects of Social Mobility*, 1368–1911, Columbia University Press, 1962.

Benjamin A. Elman, *From Philosophy to Philology*, Harvard University Press, 1984.

Patricia B. Ebrey, *Confucianism and Family Rituals in Imperial China: A Social History of Writing about Rites*, Princeton University Press, 1991.

Kai-wing Chow, *The Rise of Confucian Ritualism in Late Imperial China: Ethics, Classics, and Lineage discourse*, Stanford University Press, 1994.

致　　謝

　　首先感謝朱維錚先生給我的這個學習機會。這對於一個跨專業、非科班、二流學校畢業的學生，是一個莫大的獎勵。我自知學識淺陋，但先生却稱贊我碩士論文的用功與努力，但受限於身體條件，博士四年期間未能做到須臾不離書本，我心有愧焉。在通讀先生著述和向先生請業的日子里，我益知先生學問的博大和精深。先生於我的教誨，其中兩點，經由論文的寫作，我深爲服膺。第一，學問必由博而約，就思想史而言，必須先對整體的思想史脈絡爛熟於心，才能在專題的研究中左右逢源，倍加深入。第二，文章必須堅持寫作，只能硬着頭皮寫，堅持不懈，才能妙筆生花。僅此謝謝先生。

　　先生身患沉疴，遽歸道山，學生論文選題未能與焉。我選擇江永及其禮學著述作爲個案研究，主要源自一直以來對於乾嘉學術起源的興趣，以及碩士論文對戴震研究時涉及江氏學術的片言了解。論文的本意是以江氏禮學研究爲基點來討論清初學術由理學轉向漢學的具體歷程，同時關照清代禮學研究。但禮學問題的繁複超出了我的駕馭能力，最終力求將考證性的經學問題轉化成關注禮書編撰的史學問題加以解決，但結果未能達到預期，我心有愧焉。

　　在論文寫作過程中，指導小組的老師們給予我極大幫助，其中尤其是王維江教授，作爲我的實際指導老師，付出了巨大心血。同時，感謝鄧志峰老師和姜鵬老師對我學業上的助益，他們的授課帶給我巨大的學術啓迪。還要感謝高晞教授，她負責先生過世之後研究室的日常管理，給我們學生以巨大幫助，其中尤以委任我作爲研究室助理，給我歷練和成長。此外，上學期間旁聽過哲學學院陳居淵教授的清代學術和易學課程，惠我良多。哲學學院李天綱教授，歷史系廖梅師姐亦噓寒問暖，關心鼓勵論文寫作，僅此致謝。

另外要感謝我的碩士生導師張善文先生，他帶領我走上學術的道路，同時對我的論文提綱提出了建設性意見。在論文的寫作過程中，要感謝臺灣清華大學的陳章同學，北京大學的朱天助同學，還有王維江教授在臺灣訪學期間爲我的論文資料奔波。此外，中國人民大學的田勝利同學，北大的朱天助同學爲我在北京師範大學的部分資料付出了努力。還要感謝北京大學的張文師兄，他毫不吝惜地將自己對於清代禮學的研究成果與我分享。而復旦大學趙四方同學亦助我甚多，與其時常進行的學術討論更讓我有"德不孤，必有鄰"之感，在此一并致謝。

要説明的是，論文前兩章花費了太多時間，而後面的主體部分是在極端困難的環境下寫成的。其中包括家庭紛爭的干擾，窮困潦倒的現實，在本年兩度眼疾復發，在每周固定就醫，而且寫作時間被大量壓縮的情況下完成的。

感謝父親對我近乎盲目的支持。也要祝願我九個月大的兒子能夠健康成長。爸爸也許不能遺子千金，但願能夠教會你在離開父母後可以獨立前行。

謝謝論文預答辯時指導小組各位老師的意見，讓我意識到自己的不足。論文的修改工作得到王維江教授的精心指導，他認真負責地對文章部分章節進行了逐字逐句地修改，讓我受到嚴格的學術教益。僅此致謝。

論文得到上海大學歷史系陶飛亞教授、上海交通大學人文學院虞萬里教授、江西財經大學人文學院吳通福教授的審閱，他們提出了詳盡的修改意見，甚至包括誤字和標點的更正。也謝謝兩位盲審專家的肯定與鼓勵！

論文答辯得到陶飛亞教授、虞萬里教授、李天綱教授、陳居淵教授，以及歷史系馮賢亮教授的莅臨和指導。他們的意見和建議中肯、專業，新意迭出。

此外，論文得到南京大學田勝利同學的校讀和改正，也得到施婧嫻師姐和趙四方學弟的指瑕，在此表示感謝。

還要感謝論文修改階段清華大學徐到穩同學給我分享他的同名博士論文，但限於時間，本文未能有效吸收，在此略表歉意。同時感謝四川師範大學徐慧同學幫我草擬和潤色英文提要。

最後要對三位眼科醫生表示感謝，他們分別是福建師範大學校醫院的謝立明醫生，達州市第二人民醫院的白生輝醫生，長海醫院的劉紅醫生。

要感謝我的妻子聶小琴，儘管她的任性和不諳世事讓我倍受壓力，但她在我一無所有時下嫁於我，我要爲其勇氣點贊，同時感謝她爲家庭的付出。

學問非朝夕之功，但願我能吸取經年以來的失敗和教訓，脚踏實地，從頭開始，一直前行。

蘇正道
草於復旦文圖二樓
時值元宵　雨雪滬上

付梓後記

　　本書是以博士論文爲基礎修訂完成的。説是修訂，其實限於字句的潤色和刪繁，大體保留了論文的框架和内容，代表着此時的學術水平，優點和缺點均在其中。如以現在的學術訓練將材料重寫，或許可以寫得更好一些。受限於學力的不足和材料的匱乏，文章的一些章節偏重於文獻的對比，缺少學術源流的考鏡和思想的升華，僅資提供給大家繼續研究此課題的基礎，我對此表示歉意。

　　將論文付梓的動力，一是本書内容幾乎全部刊發，有嚴格的審稿，可以保證基本的學術質量。二是原本打算完成對江永後期禮學的研究，但考慮到有多部的論著涉及於此，因此轉向對《禮書綱目》的專書研究。也許本書題名《江永〈禮書綱目〉研究》才名實相符，出版社建議保留了原博士論文題目。三是本書由中國博士後基金面上項目全資資助出版，謹此致謝！

　　在修訂出版的過程中，從博士畢業後的兩年内，由於工作和家庭的壓力，我的學術研究被迫中斷。在安徽大學徽學研究中心徐道彬教授的幫助和鼓勵下，讓我重啓學術研究，收穫了信心，堅定了研究的志向。這是我要必須感謝的。

　　還要感謝安徽大學哲學博士後流動站對我的接收和資助。在安徽的兩年中，我擁有完整的研究時間和研究自由，收穫頗豐，祝福流動站發展順利。

　　另外要對四川文理學院的領導和同事們道聲感謝，他們給了我回到達州改善家庭關係的機會，又最終允許我外出學習，儘管其中過程並不開心，但讓我迎來轉機。

感謝西南財經大學馬克思主義學院給予的機會，讓我重回成都，這是一個兼顧學業和照顧孩子的折中方案。

特別感謝張善文教授和徐道彬教授爲本書作序，他們的序言讓專著生輝。

還要感謝復旦大學出版社副編審胡春麗博士，她的努力付出，讓本書臻于完美。

最後要對已故的朱維錚先生説聲感謝。我的學術成績有愧于他原本的期待，但我會一直努力，不斷提高自己的學術水平。

2019.4.24

圖書在版編目(CIP)數據

江永禮學研究——以《禮書綱目》爲中心／蘇正道著.—上海：
復旦大學出版社, 2019.6
 ISBN 978-7-309-14263-1

Ⅰ.①江… Ⅱ.①蘇… Ⅲ.①江永(1681—1762)-禮儀-思想評論
②《禮書綱目》-研究 Ⅳ.①B249.9②K892.9

中國版本圖書館 CIP 數據核字(2019)第 069778 號

江永禮學研究——以《禮書綱目》爲中心
蘇正道　著
責任編輯／胡春麗

復旦大學出版社有限公司出版發行
上海市國權路 579 號　郵編：200433
網址：fupnet@fudanpress.com　http://www.fudanpress.com
門市零售：86-21-65642857　團體訂購：86-21-65118853
外埠郵購：86-21-65109143　出版部電話：86-21-65642845
上海四維數字圖文有限公司

開本 890×1240　1/32　印張 9.5　字數 242 千
2019 年 6 月第 1 版第 1 次印刷

ISBN 978-7-309-14263-1/B・695
定價：50.00 圓

如有印裝質量問題，請向復旦大學出版社有限公司出版部調換。
版權所有　侵權必究